全国爱国主义教育
示范基地参观指南

刘苍劲　易　艳　主编

电子工业出版社
Publishing House of Electronics Industry
北京 · BEIJING

内 容 简 介

本书是根据中共中央宣传部连续六批公布的"全国爱国主义教育示范基地"名单编写的大型全国爱国主义教育示范基地参观指南，是目前较为权威的、全面的全国爱国主义教育示范基地参观指南工具书。

本书具有以下特点：书中收录的全国爱国主义教育示范基地，都是中共中央宣传部在二十多年内先后公布的全国爱国主义教育示范基地；书中收录的全国爱国主义教育示范基地的文字介绍，主要参考了各个全国爱国主义教育示范基地对外公布的文字介绍，其定性、评价都有依据可循，史料客观公正，图片真实可信；书中收录的全国爱国主义教育示范基地遍布全国，书中标注了详细的地址信息。

本书为全体党员、大中小学生和各族人民提供了参观全国爱国主义教育示范基地的指南，是全国各级党政机关、各级各类学校、各级各类企业、各级各类社会团体组织开展爱国主义教育的参考依据和参观指南，这对于全国各级党政部门、各企事业单位、各类学校学生、全体党员更好地开展爱国主义教育和党史学习教育、党建工作，有着十分现实的重大指导意义。

图书在版编目（CIP）数据

全国爱国主义教育示范基地参观指南 / 刘苍劲，易艳主编. — 北京：电子工业出版社，2024.3

ISBN 978-7-121-34755-9

Ⅰ. ①全…　Ⅱ. ①刘…　②易…　Ⅲ. ①革命纪念地—介绍—中国　Ⅳ. ①K878.2

中国版本图书馆 CIP 数据核字 (2018) 第 161130 号

责任编辑：王晓庆

印　　刷：三河市良远印务有限公司

装　　订：三河市良远印务有限公司

出版发行：电子工业出版社

　　　　　北京市海淀区万寿路 173 信箱　　邮编：100036

开　　本：787×1092　1/16　印张：29.5　字数：755 千字

版　　次：2024 年 3 月第 1 版

印　　次：2024 年 3 月第 1 次印刷

定　　价：128.00 元

凡所购买电子工业出版社图书有缺损问题，请向购买书店调换。若书店售缺，请与本社发行部联系，联系及邮购电话：(010) 88254888，88258888。

质量投诉请发邮件至 zlts@phei.com.cn，盗版侵权举报请发邮件至 dbqq@phei.com.cn。

本书咨询联系方式：(010) 88254113，wangxq@phei.com.cn。

前　言

　　本书是根据中共中央宣传部连续六批公布的"全国爱国主义教育示范基地"名单编写的大型全国爱国主义教育示范基地参观指南，是目前较为权威的、全面的全国爱国主义教育示范基地参观指南工具书。

　　全国爱国主义教育示范基地是对全体共产党员、社会各界人士进行爱国主义教育的重要载体。2017年10月31日上午，刚刚当选中国共产党第十九届中央委员会总书记的习近平同志亲自带领第十九届中共中央政治局常委，集体瞻仰和参观了全国爱国主义教育示范基地之一的上海中共一大会址和浙江省嘉兴市南湖红船爱国主义教育示范基地。习近平总书记带领中共中央政治局常委全体同志在一大会址前一起重温入党誓词，庄严宣誓，其场景十分感人。随后，习近平总书记发表了重要讲话，他明确强调：①我们全体中央政治局常委同志这次集体出行，目的是回顾我们党的光辉历程特别是建党时的历史，进行革命传统教育，学习革命先辈的崇高精神，明确肩负的重大责任，增强为实现党的十九大提出的目标任务而奋斗的责任感和使命感。②"其作始也简，其将毕也必巨。"96年来，我们党团结带领人民取得了举世瞩目的伟大成就，这值得我们骄傲和自豪。同时，事业发展永无止境，共产党人的初心永远不能改变。唯有不忘初心，方可告慰历史、告慰先辈，方可赢得民心、赢得时代，方可善作善成、一往无前。③习近平指出，党的十九大擘画了党和国家事业发展的目标和任务，全党同志必须坚持全心全意为人民服务的根本宗旨，不断带领人民创造更加幸福美好的生活；牢记共产主义远大理想，坚定中国特色社会主义共同理想，一步一个脚印向着美好未来和最高理想前进；始终保持谦虚谨慎、不骄不躁的作风，不畏艰难、不怕牺牲，为实现"两个一百年"奋斗目标、实现中华民族伟大复兴的中国梦而不懈奋斗。习近平总书记亲自带头率领中共中央政治局常委参观全国爱国主义教育示范基地，以此教育全党，不忘初心，牢记使命，这给全党和全国各族人民通过参观全国爱国主义教育示范基地进行牢记革命传统的爱国主义教育，起到了很好的示范作用，其意义重大，影响深远。

　　本书力求体现以下特点。

　　(1)权威性。书中编辑、收录的全国爱国主义教育示范基地，都是中共中央宣传部在近二十年内先后公布的全国爱国主义教育示范基地。各省(自治区、直辖市)自主确定的非国家级的爱国主义教育基地未被收入。其中，中国历史博物馆、中国革命博物馆现已合并为中国国家博物馆，但本书仍以公布时的名称进行介绍。

　　(2)政治性。书中编辑、收录的全国爱国主义教育示范基地的文字介绍，主要参考了各个全国爱国主义教育示范基地对外公布的文字介绍，其定性、评价都有依据可循，史料客观公正，图片真实可信。

　　(3)实用性。书中编辑、收录的全国爱国主义教育示范基地遍布全国，普通观众对其了解不甚全面，也不可能每个基地都去参观。各单位、党员、观众可根据自己的客观需要，从中自主选择部分全国爱国主义教育示范基地进行参观，书中标注了详细的地址信息。另外，书中提供的门票信息、开放时间等仅供参考，以全国爱国主义教育示范基地公布的信息为准。

本书由刘苍劲，易艳主编。本书的出版和发行，为全体党员、大中小学生和各族人民提供了参观全国爱国主义教育示范基地的指南，是全国各级党政机关、各级各类学校、各级各类企业、各级各类社会团体组织开展爱国主义教育的参考依据和参观指南，这对于全国各级党政部门、各企事业单位、各类学校学生、全体党员更好地开展爱国主义教育和党史学习教育、党建工作，有着十分现实的重大指导意义。

编　者

目　　录

北　京　市

天　津　市

河　北　省

山 西 省

内蒙古自治区

辽 宁 省

吉 林 省

黑龙江省

青 海 省

宁夏回族自治区

新疆维吾尔自治区

附 录 A

附 录 B

参考文献

北 京 市

一、天安门广场

中 文 名：天安门广场
地理位置：北京市东城区东长安街
内容简介：

天安门广场位于北京市的中心位置，是世界上最大的城市中心广场之一。

天安门广场占地面积为 44 万平方米，东西宽 500 米，南北长 880 米，地面全部由经过特殊工艺技术处理的浅色花岗岩条石铺成。

天安门广场上每天清晨的升国旗和日落时分的降国旗是最庄严的仪式。看着鲜艳的五星红旗与朝霞交相辉映，心中升腾的是激昂与感动。同时，天安门广场是无数重大政治、历史事件的发生地，是中国从落后到崛起的历史见证。

天安门广场于 1986 年被评为"北京十六景"之一，景观名"天安丽日"。

主要景点：

天安门城楼

广场北面的天安门原是明、清两代皇城的正门，始建于明永乐十五年（1417），最初叫"承天门"，寓意奉天承运，受命于天。清顺治八年（1651）改建，并更名为天安门。天安门高 34.7 米，下面的城台建在高 1.59 米的须弥座上。城台高 14.6 米。城楼是重檐歇山顶的建筑规制，宽 9 楹，进深 5 间。9、5 两数象征至尊。城楼上 60 根巨柱高耸，金砖铺地，南北两面菱花格扇门，天花门拱和梁枋上绘满中国传统吉祥图案和金龙彩绘，城楼正面有 5 个拱形门洞，中间的门洞仅供皇上出入。

天安门是明、清两代皇上颁诏之地。遇新皇登基、大婚、祭天祭地等重大庆典活动和皇上父母进宫才会启用。另外，皇上御驾亲征或大将出征时，都要在天安门前祭路、祭旗，以求马到成功。城楼前有外金水河，河上飞架7座汉白玉雕栏石桥，中间一座最宽阔的称"御路桥"，专为皇帝而设；"御路桥"两侧有宗室亲王过往的"王公桥"；"王公桥"左右的"品级桥"是供三品以上官员行走的；四品以下的官员和兵弁、夫役只能走"公生桥"。"公生桥"架在太庙门前，也就是今天的劳动人民文化宫和社稷坛（中山公园）门前。天安门城楼在1949年后共经历过4次修缮。

人民英雄纪念碑

矗立在天安门广场中央的人民英雄纪念碑，通高37.94米，比天安门城楼还高3.24米，是新中国诞生后在广场修建的第一座建筑，也是中国历史上最大的纪念碑。

纪念碑采用17 000多块花岗岩和汉白玉砌成，碑基面积为3000余平方米，由两层月台、两层须弥座、碑身和碑顶组成。底层月台呈海棠形，东西宽50.44米，南北长61.54米；上层月台为方形，四面设有台阶，精美的汉白玉栏杆环绕四周。在月台上面的大须弥座的束腰处四面镶嵌着十幅汉白玉浮雕，记述了100多年来中国人民反对帝国主义和封建势力可歌可泣的革命斗争史；上层小须弥座的四周镌刻着由牡丹、菊花、荷花、垂幔等组成的8个花环，表示对先烈的崇敬和永远怀念之情。小须弥座上的高大碑身共有32层，由413块花岗岩垒砌而成。碑身正面朝着天安门，巨大的碑石上刻有毛泽东亲笔题写的"人民英雄永垂不朽"8个苍劲有力的鎏金大字，碑的背面是由毛泽东撰文、周恩来用楷书题写的114字鎏金碑文，内容是："三年以来，在人民解放战争和人民革命中牺牲的人民英雄们永垂不朽！三十年以来，在人民解放战争和人民革命中牺牲的人民英雄们永垂不朽！由此上溯到一千八百四十年，从那时起，为了反对内外敌人，争取民族独立和人民自由幸福，在历次斗争中牺牲的人民英雄们永垂不朽！"

碑身东西两侧的上方雕刻着由五角星、松柏和旗帜组成的"光辉永照"的装饰花纹，象征着人民英雄革命精神万古长存、永照后世。碑顶是中国传统顶式建筑，四面成斜面，顶上成水平面，顶下有垂幔。纪念碑底层月台距天安门墙基为463米。整座纪念碑雄伟壮观，庄严肃穆，充分体现了中国人民对革命先烈的怀念和敬仰，讴歌了中国人民前赴后继、英勇斗争的光辉业绩。

由梁思成等人设计的人民英雄纪念碑，是在广泛征求中国建筑界、美术界、文艺界等各界人士的意见后，从170多个方案中选出来的。浮雕的作者是中国著名的雕塑家刘开渠、滑田友等。整座纪念碑的造型、题字、雕塑和装饰等，主题鲜明，构图严谨，人物形象生动、逼真，是集体智慧的结晶。它不仅彰显了人民英雄千古不朽的光辉业绩，而且体现了中国民族艺术的特点，在中国建筑艺术的宝库中也堪称精品。但在1971年，纪念碑北面原为鎏金的"人民英雄永垂不朽"的题字被改成了红色玻璃钢字。玻璃钢字制作工艺复杂，每十年需更换一次，每次更换都要在碑身打几个眼，不仅使纪念碑建筑受到损害，而且与其庄严肃穆的特点极不相称。在1980年国庆节前，北京市人民政府在对纪念碑进行修缮时，拆除了红色玻璃钢字，更换了损坏断裂的石料，恢复了原有的鎏金字。1981年3月，增添了人民英雄纪念碑夜景照明设施。1999年6月，在对天安门广场进行大规模改造时又对其进行了彻底的清洗和维护。修缮后的人民英雄纪念碑更加庄严雄伟。

人民大会堂

人民大会堂位于天安门广场的西侧，高46米，长336米，宽206米，建筑面积为17万平方米。人民大会堂的正面有12根大理石门柱，每根高达25米。中央大厅有桃红色大理石地面和汉白玉石柱，顶部挂着水晶玻璃花灯。中央大厅的后面是万人大礼堂，礼堂装饰典雅，灯光宜人。人民大会堂的北部是可容纳5000人的宴会厅，大如足球场，装饰富丽堂皇。人民大会堂的所有厅室既保留了中国传统的建筑风格，又吸取了国外建筑的精华，布置得大方雅致，极具特色。

毛主席纪念堂

毛主席纪念堂是为纪念开国领袖毛泽东而建造的，位于天安门广场上人民英雄纪念碑的南面，坐落在原中华门的旧址之上。1976年11月24日，按照中国共产党中央委员会的决议，毛主席纪念堂的奠基仪式在天安门广场举行。毛主席纪念堂于1977年5月24日落成，占地约5.7万平方米，总建筑面积为2.8万平方米。毛主席纪念堂的主体呈正方形，外有44根使用福建黄色花岗岩建筑的明柱，柱间装有广州石湾花饰陶板，通体由青岛花岗岩贴面。屋顶有两层玻璃飞檐，檐间镶葵花浮雕。基座有两层平台，台帮全部用四川大渡河旁的枣红色花岗岩砌成，四周环以房山汉白玉万年青花饰栏杆。

历史意义：

天安门广场不仅见证了中国人民一次次要民主、争自由，反抗外国侵略和反动统治的斗争，见证了中国人民不屈不挠的革命精神和大无畏的英雄气概，而且是中华人民共和国举行重大庆典、盛大集会和外事迎宾活动的神圣重地。

门　　票：免费

开放时间：全天

二、中国历史博物馆

中 文 名：中国历史博物馆

地理位置：北京市东城区东长安街16号天安门广场东侧

内容简介：

中国历史博物馆（名称存在于1958—1969年、1983—2003年）位于北京市东城区东长安街16号天安门广场东侧，整座建筑由南北两部分组成，总占地面积4.5万平方米，是中国的一所重要的历史博物馆。1969年9月，中国革命博物馆和中国历史博物馆合并，称中国革命历史博物馆。1983年初恢复两馆原建制。2003年，中国历史博物馆与中国革命博物馆合并重组为中国国家博物馆。

主要景点：

中国历史博物馆位于天安门广场东侧，是中国建立的第一座国家博物馆。1911年辛亥革命爆发，推翻了中国漫长的封建帝制。1912年决定建立近代化的博物馆。最初馆址设在明清时期的太学——国子监，后迁至天安门内午门及午门与端门间的东、西朝房。正式对外开放时，已收藏文物20余万件，共有10个陈列室，展出历史文物和艺术品2000余件。

中国历史博物馆新馆建成后，从全国各地调集了大量的传世和出土文物精品，现有文物藏品 30 余万件，其中一级文物 2000 多件，文物照片 10 多万张，图书馆馆藏专业书籍 20 多万册。馆内文物保护技术设施较为完备，有一个现代化的实验室和文物修复技术室，承担着青铜器的保护、书画装裱、纸张的保护、壁画彩塑保护、古建筑和民族文物的保护、文物与环境、文物复制技术等工作。

馆内有河南安阳出土的商代后母戊鼎，是目前已发现的最重、最大的青铜器。陕西省眉县出土的西周大盂鼎，有铭文 291 字，记载了周康王赏赐贵族盂 1709 个奴隶的史实。北京房山出土的元代至顺三年铜铳，是已发现的世界上最老的火炮。珍贵的古书画有宋人摹梁元帝《职贡图》卷、明代的《皇都积胜图》卷和《南都繁会图》卷、清代的《乾隆南巡图》卷、《潞河督运图》卷、《皇朝礼器图式》册、《鸿雪因缘图记》册、《清代学者像传》等。

"中国通史陈列"是该馆的基本陈列。从 170 万年前的原始群时代起，至 1840 年止，陈列按照社会发展分期和中国历史朝代排列，分为原始社会部分、奴隶社会部分和封建社会部分，陈列面积为 8000 平方米，陈列文物 9000 余件。通过陈列可以看出中国古代历史比较全面的发展过程。

原始社会馆陈列着元谋人、蓝田人和北京人等的材料。有 10 万年前的丁村人阶段的人类化石，还有 2 万年前山顶洞人的头骨化石、石器和骨针；1 万年前到 6000 年前的石镞、骨镞和陶制、石制的网坠；黄河流域西安半坡遗址出土的粟粒，长江流域余姚河姆渡遗址出土的稻粒，以及石镰、石铲、陶器、玉器等。奴隶社会馆陈列着青铜工具、青铜礼器和商代原始瓷尊等。封建社会馆陈列着秦始皇统一文字、统一货币和统一度量衡的有关文物与铁制生产工具等。陈列品中还有许多典籍、契约、地图、画像、手札等，介绍了中国历史上许多思想家、政治家、军事家、科学家、文学家、艺术家的经历和成就。

中国历史博物馆还举办各种临时展览，每年观众超过百万人次。"中国古代文明展览"曾赴意大利、南斯拉夫展出，"中国古代科学技术展"曾赴日本展出。

该馆出版了《中国历史博物馆馆刊》《中国历史博物馆》《简明中国历史图册》《中国古代史常识（专题部分）》《中国历史教学参考挂图（历史地图）》《中国近代史参考图录》等书著、图录。

门　　票：免费

开放时间：周一闭馆（国家法定节假日逢周一亦闭馆）

9:00—17:00（16:00 停止售票，16:15 停止入馆）

三、中国革命博物馆

中 文 名：中国革命博物馆
地理位置：北京市东城区东长安街 16 号天安门广场东侧
内容简介：

  中国革命博物馆的前身是中央革命博物馆筹备处，位于北京天安门广场东侧，与人民大会堂遥遥相望，是为庆祝建国十周年而兴建的北京十大建筑之一，成立于 1950 年 3 月。筹备处最初设在北海团城，不久后迁入故宫西华门武英殿。1958 年 10 月开始在天安门前修建新馆，1959 年 8 月落成。1960 年 8 月定名为中国革命博物馆，筹备处同时撤销，于 1961 年 7 月 1 日正式开放。2003 年，中国革命博物馆与中国历史博物馆合并重组为中国国家博物馆，以下介绍中国国家博物馆。

  中国国家博物馆简称国博，位于天安门广场东侧，东长安街的南侧，与人民大会堂东西相对称，是历史与艺术并重，集收藏、展览、研究、考古、公共教育、文化交流于一体的综合性博物馆。

  中国国家博物馆的总建筑面积近 20 万平方米，藏品数量为 100 余万件，展厅数量为 48 个，是世界上单体建筑面积最大的博物馆，是中华文物收藏量最丰富的博物馆之一，整体规模在世界博物馆中位居前列。

主要景点：

一、古代中国

  "古代中国"陈列展出文物 2026 件，包括一级文物 521 件。陈列以王朝更替为脉络，以珍贵文物为核心，展现中华文明绵延不绝的发展特点，展示各族人民共同缔造多民族国家的历史进程。陈列分为远古时期、夏商西周时期、春秋战国时期、秦汉时期、三国两晋南北朝时期、隋唐五代时期、辽宋夏金元时期、明清时期 8 个部分。各部分的介绍与重要展品如下。

远古时期

观众可以看到元谋人、北京人、山顶洞人等旧石器时代人类的文物与复制品。打制石器、猎物残骸、用火痕迹、骨针、兽牙贝壳装饰品反映了当时的生产、生活内容与审美情趣。从八千年前的稻谷到六千年前的母系氏族村落模型，表现了新石器时代的发展，农耕技术的提高催生了手工业、文字、文化艺术和宗教，社会开始发生分化。

夏商西周时期

夏商西周时期是中国古代早期国家形态的形成与初步发展阶段，王权政治得以强化并不断完善。青铜铸造技术达到鼎盛阶段，造就了中国历史上的"青铜时代"。青铜铭文与甲骨文表明汉字已经发展到成熟阶段。西周时期的统治者推行礼制，重在彰显、维护等级秩序，对后世产生了深远影响。

青铜爵：二里头文化（夏代）。中国最早的青铜容器之一，为商周青铜铸造的鼎盛时期奠定了基础。

青铜镜：齐家文化。已知时代较早的青铜镜之一，奠定了中国古代青铜镜的基本形制。

乳钉纹青铜方鼎：商代。商代前期青铜器，证明其出土地郑州曾是商代都城。

妇好三联甗、妇好鸮尊、妇好青铜偶方彝、商后母辛青铜觥，皆出自商王武丁时期的妇好墓，造型皆前所未见，华美瑰丽。

龙虎纹青铜尊：商代。纹饰繁缛华美，集线雕、浮雕技法于一身，反映了商文化对淮夷部落的影响。

四羊方尊：商代。可能是三苗部落受商文化影响的产物，羊首造型独具一格，分铸技艺复杂，蜚声海内外。

春秋战国时期

西周以来的礼制分崩离析，社会结构发生根本性变化，学术思想百花齐放，民族间相互融合，华夏民族主体形成，整个社会在征战兼并中逐步走向统一。

王子午鼎：春秋楚国。器身上的龙形怪兽饰物是中国最早的失蜡法实例之一，在长篇铭文中使用鸟篆体也十分罕见，因此被誉为楚式鼎之冠。

吴王夫差鉴：春秋吴国。器主为一代名主吴王夫差，因在山西出土，故是研究吴晋关系的重要资料。

朱绘陶兽耳方壶：战国燕国。造型与纹饰均仿青铜器，以陶土为材质极为少见。

秦汉时期

中国进入大一统时代。琅琊刻石、阳陵铜虎符、秦兵马俑等文物表明秦始皇创建了中国历史上第一个统一多民族中央集权国家；汉兵马俑、绿釉陶楼、五铢钱纹铜鼓、扶风纸等则展示了西汉的强盛、东汉豪强势力的扩张、各民族联系的加强、中外交流的空前发展及科学文化的辉煌成就。

琅琊刻石：秦代。秦始皇曾东巡留下刻石七处，现仅存两处，琅琊刻石为其一，是秦始皇统一功绩的珍贵例证，石上小篆文相传为李斯所书。

杨家湾彩绘陶兵马俑：西汉。陶俑描绘精、数量多、配套全、品种繁新、步武严整，为汉代出土文物所罕见。

三国两晋南北朝时期

社会动荡，政权更迭频繁。陶文武官俑、陶牛车、陶骆驼表现了民族融合的进程。青瓷与黑瓷反映了中国瓷器的新成就。社会的变革、中外文化的交融则通过《职贡图》卷、邓县画像砖等文物体现出来。

陶院落：三国吴。如实表现了厅堂、正房、厢房、前后门、门楼、角屋等建筑，有可能是孙吴宗室特有的随葬品。

陶耳杯：三国魏。出土于曹植墓，墓内随葬品多为陶器，反映了这位历史名人的凄凉晚景。

青瓷羊形烛台：三国吴。瓷羊形体雍容，釉色匀净，色泽淡雅，是早期瓷塑精品。

隋唐五代时期

中国历史进入全面繁荣的新阶段。无论是隋唐前期的鼎盛局面，还是唐朝后期至五代十国的社会变革和发展转折，其宏大的格局、开放的气势、壮阔的场面，均为前代所无法比拟。当时经济得到较快发展，和周边民族的关系更加密切，中外文化交流更加频繁，中国许多科技成就处于世界领先地位。

三彩骆驼载乐俑：唐代。生动塑造了一头骆驼与五名男子的形象，巧妙夸张了人与驼的比例，釉色鲜明润泽，代表唐三彩的最高水平。

钱镠铁券：唐代。"丹书铁券"的珍贵实物，作用相当于"免死金牌"，是中国最早也是保存至今最完整的一件御赐铁券。

彩绘浮雕武士石刻：五代。造型生动，色彩艳丽，形式罕见。原物有一对武士，各肩负一青龙和凤鸟，早年被盗出国，后追回凤鸟件，美国收藏家安思远得知后将所藏青龙件捐赠国博。

辽宋夏金元时期

中国从多民族政权的并立走向统一。宋元名窑瓷器反映了手工业的重大发展，纸钞的应用表明商品经济愈加活跃。城市生活也变得丰富多彩，各民族间经济文化的联系不断加强。

鎏金鹿纹银鸡冠壶：辽朝。带有明显唐代金银器特征，又保留契丹民族的造型特色，是存世仅见的银质鸡冠壶。

《中兴四将图》卷（复制品）：南宋。传为刘松年作，所绘人物比例准确，姿态自然，是南宋肖像画中的杰作。

绿釉鸱吻：西夏。古建筑正脊两段的构件，釉面光亮，造型威猛，是西夏皇陵出土的最大、最完整的建筑构件。

明清时期

中国古代王朝体系的最后阶段，中央集权专制统治达到前所未有的高度，统一多民族国家得到巩固和发展，京城规划图、景德镇官窑瓷器等文物反映出超越前代的繁荣。但是，中国这一农业文明古国正与后起的工业文明大国悄然拉大差距，预示着新时代的到来。

郑和铜钟：明代。郑和第七次、也是最后一次下西洋前为祈求平安铸造的铜钟，是郑和一生壮举的见证。

开荒执照：清代。乾隆三十三年（1768）由云南地方政府颁发给丽江府鲁甸人沙立目的土地凭证，附有1915年云南财政厅颁发的验契，证明这块由沙家开垦的土地一百多年间一直在沙家名下。

霁青釉金彩海晏河清尊：清代。景德镇御窑专为圆明园海晏堂烧制的陈设品，海晏堂即为十二生肖兽首铜像的安放处，1860年惨遭英法联军焚毁，海晏河清尊因此愈显珍贵。

徐扬《乾隆南巡图》卷：清代。描绘乾隆十六年（1751）清高宗第一次南巡江浙的历史画卷，共12卷，分为纸本和绢本。绢本已散佚，纸本全12卷皆藏于国博。

二、复兴之路

"复兴之路"展览的近代部分以 2300 多件实物、文献、图片、图表、模型、绘画、雕塑、旧址复原、模拟景观等展品，展现了从 1840 年鸦片战争到 1949 年中华人民共和国成立这 100 多年的历史。当代部分则与近代部分衔接，反映中国现代历史的进程。

门　　票：凭有效证件免费领票

开放时间：9:00—17:00（15:30 停止售票，16:00 停止入馆，周一闭馆）

四、中国人民革命军事博物馆

中 文 名：中国人民革命军事博物馆

地理位置：北京市海淀区复兴路 9 号

内容简介：

中国人民革命军事博物馆（简称军事博物馆）是中国第一个综合类军事博物馆，位于北京市海淀区复兴路 9 号。展览大楼于 1958 年 10 月兴建，1959 年 7 月建成，1960 年 8 月 1 日正式开放，是向国庆 10 周年献礼的首都十大建筑之一。2012 年 9 月，军事博物馆对展览大楼加固改造，2017 年 7 月竣工。加固改造后，军事博物馆展览大楼的建筑面积为 15.9 万平方米，陈列面积

近 6 万平方米。主楼建筑高 94.7 米，南北两侧各 4 层，楼顶装有直径 6 米的巨大的中国人民解放军军徽。全馆有 43 个陈列厅（区）。

军事博物馆主要收藏、研究、陈列反映中国共产党领导的军事斗争历程和人民军队建设成就的文物、实物、文献、资料，以及反映中华民族五千年军事历史和世界军事史的文物、实物、文献、资料。围绕党和国家及军队的中心工作，举办各种专题性、时事性、纪念性展览。接待国内外来宾和观众的参观访问，组织开展相关的学术研究和艺术创作，组织开展与国内外博物馆之间的业务交流。下辖综合办公室、编辑研究室、宣传教育室、设计美术室、藏品征集保管室、文物保护室、信息资料室、安全保卫室、通州分馆、怀柔分馆这 10 个中层单位，同时还设有学术委员会、艺术委员会、文物鉴定委员会。

主要景点：

军事博物馆馆藏文物以反映中国人民解放军军事史、中国古近代军事史和世界军事史为主。馆藏特色文物为武器、军服、证章和军事题材艺术品等。现有文物 18 万余件套，一级品 1793 件套。馆藏文物包括飞机、大炮、舰船、导弹、枪械、弹药、冷兵器、勋章、证章、印章、钱币、陶器、瓷器、器具、服装、旗帜、文献、笔记等。代表性文物有：秦兵马俑、西汉铁铍、汉代钩镶、隋铜虎符、元至正十一年铜铳、明洪武五年碗口铳、明洪武十年铜铳、

明东司房锦字号象牙腰牌、明王忬象牙腰牌、清神威无敌大将军炮、太平天国铁炮、左宗棠印章、丁汝昌战袍、"镇远"舰铁锚、金陵机器局造铜炮、加特林机枪、叶挺北伐战争使用的指挥刀、朱德在南昌起义中使用的手枪、毛泽东送给袁文才的皮裹腿、贺龙的狮钮印章、红军的第一部电台、中央革命军事委员会印章、周恩来的红星奖章、泸定桥铁索、贺龙题写的"兴盛番族"锦幛、黄土岭战斗击毙阿部规秀的迫击炮、杨靖宇的印章、左权的转轮手枪、八路军军工部生产的"八一"式马步枪、侵华日军中国派遣军总司令冈村宁次代表日军投降时呈缴的战刀、我军的第一辆坦克"功臣号"、北平（今北京）城门钥匙、黄继光的朝鲜金星奖章、王海驾驶的米格15战机、头门山海战英雄炮艇、U2飞机等。

军事博物馆以全军各大单位调拨、个人捐献和转让等方式，对我军历史文物和中国近现代文物进行系统征集，奠定军事特色鲜明的红色大馆的文物优势地位。近年来，采取捐购结合的方式，加大对世界军品的征集，征集到极具收藏和研究价值的珍贵文物近2万件（套）。

军事博物馆文物库房，建筑面积约1.8万平方米，下设藏品库、珍品陈列室、总账室、摄影室、3D数据采集室、修复室、武器保养车间等功能区，配备恒温恒湿系统、环境监测系统、气体灭火系统、信息化管理系统、通信系统、安防系统，成为集文物管理、陈列展示、文物保护、文物信息采集和安全防范功能于一体的现代化、信息化、专业化藏品库房。

军事博物馆陈列体系以军事历史为主，主要包括以下几种。

（1）中国共产党领导的革命战争陈列：展示中国共产党领导人民军队，为推翻三座大山进行的20多年（1921—1949年）波澜壮阔的革命战争史，分为土地革命战争、全国抗日战争和全国解放战争三部分。

（2）新中国国防和军队建设陈列：展示新中国成立以来人民军队革命化、正规化和现代化建设的历史和取得的辉煌成就，特别是展示人民军队忠实履行使命、保卫和建设祖国的丰功伟绩以及听党指挥、能打胜仗、作风优良的优良传统。

（3）兵器陈列：分负一层、一层和二层三个展区，重点突出人民军队缴获和使用的武器装备，特别是人民军队历史上的功勋武器，力图从一个侧面揭示革命战争年代人民军队以弱胜强、以劣胜优的战斗精神和光荣传统，展示新中国兵器装备从无到有再到强的发展历程。

（4）中国历代军事陈列：以中国历代军事历史的发展演变为脉络，复原中国历代战争实践、兵器装备、军事制度、军事思想等文明成果，凸显中华民族坚贞不屈、自强不息的爱国主义传统，使观众徜徉于博大精深的军事文化之中，探寻中华文明发展的光辉足迹，浸染中华民族优良传统。

（5）军事科技陈列：设置陆军重武器装备技术、陆军轻武器装备技术、海军武器装备技术、空军武器装备技术、导弹武器装备技术、核武器与核技术和平利用等展区。通过介绍国防科技、诸军兵种军事技术知识，运用现代科技展示方式和手段，以提升观众科学素质、弘扬科学精神、普及科学知识、传播科学方法为宗旨。

（6）红色记忆——馆藏革命军事艺术作品陈列：分油画、雕塑和中国画作品等，展示军博收藏的军内外艺术家的军事题材精品力作，充分展示党领导的人民军队的光辉形象与精神面貌，全面展现人民军队发展建设所取得的丰功伟绩。

除基本陈列外，军事博物馆还举办大量的大型主题展览。近几年来举办的《用兵如神——毛泽东军事指挥艺术》《历史不能忘记——近代以来中国人民抗击日本侵略展》《古田会议——党和军队建设史上的里程碑》《中流砥柱——中国共产党及其领导的人民军队抗日战争主题展》《英雄史诗　不朽丰碑——纪念中国工农红军长征胜利 80 周年主题展览》，得到了中央领导和各界观众的广泛赞誉，产生了巨大的社会影响。特别是 2017 年为庆祝中国人民解放军建军 90 周年承办的《铭记光辉历史　开创强军伟业——庆祝中国人民解放军建军 90 周年主题展览》，分室内展区和室外武器装备展区两部分，陈列面积达 7300 平方米（其中展厅展览面积 5000 平方米，广场展览面积 2300 平方米），展出各种图片 1100 余幅、文物 1300 余件、大型实装 18 件、单兵装备 22 件、艺术品 13 件、景观 7 个、模型 61 件，全面展示人民军队的辉煌成就，大力弘扬我军的优良作风和光荣传统，重点突出党的十八大以来国防和军队建设的辉煌成就。

信息化建设。军事博物馆门户网站于 2010 年 8 月 1 日正式上线，建立了军事博物馆数字博物馆。网站设关于军博、资讯动态、展览陈列、参观服务、参与互动、馆藏文物、研究创作共 7 个一级栏目，对外发布军博资讯、展览预告、参观指南、文物征集、志愿者招募等信息，提供门票预约、网友留言、调查问卷等功能。为扩大展览影响力和方便观众远程参观，陆续推出中国共产党领导的革命战争陈列、新中国国防和军队建设陈列、兵器陈列、中国历代军事陈列、军事科技陈列、红色记忆——馆藏革命军事艺术作品陈列这 6 个基本陈列网上展馆，以及"铭记光辉历史　开创强军伟业——庆祝中国人民解放军建军 90 周年主题展览"网上展馆。此外，为适应移动互联网的发展形势，先后建立和开通了军博官方微博和微信公众号。

2017 年，以展览大楼加固改造工程为契机，军事博物馆信息化建设全面展开。利用移动互联网、物联网和大数据等先进技术，根据国家文物局智慧博物馆参考模型和技术标准，建立了"一个中心、五大平台"的信息化体系架构，即以云计算为中心，构建传播平台、服务平台、研教平台、管理平台和运行平台。开发门户网站、App 客户端、微信公众号、虚拟博物馆、票务管理、公共信息导览、智能讲解等 10 套应用信息系统。在数字化的基础上增加智能感知、定位和互动功能，实现线上线下信息融合，通过大数据分析、信息推送等手段，为观众提供更精细化和智能化的服务。

自 1985 年起，军事博物馆编辑出版月刊《军事史林》。期刊主要从军事历史、武器装备、军事艺术等方面全面反映中外军事发展历程综合性知识。

门　　票：凭有效证件免费领票
开放时间：9:00—17:00（16:00 停止入馆），周一例行闭馆（法定节假日除外）。

五、中国人民抗日战争纪念馆

中 文 名：中国人民抗日战争纪念馆
地理位置：北京市丰台区卢沟桥宛平城城内街 101 号
内容简介：

中国人民抗日战争纪念馆位于中华民族全面抗战爆发的卢沟桥事变发生地——北京市丰台区宛平城内，是全国唯一全面反映中国人民伟大抗日战争历史的大型综合性专题纪念馆，是国家一级博物馆、全国优秀爱国主义教育示范基地、全国国防教育基地、全国首批廉政教育基地、全国红色旅游经典景区，是全国首批国家级抗战纪念设施、遗址，是国际二战博物馆协会、中国抗日战争史学会秘书处所在地，是中国博物馆协会纪念馆专业委员会主任委员单位。

中国人民抗日战争纪念馆的周边是以明清风格为主体的仿古建筑，正前方是修缮改造一新的和平广场，广场中央矗立着象征中华民族觉醒的"卢沟醒狮"，高达14米的国旗杆竖立在广场北侧。覆以乳白色大理石的展馆外墙与镶嵌着独立自由勋章图案的锻铜大门，使纪念馆尤显肃穆、庄严。在中国人民抗日战争纪念馆二级平台上安放着质地为锻铜的独立自由勋章雕塑，在此设立这一永久性纪念设施，是让人们永远铭记那些为了中华民族的独立和自由而英勇献身的先烈，更好地传承和弘扬中国人民为了追求和平正义、捍卫民族独立自由而不畏强暴、不怕牺牲的抗战精神，使人们牢记历史、缅怀先烈、勿忘国耻、圆梦中华。

中国人民抗日战争纪念馆现占地面积约为3.5万平方米，建筑面积约为3.61万平方米，陈列面积约为1.36万平方米，历经1997年、2005年、2015年三次改造，实现了三次大的飞跃，现有馆藏文物2.5万余件（套），其中一级藏品117件（套）。2015年举办的"伟大胜利历史贡献"大型主题展览，以历史图片和实物为主，辅以景观、油画、雕塑、幻影成像、影视片等展示手段，全景式展现全国各民族、各阶级、各党派、各社会团体、各界爱国人士、港澳台同胞和海外侨胞英勇抵抗日本军国主义侵略的光辉历史，突出表现了中国战场作为世界反法西斯战争的东方主战场，为世界反法西斯战争胜利而做出的巨大历史贡献。

中国人民抗日战争纪念馆自建馆以来，先后推出了"台湾同胞抗日斗争史实展""光辉典范——抗战时期中国共产党党风廉政建设""伟大贡献——中国与世界反法西斯战争"等90多个专题展览。这些专题展览不仅是基本陈列的补充和深化，而且为进一步加强爱国主义教育发挥了重要作用。中国人民抗日战争纪念馆是世界各国人民了解中国抗战历史的一个重要窗口。自1987年开馆以来，共接待了包括日本前首相村山富市在内的十几位国家政要、80余个国家和地区的80多万观众。先后赴日本、美国、新加坡等国家和中国台湾、香港、澳门地区举办抗战主题的专题展览，与俄罗斯、乌克兰、韩国、波兰等国家的"二战"类博物馆签订合作协议，加强了与这些国家和地区的交流与合作。迄今为止，中国人民抗日战争纪念馆共接待国内外观众达3000余万人次。

中国人民抗日战争纪念馆在社会各界的大力支持下，将努力办成全国一流的爱国主义教育示范基地和红色旅游经典景区、一流的抗战史资料收集及研究中心、一流的国际性纪念馆和对外宣传交流的重要窗口。

主要景点：

中国人民抗日战争纪念馆位于北京市丰台区宛平城城内街101号，于1987年7月7日"七七事变"爆发50周年前夕落成，由邓小平题写馆名。中国人民抗日战争纪念馆由序厅、展厅、半景画馆三部分组成。以声光结合的立体画面再现了日军在卢沟桥的侵华罪行和中国军民奋起抗战的壮烈情景。

中国人民抗日战争纪念馆是一座具有民族特色的建筑。进入序厅，迎面是一座长 18 米、高 5 米的大型铸铜浮雕"把我们的血肉铸成我们新的长城"，左右两侧墙壁上分别镶着《义勇军进行曲》和《八路军进行曲》的曲谱，顶部由 15 个方形藻井组成，悬挂着 8 口方形古钟，寓意着中国人民抵御侵略的警钟长鸣。

中国人民抗日战争纪念馆展出了从 1931 年九一八事变到 1945 年抗战胜利这 14 年间的珍贵历史文物和照片 5000 余件（幅），以重大事件、重要历史人物的有关遗物和文稿为主，其中有些文物已成孤品。馆藏抗日战争时期的重要文献、书刊、档案资料数千件。

展览分为"综合厅""日军暴行厅""人民战争厅"和"抗日英烈厅"这 4 部分，陈列采用巨幅照片、形象图表及现场复原等形式，使用文物及塑型结合的方法组成立体空间，使观众产生强烈印象，如"地雷战景观""地道战景观""水上游击队"等立体模型都取得了良好的效果。

门　　票：凭有效证件免费

开放时间：9:00—16:00（周一闭馆）

六、故宫博物院

中 文 名：故宫博物院

地理位置：北京市东城区景山前街 4 号

内容简介：

北京故宫博物院建成于 1925 年 10 月 10 日，位于北京故宫（紫禁城）内。是在明朝、清朝两代皇宫及其收藏的基础上建立起来的中国综合性博物馆，也是中国最大的古代文化艺术博物馆，其文物收藏主要来源于清代宫中旧藏，是第一批全国爱国主义教育示范基地。

从 2014 年 1 月 1 日起，除法定节假日外，北京故宫博物院实行周一闭馆。

北京故宫博物院位于北京故宫（紫禁城）内，北京故宫是第一批全国重点文物保护单位、第一批国家 5A 级旅游景区，1987 年入选"世界文化遗产名录"。

主要景点：

午门

午门是紫禁城的正门，又俗称"五凤楼"。门楼高 8 米，辅楼高 4 米。

明朝的每年正月十五，午门都要悬灯赐食百官；每年农历十月初一，都要在这里举行颁布次年年历仪式。清朝乾隆年间因避讳乾隆帝"弘历"的名字，故将"颁历"改称"颁朔"。

清朝，皇帝举行朝会或大祀，以及元旦、冬至、万寿、大婚等重大节日，都要在这里陈设卤薄、仪仗。此外，国家凡征战凯旋时，皇帝在午门接受献俘典礼，皇帝亲征，也从此门出驾。

太和门

太和门，位于北京市东城区北京故宫内，处于外朝中路，是故宫外朝宫殿的正门，建成于明永乐十八年(1420)，时称奉天门；清顺治二年(1645)改名为太和门；清光绪十四年(1888)被焚毁；清光绪十五年（1889）重建。

太和门面阔9间，南北深分2间，进深4间，四围廊子，合深36间，建筑面积1371.14平方米。通高23.80米，上覆重檐歇山顶，下为汉白玉基座；梁枋上施有和玺彩画，是北京故宫内最大的宫门。太和门在明代是"御门听政"之处，皇帝在此接受臣下的朝拜和上奏、颁发诏令、处理政事。

太和门后檐正中开三门，为重檐歇山式门座，下面承以须弥座式的白石基座，四围龙凤石雕栏。太和门上梁枋等构件上施有和玺彩画。太和门前后石阶各三出，左右阶各一出，建筑通高23.80米，体制装銮如太和殿。门前列铜狮一对，铜鼎四只，门前丹墀之下东西两侧分别列有石匮、石亭。

太和门前有面积约26000平方米的广场，内金水河自西向东流过。河上横架五座石桥，习称内金水桥。太和门广场左右各设一门，东为昭德门（明代称弘政门），西为贞度门（明代称宣治门）；广场两侧还有排列整齐的廊庑，习称东、西朝房，并有协和门（明代称会极门）和熙和门（明代称归极门）东西对峙。

1961年3月4日，包括太和门在内的故宫被中华人民共和国国务院公布为第一批全国重点文物保护单位。

太和殿

太和殿，又称"金銮殿""至尊金殿""金銮宝殿"，矗立在紫禁城中央，殿高36米，宽63米，建筑面积2377平方米，是紫禁城（故宫）中最大的殿宇、东方三大殿之一。京城的中轴子午线沿着龙纹石雕御路升上三台，从天子宝座下穿过，是中国现存规制最高的古代宫殿建筑之一，是皇帝举行重大朝典之地。大殿内外饰以成千上万条金龙纹，屋脊角安设十个脊兽，在现存古建筑中仅此一例。明永乐十八年（1420），太和殿建成，初名奉天殿；后经数次灾毁和重建；明嘉靖朝改名皇极殿；满清建都北京后改为今名；现太和殿是清康熙年重建并留存下来的。

"太和"语出《周易》，太和是"阴阳会和，冲和之气也"，"混同宇内以玉太和"之意，即指宇宙万物和谐圆满。太和殿坐落在"工"字形须弥座上，须弥座由汉白玉雕成，分上、中、下三层，台基上的台阶称为"陛"，台阶与台阶之间的缓冲平面称"墀"。古时宫殿台阶多为深红色，故称为丹墀或丹陛。雕栏称为望柱，柱头雕以云龙云凤图案。那些伸出的为螭首，口中小孔为出水孔，共有螭首1142个。如遇雨天，可见千龙吐水之奇观。

台基上放置着18个大铜鼎，据说代表当时的18个省份。太和殿台基上面的大平台放置铜龟、铜鹤各一对，象征"龟鹤千秋"，意为长寿。东有日晷，西有嘉量，象征皇权公正平允。这里是举行大典奏九韶之乐的地方。

太和殿是国内木制大殿之冠，采用重檐庑殿顶，为殿宇中的最高等级，足称中国古典建筑之最。殿内72根大柱支撑其全部重量，殿正中为皇帝宝座，周围有6根镀金龙纹大柱，另外还有42根木柱，原为楠木，后改为松木。大殿中间的宝座采用"须弥座"形式，正面和左右都有陛（木台阶），宝座上设雕龙髹金大椅，是皇帝之位。椅后设雕龙髹金屏风。宝座左右有对称的宝象、角端、仙鹤、香亭等陈设，都是铜胎嵌丝珐琅制品。象驮宝瓶，内装五谷，象征太平、五谷丰登。甪端是我国古代神话中的一种神兽，可日行 1.8 万里，通晓四方语言，只有明君，它才捧书而至，护驾身旁。

中和殿

中和殿在太和殿后，平面呈方形。"中和"语出《礼记·中庸》，指不偏不倚，凡事做到恰如其分。

中和殿采用方形攒尖顶，为三大殿中最小，是皇帝去太和殿大典之前休息的地方。皇帝去天坛、地坛、日坛、月坛祭祀时，前一天也要在中和殿里看祭文。每年二月皇帝到先农坛举行亲耕仪式，前一天要来这里阅视种子、农具、祝文。这里现陈列的是乾隆年间的两顶肩舆，即八抬大轿。

保和殿

保和殿，其意为"志不外驰，恬神守志"，就是说神志要专一，以保持宇内的和谐，才能福寿安乐、天下太平。

保和殿比太和殿的规模小些，采用重檐歇山顶。明朝册立皇后、太子时，皇帝在此殿受贺。在清朝，保和殿是举行盛大宴会的地方，初一和十五在此宴请外族王公大臣，场面是十分壮观的；公主下嫁时，也在这个殿里宴请驸马。这个殿最有名的事是举行殿试，殿试由皇帝本人亲自监考、主考，是科举考试的最高层次。前三名分别为状元、榜眼、探花。

保和殿后阶陛中间设有一块雕刻着云、龙、海水和山崖的御路石，人们称之为云龙石雕。这是紫禁城中最大的一块石雕，长 16.57 米，宽 3.07 米，厚 1.7 米，总重 250 吨。原为明朝雕刻，清朝乾隆时期又重新雕刻。其图案是在山崖、海水和流云之中有九条口戏宝珠的游龙，它们的形象动态十足，生机盎然。

乾清宫

乾清宫明朝时为皇帝居住之处，皇帝在此处理政务、召见臣仆和外国使节。从清朝雍正皇帝之后，皇帝迁到养心殿居住，但仍在此批阅奏报、召见大臣。

乾清宫除是皇帝的寝宫和日常处理政务之地外，还举行元旦、灯节、端午、中秋、冬至、万寿等节日的家宴。殿内宝座上方有一块匾，"正大光明" 4 字意为公正、光明磊落。这块匾很有名气，与秘密立储关系密切。皇帝生前，亲自选一个德才兼备的皇子作为皇太子——嗣皇帝，不予宣布，而是由皇帝秘密亲书预立皇太子的名字的"御书"，密封匣内，藏于那块匾后，等皇帝驾崩或在临终前，由御前大臣、军机大臣等共同启示，按御书所定，嗣皇帝即位。相传雍正的第四子弘历即乾隆皇帝，就是这么确立的。

交泰殿

交泰殿位于乾清宫与坤宁宫之间，象征着天地交合、平安康泰，始建于 1420 年，于 1798 年重建。殿平面呈方形，面宽进深均为 3 间，黄琉璃瓦四角攒尖鎏金宝顶，小于中和殿，殿内高悬康熙御笔"无为"二字，两侧还陈列着古代计时用的铜壶滴漏和西式大自鸣钟。殿中设有宝座，宝座后有 4 扇屏风，上有乾隆御笔"交泰殿铭"，殿顶内正中为藻井。交泰殿是皇后每逢大典及生日受贺的地方。

乾隆十三年（1748），皇帝将代表封建皇权的 25 颗玉玺存放在这里。清世祖鉴于明亡教训，还在这里立了一个告诫内宫不可干预政事的铁牌。

坤宁宫

坤宁宫位于交泰殿之后，为后三殿之末，是明朝皇后的住所，在清代改为祭神场所。清代重修时，按照满族的习惯，将正门开在偏东的一间，并将菱花格窗改为东条格窗，殿西部的暖阁改为南、西、北三面的环形大炕，使大殿的建筑风格有别于其他宫殿。

殿东有暖阁 3 间，为清代皇帝大婚的洞房，内设龙凤喜床，按清制婚礼后皇帝和皇后在此住 3 天，皇帝搬到养心殿，皇后回体顺堂。西暖阁是祭神的场所，在大祭的日子，皇帝、皇后亲自参加。

养心殿

养心殿在各殿中排太和殿之后，占第二位。清朝康熙前这里皆为皇帝寝殿，雍正以后这里既是寝宫，又是处理政务、召见大臣的地方。

此殿曾是两宫皇太后垂帘听政处。东暖阁里，单人座椅在前，是小皇帝的宝座，后排为慈禧和慈安垂帘听政时所坐，中间隔一黑帘子。清朝被孙中山先生领导的民国政府推翻后，清朝末代皇帝溥仪就被允许居留于养心殿达十多年。

御花园

御花园是典型的中国宫廷园林建筑，园内奇花异木，镶嵌石径，亭台楼阁，假山堆石。在这占地面积 1.2 万平方米的范围里容纳了大小 20 多个不同风格的建筑。其构思精细，安排得当，层次清楚，又不失宫廷气魄。

御花园正中北面的钦安殿是园中的主体建筑，殿的殿基是以汉白玉石为材的须弥座，殿顶平坦，周围四脊环绕。其余殿宇轩斋对称分置于东西两侧。

钦安殿西北有延晖阁，东北有堆秀山。堆秀山是明朝万历十一年（1583）在宫后苑的原观花殿的基础上建造的。山高 14 米，是由各种形状的太湖石堆成的。顶上有一亭叫御景亭。每年九月初九重阳节，皇帝都要携带一群后妃登堆秀山，眺望皇宫内外景色。

御花园东南角的绛雪轩和西南角的养性斋遥遥相对。养性斋是一座楼阁式藏书楼，在清朝乾隆年间用于存放图书；绛雪轩前曾有海棠数棵，因海棠花飘落似雪片而得名，清朝乾隆皇帝曾在此赏景作诗。摘藻堂位于御花园的东北角，是一座 5 间悬山式建筑，乾隆年间作为书库，内藏著名的《四库全书荟要》等 1.2 万册。

御花园内还有万春亭、浮碧亭、千秋亭、澄瑞亭等名亭，分别象征春、夏、秋、冬四季。

此外，御花园西南、东南的"琼苑西门""琼苑东门"，分别通往西六宫和东六宫，北面的顺贞门是与北宫墙并列的三座琉璃门，平时关闭，仅在皇帝、妃嫔出入时开启。

门　　票：60 元

开放时间：（周一闭馆）

每年 4 月 1 日至 10 月 31 日采用旺季开放时间：开始售票、开放进馆时间 8:30；止票时间（含钟表馆、珍宝馆）16:00；停止入馆时间 16:10；清场时间 17:00。

每年 11 月 1 日至次年 3 月 31 日采用淡季开放时间：开始售票、开放进馆时间 8:30；止票时间（含钟表馆、珍宝馆）15:30；停止入馆时间 15:40。

七、圆明园遗址公园

中 文 名：圆明园遗址公园
地理位置：北京市海淀区清华西路 28 号

内容简介：

圆明园遗址公园位于北京市海淀区中部偏东，位于西直门西北方向 10 千米处，其东南角为清华大学西门。圆明园遗址公园为著名的爱国主义教育示范基地，仅存山形水系、园林格局和建筑基址，假山叠石、雕刻残迹仍然可见。在"西洋楼"旧址建有园史展览馆，供人瞻仰凭吊。

圆明园始建于康熙四十六年（1707），由圆明园、长春园、绮春园组成。占地面积为 350 万平方米，其中水面面积约 140 万平方米，有园林风景百余处，建筑面积约 16 万平方米，是清朝帝王在 150 余年间创建和经营的一座大型皇家宫苑。

主要景点：

大宫门：大宫门共 5 间，南向，门前有大型月台，东、西朝房各 5 间；房后另有曲尺形拐角朝房各 27 间；东为宗人府、内阁、礼部、吏部、兵部、都察院、理藩院、翰林院、詹事府、国子监、銮仪卫、东四旗各值房；西为户部、刑部、工部、钦天监、内务府、光禄寺、通政司、大理寺、鸿胪寺、太常寺、太仆寺、御书处、上驷院、武备院、西四旗各值房。

正大光明殿：正大光明殿是圆明园的正殿，皇帝每年举行生日受贺、新正曲宴亲藩、小宴廷臣、中元筵宴、观庆龙舞、大考翰詹、散馆乡试及复试的地方。殿上悬雍正手书"正大光明"匾额，殿堂 7 间，前面有宽大的月台，东、西配殿各 5 间。

勤政亲贤殿：勤政亲贤殿即养心殿西暖阁前室，位于正大光明殿东面，为盛暑时皇帝办公之处，有殿堂 5 间。北设宝座，南为窗，东有板墙开门，与养心殿明间相通，为皇帝召见大臣之所。窗外抱厦内围有木屏，与明间相隔，较为隐秘。现为宫廷生活原状陈列。

九洲清晏：九洲清晏位于前湖北岸，与正大光明殿隔湖相望，由三进南向大殿组成，第一进为圆明园殿，中间为奉三无私殿，最北为九洲清晏殿。中轴东有"天地一家春"，为道光出生处；西有"乐安和"，是乾隆的寝宫；再西有清晖阁，北壁悬挂巨幅圆明园全景图，原图现存于法国巴黎博物馆；道光十年（1830）又在"怡情书史"附近建起"慎德堂"等殿宇，都是皇帝寝宫；道光十六年（1836），圆明园殿、奉三无私殿、九洲清晏殿同时被火焚烧；雍正帝、道光帝都驾崩在九洲清晏殿。

长春仙馆：长春仙馆建于乾隆九年（1744），位于前湖西面，乾隆即位前曾居于此，有殿门 3 间、正殿 5 间。

镂月开云：镂月开云原称牡丹亭，位于后湖东南角，建筑木料以楠木为主，殿顶覆二色琉璃瓦。乾隆即位后改称"镂月开云"，乾隆三十一年（1766）又亲题"纪恩堂"匾额。院内植各色牡丹数百株。

碧桐书院：碧桐书院建于乾隆九年（1744），位于后湖东北角，是一座书房。

上下天光：上下天光位于后湖西北，为两层楼宇，登楼可尽览湖光水色。

杏花春馆：杏花春馆位于上下天光西面，馆舍东西两面临湖，西院有杏花村，馆前有菜圃。

坦坦荡荡：坦坦荡荡紧靠后湖西岸，是圆明园中专设的养鱼区，四周建置馆舍，中间开凿大水池。

万方安和：万方安和位于杏花春馆西面，是建于水上的卐字形大型殿堂楼宇，有33间。

山高水长楼：山高水长楼位于坦坦荡荡西面，为一座西向的两层楼房，上下各9间。前环小溪后拥连岗，中间地势平坦，是专门设宴招待外藩之处，也经常举行比武赛箭。

同乐园：同乐园位于后湖东北面，是园中最大的戏台，有清音阁3层，宽33.3米，下层设演特技的机轴；南有化妆室5间，北有观戏楼5间。乾隆年间每年从正月十三起在此举行酬节会，连日宴赏宗室王公及外藩陪臣并赏听戏。每逢皇帝生日，也在此演戏庆祝数日。

安佑宫：安佑宫位于圆明园西北隅，建于乾隆七年（1742），完全仿建故宫太庙，殿内曾陈列康熙、雍正、乾隆遗像。

水木明瑟：水木明瑟位于后湖以北小园集聚区的中央，仿扬州水竹居，内设水力土风扇，是园中最早的观水法。

舍卫城：舍卫城位于水木明瑟东面，是园中专门开辟的一座小城镇，仿照古印度桥萨罗国首都的城池布局而建，是供奉各种佛像和收藏佛经的地方。城廓呈长方形，南北长，东西宽，四周筑有城墙，共辟4门。城内街道呈十字形，内建殿宇、房舍共326间，以游廊相连接；还建有数座金碧辉煌的牌楼。城前专门开设一条贯穿南北的买卖街，称苏州街，由宫中太监扮成商人开市叫卖，法国教士王致诚对买卖街有比较详尽的记载。

文源阁：文源阁位于水木明瑟北面，原称四达亭，乾隆南巡浙江后，仿照宁波的明代藏书楼天一阁改建，专门贮藏《四库全书》。

廓然大公：廓然大公亦称双鹤斋，位于舍卫城东北面，是园中一组较大的建筑，主体建筑北濒大池，园内景色倒映水中犹然两景。另有诗咏堂、菱荷深处等景点。

西峰秀色：西峰秀色号称园中小庐山，仿照江西庐山改建。后垣的花港观鱼仿照杭州西湖胜景而建。每年七夕都在此摆设巧宴盛会。

四宜书屋：四宜书屋位于廓然大公东北面，有殿堂5间，正殿称安澜园，为乾隆南巡后仿照杭州湾畔海宁一陈姓隅园改建。

北远山村：北远山村位于大北门内偏东，稻田遍布，各房舍名称都与农事有关，呈现浓郁的田园景色。

方壶胜境：方壶胜境位于福海水面东北隅，为一座巨大的山字形楼宇。

蓬莱瑶台：蓬莱瑶台位于福海中央，共有三个岛，结构和布局根据古代画家李思训的"仙山楼阁"画意而设计。宫门3间，正殿7间，殿前东列畅襟楼，西列神洲三岛，东偏殿为随安室，西偏殿为日日平安报好音。东南面有一渡桥，可通东岛，岛上建有瀛海仙山小亭；西北面有一曲桥，可通北岛，岛上建殿宇3间。

接秀山房：接秀山房位于福海东南隅，内部装饰全部采用紫檀木漆器，上面都嵌以金银、宝石、象牙等，这些奇珍异宝上都镂刻着山水、楼阁、人物、花木、虫鸟。这种装饰，从设计到刻技都由明末杭州一周姓工匠所创始，故称周制，在我国雕刻史上占有重要地位。

平湖秋月：平湖秋月位于福海西北隅，在造型上融汇了杭州西湖平湖秋月和双峰插云的精华。

曲院风荷：曲院风荷位于福海西岸同乐园南面，正殿一排5间，仿照杭州西湖曲院风荷改建，跨池还有一座9孔大石桥。

淳化轩：淳化轩位于长春园正中的主体建筑，建成时适逢《重刻淳化阁帖》竣工，遂将刻板嵌于左右廊的廊壁上，轩由此得名。《重刻淳化阁帖》刻板144块，共10卷，汇集历代名家 99 人的真迹；刻成后又拓 400 部，分赐皇室宗亲、大臣及直隶、山东、浙江各行宫和名胜地。淳化轩因此成为北京地区的著名碑林。

海岳开襟：海岳开襟建于水池中，台基为圆形，上下两层，汉白玉石凭栏围绕。台上建 3 层楼宇，下层为海岳开襟，南檐题"青瑶屿" 3 字；中层为得金阁，题"天心水面" 4 字；最上层题"乘六龙" 3 字；台的四面各设牌楼一座。在圆明园的所有楼阁中，这组建筑最为豪华。

狮子林：狮子林位于长春园东北隅，乾隆皇帝游苏州后，仿苏州狮子林先建 8 景，后续 8 景，共 16 景，形成一组别致的小园景区。

如园：如园位于长春园东南隅，乾隆三十二年（1767）南巡至江宁（今南京市）后，仿照明代大将徐达的瞻园建置。

谐奇趣：是乾隆十六年（1751）秋建成的第一座欧式水法大殿建筑，主体为三层，楼南有一大型海堂式喷水池，设有铜鹅、铜羊和西洋翻尾石鱼组成的喷泉。楼左右两侧是从曲廊伸出的八角楼厅，是演奏中西音乐的地方。

海晏堂：是西洋楼最大的宫殿。主建筑正门向西，阶前有大型水池，池左右呈八字形排引了 12 只兽面人身铜像（鼠、牛、虎、兔、龙、蛇、马、羊、猴、鸡、狗、猪，12 个属相），每昼夜依次轮流喷水，各一时辰（2 小时），正午时刻，十二生肖同时喷水，俗称"水力钟"。本来是用欧洲风格的裸体女人像，但乾隆皇帝觉得裸体女人不符合中国的风俗，就改为十二生肖铜像，用青铜制造。

大水法：是西洋楼最壮观的喷泉。建筑造型为石龛式，酷似门洞。下边有一大型狮子头喷水，形成七层水帘。前下方为椭圆菊花式喷水池，池中心有一只铜梅花鹿，从鹿角喷水八道；两侧有十只铜狗，从口中喷出水柱，直射鹿身，溅起层层浪花，俗称"猎狗逐鹿"。大水法的左右前方各一座巨大的喷水塔，塔为方形，13 层，顶端喷出水柱，塔四周有 88 根铜管子，也一齐喷水。当年，皇帝是坐在对面的观水法观赏这一组喷泉的，英国使臣马戛尔尼、荷兰使臣得胜等都曾在这里"瞻仰"过大水法奇观。据说若这处喷泉全部开放，则犹如山洪暴发，声闻里许，在近处谈话须打手势，其壮观程度可想而知。

观水法：观水法位于远瀛观中轴线南端，主要建筑有安放皇帝宝座的台基，后面立高大的石雕围屏风，两边设巴洛克式门，门两侧各有一座巨型水塔和接收喷水的水池。池旁依势设置各种兽类，呈半圆形，表示兽战和林中逐鹿等游戏；喷水的管口安装有时钟，根据中国传统的计时方法，用 12 种动物的名字表示一天的 12 个时辰，每隔 1 个时辰便有 1 只兽口向池内喷射水。

万花阵：万花阵也称黄花阵，是仿照欧洲的迷宫而建的花园。用四尺高图案的雕花砖墙分隔成若干道迷阵，因而称为"万花阵"。虽然从入口到中心亭的直径距离不过 30 余米，但因此阵易进难出，每当中秋之夜，清帝坐在阵中心的圆亭里，太监、宫女们手持由黄色彩绸扎成的莲花灯，寻径飞跑，先到者便可领到皇帝的赏物，所以也叫黄花阵或黄花灯。清帝坐在高处，四望莲花灯东流西奔，引为乐事。

线法山：线法山和线法墙之间有一条方河，在线法墙下设水箱，置威尼斯城的模型于水箱中，皇帝坐在线法山上观望。

门　　票：10 元，西洋楼遗址景区（含大水法、展览馆、迷宫）
　　　　　15 元　圆明园盛时全景
　　　　　10 元　模型展

开放时间：5 月至 8 月：7:00—21:00，售票时间 7:00—19:00

4 月、9 月至 10 月：7:00—20:30，售票时间 7:00—18:30

1 月至 3 月、11 月至 12 月：7:00—19:30，售票时间 7:00—17:30

八、八达岭长城

中 文 名：八达岭长城

地理位置：北京市延庆区军都山关沟古道北口

内容简介：

八达岭长城是中国古代伟大的防御工程——万里长城的重要组成部分，是明长城的一个隘口。八达岭长城为居庸关的重要前哨，古称"居庸之险不在关而在八达岭"。

明长城的八达岭段被称为"玉关天堑"，为明朝居庸关八景之一。八达岭长城是明长城向游人最早开放的地段，八达岭景区以八达岭长城为主，兴建了八达岭饭店和"中国长城博物馆"等功能齐全的现代化旅游服务设施。

八达岭景区是全国文明风景旅游区示范点，以其宏伟的景观、完善的设施和深厚的文化历史内涵而著称于世，是举世闻名的旅游胜地。

主要景点：

望京石

位于八达岭关城东门外，"居庸外镇"关门前大道。

望京石南侧为一块高 1 米、长 15 米的天然花岗岩，上刻"望京石" 3 个字。

天险留题

位于东关门内侧，今熊乐园右上方山崖上。在一块凿平的崖壁上刻有"天险"二字，为清朝道光十五年（1835）延庆州知州童恩所题，保阳刘振宗镌刻。

弹琴峡

位于五贵（鬼）头山下，为关沟胜景之一。

关隘

八达岭原为隘口，后建关城。明朝隆庆三年（1569）至万历十年（1582）

在各口修建障塞，并在各口两侧的山上建起边城、梢墙、挡马墙等，后来逐渐增建为长城，并修筑敌楼、墩台。起自川草花顶，经石佛寺口、青龙桥东口、青龙桥西口、王瓜峪口、八达岭口、化木梁口、于家冲口、黑豆谷口至石峡峪，全长约 12 千米。八达岭长城、关城、城墙、要塞及关沟中部的居庸关构成明朝时期北京完整的军事防御体系。

岔道城

据《延庆州志》记载："岔道有二路，一至怀来卫，榆林、土木、鸡鸣三驿至宣府（今宣化）为西路，一至延庆州、永宁卫、四海治为北路。"故得名"岔道"。根据考古记载，明朝嘉靖三十年（1551）岔道城开始修筑，历经30余年终于建成，整个城呈不规则长方形，中间略鼓，两端略缩依山势而建，北部城建在半山之上。整个城东西长510米，南北宽185米，呈船形。全城总占地面积约为8.3万平方米，城墙高8.5米，由石条城砖、石灰、泥土筑成。城上设有马道，外侧宇墙设垛口、望孔、射口，南城墙有烽火台两座。城墙的建造分为两个时期，早期是内夯土，外用石块加白灰砌筑，晚期又在原城墙外用条石和砖砌筑。

古炮

陈展于八达岭关城内登城入口处的马道旁，共有五尊铁炮，是当时的先进武器之一。其中最大一尊炮筒长2.85米，口径105毫米，射程达千米以上，威力甚大。炮身上刻有"敕赐神威大将军"字样，为明朝崇祯十一年（1638）制造。该炮是1958年从八达岭东十余里的张堡运来的，另外四尊牛腿小炮是1957年整修长城时的出土文物，同时还发掘出数百枚炮弹，均为明朝制品。据《武备志》记载："古代以机发石，其机之木架，形如虎蹲。后来使用火炮，炮身短而粗大，以发开花弹者，名虎蹲炮，俗称田鸡炮。"由此可见当时武器情况之强盛。

关城

八达岭关城东门外有一座庙，名望京寺，内有由石岩凿成的大悲佛像；西门外立有牌坊，横额书"驱胡万里"。弘治十八年（1505）经略边务大理寺少卿吴一贯修建关城时，庙及牌坊皆拆毁。关城设东、西关门，西城墙下部用10余层花岗岩条石垒砌，上部砌大城砖。墙宽20余米、厚17米、高7.8米；顶部为长方形城台，长19.8米，宽14.15米，面积280.17平方米，四面筑宇墙垛口。城台两侧三四十米处，各建敌楼一座，以墙连通，与关城构成掎角之势。西城墙两侧连接有南、北两道城墙，两墙均建于山脊之上，东低西高，呈U字形，在东门相遇。城墙厚3.3米，高7.6米，周长2070米。东西门相距63.9米，城内面积约5000平方米。嘉靖十八年（1539）立东门，门额书"居庸外镇"；万历十年立西门，门额书"北门锁钥"，均保存完好。

城墙

八达岭长城的城墙高6～9米，平面呈梯形，底宽6.5～7.5米，顶宽4.5～5.8米。大部墙顶宽阔平坦，可以"五马并骑、十人并行"；城墙中线偏于外侧，外侧墙高，内侧墙低。

敌楼

八达岭长城共有敌楼43座，形制相仿又各具特色，其中有巡逻放哨用的墙台，也有上、下两层的敌台，上层周围设垛口和射洞，下层为士兵住宿和存放物资的房舍。台堡的距离根据山势和地形而设，全部采用砖石结构，第一层和第二层顶部做成许多拱券，有梯道上下。两层均有射击口、瞭望口和吐水嘴，楼上有垛口，台突出墙外，收墙于台内。已修复南四楼、北四楼及北五楼等16座敌楼。

①南、北四楼。位于关城南、北两峰上，南、北各有4座敌楼，是最早开放游览的地段。两峰相对高差大、坡度陡，敌楼由低处向高处依次峙立，南北遥相呼应。从关城到南四楼，城墙长685.8米，高度上升127米，平均每6米即上升1米。三楼与四楼之间，山势陡峭，城墙逶迤约500米，最险要处坡度达70度。从关城到北四楼，城墙长767.5米，高度上升

155 米，比南峰距离长，但较南峰平缓。过第三楼呈马鞍形，先下到鞍座部再往上登第四楼，此段有 100 余级台阶。这 8 座敌楼与敌楼之间的长城于 20 世纪 50 年代修复。北峰 4 座敌楼本为两层，只恢复了 3 座，第三座的上层未恢复；南峰第一、二座的上层也未恢复，南三楼上原有铺舍，柱基依在，未复原。每座楼原来都有记载修筑经过的题名石碑，已无存，只留碑座。有的敌楼券门的门枢臼和放门杠的孔眼依稀可见。

②北五楼。券洞最多的敌楼。楼长 9.25 米，宽 9.34 米，上下两层。从券门进入一层，内有许多券洞，每面 4 行砖垛，每垛之间都用券顶拱连，共 30 余个券洞托起第二层的地面。

③北六楼。面积最大的敌楼。楼长 12.6 米，宽 8.5 米，底层面积约 100 平方米。长面 7 行砖垛，宽面 4 行砖垛，垛顶发券，形成四方廊形券道，中间留空，成为长方形天井。可从天井登梯上到楼顶。

④北八楼。海拔 888 米，为八达岭长城海拔最高的敌楼，是俯瞰长城最佳之处，故又名观日台。楼内两层，有梯可上。一层迎敌面有 6 个箭窗，其数目之多居敌楼之首。关城平台与北八楼长城相距 1500 余米，相对高度 228 米。

⑤建有铺舍的敌楼。新修复的敌楼中有两座建有铺舍，一是北十楼，一是南六楼。铺舍是建在二层楼上的小屋，硬山顶，雕窗红柱。

墩台

又称烽火台。八达岭长城外的东、西山上，各有一座墩台。墩台高均五丈，周围建小城，高一丈五尺，上设悬楼垒木，下设壕堑吊桥，外设塌窖陷阱；门道上置水柜，冬日盛冰、夏日盛水；不修台阶，以绳梯上下；每台有火铳、火炮两门，有守卒 10 人，由附近城堡驻军防守，与城堡组成一个纵深防御网。明朝成化二年（1466）规定举烽办法，即敌人来百人以上一烽一炮，500 人以上二烽二炮，1000 人以上三烽三炮，5000 人以上四烽四炮，1 万人以上五烽五炮。

城台

城台又称墙台，指稍高出长城墙顶，四周砌有堞墙、垛口、射洞等平台型建筑。城台是古代士兵的巡逻放哨之处，以及发生战争时进行据守防御的地方。例如，八达岭关城门顶的平台即为城台。

战台

战台大炮原名"捷胜飞空灭虏安边发熕神炮"，修筑于长城沿线的交通要道或地势险要之处，为碉堡式建筑，有一、二、三层之分，规模大小不一。内可储兵器、弹药及其他战略物资，其作用大于敌楼。据明朝刘效祖所著《四镇三关志》记载，在戚继光的规划和督办下，从山海关至北京的长城沿线共筑敌台、战台 1200 座（原计划建 3000 座）。当遇战争爆发之时，在敌台上可"从上临下，用火器、佛郎机、子母炮更番击打"，"器用尽以火炮代之"。一个战台一般需 30 人守台、30 人守垛，分 6 伍，备火药 300 斤。此外，战台上还存有神箭、铁棍及数以千计的大小石块，同时还储备一个月的口粮和用水等。这种"制作久而弥精，心思熟而愈巧"的战台设施，既可出击，又可据守，并可与长城上的城台、敌台（敌楼）等军事设施密切配合，以组成密集的火力网，大大地增强作战威力，有效地阻击敌骑进攻，在军事防御中起着十分重要的战略战术作用。

门　票：旺季（4 月至 10 月）45 元，淡季（11 月至次年 3 月）40 元

开放时间：旺季（4 月至 10 月）6:30—19:00，淡季（11 月至次年 3 月）7:00—18:00

九、周口店遗址博物馆

中 文 名：周口店遗址博物馆
地理位置：北京市房山区周口店龙骨山脚下
内容简介：

周口店遗址博物馆坐落在北京市房山区周口店龙骨山脚下，距北京市区约 48 千米。这是一座古人类遗址博物馆，始建于 1953 年。周口店是世界著名的古人类和古脊椎动物考古遗址，是"北京人"的发源地。1929 年，中国古人类学家裴文中在龙骨山发掘出第一颗完整的"北京猿人"头盖骨化石，震撼了全世界。周口店遗址博物馆是世界文化遗产、国家 4A 级景区、全国重点文物保护单位、全国百家爱国主义教育示范基地。

主要景点：

周口店遗址是一个巨大的天然洞穴，1921 年开始试掘和采集。1966 年，在这里又发现了两片 50 多万年前的古猿人额骨和一片枕骨，它们属于同一个体，这是唯一的人们知道下落的北京猿人头盖骨。1987 年，该遗址被列入《世界遗产名录》。

周口店遗址博物馆系统地介绍了数万年前北京人、新洞人及山顶洞人的生活环境和状况。序厅展示了周口店地区从 4 亿年前到 1 亿年前沧海桑田的地质变化过程；第一展厅陈列了北京猿人头盖骨化石模型等展品；第二展厅展示了北京猿人的居住生活场所；第三展厅主要介绍了龙骨山上发现的化石遗址和古人类活动遗址分布点；第四展厅陈列着我国和世界各地发现的各个时期的古人类化石、旧石器，以及旧石器时代晚期人类的绘画、雕刻等艺术品。

门　　票：30 元
开放时间：8:30—16:00（淡季，11 月 1 日至次年 3 月 30 日），8:30—16:30（旺季，4 月 1 日至 10 月 31 日）

十、李大钊烈士陵园

中 文 名：李大钊烈士陵园
地理位置：北京市海淀区香山东万安里 1 号
内容简介：

李大钊烈士陵园坐落在北京市香山东南的万安公墓内，占地面积 2200 平方米，1983 年 10 月 29 日落成并对外开放。庭院正西房为"李大钊烈士革命事迹陈列室"，通过大量的文物图片资料介绍了李大钊烈士的一生战斗历程和丰功伟绩。李大钊烈士陵园采用仿古式庭院建筑，已成为爱国主义教育和革命传统教育的重要基地。

主要景点：

陈列室

陵园西面正厅是烈士生平事迹陈列室。第一展室通过大量的图片、实物资料展示了李大钊烈士在天津法政专门学校读书、在日本早稻田大学留学，以及后来学习和传播马列主义的经历。重点展示李大钊在任北京《晨钟报》总编辑和《新青年》杂志编辑期间，发表的《庶民的胜利》《布尔什维主义的胜利》等文章，创办《每周评论》，积极领导五四运动，在北京发起组织马克思学说研究会和共产主义小组的情况。陈列室还展出了李大钊在中国共产党成立以后的一系列工作活动经历，歌颂了李大钊作为中国最早的马克思主义者、中国共产党的早期领导人，为中国革命事业所做出的伟大贡献。第二展室展出陵园的发展历史、党和国家领导人及各界人士参观陵园的照片及资料。陈列室展出了李大钊烈士的生平照片、文字、实物资料250多种，分为"幼失怙恃，少年立志""深研政理，探索振兴民族之良策""投身五四新文化运动""名重当世的学者和青年导师""讴歌俄国十月革命传播马克思主义""为创建中国共产党而奋斗""奔走国民革命统一战线，促进北伐胜利""领导北方地区的革命斗争""为共产主义英勇献身""永远活在人们心中"十个部分，全面介绍了李大钊烈士的光辉战斗历程。

石碑

陵园中有一件重要的文物，即在安葬李大钊烈士时，中共北方地下党为其雕刻的一块石碑。这块石碑在白色恐怖的年代不能立在李大钊烈士的墓前，不得不和他的灵柩一起葬入地下，直到1983年，在建立陵园时终于得以面世，成为陵园最重要的革命文物。在这块墓碑两侧是朱德、陈毅、李先念、林伯渠、何香凝等缅怀烈士的题词。

李大钊全身雕像

李大钊烈士陵园耸立着李大钊的汉白玉全身雕像，雕像后是李大钊及其夫人赵纫兰墓，墓后为纪念碑，由邓小平题写。碑的北面是中共中央撰写的碑文。

门　　票：免费

开放时间：8:00—15:00（周二闭馆）

十一、焦庄户地道战遗址纪念馆

中 文 名：焦庄户地道战遗址纪念馆

地理位置：北京市顺义区东北燕山余脉歪坨山下

内容简介：

焦庄户地道战遗址纪念馆位于北京市顺义区东北燕山余脉歪坨山下，距北京市区 60 千米，现属龙湾屯镇。纪念馆始建于 1964 年秋，定名为"焦庄户民兵斗争史陈列室"。顺义区人民政府于 1947 年 10 月授予焦庄户"人民第一堡垒"锦旗，并把它插在 18 米高的民兵指挥瞭望楼顶上。1979 年，北京市政府决定其为市级重点文物保护单位，并改名为"北京焦庄户地道战遗址纪念馆"。焦庄户村在战争年代由冀东抗日根据地领导，是通往平西、平北根据地的必经之路。

主要景点：

展馆参观区

焦庄户地道战遗址纪念馆展馆采用中国北方农村传统的四合院设计风格，以青色为主色调。展馆参观区是 2005 年 8 月 14 日正式落成对外开放的，占地近 9000 平方米，建筑面积为 2000 余平方米，馆内展出面积为 1000 平方米。展览分为三个部分：冀东抗战燃烽火、人民战争建奇功、今日顺义更美好。展览内容以照片、图片和实物为主，馆内还修建了以抗战历史人物为造型的浮雕群及大型立体三维沙盘。

地道参观区

焦庄户地道网全长 11.5 千米。焦庄户地道是焦庄户人民在与敌人斗争的战争实践中逐步完善起来的。他们把初期简单的隐蔽单口洞连接起来，在地道内设计和安装了单人掩体、会议室、水缸存放处、陷阱、翻板、碾盘射击孔、地道射击孔、猪圈射击孔等生活设施和战斗设施，最后挖成户户相连、村村相通，四通八达、上下呼应，形成了南到龙湾屯、唐洞，北到大北坞的长达 11.5 千米的地道网。

现在供游客参观的地道长 830 米。为更好地展示当年的战争历史场景，焦庄户地道战遗址恢复了 30 米原始地道，该段地道再现了当时地道的原始风貌，并采用声、光、电等现代化高科技手段真实反映历史。平均高度 1.49 米，最低处的高度仅为 60 厘米，此段地道采用国内首创的玻璃钢与环保黏合剂技术，既起到保护地道的作用，又可以让游客看到当时地道的历史痕迹。

抗战居民参观区

焦庄户在抗日战争时期曾是区公所、十四军分区司令部和卫生处第二卫生所等历史遗迹的所在地，为展示当年的历史风貌，从 2003 年开始，对这几处有纪念意义的抗战民居进行了重新修复，截至目前已修复抗战民居 23 处，修复面积达 1.5 万平方米。

门　　票： 免费

开放时间： 8:30—16:30（16:00 停止领取参观票）（周一、周二闭馆）

十二、北京自然博物馆

中 文 名： 北京自然博物馆
地理位置： 北京市东城区天桥南大街 126 号

内容简介：

北京自然博物馆位于首都南城中轴线上的天桥地区，背靠世界文化遗产天坛公园，面对现代化的天桥演艺区，具有特殊的文化环境。北京自然博物馆的前身是成立于1951年4月的中央自然博物馆筹备处，1962年正式更名为北京自然博物馆。

北京自然博物馆是新中国依靠自己的力量筹建的第一座大型自然历史博物馆，主要从事古生物、动物、植物、人类学等领域的标本收藏、科学研究和科学普及工作。该馆曾先后被中宣部和北京市政府命名为"全国科普教育基地"和"北京市科普教育、研发、传媒基地"，被联合国教科文组织中国组委会命名为"科学与和平教育基地"，2008年被国家文物局评定为国家一级博物馆。在2012年度国家一级博物馆运行评估总评排名中，位列全国博物馆第五位、自然科技类博物馆第一位。

北京自然博物馆占地面积为1.5万余平方米，建筑面积为2.1万余平方米，展厅面积为1万余平方米。在北京自然博物馆的建筑中，最神秘的莫过于"田家炳楼"，这座由香港实业家田家炳先生和北京市政府共同投资兴建的标本楼藏有32万余件标本。许多标本在国内、国际上都堪称孤品，如"来自中国的侏罗纪母亲"中华侏罗兽、完成全身羽毛颜色复原的赫氏近鸟龙、保存在我国的唯一的恐鸟标本等，还有世界闻名的古黄河象头骨化石、长26米的巨型井研马门溪龙化石、中国唯一的恐龙木乃伊化石、北极熊化石、犀牛化石等等。馆内还收藏着世界各国友好人士赠送给我国国家领导人的部分礼品标本，如拉蒂迈鱼标本、亚洲象标本、鳄鱼标本等。其中比较珍贵的还有新西兰坎特伯雷国家博物馆赠送我国的恐鸟骨骼标本，这种地球上巨大的鸟已经于1885年在地球上灭绝，而这件标本也是保存在我国的唯一的恐鸟标本。

北京自然博物馆利用自身的优势定期举办有特色的科普活动，先后组织了19届北京市中小学生物知识竞赛，每年有近10万名学生参与，同时举办各类科普讲座、小小讲解员培训以及博物馆之夜、"科普车"等喜闻乐见的活动，深受小朋友们的喜爱。

北京自然博物馆作为国家一级博物馆和全国科普教育基地，一直秉承普及科学知识、服务社会公众的办馆理念，始终在做好标本收藏、科学研究、陈列展览和科学普及的基础上，努力利用自身的优势，开拓创新、锐意进取，不断把更多、更好的优秀作品呈现给观众，为公益文化传播发挥积极引领作用。

主要景点：

植物世界厅

植物世界厅是北京自然博物馆自1958年建馆以来一直保留的四大经典常设展陈之一。2018年进行了第四次更新改造，更新后的展览位于博物馆展览楼的二楼北侧，展览面积850余平方米，展出的植物化石和各类现代植物标本多达1200余件，展厅分设"植物演化""被子植物的繁盛与适应""植物与人类"三部分内容。

植物演化展厅以时间为轴线，从地球诞生开始，依次介绍了蓝细菌、内共生学说、藻类植物、苔藓植物、裸蕨类植物、楔叶类植物、真蕨类植物、前裸子植物、种子蕨、苏铁类植物、银杏类植物、松柏类植物、买麻藤类植物和被子植物。

被子植物的繁盛与适应厅分设两部分：第一部分讲述繁盛被子植物，分别展示了形态各异的叶、绚丽多彩的花和千奇百怪的果实/种子三个单元；第二部分讲述了与其生存环境相适应的各类被子植物，选取了六种植被类型中的植物展出，包括热带雨林植物、红树林植物、荒漠植物、高寒植物、食虫植物和寄生植物。

植物与人类展厅分为两部分，外围墙面是第一部分，展示与人们的物质文明相关的植物内容，包括食用植物、药用植物、油料植物、纤维植物、香料植物、染料植物和其他具有重要经济价值的植物这七个单元。展厅中央区域是本展厅的第二部分，展示了五十多个国家的国花，还展示了我国云南西双版纳地区傣族的贝叶经实物。

恐龙公园厅

恐龙公园厅于 2013 年重新启用，总面积为 700 余平方米。23 只活灵活现的恐龙、两只翼龙、一只和最早恐龙生活在一起的坚喙蜥构成了不同的组合，分别展现了从三叠纪晚期到白垩纪晚期的不同时期的恐龙世界的面貌。

在恐龙公园厅中，北京自然博物馆还增加了恐龙发掘现场。观众可以看到挖掘恐龙化石时的场面，看到恐龙化石还在岩石中的状况。另外，恐龙公园厅中还有"热河生物群"和"恐龙时代海洋"两个幻象，展示恐龙世界中的海洋里面的庞然大物。

古哺乳动物厅

古哺乳动物厅的总面积为 700 余平方米，分别详细介绍了长鼻类、奇蹄类、偶蹄类、食肉类、灵长类和被子植物的演化历程及著名的山旺生物群。

哺乳动物是由拟哺乳动物演化而来的。由于其特有的恒温优势及中生代温暖潮湿的气候条件，哺乳动物得以复苏和大发展。

在展厅中，观众可以看到阶齿兽的复原图和骨骼标本，它是恐龙绝灭后地球上同期最大的哺乳动物；可以欣赏到庞大的象类家族，包括赫赫有名的高 4 米、长 8 米的黄河象和铲齿象；还可以欣赏到一件十分引人注目的标本，最早的被子植物化石、世界上第一朵花——辽宁古果。

古爬行动物厅

古爬行动物厅向观众展示了生物界两亿多年前的景观，并以总鳍鱼、鱼石螈、蚓螈和异齿龙为代表，演示了脊椎动物从水域向陆地发展的复杂过程。

大厅中央展示了栩栩如生的恐龙骨架群，如中国人发现的第一条恐龙——许氏禄丰龙、体长达 26 米的井研马门溪龙、称王称霸的霸王龙、小巧玲珑的恐爪龙、背上布满剑板的沱江龙、威风凛凛的永川龙、展翅翱翔的翼龙、称霸海洋的鱼龙等。

古无脊椎动物厅

古无脊椎动物厅的总面积为 800 平方米，包括原生动物、海绵动物、腔肠动物、腕足动物、软体动物、节肢动物、棘皮动物等门类。硕大的鹦头贝矗立在展厅门口，象征着无脊椎动物的繁盛历史。

展厅展示了一亿多年前地球上的繁荣景象，详尽讲述了古无脊椎动物兴盛衰亡的发展历史。大量热河生物群的古生物化石，特别是辽宁西部的带毛恐龙化石都会引起观众的浓厚兴趣。

神奇的非洲

"神奇的非洲"展览以世界轮椅基金会创始人、主席，中国残疾人福利基金会理事，美国肯尼斯·贝林先生捐赠的非洲珍贵动物标本为基础，还原了野生动物赖以生存的环境，并结合中英文图板和各种新奇的现代化展示技术手段，准确、科学地将非洲大陆最具代表性的野生动物栩栩如生地再现于观众面前，充分地展现了非洲大陆的神奇。

展览采用 360 度环形全景画展示技术，地面地形与背景画的自然衔接展现了无限透视的原野效果，配合开放式动物景观这一新颖的展示方法，向观众展示恢宏震撼的非洲原野。

在西耳厅，观众可以通过"触摸"地球表面的陆地来了解各大洲的动物；通过古长颈鹿和现代长颈鹿两个标本的脖子的鲜明对比，了解长颈鹿脖子变长的秘密；狮子捕猎的场景可以让观众感受非洲原野上弱肉强食的生存大战。

在马赛人的展厅里，观众可以瞭望马赛人的村庄，走进马赛人的茅草屋，感受马赛人的生活气息，近距离地与马赛人观望。足不出户，感受非洲。非洲是一片神奇的土地，相信观众会在这个展厅里认识一个全面真实的非洲。

门　　票：免费

开放时间：9:00—17:00，该馆全年对外开放（周一闭馆）

十三、中国航空博物馆

中 文 名：中国航空博物馆

地理位置：北京市昌平区大汤山脚下

内容简介：

中国航空博物馆是中国第一座对外开放的大型航空博物馆，坐落在北京市昌平区大汤山脚下。

中国航空博物馆于 1986 年建馆，1989 年 11 月正式对外开放。占地 70 余万平方米，馆藏 270 余架飞机、99 架国家文物飞机、近万件航空文物，是集科技教育、旅游于一体的国家级军事主题博物馆，也是亚洲规模最大、跻身世界前 5 位的航空博物馆。

主要景点：

中国航空博物馆一期工程占地约 20 万平方米，由山洞展厅、珍宝馆展厅和露天展区组成。二期工程建成后，其整体面积达到 53 万平方米。

山洞展厅

山洞展厅的面积为 2 万平方米，拱形顶上镶嵌 265 盏圆灯，构成繁星点点的景观，两侧的两条光带把展厅装点得更加宽敞明亮。从中国古代的航空发明到现代使用的高空高速歼击机，从近代引进的国外航空器到国产的各种类型飞机，山洞展厅的展品依照历史的时序陈列于大型展厅的两侧。空军司令员王海在抗美援朝战争中所驾战鹰——米格—15 歼击机，就停放在这里。展厅右侧还展出了复制的中国航空史上著名的飞机——冯如二号、乐士文一号和列宁号。另有苏联、美国、法国、日本、加拿大、捷克等国制造的多种型号飞机。其中，日本制造的 99 式高级教练机，苏联制造的波—2、拉—9、拉—11、图—2、雅克—12，美国制造的 P—51、L—5 等飞机均为世界航空珍品，具有极高的文物收藏和观赏价值。展厅左侧是中国生产的飞机系列，从自行制造的第一架初教机、第一架歼击机，到具有独特设计格局的轻型歼击机歼—12，完整地记载了新中国的航空工业发展和人民空军的发展历史。展厅后部还展出了雷达、导弹、高炮等其他武器装备。

珍宝馆展厅

珍宝馆展厅的面积为 600 平方米，分三个展室。第一展室展出了中国航空博物馆自己制作的各型遥控飞机模型和仿真飞机模型；第二展室展出的是外国政府首脑赠送给中国领导人的珍贵礼物；第三展室展出的是外国军事代表团、航空界朋友及其他友好人士赠送给人民空军的精美军徽、部队徽等礼品。

露天展区

露天展区的面积为 4 万平方米，主要陈列着世界各国制造的各种飞机，如毛泽东、周恩来、朱德在 20 世纪五六十年代乘坐过的飞机，斯大林赠送给毛泽东的生日礼物——图—4 重型轰炸机，在"驼峰空运"、建设西藏、边界反击战中屡建战功的 C—46 大型运输机，参加"两航"起义的康维尔—240、C—47 及英国的子爵式、图—124、三叉戟等大型客机。

门　　票：免费（馆内收费：综合展馆 20 元，山洞展厅 20 元）

开放时间：9:00—16:00（周一闭馆，法定节假日除外）

十四、中国科学技术馆

中　文　名：中国科学技术馆

地理位置：北京市朝阳区北辰东路 5 号

内容简介：

中国科学技术馆新馆位于北京市朝阳区北辰东路 5 号，东临亚运居住区，西濒奥运水系，南依奥运主体育场，北望森林公园，占地面积为 4.8 万平方米，建筑规模达 10.2 万平方米，是奥林匹克公园中心区体现"绿色奥运、科技奥运、人文奥运"三大理念的重要组成部分。

中国科学技术馆一期工程于 1988 年 9 月 22 日建成开放，二期工程于 2000 年 4 月 29 日建成开放，新馆于 2009 年 9 月 16 日建成开放。

中国科学技术馆新馆设有"科学乐园""华夏之光""探索与发现""科技与生活""挑

战与未来"5大主题展厅，以及公共空间展示区和球幕影院、巨幕影院、动感影院、4D影院这4个特效影院，其中球幕影院兼具穹幕电影放映和天象演示两种功能。

2008年5月18日，中国科学技术馆被国家文物局公布为第一批国家一级博物馆。2017年3月28日，中国科学技术馆被国家旅游局、中国科学院推选为"首批中国十大科技旅游基地"。

2022年4月16日，神舟十三号载人飞船返回舱成功着陆，中国科技馆举办"英雄返航，梦想起航"主题教育活动，通过科学实验、科学表演等多种形式，为公众提供全方位、多感官的航天科普体验。

2022年5月31日，中国科技馆发布公告，自6月1日起依据"限量、预约、错峰"原则恢复开馆。

主要景点：

中国科学技术馆设有5大主题展厅和4个特效影院，此外，新馆设有多间实验室、教室、科普报告厅及多功能厅，可以让儿童和大人一起享受科学中的快乐，也让更多的人爱上科学。

中国科学技术馆的主要教育形式为展览教育，通过科学性、知识性、趣味性相结合的展览内容和参与互动的形式，反映科学原理及技术应用，鼓励公众动手探索实践，不仅普及科学知识，而且注重培养观众的科学思想和科学精神。

"科学乐园"主题展厅特为3～10岁儿童设置，展厅面积为3800平方米，下设9个主题展区。以儿童成长需求为本，展示适合儿童身心发展的科技内容，采用以游戏化、探究式互动参与为主的多样化展教方式，鼓励儿童亲身体验、积极思考，在展览和活动中积累经验、锻炼能力，激发对科学的好奇与兴趣。

"华夏之光"主题展厅通过序厅、中国古代的科学探索、中国古代的技术创新、华夏科技与世界文明的交流、体验空间这5个展区，向广大观众展示华夏先民们的智慧与创造。

"探索与发现"主题展厅围绕人类科学探索的重要方向及内容，把反映宏观探索的宇宙和微观探索的物质，反映对身边自然现象探索的运动、声音、光和电，反映对自身探索的生命，以及在人类探索活动中起重要作用的数学等科学内容串联起来，展示科技的美妙和神奇，展示人类在与自然交互的过程中体现出来的科学思想和方法，使观众在参与和体验中受到科学精神、思想和方法的启迪，享受探索与发现过程所带来的快乐。该主题展厅分为A、B两厅，展览面积为5000平方米，共设置8个主题展区。

"科技与生活"主题展厅位于主展厅的三层，包括A、B、C、D四个展厅。各展厅的内容紧密围绕与我们生活息息相关的衣、食、住、行，展示了现代科技是如何影响和改变人们的日常生活的，以及在生活中孕育的科技创新与发展。A展厅设有衣食之本、健康之路和气象之旅三个展区。衣食之本展区以农业生活和田园风光为主要设计场景，为观众展示了我国作为一个农业大国的发展现状，引导观众关注农业问题。健康之路展区以人体环境和生活环境相互结合的形式引导观众正确理解健康并倡导健康的生活方式。气象之旅展区围绕"公共气象、安全气象、资源气象"的发展理念，展示千变万化的气象现象、不同的气象观测设备、气象预报的制作及气象与人们日常生活的关系。B 展厅的居家之道展区展示了家具用品和家用电器、服装面料及加工技术、绿色住宅等，向观众介绍了日常家居中的科技。C 展厅的信息之桥展区主要展示了信息技术的发展历程及信息技术的进步给人们生活带来的改变与影响。D 展厅设有交通之便和机械之巧两个展区，通过场景设计、机构展示、操作互动等方式，生动、直观地展示了交通、机械方面的技术成就。

"挑战与未来"主题展厅位于新馆 4 层，面积为 5100 平方米。展厅主要展示人类面临的重大问题与挑战，展示科技创新对可持续发展的贡献，展示人类对未来生活的畅想，使观众认识到创新是人类应对未来挑战的重大选择，引导观众对未来科技发展问题的关注和思考。该展厅分为地球述说、能源世界、新型材料、基因生命、海洋开发、太空探索、走向未来这 7 个展区，共 138 件展项。

门　　票：30 元（不含科学乐园）；科学乐园展厅：儿童票 20 元/人，成人票 10 元/人

开放时间：9:30—17:00，周一闭馆（国家法定节假日除外），除夕、正月初一、正月初二闭馆

十五、平北抗日战争烈士纪念馆

中 文 名：平北抗日战争烈士纪念馆
地理位置：北京市延庆区龙庆峡景区入口处
内容简介：

平北抗日战争烈士纪念馆位于北京市延庆区龙庆峡景区入口处，于 1997 年 7 月开馆，建筑面积为 3000 平方米，展线达 500 延长米，馆名"平北抗日战争烈士纪念馆"由原冀热察挺进军司令萧克同志题写。该馆是全国爱国主义教育示范基地、市级烈士纪念建筑物保护单位、青少年教育基地。

纪念馆分为序厅、影视厅、展厅三大部分。展厅里陈列着近 200 件文物，都是

1933—1945 年平北军民使用的武器、生活用品及书籍、照片等物品。望着这些锈迹斑驳的刺刀、枪支、地雷、手榴弹，当年抗日军民那震天的怒吼又回响在耳边，与敌人厮杀的场面又浮现在人们的眼前。历史永远不会忘记将生命和热血捐献给这块土地的英雄们：八路军优秀指挥员、十团团长白乙化在战斗中英勇牺牲；中共昌延县委书记徐智甫、丰滦密县长沈爽身陷重围壮烈殉国；八路军连长谢瑞浴血沙场；当代佘太君邓玉芬毁家纾难，献出丈夫及爱子 7 人；民兵英雄何金海大摆地雷阵威破敌胆……凡此气壮山河的英雄业绩足以光照千秋。平北抗日战争烈士纪念馆奉献给观众的正是中华民族伟大抗日战争史册中的一段难以寻到的史实，其斗争之艰巨、牺牲之惨痛、战争之伟烈，足以让我们刻骨铭心。

主要景点：

平北抗日战争烈士纪念馆园内包括纪念碑、纪念馆、大型活动广场等，是全国爱国主义教育示范基地，是市级烈士纪念建筑物保护单位，2005年被评为首都绿化美化花园式单位和文明单位、政法系统先进单位，被延庆区妇女联合会授予巾帼文明示范岗的荣誉称号。

平北，即北京以北，东至承德，西至张家口，总面积为2.5万平方千米。抗日战争期间，是伪蒙疆、伪满洲、伪华北三个伪政权的结合部，是敌人的心脏地区，自古便是兵家必争之地。

平北抗日斗争异常残酷，日寇实行"杀光、烧光、抢光"的三光政策。"强化治安""集家并村"制造无人区。在庞家堡，日寇屡次制造血案，屠杀我矿工2.7万余人。平北军民同仇敌忾、众志成城，为坚持抗战、争取胜利付出重大牺牲。仅龙关、赤城两县，每6人中就有一人为国捐躯。气壮山河之英雄业绩不胜枚举，抚今追昔，慷慨悲歌，无愧于中华民族之魂。

为缅怀先烈、教育后人，在曾于平北工作和战斗过的老首长、老同志的倡议下，在各级领导的关怀和支持下，1989年建成平北抗日战争烈士纪念园，纪念碑同时落成，纪念馆于1997年7月开馆，分别以大量的图片和抗战文物深刻地揭露了日本侵略者给平北人民带来的深重灾难，讴歌了平北人民反抗侵略的爱国主义精神。

展览

展览分为8个部分：日军侵占冀热察边；八路军第四纵队东进；创建平北抗日根据地；巩固发展平北根据地；反扫荡、反蚕食、反"无人区"斗争；平北军民坚持抗战；攻占张家口，光复北平；平北英烈名垂千古。

主要活动：本馆常年开放，面向全社会。中小学生主要集中在清明节前后和寒暑假期间参观。活动内容主要是参观纪念馆，在纪念碑前召开主题队会、演讲，请老八路进行传统教育等。活动方式主要为集体活动。

门　　票：免费

开放时间：8:30—16:30，节假日不休息

十六、香山双清别墅

中 文 名：香山双清别墅

地理位置：北京市海淀区买卖街40号香山公园内

内容简介：

香山双清别墅位于香山公园南麓的半山腰，环境幽雅，以其苍翠的竹林、遮天蔽日的银杏、挺拔的松柏、古朴的建筑引人前往。然而真正使这个地方闻名天下的并不是她的秀丽风光，而是因为这里曾是毛泽东住过的地方，曾是中共中央的指挥中心，曾发生过扭转中国命运、决定中国前途的大事。

主要景点：

双清小八景

放生池，长25米，宽20米，池内金鱼畅游，莲花盛开，观之赏心悦目。

梦感亭，即六角红亭，相传金章宗在此睡梦中感到有泉水涌出，故名。

大石台，长 4 米，宽 1.5 米，位于水池之南，台面光亮照人。

古经幢，在梦感亭的北侧，呈六角形，刻满经文，沧桑古朴。

石屏，中间为佛龛，两边刻联曰"翠竹满庭瞻法相，白云一坞识宗风"，清乾隆御笔。

辽王坟，辽朝皇帝耶律淳葬于此，此为香山最古老的一座王坟，惜已不存。

蟾蜍峰，在双清西上之顶峰，峰上有石形如望天的蟾蜍，故名。

双清泉，即乾隆题字处，题字"双清"旁石上有乾隆御笔诗迹。

1949 年 3 月，中共中央从西柏坡迁入香山双清别墅。在香山双清别墅，毛泽东指挥了渡江战役，筹备了新政协，筹建了新中国。在这里写下了《人民解放军占领南京》等脍炙人口的不朽诗篇。香山双清别墅有毛泽东当年生活、工作过的原状陈列，有毛泽东当年与爱子交流的地方。

门　　票：成人 10 元/人（旺季）；成人 5 元/人，半价 2.5 元/人（淡季）

开放时间：6:00—18:00（11 月 16 日至次年 3 月 31 日）；

6:00—19:00（7 月 1 日至 8 月 31 日）；

6:00—18:30（4 月 1 日至 6 月 30 日，9 月 1 日至 11 月 15 日）

十七、首都博物馆

中 文 名：首都博物馆

地理位置：北京市西城区复兴门外大街 16 号

内容简介：

首都博物馆，简称首博，位于北京市西城区复兴门外大街 16 号。是集收藏、展览、研究、考古、公共教育、文化交流于一体的博物馆，占地面积 24800 平方米，总建筑面积 63390 平方米，分地下两层，地上五层，是北京地区大型综合性博物馆，属中国省市级综合性博物馆。2006 年 5 月 18 日，首都博物馆新馆正式

开馆，馆内文物类型有青铜器、陶瓷器、佛造像等。截至 2019 年年末，首都博物馆馆内藏品达 124808 件/套，其中珍贵文物达 63170 件/套，先后被评为国家一级博物馆、全国科普教育基地、全国爱国主义教育示范基地。

主要景点：

首都博物馆新馆有地下两层、地上五层，北部设计了绿色文化广场，东部设计了下沉式竹林庭院。建筑物（地面以上）东西长 152 米，南北宽 66 米左右，建筑高度为 41 米。建筑外形主要由矩形围合结构、椭圆形外立面和金属屋顶三部分组成。建筑内部分为三栋独立的建筑，即方形展馆、圆形展馆、条形办公科研楼。三者之间的空间则为中央大厅和室内竹林庭院。

古代佛塔展

位于圆形展厅六层 L 厅。展出了北京古代遗存的部分佛塔文物，以展现古都北京深厚的佛教文化底蕴、独特的佛教文化风貌，以及建筑、雕塑和各种工艺的发展水平。

古代瓷器展

位于方形展厅四层 E2 厅。展出了古都北京历史时期出土和传世的瓷器，其中以宋辽金至明清时期北京地区遗址、墓葬、窖藏出土的瓷器为主。展览分为 4 个部分，共展出文物 170 组件。

古代佛像展

位于方形展厅四层 E1 厅。展示中国汉藏佛像艺术的历史风貌，同时展示北京地区佛教文化的地域文化特色，展览分为汉传佛像艺术和藏传佛像艺术两部分，共展出佛像 262 尊。

古代玉器展

位于圆形展厅五层 K 厅。展览分为 3 部分，展出文物 181 组件。展品中有大量的王公贵族墓出土的玉器，以及带有皇帝年款及刻有御制诗文的玉器，设置了中国古代主要玉材一览表、部分玉器使用示意图，设计分为静态展区、动态展区。

燕地青铜展

位于圆形展厅四层 J 厅。展览以中原文化与北方草原文化青铜器的对比、西周与东周青铜器的对比为主线，展厅中心设计了一座显示夯土层纹理的方城，象征着燕国西周都城房山区琉璃河。城墙内壁、外壁与展厅四壁的环形展柜形成了三层同心展线。西周展品位于展厅中心，东周展品位于展厅四壁的环形展柜，两周展品都依照兵器、礼乐器、杂器的顺序对应摆放，实现了两种青铜文化的对比。

门　　票：免费

开放时间：9:00—17:00（16:00 停止入馆和检票，周一闭馆，法定节假日除外）

十八、八宝山革命公墓

中　文　名：八宝山革命公墓

地理位置：北京市石景山区石景山路 9 号

内容简介：

八宝山革命公墓在北京石景山区八宝山东部、长安街延长线路北，是中国声名最著、规格建制最高的园林式公墓。1949 年在明代护国寺的基础上进行改建。朱德、董必武、彭德怀、任弼时、史沫特莱、安娜·路易斯·斯特朗等革命伟人去世后均葬于此。整个墓地处在苍松翠柏的环抱中，庄严肃穆，2009 年被命名为全国爱国主义教育示范基地。

2005 年，八宝山新征得北面 17.3 万平方米山地，开始建设。一年后，东院也开始扩建，规划的新骨灰墙可提供 6800 多个位置。

主要景点：

八宝山革命公墓主要分为墓区和骨灰堂两部分，公墓内遍植松柏。

大门：坐北朝南，面临石景山路，门口有两尊石狮、四株古柏。大门内有甬道，正对骨灰堂大门。

墓区：八宝山革命公墓并未根据死者的等级分类建墓，而仅按照逝世时间顺序依次建墓。

一墓区：位于骨灰堂的东北方、殡葬处办公楼以北。

二墓区：位于公墓西南角，紧邻八宝山殡仪馆的东墙。其北侧为八宝山殡仪馆的东门。

三墓区：位于公墓中央甬道东侧、骨灰堂南侧。

特东八区：位于公墓西北角，紧临公墓东墙。南北长，东西窄。

东八区：位于特东八区的西北侧，紧邻公墓北墙。东西长，南北窄。

西八区：位于东八区的西侧，紧邻公墓北墙。东西长，南北窄。

撒放区：两块，一块位于一墓区以北，一块位于上八区以北。

天字区：位于特东八区以南，紧临公墓东墙。南北长，东西窄。

上八区：位于西侧的撒放区以南、一墓区以东。

下八区：位于天字区以南，紧临公墓东墙。南北长，东西窄。

任弼时墓：位于西八区、东八区及两块撒放区之间。

骨灰堂：位于八宝山革命公墓的中央，建于 1958 年，是由原护国寺第一进、第二进大殿及配殿改建而成的。截至 2012 年，骨灰堂占地 2400 平方米，共有骨灰室 28 间。骨灰堂平面对称，东、西各有一个院落，中间是中一室（又称"骨灰安放一室"或"瞻仰厅"）所在的院落。骨灰堂大门开在西路最南端，位于整个骨灰堂的西南角，大门上有"革命公墓骨灰堂"的匾额。骨灰堂的骨灰完全按照死者的生前级别摆放。在 28 间骨灰室中，中一室的等级最高，此外有 9 间骨灰室存放副部级以上干部的骨灰。中一室在整个骨灰堂的正中最北端，位于原护国寺第一进、第二进正殿旧址，中一室内正中为朱德的骨灰盒（101 号），还有陈毅、林伯渠、董必武、陶铸、彭德怀（102 号，已迁出）、廖承志、李富春、许光达、陈赓、徐海东、溥仪（已迁出）、李宗仁、张治中、傅作义、陈明仁等人的骨灰。整个骨灰堂只对家属开放，凭骨灰存放证入内。

骨灰墙：11 面骨灰墙分别位于骨灰堂的北、西、东三面，于 1988 年开始陆续兴建。入骨灰堂大门，最先见到的是"红军骨灰墙"，墙面刻有"弘扬红军精神，建设伟大祖国"，墙上的最后一个编号为 1135 号。

烈士堂：建于 1993 年，位于骨灰堂的西北侧、八宝山殡仪馆取灰处南侧（二者隔有院墙）。

殡葬处办公楼、革命公墓办公楼：位于骨灰堂以东，单独形成一个长方形院落，其东侧紧邻革命公墓的东墙。有两个院门，北侧大门设在革命公墓办公楼的西北，南侧大门设在革命公墓办公楼的西南。殡葬处办公楼呈"]"形，紧邻该院落的北墙和东墙，为北京市殡葬管理处的办公地点。革命公墓办公楼为八宝山革命公墓的办公楼，东西长，南北窄，位于殡葬处办公楼东翼的西侧，和殡葬处办公楼北翼之间夹有一个庭院，革命公墓办公楼的南侧也有一个庭院。两个庭院各有一个大门通向西侧，即上述两个院门。北京市殡葬协会也在该院办公。

门　　票：免费

开放时间：9:00—16:00

十九、铁道兵纪念馆

中 文 名：铁道兵纪念馆

地理位置：北京市海淀区复兴路 40 号

内容简介：

铁道兵纪念馆于 2014 年 1 月 16 日上午开馆，坐落于中国铁建大厦 B 座的 5、6 层，由装饰分公司和清华大学联合设计，中铁建设集团承建，建筑面积为 4400 平方米。2018 年 10 月，铁道兵纪念馆被评为全国中小学生研学实践教育基地。

主要景点：

全馆分为铁道兵时期展厅、中国铁建时期展厅，采用了雕塑、壁画、珍贵历史实物、历史图片、大型声光电沙盘模型、真实场景复原及先进的声光影视系统等多种展览方式。该馆以大量的历史图片和实物，通过现代电子技术，展示铁道兵的历程和业绩，作家李东东为铁道兵作《铁道兵赋》并存于该纪念馆。

铁道兵，中国人民解放军原专业技术兵种，1948 年诞生于东北战场，总兵力最多时达 41 万人。1984 年元旦集体转业。1989 年夏，改制为中国铁道建筑总公司。2007 年冬，总公司独家发起设立中国铁建股份有限公司；次年春，中国铁建 A 股、H 股挂牌上市。值此铁道兵组建 73 周年、兵改工 38 周年，铁道兵纪念馆开馆，继承传统，弘扬英烈精神，创新事业，开拓未来。追昔抚今，爱缀斯文，谨报春晖，同襄盛举。

门　　票：凭有效证件免费参观

开放时间：9:00—11:30，14:30—17:00（周二至周五）

二十、中国法院博物馆

中 文 名：中国法院博物馆
地理位置：北京市东城区正义路 4 号
内容简介：

中国法院博物馆建于 2008 年 2 月，新馆位于北京市东城区正义路 4 号，这里曾经是原日本正金银行北京支行的旧址，建于 1910 年，是国家重点文物保护单位，建筑面积为 3000 余平方米。中国法院博物馆设有三个基本陈列展厅、7 个专题展厅、三个普法互动区、一个法制影视放映厅。第一展厅为中国审判历史展，回顾中国古代司法文明的发展历程；第二展厅为人民审判历程展，展示人民法院建设和审判工作成就；第三展厅为"全面依法治国，走向伟大复兴"主题展，全面展示党的十八大以来的人民审判工作。专题展厅包括"法律古籍善本展""正义的审判——审判日本战犯""港澳台地区法院掠影""外国法院及国际法院掠影""世事沧桑的东交民巷""中国古代最高审判机构的演变""审判服饰专题展"7 个展厅。普法互动区包括"模拟法庭""知识问答平台""普法活动教室"这三个区域。法制影视放映厅汇集展示了与中外法制有关的影视作品。

主要景点：

一、常设展厅

1. 全面依法治国，走向伟大复兴

本展厅采用科技手段与实物展示相结合的方式，从重大案件审判、深入推进司法公开、全面深化司法改革、大力推进信息化建设、强化法院队伍建设等方面展示依法治国的工作成果。

2. 中国审判历史展

中国审判历史展包括古代审判、清末审判及民国时期审判三部分，梳理、介绍了 4000 余年的中国审判历史。

3. 人民审判历程展

人民审判历程展展示了中国共产党自建党初期至党的十八大前，人民法院审判工作的发展、完善过程。

二、专题展厅

1. 法律古籍善本展

展出的法律古籍善本包括《明会典》《钦定大清会典》等明清两代的重要法律典籍。

2. 正义的审判——审判日本战犯

本展厅将实物与影像资料相结合，介绍了"二战"后对日本战犯的审判，分为远东国际军事法庭审判、亚洲其他军事法庭审判、中国南京国民政府军事法庭审判、中华人民共和国最高人民法院特别军事法庭审判四个部分。

3．港澳台地区法院掠影

本展厅介绍了中国港澳台地区的法院组织体系，以及内地（大陆）与港澳台法律界的交流与合作。

4．外国法院及国际法院掠影

本展厅介绍了中国法系、英美法系、伊斯兰法系及其代表国家的法院组织体系，以及国际法院的基本情况和历史上有重大影响的审判案例。

5．中国古代最高审判机构的演变

本展厅按照朝代更迭的顺序，介绍了中国古代最高审判机构的发展演变过程。

6．审判服饰专题展

本展厅展示了自改革开放以来人民法院审判服饰的发展演变、中国港澳台地区法院的法官服饰，以及国际法院和部分外国法院法官的法袍。观众可以通过虚拟试衣镜来试穿国内外法袍，并拍照留念。

7．世事沧桑的东交民巷

本展厅利用沙盘、图片、多媒体等多种形式，展示了东交民巷从 13 世纪至今的发展历史。

三、普法互动区

1．模拟法庭

本展厅将现代科技法庭按比例微缩，按人民法院现行审判法庭标准进行布置，使观众更加直观地认识法院、了解法庭。

2．知识问答平台

参观者可以通过互动答题的形式增加对法律知识的了解，也可以在触摸屏上签名或留言。

3．普法活动教室

在普法活动教室可开展模拟庭审，在了解庭审程序的同时，还可以现场做生动的普法教育。

四、法制影视放映厅

这里循环播放国内外的法制题材影视作品，观众还可以在本展厅看到世界各国赠送给最高人民法院的外事礼品。

门　　票：凭有效证件免费领票

开放时间：9:00—16:00（周一闭馆）

二十一、中国海关博物馆

中 文 名：中国海关博物馆

地理位置：北京市东城区建国门内大街 2 号

内容简介：

中国海关博物馆是中华人民共和国海关总署直属的国家级行业博物馆，位于北京市东城区建国门内大街 2 号，东接古观象台，西依海关总署机关大楼，北邻东长安街，南近柳罐胡同，为古典园林式建筑。博物馆内设办公室、人事保卫部、藏品管理部、陈列展览部等部门，具有海关文物收藏保护、海关文化展示交流、海关历史研究、爱国主义暨海关职业素质教育等功能。

2002 年 4 月，海关总署党组做出筹建中国海关博物馆的重大决策，2010 年 3 月 28 日正式在京动工兴建，2013 年 9 月 29 日面向海关系统内部开放，2014 年 3 月 30 日正式面向社会开放。博物馆主展区的建筑面积约为 8600 平方米，基本陈列位于主展区的一层、二层，包括千秋古关、近代海关、现代海关三个部分。专题展厅和临时展厅位于地下一层，此外还有"海关 902"艇专题展厅。

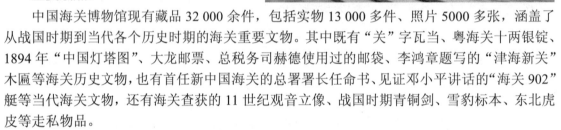

主要景点：

中国海关博物馆现有藏品 32 000 余件，包括实物 13 000 多件、照片 5000 多张，涵盖了从战国时期到当代各个历史时期的海关重要文物。其中既有"关"字瓦当、粤海关十两银锭、1894 年"中国灯塔图"、大龙邮票、总税务司赫德使用过的邮袋、李鸿章题写的"津海新关"木匾等海关历史文物，也有首任新中国海关的总署署长任命书、见证邓小平讲话的"海关 902"艇等当代海关文物，还有海关查获的 11 世纪观音立像、战国时期青铜剑、雪豹标本、东北虎皮等走私物品。

门　　票：凭有效证件免费领票

开放时间：9:00—16:30（15:45 停止换票，16:00 停止入馆，周一闭馆）

二十二、中国妇女儿童博物馆

中 文 名：中国妇女儿童博物馆

地理位置：北京市东城区北极阁路 9 号

内容简介：

中国妇女儿童博物馆位于北京市东城区北极阁路 9 号，建筑面积约为 3.5 万平方米，是中国第一家以妇女儿童为主题的国家级专题博物馆。

中国妇女儿童博物馆以收藏、展览和研究妇女儿童类文物、促进妇女儿童事业发展和为广大妇女儿童服务为主旨，博物馆收藏各类藏品近 3 万件。

中国妇女儿童博物馆隶属于全国妇联，集收藏、展览、研究、教育和文化交流等职能于一体，设 6 个基本陈列和 5 个专题展览。

2017 年 12 月，中国妇女儿童博物馆入选教育部第一批全国中小学生研学实践教育基地、营地名单。2019 年 9 月，被中宣部命名为"全国爱国主义教育示范基地"。

主要景点：

一、妇女馆

1．当代妇女馆

当代妇女馆展示了中国妇女在社会主义建设和改革开放的伟大实践中所取得的骄人业绩，以及她们多姿多彩的时代风貌。

2．近代妇女馆

近代妇女馆记述了百年近代史上中国妇女自觉与祖国共命运、与民族同呼吸，在追求民族民主和人民解放的斗争中不断求得自身解放的光辉历程。

3．国际友谊馆

国际友谊馆展示了中国妇女为维护世界和平、促进共同发展、推动男女平等所开展的广泛活动和做出的积极贡献。

4．古代妇女馆

古代妇女馆以历史为脉络，展现了中国古代妇女在推动人类文明进步中不可替代的重要作用和伟大贡献，勾勒了她们在历史长河中地位变化的轨迹。

二、儿童馆

1．近代儿童馆

近代儿童馆以弘扬爱国主义精神为主题，展示了近代中国儿童的生活环境、教育状况、组织活动及英雄事迹。

2．当代儿童馆

当代儿童馆反映了新中国儿童事业的发展成果，展示了当代儿童健康成长的崭新面貌，激励儿童了解历史、珍惜今天、热爱生活、积极向上，努力成长为中国特色社会主义事业的合格建设者和接班人。

3．古代儿童馆

古代儿童馆以弘扬中华民族传统美德为主题，从古代儿童的认知活动、教育礼俗、社会活动等方面展现了一幅幅古代儿童生活的画卷。

博物馆已收藏各类藏品近3万件，首期展出了大量与妇女儿童生产生活有关、最具妇女儿童特色的实物、图片、文化艺术作品。

通过丰富的文物藏品和全面的陈列展览，反映了各个历史时期中国妇女儿童的生存状态、地位变化、文化习俗、杰出人物和社会贡献，构成一幅纵贯五千年历史，涉及经济、政治、军事、文化、教育、科技、卫生、体育各个领域的妇女儿童社会与家庭生活全画卷。对于希望了解历史变迁中的中国妇女和儿童的女性观众、青少年观众和各界观众，中国妇女儿童博物馆是百科全书；对于妇女儿童工作者和关心妇女儿童事业的人士，中国妇女儿童博物馆是研究过去、把握今天、探索妇女儿童事业发展未来的资料库；方方面面的专业人士和研究者可以从中国妇女儿童博物馆与妇女儿童的角度得到新的启示、获得新的发现。

博物馆的建筑造型优美、动感时尚。建筑顶部的波浪曲线形轮廓象征妇女的柔媚多姿。建筑色彩以白色金属板为基调，配以浅灰色玻璃，显示出高雅、纯洁的气质。

展览设计与博物馆主体建筑整体风格和谐统一，突破了传统的、枯燥的展陈模式，运用展板展示、文物展陈、沙盘模型、幻影成像、虚拟现实影像、数字影片、模仿体验、动手制作、传统游戏等形式多样的表现形式和手段，营造不同类别的陈列氛围，给观众以体验式的参观经历，具备形式上的亲和力、趣味性、互动性，做到雅俗共赏。

博物馆设施先进，环境舒适优雅。馆内温湿度控制系统、空间吸声系统、安全技术防范系统、消防监控与自动灭火系统、楼宇自动化系统、音响灯光联动控制系统、信息控制系统、环保节能技术设施完善。大堂、多功能厅、音像厅、母婴室等功能齐全，给参观者提供了一个轻松、方便、安全的游览、学习、休闲场所。

门　　票：凭有效证件免费领票（每个证件每日限领 5 张）

开放时间：9:00—17:00（15:30 停止售票，16:00 停止入馆，周一闭馆）

二十三、中国华侨历史博物馆

中 文 名：中国华侨历史博物馆

地理位置：北京市东城区北新桥三条东口

内容简介：

中国华侨历史博物馆由中国侨联首任主席陈嘉庚先生于 1960 年倡议建设，2005 年 7 月，经国家发改委批准立项建设。中国华侨历史博物馆是中国侨联直属的公益性事业单位，也是首家全面展示中国海外移民历史和现状的国家级专题博物馆，现有藏品 3 万余件/套。

所捐文物多有较高的人文历史价值，也有国内首见的华侨文物。中国华侨历史博物馆于 2011 年 9 月 6 日奠基，于 2014 年 10 月 21 日开放。博物馆位于北京市东城区北新桥三条东口，征地面积为 5000 平方米，建设面积为 12 700 平方米，馆舍建设主要由国家投资。免费接待国内外观众参观交流，为社会各界提供相关服务。

2019 年 9 月，中国华侨历史博物馆被中宣部命名为"全国爱国主义教育示范基地"。获 2019 年北京市民终身学习示范基地、2018—2020 年度首都文明单位等称号，2020 年荣获第六届全国文明单位称号。

主要景点：

中国华侨历史博物馆馆舍选址在北京市东城区北新桥三条东口，主体建筑地下 2 层，地上 3 层，建筑总高度为 18 米。展览厅、报告厅、会议厅等接待服务设施面积约为 7000 平方米，藏品库房和停车位面积达 4000 多平方米，业务办公和附属用房面积约为 2000 平方米。博物馆设有四个基本展厅、三个临时展厅和一个报告厅。常设的华侨华人历史文化展包括中国人移民海外历史、华侨华人海外生活篇和贡献篇、华侨华人与中国发展、中国侨务等四部分，展出文物千余件（套）、图片千余张。展览以历史传统与现代观念相结合、庄重大方与生动活泼相结合的理念，使用图文结合、场景复原、艺术品创作、多媒体展示等手法辅助文物展示，帮助观众了解中国海外移民的历史变迁和社会生活，以及华侨华人在世界各地开拓、创业和所做贡献的历史，展示近代以来华侨华人对中国革命和建设的支持，以及中国侨务机构的沿革发展。

门　　票：凭有效证件免费领票

开放时间：9:00—17:00（16:00 停止入馆，周一闭馆，节假日和特殊情况除外）

二十四、宋庆龄同志故居

中 文 名：宋庆龄同志故居

地理位置：北京市西城区后海北沿 46 号

内容简介：

宋庆龄同志故居坐落在北京风景秀丽的什刹海后海北沿。门前水天相映、碧波涟漪，堤岸杨柳轻扬，院内曲径回廊，楼堂亭榭，湖水环绕，山石嶙峋，绿树浓荫，花香四溢，是一处雍容典雅、幽静别致的庭园。故居占地面积为两万多平方米，建筑面积约为 5000 平方米。原是中国末代皇帝爱新觉罗·溥仪的父亲醇亲王载沣的府邸花园，也称西花园。

主要景点：

宋庆龄同志故居有原状陈列展、宋庆龄生平展、庭院可供参观。

原状陈列展是将宋庆龄生前生活、工作、学习过 18 年的场所封存，保持原状，包括小客厅、小餐厅、卧室兼办公室、书房、小厨房及使用过的康乐棋等。

宋庆龄生平展于 2009 年重新布展后开放，图文并茂地展示了宋庆龄伟大光荣的一生，包括 300 多件历史文物。展览共包括 12 个板块，分别为孙中山先生、求学立志、风雨同舟、继承遗志、团结抗战、迎接曙光、杰出领袖、心系人民、和平使者、缔造未来、国之瑰宝、事业延续。

庭院具有 300 多年历史，曾是清代明珠宅邸、和珅别院、成亲王府及末代皇帝溥仪的父亲醇亲王载沣的府邸花园，包括葽亭、听雨屋、畅襟斋、南楼、恩波亭、长廊等古建景观。

故居展厅中展出的收藏有一万多件，其中有十分珍贵的孙中山先生的部分遗物，宋庆龄母亲送给她的结婚礼物，各个时期国内外友人、外国元首、政府馈赠的礼品、纪念品，以及往来书信手稿、原版照片、宋庆龄的遗物等。

门　　票：成人 20 元；老年人（60～65 岁）、大学生 10 元；中、小学生 5 元；70 岁以上老年人免票（北京 65 岁及以上市民凭老年证免票）。

开放时间：4 月至 10 月，9:00—17:30（17:00 停止售票）；11 月至次年 3 月，9:00—16:30（16:00 停止售票）

二十五、北京新文化运动纪念馆

中 文 名：北京新文化运动纪念馆

地理位置：北京市东城区五四大街 29 号

内容简介：

北京新文化运动纪念馆是全国红色旅游经典景区、全国重点文物保护单位，位于北京市东城区五四大街 29 号，建于 1916 年。是一座五层高平面呈工字形的砖木结构楼房，占地面积为 1 万平方米。因楼的主体用的是红砖，故有"红楼"之称，原为北京大学校舍的一部分，后改为学生宿舍，又改为北京大学校部、图书馆和文科教室。日军侵华时期，红楼被当做日本宪兵队的队部，地下室成为囚禁、迫害革命志士和爱国人士的监狱。1945 年 8 月日本投降，北京大学在此复校。2002 年 4 月，北京新文化运动纪念馆正式开馆。

主要景点：

纪念馆与北大红楼

红楼出名，源于五四新文化运动。1915 年 9 月，陈独秀在上海创刊《青年杂志》（1916 年 9 月更名为《新青年》），在思想文化领域掀起一场以民主、科学为旗帜，向传统封建思想、道德、文化宣战的新文化运动，揭开了 20 世纪初中国思想解放运动的序幕。1917 年 1 月 4 日，教育家蔡元培就任北京大学校长，在此楼办公（现 208 室）。他按照西方资产阶级国家的大学模式和教育方针，对旧式北京大学进行整顿与改革，提倡新文化、新思想，主张各种思想"兼容并包"，提倡学术民主。在他的主持下，北大出现了一批新派教授，如他聘请陈独秀到北京大学担任文科学长，同时聘请李大钊、胡适、鲁迅等新派人物到北大执教。《新青年》编辑部随陈独秀由上海迁至北京，北京大学形成了以《新青年》编辑部为核心、以众多新派人物为团体的新文化阵营，并促进了进步社团和进步刊物的大量涌现，红楼因此成为新文化运动的营垒。1919 年，这里曾孕育了伟大的五四爱国运动，以李大钊、陈独秀为代表的中国早期马克思主义者在这里播撒了中国革命的火种。

陈列和馆藏

该馆以红楼为依托,通过多种形式,全方位地介绍五四新文化运动和红楼部分历史原貌,并先后推出了"新文化运动陈列""蔡元培与北大红楼""新文化运动主将——陈独秀"专题陈列,展出了从辛亥革命后到五四运动期间新文化运动的兴起和马克思主义在中国的传播等文物与图片。恢复陈列李大钊、毛泽东、鲁迅曾在红楼工作或进行讲学的房间、教室,如李大钊任北大图书馆主任时的办公室、毛泽东工作时使用的新闻纸阅览室等,纪念馆内同时还设有北大学生上课的大教室复原陈列、五四期刊陈列。纪念馆设有放映厅,专门放映"五四运动"和"新文化运动名人故居"专题片,生动地再现了从新文化运动、五四运动的兴起到中国共产党成立的历史过程。

该馆馆藏有京师全图、蔡元培手迹等。

门　　票:免费

开放时间:9:00—16:00(15:30停止入馆,周一闭馆)

二十六、北京正负电子对撞机实验室

中 文 名:北京正负电子对撞机实验室

地理位置:北京市石景山区玉泉路 19 号乙

内容简介:

北京正负电子对撞机(BEPC)实验室于 1988 年 10 月在中国科学院高能物理研究所建成,它坐落于北京西郊八宝山东侧,占地面积为 57 500 平方米。

1990 年 7 月 21 日,北京正负电子对撞机实验室通过了由国家计委(现国家发展改革委)、国家科委(现科学技术部)、中国科学院等部门组织的正式验收。实验室主任为中国科学院高能物理研究所的方守贤院士。实验室学术委员会下设高能物理、高能加速器及同步辐射三个专业委员会,各专业委员会的主任委员分别由中科院理论物理所何祚庥院士、高能所刘世耀研究员及南京大学冯端教授担任。

主要景点:

北京正负电子对撞机实验室的主要设备是一台能量为 22 亿~28 亿电子伏的正负电子对撞机、安装在对撞点上的大型粒子探测器——北京谱仪(BES)、同步辐射实验装置(BSRF)及相应的配套设施。

正负电子对撞机由注入器、输运线、储存环组成,同步辐射实验装置目前由三个前端区、9 条光束线和 11 个实验站组成,可分别开展形貌学实验、EXAFS 实验、漫散射实验、小角散射、衍射、荧光分析、光电子谱学、光刻、生物谱学、高压衍射等研究。

门　　票：免费
开放时间：全天

二十七、中国印刷博物馆

中文名：中国印刷博物馆
地理位置：北京市大兴区黄村兴华北路 25 号
内容简介：

印刷术是中国古代的四大发明之一，它的出现为中华文明的传承发展和世界文明的进步做出了卓越的贡献。为弘扬我国灿烂辉煌的印刷文明、铭记印刷先贤的智慧贡献，1996 年 6 月 1 日，中国印刷博物馆正式开馆，该馆建筑面积约为 8000 平方米，是反映人类印刷出版文化、我国典籍记载传承工艺的知识殿堂，全面展示了中国印刷术的起源、发明和发展过程。该馆设有古代印刷展厅、近现代印刷展厅、印刷设备馆、数字展厅及临时展厅等，观众可以在此鉴赏闻名于世的唐代卷轴装《金刚经》、南宋精刻本《春秋经传》、元代王祯发明的转轮排字盘、从 1932 年淞沪抗战中被日本侵略者炸毁的商务印书馆废墟中抢救出来的手扳架印刷机、晋察冀日报社使用的马背上的印刷机等。博物馆还设有互动体验区，观众可以在此体验古法造纸、雕版活字印刷工艺的流程。

2019 年 9 月，中国印刷博物馆被中宣部命名为全国爱国主义教育示范基地。

主要景点：

古代印刷展厅

古代印刷展厅位于本馆的一层，占地面积为 800 平方米。用图片、文字、实物和模型的方式展示了中国古代印刷术的起源、发明、发展和外传的历史过程。源头部分介绍了从公元前 4000 年至 6 世纪，与印刷术发明相关的历史文化；古代部分展出了 7 世纪初至 1911年，印刷术发明、发展和外传的历史。

近现代印刷展厅

近现代印刷展厅位于本馆的二层，展陈面积约为 800 平方米。用展板和实物介绍了 19 世纪中叶近代印刷术的传入，以及我国民族印刷工业、印刷技术发展的过程，还展出了 1949 年后我国印刷及相关工业现代化的历程。本馆还展出少量印刷机和器材，并可操作表演。

临时展厅

临时展厅位于博物馆的三层，目前设有红色印刷展、馆史展、绿色印刷展三个展厅。红色印刷展展示了党的一大至十八大以来出版印刷的发展历史。馆史展展示了该馆二十多年来的发展历程。绿色印刷展内设大量绿色书籍，供小朋友们免费阅读。三层另有数字展厅，用多媒体手段展示中国古代印刷的发展历史。

印刷设备馆

本馆设在地下，面积约为 2200 平方米，于 2001 年 5 月建成。馆内展出了自 1865 年以来到 20 世纪 90 年代初期多种型号的印前、印刷和印后加工设备。这些设备均由国内外印刷界朋友捐赠，有些设备目前已十分稀少。参观完本馆，观众可以了解中国近现代印刷工业和印刷机械设备的发展历史。

互动体验区

中国印刷博物馆的一层设有古法造纸、雕版活字印刷工艺的体验专区。

馆藏文物

馆内珍品主要有唐人写经、南宋孤本《春秋经传》、清顺治元年安民告示《大清国摄政王令旨》。

中国印刷博物馆的机械设备馆收藏了大量的近现代印刷机械，这也是目前世界上收藏印刷机械数量最多的博物馆之一。

门　　票：免费

开放时间：8:30—16:30（周一闭馆）

二十八、北京李大钊故居

中 文 名：北京李大钊故居

地理位置：北京市西城区文华胡同 24 号

内容简介：

北京李大钊故居是北京市文物保护单位、西城区爱国主义教育基地，位于北京市西城区文华胡同 24 号。

从 1916 年夏至 1927 年春，李大钊在北京工作、生活十年，先后居住过八个地方。1920 年春至 1924 年 1 月，李大钊一家在石驸马大街后宅 35 号（现西城区文华胡同 24 号）北院居住将近四年，这是他在故乡之外与家人生活时间最长的一处居所。1979 年 8 月 21 日，北京李大钊故居被公布为北京市重点文物保护单位。

2019 年 9 月，北京李大钊故居被中宣部命名为"全国爱国主义教育示范基地"。

主要景点：

北京李大钊故居为一小三合院，占地面积约为 550 平方米，有北房三间，东、西耳房各两间，东、西厢房各三间。其中北房东屋为李大钊夫妇的卧室，东耳房为李大钊的长女李星华的卧室，东厢房北间为李大钊长子李葆华的卧室，东厢房南间为李炳华的卧室。西厢房为李大钊的书房。北京李大钊故居在中国共产党的历史上有着特殊的价值，在后宅胡同（现文华胡同）居住的时期，是李大钊人生事业的第一个黄金时代，也是他异常忙碌的时期。他为传播马克思主义、创办中国共产党、建立国民革命统一战线、巩固和发展国共合作、领导北方革命运动做出了巨大贡献，他也是名重当世的具有高尚道德品质的学者和思想家。在此期间，李大钊发表各种文章 140 余篇，文字总量超过 33 万余字，平均每 9 天发表一篇；参加各种会议 120 次，包括共产党三大、国民党一大等，平均每 10 天参加一次会；陪同会见、拜访各界人士 30 次，讲演 30 次（不算讲课），到广州、上海、武汉、洛阳、天津等地从事教学和革命活动。当年，许多青年都曾在李大钊家借住，感受过李大钊师长般的关爱和教诲。中共北方党组织的一些重要会议曾在李大钊的书房内召开。

党史专家一致认为，北京李大钊故居是李大钊传播马克思主义、创办中国共产党、领导北方工人运动、促成第一次国共合作等一系列革命实践活动最具代表性的历史见证。

门　　票：成人参观票价 10 元；老人、大中小学学生（成人教育除外）凭学生证享受半价优惠；1.2 米以下儿童免票；军人凭有效证件免费

开放时间：9:00—16:00（周一、周二闭馆）

二十九、没有共产党就没有新中国纪念馆

中 文 名：没有共产党就没有新中国纪念馆
地理位置：北京市房山区霞云岭乡堂上村
内容简介：

《没有共产党就没有新中国》词曲创作地位于北京市房山区霞云岭乡堂上村。纪念馆采取单层连体的建筑方式，造型别致，风格独特，纪念馆在蓝天、白云的映衬下，显得分外庄严和壮观。

2019 年 9 月，没有共产党就没有新中国纪念馆被中宣部命名为"全国爱国主义教育示范基地"。

主要景点：

2006 年依山而建的没有共产党就没有新中国纪念馆，占地面积约为 6000 平方米，其中展馆的建筑面积为 1800 平方米，传唱大舞台的建筑面积为 4000 平方米。没有共产党就没有新中国纪念馆举办的大型主题展览分为"历史回响人民心声""深山里飞出不朽的歌""让心中的歌代代传唱"三个部分。展览运用文字、摄影、绘画、浮雕、蜡像、幻影成像等传统与现代相结合的艺术手段，展出照片 800 幅、油画 1 幅、浮雕 1 幅、蜡像 1 尊、幻影成像 1 部，另有霸王鞭表演队，纪念馆可同时容纳 500 人参观。

《没有共产党就没有新中国》这首赞歌从革命战争时期唱起，一直唱到了社会主义建设新时代，可谓久唱不衰、历久弥新。究其根本原因在于它反映了历史的真理，表达了亿万中国人民的心声，向世人昭示了"没有共产党就没有新中国"和"只有共产党才能团结带领人民前进"的历史事实与客观真理。

门　　票：免费

开放时间：8:00—12:00，13:00—17:00

三十、国家体育总局训练局荣誉馆

中 文 名：国家体育总局训练局荣誉馆
地理位置：北京市东城区体育馆路甲 2 号
内容简介：

国家体育总局训练局荣誉馆位于国家体育总局训练局内。国家体育总局训练局占地面积 19.2 万平方米，场馆面积近 17 万平方米，自 1951 年成立以来陆续建成北京体育馆、游泳馆、篮球馆、田径场、田径馆、高尔夫打球场、乒乓球馆、网球馆、体操馆、跳水馆、举重馆、羽毛球馆、排球馆、游泳训练馆、新篮举馆这 15 个专业训练场馆。各场馆的场地完全符合国际训练、比赛的标准，场馆设备完善，有乒乓球、羽毛球、体操、跳水、举重等 11 个奥运会重点夺金项目的 14 支国家队在此训练。

2015 年 2 月，国家体育总局训练局荣誉馆获得中央精神文明建设指导委员会授予的"第四届全国文明单位"荣誉称号。

主要景点：

为支持全民健身，打造一个地理位置最好、环境最优美、规模最大、水平最高、项目最齐全、服务品质最好的全民健身中心，北京奥运会后，国家体育总局训练局将向社会公众开放使用北京体育馆、排球馆、篮球馆、羽毛球馆、乒乓球馆、网球馆（3 馆，12 片场地）、游泳馆、田径馆、田径场、高尔夫打球场及两个多功能厅。

门　　票：免费

开放时间：9:00—17:00

天 津 市

一、天津盘山烈士陵园

中 文 名：天津盘山烈士陵园
地理位置：天津市蓟州区盘山
内容简介：

天津盘山烈士陵园占地 20 万平方米，位于天津市蓟州区盘山，1957 年建成，是冀东著名的烈士陵园之一，主要建筑物有烈士纪念碑、烈士墓区、烈士纪念馆和革命传统教育纪念馆。

建筑物宏伟壮观，富有民族风格。园内松柏苍郁，肃穆庄严。纪念碑用汉白玉石块砌成，四周碑文分别是聂荣臻题写的"光荣烈士永垂不朽"、谢觉哉题写的"永远活在人民心中"、李运昌题写的"为人民革命事业而牺牲的英雄们永垂不朽"、宋劭文题写的"抗日英雄浩气常存"。烈士纪念馆内有毛泽东的题词和烈士遗像、传略及烈士英名录。

主要景点：

烈士纪念馆

烈士纪念馆位于陵园的中心位置，占地 200 平方米。馆内正中是毛泽东的亲笔题词，题词两侧分别介绍了抗日战争时期曾经在蓟州区和冀东从事抗日工作的 53 位烈士，其中包括冀东军分区副司令员包森、冀东地委西部分委书记田野、冀热辽第一专署专员杨大章、抗日支队副司令员白乙化和蓟州区党的主要创始人李子光等。馆内依次悬挂烈士遗像以供瞻仰，并介绍了烈士的生平事迹。

烈士纪念碑

烈士纪念碑巍然矗立在陵园北部最高的地方。碑基占地 1177 平方米，碑身用汉白玉石块砌成，上面镌刻着齿轮、麦穗图案，象征着工农联盟。碑高 27.5 米，在一二十里外就能瞻仰它的雄姿，象征着革命先烈的崇高形象。碑身正面镌刻聂荣臻元帅的亲笔题词"光荣烈士永垂不朽" 8 个鎏金大字，光芒耀眼，左侧镌刻谢觉哉的题词"永远活在人民心中"，右侧镌刻宋劭文的题词"抗日英雄浩气长存"，后面镌刻李运昌的题词"为人民革命事业而牺牲的英雄们永垂不朽"，题词表达了党和人民对革命先烈的无限敬仰与深切怀念。

烈士墓区

碑前甬路两侧为烈士墓区，安葬着 205 名阵亡先烈。主墓为冀东军分区副司令员包森和冀东地委西部分委书记田野，陪墓 32 座，群墓 171 座。

事迹陈列馆

走进天津盘山烈士陵园的大门，可看到一排民族风格的建筑，这是盘山抗日斗争事迹陈列馆。陈列馆正中的穿堂上面为一玲珑的四角琉璃亭，穿堂两边各有一个展室。馆内展出了抗日战争时期的珍贵革命文物 200 余件，还有大量的文献资料和图片，生动、形象地概括了盘山抗日根据地军民可歌可泣的动人事迹。

烈士介绍

包森，原名赵宝森、赵寒。陕西省蒲城县人，1938 年随八路军四纵队支援冀东大暴动，是盘山抗日根据地的创建人之一。他身经百战，屡建奇功，他的队伍曾活捉日本天皇表弟赤本。包森于 1942 年 2 月在河北省遵化县（现遵化市）野虎山与日军的交战中牺牲，时年 32 岁。

田野，原名赵观民、张健翼，河北省保定市人，原在天津河北工学院从事地下工作，1938 年后，在冀东一带从事党的领导工作。1942 年 9 月在对敌激战中牺牲。

王少奇，1935 年在北平医科大学读书时参加 "一二·九"爱国学生运动。1936 年春，根据华北局党组的指示，与卜荣久放弃学业，回到家乡开展抗日工作。1937 年 2 月，在板桥村开办诊所，以医生身份开展抗日宣传活动，建立抗日救国会组织。1938 年 4 月，王少奇在盘山千像寺参加了中共蓟县（现天津市蓟州区）县委召开的扩大会议，会上被任命为蓟县抗日救国会宣传部部长，积极为冀东抗日大暴动做组织和武装力量的准备。7 月中旬，参加冀东西部抗日暴动，并于 7 月 31 日配合主力部队攻克蓟县县城。1939 年 9 月，王少奇率领到平西受训的蓟遵兴和蓟平三支队返回盘山，任蓟遵兴游击支队政委及盘山八路军办事处主任。1940 年 10 月，王少奇任蓟宝三联合县县长。在极端残酷的条件下，率领根据地抗日群众，配合主力部队，胜利粉碎了日伪军实行的五次"治安强化运动"，巩固了盘山抗日根据地。

门　票：免费

开放时间：全天开放

二、平津战役纪念馆

中 文 名：平津战役纪念馆

地理位置：天津市红桥区平津道 8 号

内容简介：

平津战役纪念馆位于天津市红桥区子牙河桥西侧的植物园预留地内，于1997年建成，占地 4.7 万平方米。该馆是反映中国解放战争三大战役之一——平津战役的专题纪念馆。聂荣臻元帅为纪念馆题写馆名。

平津战役纪念馆是一座全面介绍平津战役的现代化展馆，主要由多维演示馆、纪念广场、胜利花园、序厅、战役决策厅、战役实施厅、人民支前厅、伟大胜利厅、英烈业绩厅等组成。多维演示馆运用现代声、光、电等高科技手段，结合全景式超大屏幕环球电影、背景画、战场微缩景观和音响，生动地再现了平津战役的宏大场面，陈列内容比较丰富，分为战役决策、战役实施、人民支前、伟大胜利、英烈业绩这 5 个部分。纪念馆的主体建筑雄伟挺拔、气势磅礴，既蕴含中国传统韵味，又富有现代审美风格。

展馆古朴庄重，前区是三层暖灰色花岗岩饰面斗拱造型，后区是由金属材料构成的巨大银灰色球体建筑，恢宏壮观。聂荣臻元帅亲笔题写的"平津战役纪念馆"7 个金色大字镶嵌在展馆的巨大牌楼式眉额上，为纪念馆增添了光彩和神韵。

主要景点：

序厅

大厅正中央的铸铜雕像"走向胜利"表现了中共中央毛泽东、刘少奇、朱德、周恩来、任弼时的领袖风采；墙屏上毛泽东关于平津战役作战方针的浮雕手迹熠熠生辉；环周巨幅壁画《胜利交响诗》反映了东北、华北两大区军民英勇奋战、夺取战役胜利的宏大场面。

战役决策厅

通过对中共中央九月会议和全国与华北战略形势的发展变化的展现，以及平津战役的方针和部署等诸多重大历史事实的再追溯，展示了平津战役发生的背景与全国战场的关系，着力表现了中央军委英明决策的过程。厅内设置了毛泽东西柏坡办公室旧址复原蜡像及大量历史文物、照片等，将毛主席驾驭战争的伟大气魄、运筹帷幄的高超指挥艺术，形象生动地表现出来。

战役实施厅

通过大量照片、文献、实物等史实材料与图表、绘画等辅助展品有机结合，全面、真实地展现了平津战役从发起到胜利结束的光辉历程。该厅设置的巨幅塑型电动图、大屏幕电视、战场景观、电动沙盘等，运用现代化的手段和形式，逼真地再现了战争场面。

人民支前厅

运用大量史料，翔实地展现了东北、华北各级中国共产党组织、政府和解放区广大人民群众踊跃支前的历史场景，深刻地揭示了"兵民是胜利之本"这一革命战争规律。

伟大胜利厅

伟大胜利厅陈列了平津战役取得的辉煌战绩和北平、天津及其他各地欢庆胜利的场面等内容，并设置了缴获武器陈列台。同时对平津战役胜利后、1949年前发生的一些重大历史事件做了概要介绍，反映了平津战役连同辽沈、淮海等重大战役的伟大胜利，以及在中国革命历史演进中所起的重要作用和发挥的影响。

英烈业绩厅

英烈业绩厅陈列了中国共产党的几代领导核心和其他领导同志的题词。据有关数据显示，该展厅介绍了平津战役中牺牲的32位著名烈士和团以上干部、26位战斗英雄和109个英模群体的事迹，悬挂了英模群体的锦旗，展出了大量奖章、证书和英烈所用物品。英烈名录墙镌刻了战役中牺牲的6639名烈士的姓名，寄托了对烈士的深切怀念。

多维演示馆

运用现代声、光、电高科技与多元化视听的技术手段，结合全景式超大屏幕环球电影、背景画、战场微缩景观来表现战争时空氛围的音响合成，创造出新颖、独特的视听艺术形式，气势恢宏地演示了平津战役多维空间历史画面。

纪念广场

纪念广场的总体艺术环境以胜利为主旋律。两根高大花岗岩圆柱构成胜利门，柱顶分别矗立着人民解放军东北野战军和华北军区部队战士的雕像。两壁反映军民团结奋战、欢庆胜利的花岗岩浮雕墙分列胜利门的两旁。广场中央竖立着高64米的胜利纪念碑，不锈钢三棱刺刀直插云霄。广场东西两侧的大型锻铜群雕烘托出人民战争的磅礴气势。

兵器布列

广场东西两厢布列着火炮、坦克、装甲车等重型兵器，渲染出军事纪念馆的浓重色彩。

门　　票：免费

开放时间：9:00—16:30，闭馆前半小时停止发票（周一闭馆）

三、周恩来邓颖超纪念馆

中 文 名：周恩来邓颖超纪念馆

地理位置：天津市水上公园北路1号

内容简介：

周恩来邓颖超纪念馆位于天津水上公园风景区，建于1998年2月28日，是全国爱国主义教育示范基地、全国廉政教育基地和国家一级博物馆。

周恩来邓颖超纪念馆占地7万平方米，建筑面积为1.3万平方米，纪念馆基本陈列分为三大展区：主展厅、按1:1比例仿建的北京中南海西花厅专题陈列厅、专机陈列厅。

主展厅设有周恩来生平展"人民总理周恩来"、邓颖超专题展"邓颖超——20

世纪中国妇女运动的先驱";西花厅专题陈列厅设有复原陈列和主题文物展"伟大的情怀";专机陈列厅陈列着苏联政府赠送给周恩来总理的伊尔—14型678号专机,为国家二级文物。

主要景点:

纪念馆展厅包括瞻仰厅、周恩来生平厅、邓颖超生平厅、西花厅、专机厅及竹刻楹联厅和书画艺术厅。

瞻仰厅

瞻仰厅的正面耸立着周恩来、邓颖超的汉白玉雕像"情满江山",大型壁毯"海阔云舒"作为背景,两侧浮雕墙镌刻了五四运动、南昌起义、红军长征、西安事变、开国大典、祖国建设等历史性画面。

周恩来生平厅

"人民总理周恩来"分为三部分:为追求真理不懈探索;为民族解放建立功勋;为人民幸福鞠躬尽瘁。以时间为序,按专题的形式展示周恩来作为民族英雄、党的领袖、开国元勋、人民公仆、世界伟人的重大历史贡献。

邓颖超生平厅

"邓颖超——20世纪中国妇女运动的先驱"分为两个展厅:革命战争年代和建设改革时期。展示邓颖超在各个历史时期,团结、领导各界妇女为创建新中国、参加社会主义建设和在世界妇女运动中做出的历史贡献。

西花厅

此处整体依照20世纪60年代中南海西花厅的布局和风格按1:1比例仿建而成。西花厅占地1万余平方米,建筑面积为3379平方米,南北长约160米,东西宽约60米,由两个院落组成,前院用于周恩来和邓颖超接见重要的国内外宾客,后院是周恩来与邓颖超的工作、生活区域,室内陈设皆为原貌。

西花厅以实景实物这种更直观的方式展示周恩来、邓颖超的生活和工作环境。

专机厅

专机厅用来陈列周恩来曾经乘坐的专机。伊尔—14型678号专机是1957年8月苏联政府赠送给周恩来总理的专机,是新中国第一任总理乘坐的第一架专机。飞机长21.3米,翼展31.7米,高7.8米,重12.3吨,升限6500米,最大航程3200千米。1957年至20世纪60年代中期,周恩来一直乘坐该机,到过许多国内城市,还去过越南、朝鲜等国家。出于保密工作的需要,这架飞机有678和600两个机号交替使用。

门　　票: 免费

开放时间: 9:00—16:30,闭馆前半小时停止检票(周一闭馆)

四、天津自然博物馆

中 文 名: 天津自然博物馆
地理位置: 天津市文化中心近平江道

内容简介：

天津自然博物馆新馆位于天津文化中心、原天津博物馆内，是中国第一个主题单元化、全景式展示的自然探索、科学体验、科学教育的自然史博物馆。

天津自然博物馆的前身是北疆博物院，于1914年由法国传教士桑志华创办，1927年对外开放。1952年改建为天津市人民科学馆，1957年正式定名为天津自然博物馆。

2014年天津自然博物馆搬入天津文化中心（原天津博物馆）内，并于1月25日向公众开放，天津自然博物馆占地面积为5万平方米，总建筑面积为3.5万平方米，展示面积为1.4万平方米，包括常设陈列区、临展区、体验娱乐区、科普教育区这4部分。现有馆藏动、植物标本及古生物、古人类化石约40万件，包括一、二级珍品1282件，模式标本1452件。

天津自然博物馆新馆以"家园"为总主题，从户外"家园·足迹"到首层"家园·探索"，从二层"家园·生命"到三层"家园·生态"，讲述一个从远古到当代、从世界到天津的"家园"故事。2018年10月11日，天津自然博物馆入选"全国中小学生研学实践教育基地"名单。2020年12月，入选第七批国家生态环境科普基地名单。2022年1月30日，入选2021—2025年全国科普教育基地第一批拟认定公示名单。

主要景点：

生命展区

二层展示区的面积为5700平方米，由"远古家园"和"现代家园"两部分内容组成，采用古今结合的主题单元展示方式，展出古生物化石、岩矿及动植物标本近万件。

依托新的地球观和最新科学研究成果，展示地球家园38亿年来生命世界由无机到有机、由单细胞到多细胞、由简单到复杂、由低等到高等的发生、发展，以及波澜壮阔、跌宕起伏的演化历程。

生态展区

"家园·生态"展示区的面积为3400平方米，以美国著名慈善家、天津市荣誉市民肯尼斯·贝林先生历年捐赠的200多件珍稀世界野生动物标本为基础，同时增加馆藏部分珍稀野生动物标本，如大熊猫、金丝猴等，共同展示世界各大洲的典型动物群。

"家园·生态"展示区在设计理念上突出生态系统，在形式上以大景观、大手笔来体现，展示生态系统的多样性。每一大洲动物群由若干景观组成，每个景观用不同的场景来展示，每个场景又用动物生活中的一个典型故事来表现。利用人工造景及背景画，结合各种现代化的展示手段，准确、科学地将世界上最具代表性的野生动物及其生态环境再现于观众面前，生动地展示动物生活的真实场景。展览内容丰富，表现形式多样，既有展板，又有多媒体，同时有互动设置，提高了观众的探索欲望，以期达到贝林先生的捐赠目的——让没有机会到这些地方的孩子们，通过参观我们的展览有身临其境的感觉。

交流活动

由法国、中国、美国、加拿大、阿根廷、比利时等国家联合举办的"最后的巨人"大型恐龙展于 2010 年 4 月在法国国家自然历史博物馆举行盛大的开幕式。

天津自然博物馆作为国内，也是亚洲唯一的博物馆参加此次国际性恐龙大展，精挑细选了满洲龙、棘鼻青岛龙、原角龙及两组恐龙蛋共 5 件珍贵的化石标本来参加此次国际性的"恐龙盛会"。

中国恐龙暨古动物展

2007 年，天津自然博物馆与重庆自然博物馆联合在荷兰举办"中国恐龙暨古动物展"。中国是世界上发现恐龙化石最多的国家之一，在国际上占有重要的地位。四川的蜀龙动物群、马门溪龙动物群，云南的禄丰龙动物群，辽西的热河动物群及内蒙古、甘肃、山东、黑龙江等地出土的恐龙动物群均闻名于世。其他如鳄类、龟鳖类、水生爬行类和翼龙类等古爬行动物化石则更为丰富，产地遍及全国。

中国新生代地层里的古哺乳动物化石，其数量之丰富，门类之齐全，在世界上尤为罕见。中国北方地区的三趾马动物群，猛犸象——披毛犀动物群，以及南方地区的大熊猫——剑齿象动物群是中国新生代古哺乳动物群中的典型代表。

"中国恐龙暨古动物展"于 2003 年在韩国盛大开幕。展览由天津自然博物馆与自贡恐龙博物馆联手在韩国首尔国际会展中心共同举办。该展览精心筛选了 126 件馆藏精品，包括恐龙骨架标本 61 具（件）、超大型恐龙化石骨架 10 余件，有体高 8 米的巨型山东龙、体长 22 米的合川马门溪龙，还有体长仅 35 厘米的胡氏贵州龙及珍贵的古哺乳动物标本。

门　　票：免费

开放时间：9:00—16:00（15:30 停止发票），周一闭馆

五、天津科学技术馆

中 文 名：天津科学技术馆

地理位置：天津市河西区隆昌路 94 号

内容简介：

天津科学技术馆位于河西区隆昌路文化中心内。无论是从高处鸟瞰，还是从远处凭眺，天津科学技术馆的外形都酷似一座桥，象征着科技是连接现在与未来的一座桥梁。"桥"中央 3/4 球形的天象厅宛如一轮喷薄欲出的朝阳。天津科学技术馆占地面积近 2 万平方米，馆内由展示厅、多功能天象厅、报告厅、培训教室等组成，是一座现代化的综合展馆。

主要景点：

展示厅是该馆的主体部分，其建筑面积为1万平方米，采用大空间构造。展厅分上、下两层，按不同的学科和专业技术门类设13个展区，共有300多件（套）展品。展示厅布局气势恢宏，分区布展又各具特色，使人们进入展厅后犹如置身于科学殿堂之中。其中，2002年8月建成的"数学厅"由陈省身先生亲自设计，占地1100平方米，由序厅、数学史长廊、中外数学家、古典数学、现代数学、计算机及其应用这6部分组成，受到国内外数学家的瞩目。"科技名人园""动手动脑园区"等可满足不同年龄和层次观众的参观需求。

该馆的展品集科学性、知识性、趣味性、参与性、艺术性于一体，借助声、光、电、计算机等现代化展示手段，生动、形象地向公众普及科学技术知识，参观者在直接参与操作展品的过程中，通过视觉、听觉、触觉等感观系统，可亲身体验到科学技术带来的乐趣，一定会大开眼界、受益无穷。

科技馆的球形建筑天象厅也称宇宙剧场，内部装有倾斜式铝质天幕和天象仪、360度全天域穹幕电影放映系统和各种投影设备。观众可坐在舒适的座位上观看奇妙的天体、天象景观和科学探险影片。

门　　票：凭证件免费领票入场（宇宙剧场：成人20元，学生10元）

开放时间：9:00—16:30（周一、周二闭馆，节假日照常开放）

六、大沽口炮台遗址

中 文 名：大沽口炮台遗址

地理位置：天津市滨海新区东炮台路1号

内容简介：

大沽口在明朝开始设防，炮台初建于明朝嘉靖年间，鸦片战争前后大规模地扩建，咸丰八年（1858）为加强海防、确保京城安全，清朝政府在南北两岸修筑"威""镇""海""门""高"5座大炮台和20多座小炮台，防务不断加强。近代国外列强对华侵略，大沽口地区更成为北方的战略要地。有"南有虎门，北有大沽"的说法。

在第二次鸦片战争中，提督史荣椿亲自率军坚守炮台，与英军激战，大部分爱国官兵壮烈殉国，史称第一次大沽口保卫战。1901年"辛丑条约"签订后，帝国主义列强在中国横行，强行拆去了大多数炮台，后来只残留南岸的"威"和"海"炮台及北岸的"方"炮台。

1949年后，大沽口炮台遗址被国务院正式确定为全国重点文物保护单位，又以"海门古塞"之誉被评为"津门十景"之一，并确定为天津市爱国主义教育示范基地。

1988 年,大沽口炮台遗址被列为国家重点文物保护单位,1997 年 6 月整修后向公众开放,已经成为全国爱国主义教育示范基地。

主要景点:

大沽口炮台遗址公园南北长约 1 千米、东西宽 500 米。主要内容包括：公园入口处设计圆弧炮墙；临海一面修建仿古炮墙，总长 1050 米。

大沽口炮台遗址公园建设项目拟利用大沽口炮台的知名度，依靠遗址本身的优势条件，建设一座具有鲜明古战场特色的文物旅游城，使之成为天津乃至全国著名的旅游景点。

该遗址公园总规划用地约 93.8 万平方米，根据天津市塘沽区委托中国建筑设计研究院建筑历史研究所于 2005 年做出的《大沽口炮台保护总体规划》，本着对现存文物遗址进行保护和开发的原则，拟建设包括遗址博物馆、娱乐中心、停车场及防潮坝在内的 4 个主要项目，总建筑面积约 2.1 万平方米，年接待量可达到 30 万人次。

依照《大沽口炮台保护总体规划》，该遗址公园规划有重点保护区和一般保护区。其中重点保护区围绕炮台遗址向周边扩展 50 米分布，西侧以滨海大道为界，面积约 25.38 万平方米，占遗址公园规划用地的 27.06%。一般保护区为重点保护区之外的其他规划用地，面积约 68.42 万平方米，占遗址公园规划用地的 72.94%。

大沽口炮台遗址周边建设控制地带依照保护区的规划及规划区建设控制强度，共划分出三个等级的控制地带。其中，一类控制地带土地的使用性质限定为文物古迹用地和城市公共绿地，适宜建设项目仅限于符合遗迹文化价值的文化和娱乐设施；二类控制地带土地的使用性质以一类居住用地为主，适宜建设低层和多层住宅及无污染的公建设施，建筑限高 10 米；三类控制地带土地的使用性质依照 2002 年塘沽区总体规划确定，以一类居住用地和金融用地为主，建筑限高 24 米。

该遗址公园规划用地地处保护区规划的一类控制地带范围内，建设项目均属保护性设施和围绕炮台遗址开发建设的相关旅游附属设施，与保护区规划要求相吻合。

门　票: 30 元

开放时间: 8:30—16:30（秋季、冬季），8:30—17:00（春季、夏季）；3D 电影定点播放
时间：10:00、11:00、14:00、15:00

七、天津博物馆

中 文 名: 天津博物馆
地理位置: 天津市河西区友谊路 31 号
内容简介:

天津博物馆位于天津市河西区越秀路与平江道交口的文化中心，是展示中国古代艺术及天津城市发展历史的大型艺术历史类综合性博物馆。天津博物馆由 20 世纪天津文博、社教、美术、博览 4 个系列的馆、院汇集而成，2004 年由原天津市艺术博物馆和天津市历史博物馆合并组建，其前身为 1918 年成立的天津博物院，是国内较早建立的博物馆之一。

天津博物馆的馆藏特色是中国历代艺术品和近现代历史文献、地方史料并重，现有古代青铜器、陶瓷器、法书、绘画、玉器、玺印、文房用具、甲骨、货币、邮票、敦煌遗书、竹木牙角器、地方民间工艺品及近代历史文献等各类藏品近 20 万件，图书资料 20 万册。

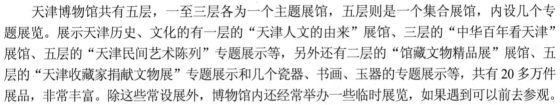

2007 年底开始对外免费开放，2008 年被评为国家一级博物馆、全国爱国主义教育示范基地。

主要景点：

天津博物馆位于河西区，是天津市主要的综合博物馆，也是了解天津的绝佳去处。馆内展品丰富，玉器、瓷器和书画收藏最为著名，《雪景寒林图》、黄玉猪龙、隋白釉双龙柄联腹传瓶、西周太保鼎等国宝级文物都可以在这里看到。

天津博物馆共有五层，一至三层各为一个主题展馆，五层则是一个集合展馆，内设几个专题展览。展示天津历史、文化的有一层的"天津人文的由来"展馆、三层的"中华百年看天津"展馆、五层的"天津民间艺术陈列"专题展示等，另外还有二层的"馆藏文物精品展"展馆、五层的"天津收藏家捐献文物展"专题展示和几个瓷器、书画、玉器的专题展示等，共有 20 多万件展品，非常丰富。除这些常设展外，博物馆内还经常举办一些临时展览，如果遇到可以前去参观。

"天津人文的由来"展馆位于一层大厅的右侧，概括了天津从旧石器时代一直到清朝中后期的上万年历史。通过陶器、青铜器、铁器等天津当地出土的文物和图片文字说明，展示了天津从不毛之地到运河城市再到地区枢纽的发展历程，是了解天津古代历史的地方。

"馆藏文物精品展"展馆位于二层，是馆内的重点展览，集中了天津博物馆内最精华的几十件文物，每件都是珍品，西周太保鼎、隋白釉双龙柄联腹传瓶等国宝级文物更值得重点参观。

"中华百年看天津"展馆位于三层，展示了从鸦片战争到 1949 年天津的历程。因为天津曾是北方最大的工商业城市，也是中国对外的窗口城市，所以才有"中华百年看天津"的说法。展厅内有实景模拟的民国时期的天津街道，行走在"街道"之间十分有趣。还有当年天津城内的可口可乐广告牌、手枪等"西洋货"的展示，可以参观了解。

其他几个专题展览均在五层展馆内，有天津收藏家捐献文物展、天津民间艺术展示、中国古代玉器展、扬州画派精品展、明清青花瓷展、海派绘画展等多个展览，以书画、玉器和瓷器最为丰富，其中《雪景寒林图》是镇馆之宝之一，一定不能错过。

门　　票： 免费

开放时间： 9:00—16:30（16:00 停止发票，周一闭馆，节假日除外）

八、天津市烈士陵园

中 文 名： 天津市烈士陵园
地理位置： 天津市北辰区铁东路 5998 号

内容简介：

天津市烈士陵园始建于1955年6月1日，原址在天津市北辰区北仓镇三义村，占地12万平方米。1973年迁址市内水上公园的西北侧。2005年4月11日天津市委、市政府决定重建新烈士陵园，2006年清明节期间，新陵园建成并正式对外开放。新陵园坐落在北辰区外环线与铁东路交口处，占地66 667平方米。建筑面积为8000

平方米，总投资达8700万元人民币。主要纪念性建筑物包括：纪念碑、纪念馆、骨灰馆、烈士祭悼厅、纪念广场和纪念平台。广场东侧建有无名烈士墓，安葬2994具无名烈士骨灰；广场西侧建有在日殉难烈士·劳工名录墙。园内绿化面积达2.8万平方米，纪念馆北侧堆筑占地1万平方米的假山景观。新陵园风格古朴庄重、气势恢宏，园内假山掩映、苍松翠柏、绿树繁花。

新建陵园现对外开放的有三个展馆。革命烈士纪念馆现展出的是"丰碑永驻——天津战役革命烈士事迹"展览。在日殉难烈士·劳工纪念馆的一层为骨灰馆，存放在日殉难烈士和劳工骨灰共2316盒，这是目前国内唯一集中存放在日殉难烈士·劳工骨灰的地方；二层为展馆，现展出的是"东瀛血泪——中国劳工在日本"。1949年后，烈士纪念馆的一层为骨灰馆，存放1949年后的烈士骨灰共382盒，同时安放着1196盒天津战役牺牲烈士的骨灰；二层为展馆，现展出的是著名烈士杨连弟、爱国将领吉鸿昌将军事迹展及"雄魂永铸"1949年后的部分烈士事迹。

主要景点：

吉鸿昌烈士事迹展

吉鸿昌是中国共产党优秀党员、著名抗日民族英雄。1895年出生于河南省扶沟县，1913年投军，1926年参加北伐，为西北军中著名的爱国进步将领。1932年加入中国共产党，从一个爱国主义者转变为坚定的共产主义战士。在中国共产党的领导下，于1932年组织领导察哈尔民众抗日同盟军，抗击日寇。1934年在天津从事地下活动，建立"中国人民反法西斯大同盟"并组织武装抗日义勇军。同年11月9日不幸被捕，11月24日在北平被蒋介石下令杀害，为中华民族的解放事业英勇牺牲，时年39岁。

东瀛血泪——中国劳工在日本

在为人类带来惊天浩劫的第二次世界大战中，日本军国主义在中国犯下了累累罪行，其中，强掳和役使中国战俘劳工是最灭绝人性的罪行之一。据统计，在1943—1945年间，日本将4.1万余名中国战俘和普通百姓掳往日本，迫使他们在35个单位的135个场所从事矿山采掘、开凿山洞等超强度的体力劳动。据日本外务省报告书记载，在不到两年的时间内，就有6830人命丧东瀛，6778人身受伤害，数以万计的中国家庭因此妻离子散、家破人亡。

丰碑永驻——天津战役革命烈士事迹

作为"三大战役"最后一战的天津战役，为蒋家王朝的覆灭敲响了丧钟，也为新中国的诞生举行了声势浩大的奠基礼，并以"天津方式"的名称载入了人民解放战争的光辉史册。

天津战役是解放战争中一次重要的大规模攻坚战，它以战争的方式，在短时间内消灭了国民党军事力量，较为完整地解放了大城市，并促使千年古都北平（今北京）和平解放。

在这场战役中，英勇的人民解放军冲锋陷阵、前仆后继，许多人为了天津人民的解放流尽了最后一滴血，义无反顾地献出了自己宝贵的生命。烈士的英雄形象如同在广袤的天地之间、在人们的心灵深处耸立起的一座血染的丰碑，与山河同在，与日月同辉。

门　　票：免费

开放时间：全天

河 北 省

一、李大钊纪念馆

中 文 名： 李大钊纪念馆

地理位置： 河北省唐山市乐亭县新城区觅园街 1 号

内容简介：

李大钊纪念馆占地 66 667 平方米，建筑面积为 4680 平方米，于 1997 年 8 月 16 日建成。该馆牌楼式的正门上是江泽民题写的馆名。院中矗立着的 8 根功绩柱象征李大钊的八大功绩，8 块浮雕展示李大钊的主要革命活动，38 级台阶寓意李大钊走过的 38 年历程。序厅两侧是工农革命运动浮雕；瞻仰厅正面设有李大钊的汉白玉立像，后衬邓小平的题词；东、

西展厅用丰富的实物和史料，配以现代化的设备，全面系统地展示了李大钊的生平业绩。

李大钊纪念馆既是李大钊同志生平业绩的陈展，又是全国爱国主义教育示范基地；既是研究李大钊的中心，又是独特的旅游景点。

主要景点：

"李大钊生平事迹陈列展览"包括瞻仰厅和东、西两个展厅。瞻仰厅正面矗立着李大钊的汉白玉立像，立像背后是中共中央为李大钊撰写的碑文。展览以图片、文字介绍为主，集中介绍了李大钊的伟大一生和光辉业绩。

李大钊纪念碑林展出碑刻 60 多块，有党和国家领导人题词、李大钊部分手书、国内著名艺术家缅怀和颂扬李大钊的有关书法作品、部分纪念李大钊的复制碑刻。

李大钊故居始建于清朝光绪七年（1881），为典型的冀东农村庄户，是李大钊诞生和幼年成长、与赵纫兰成婚安家的地方。

门　　票：免费

开放时间：9:00—17:00（淡季），8:30—18:00（旺季）（周一闭馆，法定节假日除外）

二、涉县八路军 129 师司令部旧址

中 文 名：涉县八路军 129 师司令部旧址

地理位置：河北省邯郸市涉县赤岸村

内容简介：

涉县八路军 129 师司令部旧址位于涉县赤岸村，占地面积为 8320 平方米，由三个具有北方民族风格的四合院和广场、防空洞等组成。1982 年 7 月，司令部旧址被河北省政府公布为省级重点文物保护单位；1995 年，由河北省委、省政府确定为全省首批 22 处爱国主义教育示范基地建设重点工程项目之一；1996 年 11 月，由国务院公布为全国重点文物保护单位；1997 年 6 月，被中宣部命名为全国爱国主义教育示范基地。

1937 年抗日战争爆发后，八路军 129 师在刘伯承、邓小平的率领下，为拯救中华民族临危受命，东渡黄河、挺进太行、进驻涉县，在抗日战争中艰难地创建了全国面积最大、最巩固的晋冀鲁豫边区抗日根据地。涉县是根据地的心脏，曾有 110 多个党、政、军、财、文等机关长期驻扎在这里，刘伯承、邓小平、徐向前、李达、黄镇等老一辈无产阶级革命家在这里战斗、生活了 6 年。

主要景点：

1940 年，刘伯承、邓小平率八路军 129 师挺进太行山区，创建了晋冀鲁豫边区抗日根据地，赤岸村中央的小山坡就是曾经 129 师司令部的所在地。

司令部旧址景区现在分为司令部、将军岭和 129 师陈列馆三个部分，整个景区面积不大，都在一座小山坡上，参观整个景区需 2～3 小时。

司令部由三座依山而建的相邻农家四合院组成，如今三座农家院都按指挥时的原样布置。

下院是司令部办公的地方，北屋正房为会议室，西屋为刘伯承的办公室，东屋为警卫室，南屋为办公室。院内是刘伯承、邓小平等人亲手栽植的丁香和紫荆树，十分漂亮，适合拍照摄影。

中院是刘伯承、邓小平的住处兼办公室，南屋是刘伯承、邓小平的旧居。东屋为二层楼房，是李雪峰的宿舍和办公室，院东南角还有一处防空洞可以参观。

129 师陈列馆就在上院，这里曾经是作战室的所在地，现在通过展示图片、沙盘、雕塑和众多当年文物的方式，记录了抗日战争爆发到 1945 年抗日战争胜利期间刘伯承、邓小平、徐向前等老一辈革命家带领 129 师将士浴血太行的革命事迹，再现了 129 师在太行山区抗战的辉煌历史。

背靠的将军岭上是革命先烈的陵园，安放着刘伯承、徐向前、李达、黄镇等将帅的墓地，墓地有将帅雕像和纪念碑，并建造了刘伯承元帅纪念亭，这里还有邓小平亲笔书写的"将军岭"和"刘伯承元帅纪念亭"题名，用以祭奠革命前辈。

门　　票：免费

开放时间：9:00—17:00，16:30 停止进入（周一闭馆）

三、白求恩、柯棣华纪念馆

中 文 名：白求恩、柯棣华纪念馆

地理位置：河北省保定市唐县向阳北大街 66 号

内容简介：

白求恩、柯棣华纪念馆（新址）坐落在唐县县城以北 2 千米处的钟鸣山下。新馆占地面积为 45 950 平方米，纪念馆保护区占地 257 872 平方米，主体建筑面积为 1818 平方米，办公区面积为 420 平方米。整个建筑群采用中国传统的民族形式、现代化的结构，以精美的造型和独特的建筑风格列入德国法兰克福《世界工艺美术大辞典》。1995 年，纪念馆被确定为河北省爱国主义教育示范基地，1997 年 6 月，被中宣部命名为全国百个爱国主义教育示范基地之一。

唐县是革命老区，又是伟大的国际主义战士白求恩、柯棣华生前工作、战斗和以身殉职的地方。为了弘扬白求恩、柯棣华精神，增进中加、中印人民的友谊，1971 年在县城建起了小型白求恩纪念馆，1982 年，在馆内增设柯棣华事迹展，故易名"白求恩、柯棣华纪念馆"。随着馆藏资料的丰富和对外交往的不断发展，原有的纪念馆已不能适应形势的需要。1984 年 3 月，胡耀邦同志来唐县参加植树绿化活动时，亲笔题写了"唐县白求恩柯棣华纪念馆"馆名。同年 11 月，中央拨专款建设新馆。1986 年 11 月，新馆落成。中央有关部门负责同志和省、地领导从北京、石家庄和保定赶到唐县，参加白求恩、柯棣华纪念馆的揭幕仪式。加拿大驻华大使葛汉、加拿大白求恩纪念馆代表团团长詹姆

斯·克里斯塔克斯、加拿大白求恩纪念馆馆长玛格丽特·埃文思及白求恩的亲属等 11 人，专程前来参加揭幕仪式。

主要景点：

纪念馆的主建筑为"两馆一堂"，北侧中央是八角形结构的纪念堂，西侧是白求恩纪念馆，东侧是柯棣华纪念馆。纪念堂由聂荣臻元帅亲笔题名，可容纳近千人，主要用于举办各种类型的纪念活动。"两馆一堂"由省、市拨款，已修整一新。

馆舍介绍

纪念馆的整个建筑采用中国传统的民族形式，雄伟壮观，气势夺人。金碧辉煌的琉璃瓦顶、南低北高的花岗岩条石台阶、云脊碧瓦的迎门牌坊，与四围错落有致的围墙浑然一体，与环抱着纪念馆绵延起伏的苍松翠柏交相辉映。回首南望，唐县县城尽收眼底；放眼远眺，定州开元寺塔似在天际。坐北朝南的纪念馆正门是中国传统建筑中象征功德与永恒的牌楼。胡耀邦题写的"唐县白求恩柯棣华纪念馆"馆名镶嵌在门额正中。

白求恩纪念馆有三个展室，陈展面积为 350 平方米。在宽敞的展室前方，华灯垂吊，迎门紫红色的屏风两侧装饰着两片枫叶。展出的主要内容有：坎坷的青少年时代；投身国际反法西斯前线；奔赴中国抗日战场；战斗在晋察冀边区；永久的纪念；不灭的光辉。展览翔实地记述了白求恩的感人事迹，具体地再现了他对工作的极端负责任、对同志和人民的极端热忱，体现了他毫不利己、专门利人的高尚品质。

柯棣华纪念馆有三个展室，陈展面积为 350 平方米。在迎门墨绿色的屏风上书写着聂荣臻元帅的题词"永志不忘、永为楷模"。屏风前面立有柯棣华的汉白玉半身胸像。展厅入口上方，悬有著名书法家启功书写的匾额"柯棣华纪念馆"。展出的主要内容有：青少年时代；远道来华；在延安；晋察冀岁月；以身殉职；万古丰碑；中印人民友谊的桥梁。展出内容以大量生动感人的事例反映柯棣华大夫的国际主义精神、高度的责任心和工作热忱。

白求恩、柯棣华纪念馆藏品丰富，内容翔实，有历史图片 300 余幅，实物近百件。有白求恩当年用过的手术器械、消毒锅、煤油灯；有柯棣华当年用过的医药箱、医疗用品；有小印华随他母亲郭庆兰去印度访问时，印度总理尼赫鲁赠送的礼品；有柯棣华的房东赵秋珍大娘捐赠的当年柯棣华用过的物品等。这些文物和展品完整地记录了这两位国际主义战士光辉的生命轨迹，陶冶着人们的情操，激励着人们的斗志。

门　　票：免费

开放时间：8:30—17:30（周一闭馆）

四、清苑冉庄地道战遗址

中 文 名：清苑冉庄地道战遗址

地理位置：河北省保定市清苑区冉庄镇冉庄村

内容简介：

冉庄地道战展厅于 1991 年建成，1997 年重新布展，杨成武将军为展厅题写门匾，展厅内珍藏着大批革命文物，利用声、光、电等现代化展示手段再现了当年情景。

清苑冉庄地道战遗址保护区占地30万平方米，现仍保留着20世纪三四十年代冀中平原村落的环境风貌，完整保留着高房工事、牲口槽、地平面、锅台、石头堡、面柜等各种作战工事，并对冉庄抗日村公所、抗日武装委员会等进行了复原陈列，使人如置身于战争岁月。地下完整保留着当年作战用的3000米地道，以及卡口、翻眼、囚笼、陷阱、地下兵工厂等地下作战设施。

1961年3月，清苑冉庄地道战遗址被国务院列为全国首批重点文物保护单位；1994年8月，被列为河北省爱国主义教育示范基地；1995年1月，被共青团中央确定为全国青少年教育示范基地，江泽民为基地题写了牌匾；1997年6月，被列为全国爱国主义教育示范基地；2003年9月，被河北省省政府命名为第一批省级国防教育示范基地。

冉庄地道战纪念馆由聂荣臻元帅亲笔题写馆名，杨成武、吕正操、张爱萍、魏巍等老一辈革命家、著名作家等亲临遗址参观并题字留念。

纪念馆自建馆以来，每年都吸引大批中外游客来这里参观旅游，接受爱国主义教育和革命传统教育。近几年，每年接待游客约50万人次，为强化爱国主义教育、弘扬民族精神发挥了重要作用。

主要景点：

电影《地道战》中"高家庄"的原型——河北省（现保定市清苑区）清苑冉庄地道战遗址，经有关部门批准，成为我国首家民族宗教爱国主义教育基地。

冉庄是全国百家革命传统教育基地之一，具有光荣的革命历史传统。抗战期间，勤劳智慧的冀中人民同日本侵略者进行了艰苦卓绝的斗争，从1938年开始挖地道，构建了近16千米长、巧夺天工的"地下长城"，先后歼敌2100余人。1949年后，清苑冉庄地道战遗址相继成为全国首批重点文物保护单位、全国爱国主义教育示范基地、全国青少年教育示范基地、国防教育示范基地、德育教育基地等。

为进一步发挥其爱国主义教育功能，清苑冉庄地道战遗址作为我国首家民族宗教爱国主义教育基地，今后将有计划地组织民族宗教界人士到此开展参观教育活动，激发他们的爱国爱教热情，进一步推动宗教与社会主义社会相适应，促进经济和社会全面发展。

门　　票： 免费

开放时间： 9:00—16:30（周一闭馆）

五、西柏坡中共中央旧址

中 文 名： 西柏坡中共中央旧址

地理位置： 河北省石家庄市平山县西柏坡镇西柏坡纪念馆内

内容简介：

1977 年建立的西柏坡纪念馆由中共中央旧址、陈列馆、书法石刻园和传统教育系列工程 4 个教育参观区域组成。中共中央旧址大院有毛泽东、刘少奇、周恩来、朱德、任弼时等的旧居及解放军总部旧址，中共中央旧址大院的前后院之间是中国共产党七届二中全会会议的旧址，大院的最西部是 1948 年中共中央九月会议的旧址。

主要景点：

陈列馆现有 12 个展厅，内藏革命文物 2000 余件，书法石刻园内镶嵌着赞颂西柏坡的 300 余幅书法题词，展出历史照片和文物，并配有沙盘、景观、录像、油画、雕塑等，展品共计 700 多件。

正厅：采用 1948 年时西柏坡村的原貌制成的巨型喷绘照片，上方是黄镇将军题写的"新中国从这里走来" 8 个大字，顶部为鲜艳的五星红旗，与照片交相辉映，浑然一体，揭示了西柏坡在中国革命史中的重要地位。

序厅：光荣的平山。介绍抗日战争时期平山的光荣历史。

一、二展厅：中央工委在西柏坡。介绍工委在西柏坡召开的中国共产党全国土地会议，领导华北地区的解放战争、军工生产和经济建设等重大事件。

三展厅：决战前夕。介绍大决战前全国的政治、经济、军事形势。

四、五、六展厅：大决战。介绍党中央毛主席运筹帷幄、决胜千里和辽沈、淮海、平津三大战役的战场及人民支前情况。

七展厅：介绍中国共产党七届二中全会的情况。

八展厅：新中国从这里走来。介绍党中央毛主席离开西柏坡赴京建国的情况。

九展厅：难忘的岁月。展出当年领袖和工作人员的一些工作与生活照片。

十展厅：历史不会忘记。展出现在各级党、政、军领导及社会名人等参观回访西柏坡的历史照片。

门　　票： 免费

开放时间： 9:00—17:00（16:30 停止领票，时间根据游客人数会略有调整）

六、董存瑞烈士陵园

中 文 名： 董存瑞烈士陵园

地理位置： 河北省承德市隆化县

内容简介：

董存瑞烈士陵园位于河北省承德市隆化县城西北的苔山脚下伊逊河东岸，是为纪念全国著名战斗英雄董存瑞烈士于1954年在清朝康熙皇帝波罗河屯行宫旧址上修建的。经过几次大规模扩建，现占地9.16万平方米，是全国以烈士名字命名的陵园中占地面积最大的。园内有纪念牌楼、烈士纪念碑、董存瑞烈士塑像、烈士墓、纪念馆、碑林等13项主体建筑。2017年1月，国家发改委发布了《全国红色旅游经典景区名录》，董存瑞烈士陵园入选。

主要景点：

纪念馆始建于1961年，建筑面积为150平方米，馆为单檐五脊歇山砖房，上覆红板瓦，总高7.5米，面阔21.5米，进深7米。门前有柱廊，4根3.6米高的方柱顶起3米高的西式山字上檐，上檐正中是"存瑞烈士纪念馆"7个金色大字。1992年，在革命烈士纪念馆旧址上重新修建董存瑞烈士纪念馆，建筑面积为688.5平方米，这座长30米、高15.4米的仿古建筑由张永鹏总体设计，由隆化县城建局设计室主任衣守斌具体设计。

纪念馆正面是长30米的柱廊，柱廊高6.7米，深2.2米，登上5级台阶，在4米宽的大门两侧，每隔0.3米就有一根4.2米高的明柱。10根明柱一字排开，柱间雀替装饰勾连。柱上托起白色围墙，墙下檐山3米，为大式瓦顶冰盘檐。绿色琉璃瓦脊的看面墙，墙角有合角吻兽，角脊设狮、凤、龙等瓦件。大门两侧的廊心墙各开三窗，门窗之间的墙体各有一个边长两米的方池，平雕四蝶围护的郁金香图案。门楣上方是江泽民题写的"董存瑞烈士纪念馆"馆名。二层阁楼在楼台正中，四外有边长11.4米、高1.5米的正方形围台环护，围台前侧的女儿墙恰好在一层大门的正下方。采用镂空花饰，两边焊接红色的火炬图案，阁楼高10米，重檐六角攒顶筒板瓦屋面。重檐起翘，每面展开10.8米；6条围脊，12个吻兽靠背相接；檐角上啄，角脊垂兽前各有3个小兽瓦件。上檐有6条垂脊，各长7米，上设垂兽，兽前有狮、凤、龙、海马、狻猊、狴犴这6个小跑兽；檐角上笠，六脊攒顶，绿色琉璃瓦覆面，上托1.2米高的覆钵宝盆式的金色琉璃宝顶。阁身为正六边形，底边长3.8米，进深一间。边墙通体白色，上开横窗。阁楼处的楼台四边、背面和侧面都没有进行装饰，只有1米高的山墙。

现在的董存瑞烈士纪念馆建于2008年，建筑面积为2300平方米，其建筑效果为了兼顾陵园内其他不同时期、不同民族风格的建筑，重点体现出汉唐时期的建筑风格，故采用一层框架结构仿古式建筑。馆内共有8个展厅，通过5部分的内容和声、光、电、投影技术的配合，生动地讲述了董存瑞光辉的一生，新馆馆名由江泽民题写。

门　　票： 20元

开放时间： 9:00—17:00

七、华北军区烈士陵园

中 文 名：华北军区烈士陵园
地理位置：河北省石家庄市中山西路 343 号
内容简介：

华北军区烈士陵园位于河北省石家庄市，是为纪念抗日战争、解放战争时期牺牲在华北大地的革命烈士而修建的，于 1954 年建成并对外开放，是我国兴建较早、建筑造型艺术较高的烈士陵园之一。园内安葬着马本斋、周建屏、常德善、包森、周文彬等历次革命历史时期牺牲在华北地区的 318 位团职以上的革命烈士，安放着 650 多位烈士和老红军的骨灰，国际主义战士诺尔曼·白求恩和柯棣华大夫均安葬于此。

陵园占地 21 万平方米，主要纪念建筑物有：烈士纪念碑、影视厅、迎宾厅、烈士纪念馆、白求恩·印度援华医疗队纪念馆、华北革命战争纪念馆、华北局纪念亭、白求恩墓、柯棣华墓、烈士墓区、颇具规模的著名烈士区及董振堂、赵博生纪念碑亭等。

主要景点：

华北军区烈士陵园的园内建筑采用轴对称布局，中轴线上的建筑由南向北依次为陵园大门、烈士纪念碑、著名烈士铜像区、烈士墓区、华北革命战争纪念馆；东侧建筑由南向北依次为迎宾厅、柯棣华塑像及陵墓、烈士纪念馆、董振堂纪念碑亭；西侧建筑由南向北依次是影视厅、白求恩塑像及陵墓、白求恩·印度援华医疗队纪念馆、烈士纪念碑、戎冠秀铜像、赵博生纪念碑亭。

华北军区烈士陵园是为了纪念牺牲在华北大地上的革命烈士而修建的，是我国兴建早、规模大、建筑规格高的著名烈士陵园之一。国际主义战士白求恩、柯棣华大夫，回民支队司令员"民族英雄"马本斋，"子弟兵母亲"戎冠秀等著名烈士均安葬或安放在这里。陵园系统地整合了园区红色人文景观和绿色自然景观，形成了一条南北景观主轴、三条东西景观次轴的格局，突出"名人、名景、名树、名花、名草"的设计理念，使华北军区烈士陵园成为集纪念瞻仰、文化教育、生态旅游于一体的多功能综合性园区。

门　　票：园区及纪念馆免费开放
开放时间：6:00—22:00（园区）

9:00—11:30，14:30—17:30（5 月 1 日至 9 月 30 日，纪念馆周一闭馆）

9:00—11:00，14:00—17:00（10 月 1 日至次年 4 月 30 日，纪念馆周一闭馆）

八、潘家峪惨案纪念馆

中 文 名：潘家峪惨案纪念馆
地理位置：河北省唐山市丰润区火石营镇潘家峪村
内容简介：

潘家峪惨案纪念馆的建筑面积为 1246 平方米，始建于 1999 年，位于河北省唐山市丰润区火石营镇潘家峪村中部。1941 年 1 月 25 日，灭绝人性的侵华日军包围了潘家峪，对手无寸铁的村民进行了惨绝人寰的大屠杀，1230 名同胞遇难，制造了震惊中外的"潘家峪惨案"。为纪念惨案中的死难同胞，潘家峪惨案纪念馆于 1999 年建成，总投资 412.8 万元。1995 年，潘家峪惨案遗址被河北省委、省政府命名为爱国主义教育示范基地，2001 年被中宣部命名为第二批全国爱国主义教育示范基地。

潘家峪惨案纪念馆坐北朝南，纪念馆结合地形的特点采用不对称布局，将主入口设在道路一侧，墙上书有原冀东军分区司令员李运昌题写的"潘家峪惨案纪念馆"馆名，入口广场用大台阶把人流引向由 6 米高石墙围合而成的半封闭院落，院落中形成一种情绪与空间的转换，营造出一种凄凉的氛围。沿台阶向上，主入口处树立一组中英文的纪念碑文，表明时间、事情与纪念馆建设主题。整个建筑为灰白色的二层楼房，朴实大方，庄严肃穆，主题突出。院内遍铺爆炸状卵石，暗示日军侵华、屠杀无辜、惨无人道。庭院中的枯树更能烘托主题，院落给人一种沉闷、压抑的气氛。

2016 年 12 月 30 日，国家发改委发布了《全国红色旅游经典景区名录》，潘家峪惨案纪念馆入选。

主要景点：

"潘家峪惨案史基本陈列"的一层展厅展示了 1941 年 1 月 25 日潘家峪惨案的过程。展厅顶部均涂为灰色，展厅内全部采用人工照明，采用声、光、电等展示手段，让观众感到恐怖、压抑的气氛。二层展厅表现惨案后潘家峪人民及复仇团不屈不挠的反抗斗争，直至取得最后胜利的内容。尾厅展示了今日潘家峪人民幸福美好的新生活，展厅顶部涂为红色，形成与一层展厅强烈的明暗对比，喻示由黑暗走向光明。在二层平台，观众可凭栏远眺惨案发生地"潘家大院"的全貌，凭吊死难的同胞。

日寇支机枪用的高桌是日本侵略者屠杀中国人民的铁证。惨案发生时，日军在这张八仙桌上架起了机枪，潘家峪父老乡亲几百人死在机枪扫射之下。

村民抵抗日寇时使用的杆秤长 156.5 厘米，重 2500 克，采用木质结构。1941 年发生惨案时，有 19 名乡亲躲藏在东粮房内，用土坯封堵窗户，用杆秤顶住房门，外面火焰没有进入到粮房内，19 名乡亲得以幸免。

日寇压死儿童的锤布石：惨案发生时，日军用此锤布石压死了许多儿童，至今锤布石上仍留有红色的血迹。

潘家峪兵工厂制造的手榴弹：在 1937—1941 年的 4 年间，冀东军分区在潘家峪设立了兵工厂，制造手榴弹和地雷等武器。

门　　票：免费

开放时间：9:00—11:30，14:00—16:00（淡季）；9:00—12:00，13:30—16:00（旺季）

九、中国人民抗日军政大学陈列馆

中 文 名：中国人民抗日军政大学陈列馆

地理位置：河北省邢台市浆水镇前南峪村

内容简介：

中国人民抗日军政大学陈列馆于 1999 年 4 月 30 日竣工，是一座规模较大的抗大专题陈列馆。陈列馆门楣镶嵌着杨成武上将题写的匾额。该馆由省、市、县三级政府投资建造，总投资约 250 万元，占地面积为 1 万平方米，建筑面积为 1100 平方米。

2017 年 1 月，中国人民抗日军政大学陈列馆入选《全国红色旅游经典景区名录》。

主要景点：

主题展厅分 4 部分：抗大在陕北的创建与前期发展；抗大在敌后太行的峥嵘岁月；抗大越抗越大（抗大分校及附属陆军中学等）；抗大精神光照千秋。展厅以大量的文物、照片、图表等再现了抗大当年的学习与战斗生活。

西展厅由邢台县（现邢台市）投资 30 万元，陈列了"邢台县山区建设辉煌成就展览"。歌颂了 1949 年以来，特别是改革开放以来，英雄的太行儿女继承和发扬抗大的光荣传统，治山治水，改天换地，使革命老区的面貌发生了日新月异的变化。

陈列馆还配有接待室、影视室、文物藏品库、资料室等设施。陈列馆的北面为原有建筑（抗大纪念碑）。抗大纪念碑通高 25.8 米，全部由汉白玉砌成，端庄稳健、造型高直。胡耀邦题写碑名，原抗大校长徐向前，副校长、教育长何长工等为纪念碑撰写碑文。纪念碑前的广场栽植松树、柏树，四季常青。

　　沿山间小路拾级而上，在西部山顶上是树荫掩映之中的抗大首长旧居等遗址。其脚下楼房林立的村民新居显示了革命老区的巨大变化。宏伟壮丽的抗大陈列馆与花果飘香的前南峪生态经济沟试验区交相辉映，使这块太行山最绿的地方更美、更迷人。

　　门　　票： 免费

　　开放时间： 9:00—17:00（淡季），8:30—18:00（旺季），周五闭馆

十、河北省博物院

　　中 文 名： 河北省博物院

　　地理位置： 河北省石家庄市文化广场

　　内容简介：

　　河北省博物院，前身为河北省博物馆，成立于 1953 年，位于河北省石家庄市东大街 4 号，总建筑面积 53128 平方米，展览面积 22000 余平方米，是河北省级综合性博物馆、全国爱国主义教育示范基地、国家一级博物馆。

　　河北省博物院有石器时代的河北、河北商代文明、慷慨悲歌——燕赵故事、战国雄风——古中山国、大汉绝唱——满城汉墓、曲阳石雕、北朝壁画、名窑名瓷、抗日烽火——英雄河北、"乐享河北"非遗会客厅——河北省非物质文化遗产保护成果展这 10 个常设陈列。藏品总数 21 万件，其中一级文物 340 件/套，二级文物 1926 件/套，三级文物 17383 件/套。精品文物有长信宫灯、透雕龙凤纹铜铺首等。院内另藏书 5 万余册，不少是明清善本图书，为河北省地方志主要收藏单位。

　　主要景点：

　　河北省博物院的馆内藏有大量的珍贵文物，展品数量和精彩程度在全国的博物馆中都排名前列，是了解河北历史的绝佳之地，前来石家庄旅游一定不能错过。

　　河北博物院共有三层，每层分为南区和北区，主要的常设展览都位于南区，北区则以临时展览为主。目前南区的常设展览有名瓷名窑、北朝壁画、曲阳石雕、中山古国、满城汉墓、燕赵故事、石器时代的河北、河北商代文明 8 个展览，从一层到三层步行参观即可。博物馆内共有展品近 20 万件，展品十分丰富，所以参观时间也较长，简单参观一圈也要半天时间，若要深度了解，则需要一天时间。

　　一层有名瓷名窑、曲阳石雕、北朝壁画三个展厅，以瓷器艺术、石雕艺术和壁画艺术为主。由于河北省曾经有历史上非常辉煌的四大名窑，北朝时的佛教壁画和曲阳石雕也十分著名，所以这一层展品的艺术性极高，其中名瓷名窑展厅中的元代青花釉里红开光镂雕花卉盖

罐更是国宝级文物，也是镇馆之宝之一，可以仔细参观。另外，一层南北区的中间位置设有纪念品商店，售卖一些文物的小型复制品、模型等，有兴趣可以前去购买。

二层有中山古国、满城汉墓两个展厅，这里主要展示了从中山国都灵寿故城和中山靖王刘胜的王墓中出土的文物，其中西汉时期的玉器、青铜器、宫廷用品和珍贵的陪葬品众多。满城汉墓展厅内的长信宫灯和金缕玉衣两件国宝级文物更堪称全国闻名，一定不能错过。

三层有燕赵故事、石器时代的河北、河北商代文明三个展厅，展示了从石器时代到战国时期的河北历史，有很多陶器、铁器和金银装饰品，其中用多媒体手段对"胡服骑射""完璧归赵"等故事的演示更是十分精彩，可以好好参观。

门　　票：免费

开放时间：9:00—17:00（16:00 停止入馆，周一闭馆）

十一、唐山抗震纪念馆

中 文 名：唐山抗震纪念馆
地理位置：河北省唐山市路南区新华东道
内容简介：

唐山抗震纪念馆于 1985 年开始修建，1995 年重建，由方毅题写馆名。纪念馆外圆内方，设计独特，馆内展出了唐山大地震的灾害及唐山人民抗震救灾、改革开放取得的巨大成就，是全国爱国主义教育示范基地之一。

唐山抗震纪念馆坐落在唐山市中心抗震纪念碑广场的西侧，总建筑面积 5300 多平方米。

唐山抗震纪念馆是为纪念 1976 年唐山大地震和唐山人民在全国人民的全力支援下抗震救灾、重建唐山的伟大壮举而建立的。唐山抗震纪念馆于 1995 年被中共河北省委、省政府确定为河北省爱国主义教育示范基地，也被多部门确定为"全国中小学爱国主义教育基地"。

主要景点：

唐山抗震纪念馆的原名是"唐山地震资料陈列馆"，建于 1985 年，是全国唯一的有关地震、抗震和防震的陈列馆，于 1986 年 7 月建成开馆。馆里通过大量的资料、实物、照片展示了 1976 年唐山大地震的基本情况，以及唐山人民在中国共产党的领导下、在全国人民的大力支援下抗震救灾、重建家园的情形。地震资料陈列馆为两层方形建筑，外镶紫红色陶瓷面砖，建筑面积近 1500 平方米，网架屋顶，沉稳大方。

1996 年，为纪念抗震救灾 20 周年，唐山市委、市政府对原馆进行了改扩建，同时更名为"唐山抗震纪念馆"，扩建后纪念馆的建筑面积为 5380 平方米。

纪念馆内有大型综合性展览"今日唐山——唐山市建设成就展览"。展览一共分为9部分。第一部分综合介绍了唐山的地理位置、资源分布及震后的发展情况。第二部分客观地反映了唐山大地震给唐山人民的生命财产带来的极其惨重的损失，记述了唐山人民在党的领导和全国人民的支持下抗震救灾、重建家园的英雄壮举和伟大业绩。第三部分至第九部分展示了在地震废墟上崛起的新唐山的风姿。

门　　票：凭有效身份证件免费

开放时间：9:00—16:00，周一闭馆

十二、城南庄晋察冀军区司令部旧址

中 文 名：城南庄晋察冀军区司令部旧址

地理位置：河北省保定市阜平县城南庄

内容简介：

河北省保定市阜平县城南庄晋察冀军区司令部旧址位于阜平县城南20千米的城南庄村东的北山脚下，占地面积为1万多平方米。河北省张家口市桥东区宣化路62号——现张家口市第六中学院内有一处呈"品"字形排列的三座欧式楼房，主楼与后面的南、北配楼鼎足而立，庄严而质朴。晋察冀军区司令部于1945年8月27日从阜平迁至张家口，就是这闻名遐迩的晋察冀军区司令部旧址，占地面积为6000多平方米，两座配楼建筑面积各为220余平方米。北面"山"字形的平房是政治部驻地。

抗日战争时期，中国共产党领导的敌后抗日武装在华北同蒲路以东，津浦路以西，正太、石德路以北，张家口、承德以南的广大地区创建了第一个敌后抗日根据地——晋察冀抗日根据地。中共中央和毛泽东誉之为"敌后模范的抗日根据地及统一战线的模范区"。

晋察冀边区政府、晋察冀军区司令部旧址位于太行山麓的河北省阜平县，1996年被国务院公布为全国重点文物保护单位，2013年入选第七批全国重点文物保护单位。

主要景点：

该馆傍山而建，环境优雅，依地势高低分为前、后两个院。前院是15间办公室和18间陈列馆，占地面积为5920.6平方米。院子正中矗立着高达3米的聂荣臻铜像，院子的东西两边分别是6个展室（共18间）。第一展室主要展出毛泽东于1948年4月10日来到阜平，领导全国土改和整党工作的情况；第二展室展出毛泽东、周恩来、任弼时、刘少奇领导全国搞土改和邓颖超在阜平搞土改的情况，其中有毛泽东起草的《新解放区农村工作策略问题》《怎样分析阶级及中央政府关于土地问题斗争中一些问题的决定》等重要文件的手稿和其他文件

手迹；第三展室主要展出毛泽东指挥全国解放战争的情况，其中有解放济南、收复延安、过长江及向全国发出进军命令，起草《中共中央纪念"五一"劳动节口号》，提出成立民主联合政府的政治主张等；第四展室主要展出 1937 年 9 月中旬 115 师政治部在罗荣桓主任的领导下来到阜平县创建敌后根据地的情况，介绍同年 11 月以聂荣臻为司令员兼政委的晋察冀军区宣告成立及军区在阜平战斗工作的情况，展示晋察冀司令部、政治部、军区、边区所属单位驻地的村庄沙盘；第五展室展出了聂荣臻司令员及肖克、杨成武在晋察冀指挥战斗的情况，以及晋察冀边区配合晋冀鲁军区在华北战斗中几次较大战役的情况；第六展室主要展出阜平儿女在 1938—1943 年 8 次反"扫荡"中艰苦作战的情景，还展出了反"扫荡"结束后军民开展生产文化工作的情况。

后院为晋察冀军区司令部旧址（也是毛泽东等中央领导同志居住旧址），有 3 排共 23 间北屋，共占地 1361.7 平方米，其中包括毛泽东、周恩来、任弼时、赵尔陆等领导同志及随行人员的办公室、电话室、会议室和作战室。院内有 1986 年 4 月 17 日胡耀邦同志视察阜平时亲自栽下的四棵枣树和他的题词"立下愚公志，枣满太行山"。后山有个防空洞，洞前是护栏 4 层共 24 阶的石阶道，洞长 200 米，在山坡另一面有两个出口。毛泽东等中央领导同志曾在这里多次避过敌人空袭。

该馆是阜平县委、县政府于 1972 年修建的，1982 年被省政府确定为省重点文物保护单位，1994 年以来先后被省、市列为爱国主义教育示范基地，1996 年被定为国家级文物保护单位。

门　　　票：免费
开放时间：全天

十三、晋冀鲁豫烈士陵园

中 文 名：晋冀鲁豫烈士陵园
地理位置：河北省邯郸市邯山区陵园路
内容简介：

晋冀鲁豫烈士陵园位于晋冀鲁豫四省的交界城市——河北省邯郸市的邯山区陵园路中段，是 1949 年后的第一座大型烈士陵园。1946 年 3 月奠基，1950 年 10 月落成。陵园占地 21.3 万平方米，分南、北两院，是我国建筑最早、规模最大、老一辈无产阶级革命家的题词和碑文最多的烈士陵园。国务院批准为第一批全国重点烈士纪念建筑物保护单位。

晋冀鲁豫烈士陵园是为了纪念在抗日战争中牺牲的晋冀鲁豫四省的英雄们而修建的，目前已成为重要的红色教育基地，每年清明节时会有来自全国的人们前来祭拜。

晋冀鲁豫边区政府从 1937 年冬开始创建，到 1948 年 8 月与晋察冀边区合并，有着 11 年光辉战斗的历史。

在此安葬着副参谋长左权、冀南银行行长高捷成（我国金融事业奠基者）、《新华日报》社长何云、北方局政权工作部秘书张衡宇、冀南银行第二任行长赖勤及其夫人、中共北方局军委书记张兆丰、朝鲜义勇军领导人陈光华和石鼎、抗日英雄范筑先等烈士。

主要景点：

烈士纪念堂

晋冀鲁豫烈士陵园中的陈列馆分为 7 个单元。

烈士纪念堂内陈列着 200 多位烈士的遗像、遗物和生平简历。

陈列馆中有"晋冀鲁豫边区革命斗争陈列"。晋冀鲁豫边区无论是在抗日战争时期，还是解放战争时期，都是敌我双方激烈争夺的战略要地。抗日战争时期，中共中央北方局和八路军前方总部进驻太行山区，使这一地区成为华北游击战争的心脏和神经中枢；解放战争时期，这里是粉碎国民党进攻的主要战场和全国大反攻的主要战略基地之一。晋冀鲁豫边区革命斗争陈列分 4 个单元，以大量的历史文物、文献、图片资料及模型等展品，全面介绍了晋冀鲁豫边区从 1937 年夏秋之际开始创建，到 1948 年 8 月与晋察冀边区合并之间 11 年的光辉历史。

第 1 单元

星火燎原，发动工农武装革命。20 世纪 20 年代初，随着中国共产党的诞生，革命火焰很快在晋冀鲁豫的接壤地区燃烧，张兆丰、王子青等许多杰出的共产党人和进步知识分子，在白色恐怖中积极创建与发展党组织，领导工农革命运动，经历了血与火的洗礼。

第 2 单元

抗战爆发，誓与华北共存亡。抗日战争的炮声震动全国，也震撼了每一位爱国志士的心，八路军 129 师出师华北，挺进太行，创建晋冀鲁豫抗日根据地，无数中华民族的优秀儿女随之走上抗日的战场，誓与华北人民同生死、共存亡。

第 3 单元

敌后坚持，太行压顶不弯腰。1941 年、1942 年是抗日战争最艰苦的时期，面对凶恶的日本侵略军，抗日军民顽强作战，八路军副参谋长左权等一大批我党军政领导人壮烈殉国，表现出誓与民族之敌血战到底的英雄气概。

第 4 单元

反攻作战，英发雄姿一代豪。在我抗日军民的反攻作战中，涌现出许多传奇式的战斗英雄，太行山杀敌英雄赵亨德率领侦察队袭击敌方的军需列车，活捉日军中将铃木川三郎，成为震动中外的重大事件。

第 5 单元

血沃中原，粉碎国民党军事进攻。解放战争初期，国民党军队向晋冀鲁豫根据地发动进攻，刘邓大军诱敌深入，取得巨大胜利，并产生了王克勤这样闻名全军的战斗英雄，掀起了以"三大互助"为核心的"王克勤运动"，有力地推动了部队建设。

第 6 单元

自由花开，创建灿烂新中国。刘邓大军执行渡江作战、进军西南和解放西藏的战略任务，烈士们以热的汗和红的血，浇灌出祖国独立、自由之花，迎来了中华人民共和国的诞生。

人民共仰，继承先烈革命志。为纪念烈士、昭示后人，晋冀鲁豫烈士陵园在邯郸建立，千万谒陵者前来缅怀和歌颂烈士们的千秋功业。

烈士阁

四·八烈士阁是为纪念 1946 年 4 月 8 日在山西省黑茶山因飞机失事而遇难的王若飞、秦邦宪、叶挺、邓发、黄齐生等 13 人而修建的。阁上陈列着王若飞、秦邦宪、叶挺、邓发、黄齐生这 5 位烈士的遗像，阁内书写着他们的生平简历和毛泽东同志撰写的祭文。

门　　票： 免费

开放时间： 6:00—18:30（春季、夏季）　　6:30—18:00（秋季、冬季）

十四、马本斋纪念馆

中 文 名： 马本斋纪念馆

地理位置： 河北省沧州市献县本斋村北

内容简介：

马本斋纪念馆位于河北省沧州市献县本斋村北，东西宽 60 米，南北长 100 米，占地 6000 平方米。马本斋纪念馆由展馆、塑像、开旗台、矮墙、大门等组成，纪念馆的主体部分采用了伊斯兰风格，纪念馆入口设高大的穹窿，墙面上采用典型的伊斯兰窗，穹窿两侧有火焰券柱廊，进入馆中，拾级而上，使人有一步步走向高尚之感。

主要景点：

马本斋纪念馆分为南院、北院，北院是纪念馆的主体部分，南院是马本斋母子烈士陵园。进入北院后是一方形广场，北侧矗立着马本斋骑马雕像。纪念馆入口处是马本斋石雕立像。雕像后面是一座巨大的屏风，上面有毛泽东题写的"马本斋同志不死"七个大字。展厅以多种形式再现了马本斋烈士忧国忧民、英勇奋斗的一生，马本斋母亲宁死不屈的高风亮节，以及英勇善战、被毛泽东赞为"战无不胜的回民支队"的风采。

南院与北院隔路相望，南院总体布局为钟形，取"警钟长鸣"之意。高大的汉白玉石纪念碑直插云宵，正面、反面分别镌刻着毛泽东与朱德总司令的题词。纪念碑的南面是马本斋母子的陵墓。

门　　票： 免费

开放时间： 9:00—17:00（周一、春节闭馆）

十五、潘家戴庄惨案纪念馆

中 文 名：潘家戴庄惨案纪念馆
地理位置：河北省唐山市滦南县潘家戴庄村东南
内容简介：

潘家戴庄惨案纪念馆坐落在河北省唐山市滦南县倴城北 6.5 千米、潘家戴庄村东南。占地 7300 平方米，建筑面积 2256 平方米，是经河北省爱国主义教育基地建设领导小组批准，省、市、县共同投资 557 万元兴建的纪念馆。

纪念馆于 1997 年 11 月奠基，1998 年 3 月动工，2000 年 4 月竣工，2000 年 12 月正式对外开放，是河北省爱国主义教育示范基地、河北省重点文物保护单位。

主要景点：

1942 年 12 月 5 日，日本侵略军第 27 师团第 27 步兵团所属第一联队骑兵队，按少将团长铃木启久"彻底肃正该村庄"的命令，在队长铃木信的指挥下，以枪杀棒打、锹铲镐砸、活埋火烧等极其残忍的手段血洗了潘家戴庄，屠杀和平居民 1280 人，烧毁民房 1030 间，村内财物被抢劫一空，制造了骇人听闻的潘家戴庄惨案。

馆舍介绍

纪念馆主馆的展览面积为 1260 平方米，总体布局由南到北依次为停车场、绿地、记事碑、悼念广场、纪念碑、冤魂墙、下沉广场、陈列馆，形成层次分明的空间序列，由东到西依次为影视厅、接待室、埋人方坑和合葬墓，相互衬托，白色墙面、粗犷的蘑菇石给人以沉重、悲愤、永久纪念之感，是一个集惨案性、遗址性、纪念性于一身的标志性建筑。

历史沿革

1952 年，唐山地区专员公署主持在潘家戴庄村西南建"抗日战争潘家戴庄殉难同胞纪念塔"；1967 年，滦南县增建纪念馆，陈列惨案遗物；1971 年，滦南县革命委员会将纪念塔迁至"千人坑"惨案遗址处，更名为"抗日战争潘家戴庄殉难烈士纪念碑"，1976 年毁于唐山大地震；1991 年 7 月 7 日，滦南县人民政府重修惨案遗址纪念碑；1997 年 11 月，由省、市、县共同投资 557 万元兴建潘家戴庄惨案纪念馆，于 2000 年 12 月 9 日正式开馆。

基本陈列

潘家戴庄惨案遗址采用原址原状陈列，是抗日战争时期侵华日军在冀东地区制造"千人坑"大惨案的真实写照。惨案遗址长 45.9 米，宽 5.7 米至 6.2 米不等，局部发掘面积为 103

平方米。埋人长坑内陈列着21例形态各异的尸骨，其中成年人9例，未成年人12例，有的身首异处，有的被钝器击打致死，有的被刀斧砍断肢骨，有的被火烧活埋，挣扎呼喊之状犹可见，有的依偎重叠一起，惨不忍睹。坑内陈列着银手镯、戒指、耳环、纽扣等遇难者遗物及日军残杀和平居民用的铁凶器等30余件。

珍贵藏品

潘家戴庄惨案纪念馆中日伪军摔小孩的石头碌碡为1942年12月5日潘家戴庄惨案发生时日伪军摔小孩的碌碡原件，有19名婴儿曾摔死在这两个石头碌碡上。其一高56厘米，口径32厘米，重80千克，惨案后经村民保护起来，2000年重新建馆时移至馆内展览；其二为1998年6月28日考古发掘出土后纳入该馆，高52厘米，口径38厘米，重60千克。

门　　票：免费

开放时间：9:00—16:00

十六、山海关长城博物馆

中 文 名：山海关长城博物馆

地理位置：河北省秦皇岛市山海关区第一关路

内容简介：

山海关长城博物馆位于山海关城内、天下第一关脚下，为一处精致的仿古建筑群，由李先念同志亲笔题写馆名。全馆分设序厅、长城历史厅、长城建筑厅、长城军事厅、长城文化厅、山海关长城厅这6个展厅。山海关长城博物馆自1991年7月正式对外开放，是我国三大长城博物馆之一。

主要景点：

山海关长城博物馆既是全面展示世界文化瑰宝——中国万里长城的知识殿堂，又是万里长城精华地段——山海关长城的精彩浓缩，是秦皇岛市科普教育基地和爱国主义教育示范基地。馆内分设序厅、历史一厅、历史二厅、建筑厅、军事厅、文化一厅、文化二厅及山海关长城厅，还附设主题陈列厅和影视厅，陈列面积为1247.52平方米。

馆内陈列大量的长城文物、资料图片、模型雕塑和带有音像立体表演的大型山海关文物沙盘，充溢着知识性、科学性和技术性。

序厅：迎门矗立着"徐达塑像"，纪念他于明洪武十四年（1381）奉诏修筑长城，建关设卫并定名"山海关"的事迹。

长城历史厅：以"半坡壕堑"模型展示了七千年前，氏族部落的人们围绕居住区挖掘的围沟，用以防洪阻兽、保护氏族安全，起着墙与城的作用。文字与照片说明长城起源于春秋战国时期。随着战争规模的扩大和兵器种类的更新，秦、汉、金、明各代修筑的长城远袤万里。

长城建筑厅：以照片、模型、实物展示了长城的选址与布局、形式与结构、用料与施工及劳力来源等。展柜内陈列着 400 多年前的砖瓦、灰料和筑城用具。

长城军事厅：展示了长城的军事功能——防御扰掠、保卫边防；保卫屯田、开发屯田、保卫边疆生产；保护通信和商旅、使者安全往来。还展示了明长城沿线军政一统的"九边重镇"巨图、军情传递图、烽燧制度表、历代重要军事活动绘画及守城、攻城的兵器，战服与军械模型。

长城文化厅：80 余幅照片展示了长城沿线的名胜古迹、寺观庙宇、宫殿陵寝、石窟崖画、碑亭宝塔。另有文庙古建和婚嫁人物模型两组。

山海关长城厅：展示了由声、光、电控制缩微组合的山海关长城军事防御体系模型。表明山海关长城从渤海之滨的老龙头向北蜿蜒 26 千米，犹如蛟龙越过平原攀上山峦到达九门口。将山、海、关系为一体的景象同时显示了以关城为中心的城、关、墙、卫城、敌台、烽火台等建筑群体。它主次分明、点线结合、彼此呼应，成为明长城中严密、完备的军事防御系统。

馆内展出珍贵文物 162 件，照片 157 幅，绘画 14 幅，图表 14 幅，模型 14 件，塑像、砖刻像 5 座，泥塑 34 件，电动图表一台，磨漆屏风画一组，大模型一组。

门　　票：免费
开放时间：9:00—16:00（周一闭馆）

十七、冀南烈士陵园

中 文 名：冀南烈士陵园
地理位置：河北省邢台市南宫市
内容简介：

冀南烈士陵园位于河北省邢台市南宫市，占地 22 万余平方米，建于 1946 年 3 月，是河北省建园最早、占地面积最大、埋葬烈士最多的陵园之一。主要建筑有冀南烈士纪念塔、冀南烈士纪念碑、烈士骨灰室、烈士公墓、烈士单人墓群、英烈堂、铭碑廊、影视厅、冀南革命斗争纪念馆。

冀南烈士陵园于 1989 年 8 月被国务院命名为"全国重点烈士纪念建筑物保护单位"；1995 年 5 月，被河北省委、省政府命名为"河北省爱国主义教育示范基地"；2009 年 5 月，被中宣部命名为全国爱国主义教育示范基地。

冀南烈士纪念塔高 29.5 米，塔身南面有毛泽东的题词"为国牺牲，永垂不朽"，塔身北面是邓小平的题字"冀南烈士纪念塔"。

主要景点：

纪念馆

在冀南烈士纪念塔的北侧，一条水泥板路直通陵园的另一大型建筑——冀南革命斗争纪念馆。在馆塔中间，一条东西路与南北路交叉形成一个十字路口。东西路两端各有一座拱门，东拱门上书"加强团结"，西拱门上书"浩气长存"。

坐落在十字路口东北角和西北角的是 1949 年建成的两座小型纪念碑。占地 700 余平方米的"冀南革命斗争纪念馆"的馆名由原冀南军区领导胥光义题写，馆内展览着冀南建党初期至 1949 年各个时期的革命斗争历程。

展览是 1999 年新布展的，展览通过 200 余幅图片、文字、沙盘、模型、实物、图表、景箱、场景复原等现代化手段，生动地再现了冀南革命斗争历程。

烈士公墓

陵园南部为墓区，1959 年修建的大型革命烈士公墓内安放着在土地革命、抗日战争、解放战争中牺牲的 633 名无名烈士的遗骨。

公墓广场西侧的烈士单人墓区内安葬着模范县长郭企之、游击队长刘文信等 100 位烈士的遗骨，每座墓都用花岗岩砌筑，上面的黑花岗岩板上刻有烈士的生平简历，整个墓区坐落在鲜花与绿丛之中。

烈士骨灰室于 1977 年建成，建筑面积为 490 平方米，室内安放着 35 名在社会主义建设时期牺牲的烈士的骨灰，记录着冀南区 44 个县市五万余名烈士的英名。

烈士纪念塔

运输物资的独轮车高 26.5 米，占地 384.895 平方米，塔盘呈圆形，直径为 25 米，由 7000 块青石砌成，分上、下两层平台，平台的四周是精心装饰的水磨石栏杆。

烈士纪念塔的正北是一个长方形广场，广场南侧的东西两面各建有一座小型纪念碑，上面刻有原冀南区党政军领导人马国瑞、杨秀峰、陈再道、范若一、李菁玉、刘志坚同志的题词，广场北侧是占地 700 多平方米的冀南革命斗争纪念馆，馆内陈列着烈士们的遗物数百件。

门　　票：免费
开放时间：全天

十八、热河烈士陵园

中 文 名：热河烈士陵园
地理位置：河北省承德市双桥区翠桥路西 9 号
内容简介：

走进大门拾级而上，依山就势的 98 级台阶寓意着中国人民永远不会忘记"九一八"国难，永远不会忘记日本帝国主义在侵华战争中犯下的滔天罪行。通过长达百米的宽阔甬道，占地 1200 多平方米的纪念碑主体展现在眼前。两层碑栏之上矗立着由花岗岩砌筑、高达 31.6 米的革命烈士纪念碑。碑身正面，朱德亲笔题写的"革命烈士永垂不朽" 8 个金色大字熠熠生辉。纪念碑的后面是占地 420 平方米的陈列馆，展厅正面悬挂着萧克将军题写的"陈列馆"牌匾。

主要景点：

承德，古称热河。1949 年 1 月 10 日成立热河省人民政府，辖承德市、围场、隆化等 16 县 4 旗，总面积为 19 万平方千米。1956 年 1 月，热河撤销省建制，承德市划归河北省。英雄的热河人民是富有光荣革命传统和爱国精神的人民，为谋求解放曾经进行过英勇顽强的斗争，在中国革命斗争史上写下了光辉的一页。抗日战争时期为了反抗日本侵略者，1938 年 6 月，热河人民在中国共产党的领导下，发动了震惊中外的冀热边抗日大暴动，在热河境内建立了 11 个抗日县政权，组织了众多的抗日游击队和民兵，在长达 500 千米的长城沿线同敌人展开了艰苦卓绝的敌后"无人区"斗争。经过 12 年半的浴血奋战，付出了 10 余万人牺牲的代价，仅承德市西郊的水泉沟"万人坑"就有 3 万多抗日军民及无辜群众惨遭杀害，终于在 1945 年 8 月打败了日本侵略者，赢得了抗日战争的完全胜利。在三年解放战争中，中国共产党以热河为中心，建立了冀热辽革命根据地，为挺进东北、解放华北做出了重要贡献。在隆化战斗中涌现出了全国著名的战斗英雄——董存瑞。

热河第一届人民代表大会第三次会议决定，在承德市修建热河革命烈士纪念馆。1956 年破土动工，1965 年竣工并正式开放。原热河省省长李运昌亲笔题写了馆名。建馆以来，纪念馆收集了数千万字的烈士资料和大量的革命文物，保存了 5000 多名烈士的英名录，记录了抗日民族英雄孙永勤，我党早期活动家、国民军热河民军司令陈镜湖，冀东军分区副司令员包森，迁遵兴联合县县长姚铁民，西安事变中捉蒋功臣刘桂五，全国战斗英雄董存瑞等数十位烈士的事迹。其中团职以上烈士 30 余名，立卷达 200 多名。1995 年以来，这里已成为国家、省、市三级爱国主义教育示范基地，河北省重点烈士纪念建筑物保护单位。

门　　票：免费

开放时间：全天

十九、沙石峪陈列馆

中 文 名：沙石峪陈列馆

地理位置：河北省唐山市遵化市新店子镇

内容简介：

沙石峪陈列馆位于河北省唐山市遵化市新店子镇，2007 年被评为唐山市级爱国主义教育基地，2013 年被评为第四批省级爱国主义教育基地。2019 年 9 月 16 日，沙石峪陈列馆被中宣部命名为全国爱国主义教育示范基地。

主要景点：

为全面展现沙石峪人战天斗地的光辉历程、激励后人传承与发扬当代"愚公"的光荣传统和优良作风，沙石峪村将 20 世纪 60 年代党和国家领导人及外宾接待中心改成沙石峪陈列馆。陈列馆占地面积为 3700 平方米，建筑面积为 900 平方米，展陈面积为 2000 平方米，由清华美院雕塑系王洪亮教授主持设计。其外部造型从正面看是一个"山"字，象征沙石峪人民开山填涧，从背面俯看是一个"土"字，象征沙石峪人民取土造田。

陈列馆分为两层，一层为图片、实物展室，二层为放映厅。综合运用声、光、电等技术手段，采用照片与实物相结合的形式，分为"立下愚公志，深山展宏图""万里千担一亩田，青石板上创高产""热情的关怀，殷切的希望""万里继续走，千担永远挑"这四个展室，真实地再现了当年沙石峪人民修筑梯田、开山造田等劳动场景，生动形象地展现了沙石峪人民艰苦创业的历程和发展成果。

陈列馆前建有广场，长 40 米，宽 80 米，中间为周恩来总理的汉白玉雕像，雕像高 4.29

米，前门厅跨度分别为 1.966 米和 1.967 米，是为纪念周恩来总理 1966 年 4 月 29 日和 1967 年 2 月 5 日两次来沙石峪视察而精心设计的。

陈列馆周围有友谊树、大口井、愚公洞、一亩田、国际友谊林和青年林等辅助景观，与陈列馆主体建筑浑然一体。大口井是沙石峪人民当年用工 17 000 人，经过五冬六春开凿的直径 17 米、深 15 米的蓄水池。愚公洞是 27 名民兵两班倒，每天坚持 12 小时，奋战 10 个月建成的，洞长 246 米，宽 4 米，高 4 米，实现了南通北达。一亩田是全村 120 名团员青年、150 多名党员群众，苦战 10 个晚上，垒石坝，担土 1000 担而造出的。友谊树是周恩来总理和阿尔巴尼亚原部长会议主席谢胡在大口井旁亲手栽种两棵友谊树，李先念和加拿大朋友特鲁多在一亩田旁栽下两棵友谊树。国际友谊林是由 56 个国家和地区的亚洲作家协会来村，亲手栽下了百亩柏树，现树林已形成规模。青年林是全村青年利用 2000 个工时，造出了 100 亩象征青年形象的青年林，如今长势茂盛，郁郁葱葱。

门　　票：免费

开放时间：9:00—16:30（周一至周五）

山 西 省

一、八路军太行纪念馆

中 文 名：八路军太行纪念馆
地理位置：山西省长治市武乡县太行西街 363 号
内容简介：

八路军太行纪念馆
（八路军总部旧址）位于山
西省长治市武乡县太行西
街 363 号，是一座全面反
映八路军抗战历史的大型
革命纪念馆，是集旅游、
观光和博物馆价值为一体
的国家一级博物馆和国家
4A 级旅游景区。

八路军太行纪念馆展
出了珍贵的历史资料和革
命文物。馆区主要分为主
展区和游览区：主展区包
括八路军简史陈列厅、八路军将帅厅、日军侵华暴行厅；游览区包括八路军游击战术演示厅、
八路军抗战纪念碑、八路雄风碑林、徐向前元帅纪念亭等。纪念馆于 1988 年开放，2015 年
馆内进行了提升建造。

主要景点：

"和平颂"主题公园位于主展馆的东侧，东接八路军文化园、眺望马牧河，西与"百团大
战"半景画馆、窑洞战模拟景观相望，与凤凰山紧紧相连，是八路军太行纪念馆 2005 年大型
扩建改陈工程项目之一，于 2010 年建成并对外开放，适逢纪念抗战胜利 65 周年，为了教育
后人不忘历史、热爱和平，故命名为"和平颂"主题公园。

"和平颂"主题公园是一座以北方园林风格为特色、具有综合性休闲功能的公园。占地 6

万余平方米，其中水面积为 2500 平方米，设计上主张以人为本、定位于自然，园内植物群落丰富。公园由纪念坛、缅怀亭、精忠湖、追思桥、鸟语林等几部分组成。园内各个景点的廊道均由白色鹅卵石铺设。公园内的纪念坛是一座呈八路军军帽造型的圆形建筑，纪念坛的中央镶嵌着汉白玉和平鸽，墙体上镌刻"八路军太行纪念馆大型扩建改陈工程纪实"碑记铭文。

八路军将领组雕"太行山"位于八路军太行纪念馆的中轴线上，是 2005 年八路军太行纪念馆大型扩建改陈工程项目之一。

组雕于 2009 年 9 月 26 日落成，反映了抗战时期朱德、彭德怀、叶剑英、林彪、聂荣臻、罗荣桓、刘伯承、徐向前、贺龙、邓小平、左权这 11 位八路军将领的形象，由清华大学美术学院教授、雕塑家李象群设计制作，长 10 米、宽 3.5 米、高 3.8 米，是目前国内展示人物最多、体量最大的领袖群雕。

八路丰碑

为纪念八路军将士的丰功伟绩、弘扬八路军精神，八路军太行纪念馆在馆区内修建"八路军抗战纪念碑"，胡锦涛等党和国家领导人曾在此敬献花篮。

八路军抗战纪念碑也称八路丰碑，位于凤凰山巅，旨在铭记八路军将士在中华民族解放史上的丰功伟绩。碑身呈四棱形，用白色大理石贴面，上书"八路军抗战纪念碑"8 个鎏金大字，高 19.37 米，寓意 1937 年抗日战争全面爆发。碑体两侧为镌刻着谷穗与长枪的铜质图案，象征八路军依靠"小米加步枪"打败日本侵略者。

碑后为长达 30 米的弧形浮雕墙，浮雕背面刻有抗战时期 728 位血洒疆场的八路军正团级以上干部的英名录，昭示后人继承和发扬八路军精神，中华民族才能实现真正意义上的伟大复兴。

八路碑林

"八路雄风碑林公园"位于凤凰山的山林地带，由孙毅将军题写园名，主要展现开馆以来党和国家领导人、八路军将领、省军级以上领导、社会人士等共 300 多人为八路军太行纪念馆的题词，八路碑林的面积为 8000 平方米，依凤凰山地形而建。

此外，凌空欲飞的歼 6 战斗机景观、徐向前元帅纪念亭等，也是公园内的重要参观景点。

窑洞战景观

窑洞战景观依托凤凰山而建，是在抗战时期遗留下来的窑洞战旧址的基础上修复扩建而成的长达 1000 米的一座窑洞战演示实景，内部构造与地道相似，采用立体音响技术、仿真技术，通过绘画、造型、声光等展示手段，再现根据地军民利用窑洞与敌斗争的战争场面。

窑洞战景观的外面为一棵吊有铁钟的消息树，内部构造与地道战相似，筑有会议室、储藏室、抢救室、指挥所、单人掩体、瞭望楼、陷阱、迷魂阵及灶台、马槽出入口等设施，采用了立体音响技术、仿真技术等。

门　　票：免费（内有收费项目）

开放时间：8:30—18:00（秋季、冬季），8:30—18:30（春季、夏季）

二、"百团大战"纪念馆（碑）

中 文 名："百团大战"纪念馆（碑）

地理位置：山西省阳泉市狮脑山

内容简介:

1940 年 8 月，八路军总部在华北向侵华日军主动开展了一次自全面抗战以来参战人数最多、时间最长、范围最广、规模最大的交通总破袭战役，并逐步发展成为名震中外的百团大战。这次战役从 8 月 20 日开始，至 12 月 5 日宣告结束。八路军先后出动 105 个团，近 40 万兵力，以正太铁路为破袭重点，在敌堡密布的 2500 余千米交通干线上，军民团结，拔据点、破铁路、炸桥梁、毁公路，给侵华日军以重创，有力地打击了日本侵略者的嚣张气焰，增强了全国军民抗战胜利的信心，对支援国民党正面战场、遏制部分国民党顽固势力妥协投降暗流、争取时局好转，起到了极为重要的作用，堪称游击战争史上的伟大创举。

主要景点:

百团大战纪念馆（碑）爱国主义教育示范基地是以百团大战为主的综合性森林公园。1987 年 6 月 30 日，中共阳泉市委、市政府报经山西省委、省政府批准，在狮脑山上建起了百团大战纪念碑。纪念碑坐北朝南，从低到高由主碑、3 座副碑、1 座大型圆雕、2 座题字碑、4 座烽火台和 227 米长城组成，整个建筑群占地 1.67 万平方米。1995 年落成了百团大战纪念馆，1997 年百团大战纪念馆（碑）被中宣部命名为首批全国爱国主义教育示范基地。2010 年阳泉市委、市政府启动了狮脑山公园改扩建工程，完善了公园环园主干道硬化，并在百团大战纪念碑的主碑以西约 400 米处新建建筑面积为 3232 平方米的百团大战纪念馆。新馆外部形体设计以"基石"为核心设计理念，暗喻中国共产党领导的人民军队为了全中国人民的幸福生活抛头颅、洒热血，为抗日战争的胜利打下了坚实的基础，正如坚不可摧的基石，托起了中华民族威武不屈的脊梁。内部空间处理采用"用建筑内部空间来讲述百团大战故事"的思路，按照战役过程分别设置"集结""破袭""胜利"三大展厅，充分体现出百团大战不同阶段的特点。馆内分上、下两层：一层展出珍贵照片 200 余幅、实物 900 余件及电子讲解、档案史料等大量文史资料；二层充分运用声、光、电、全景画及大型沙石模型等方式展现狮脑山上我军那场顽强的鏖战场景。百团大战纪念馆（碑）年接待游客 20 余万人次，是全省乃至整个华北地区对广大青少年进行爱国主义教育、革命传统教育和理想信念教育的重要基地。

门　　票：免费

开放时间：全天

三、刘胡兰纪念馆

中 文 名：刘胡兰纪念馆
地理位置：山西省吕梁市文水县刘胡兰村

内容简介：

刘胡兰纪念馆是全国重点烈士纪念建筑物保护单位，坐落在山西省吕梁市文水县刘胡兰村（原名云周西村）村南。文（水）祁（县）公路从纪念馆北墙通过，东接大运公路，西连 307 国道，将该馆与山西中部的晋祠、卦山、玄中寺、武则天纪念馆、杏花村汾酒厂、晋商宅院（乔家大院、渠家大院、曹家大院等）、平遥古城等景点连在一起，形成一条旅游热线。

主要景点：

刘胡兰纪念馆东临汾河，西接太汾公路。纪念馆始建于 1956 年，建筑总面积为 8400 平方米，于 1957 年（刘胡兰烈士就义 10 周年）落成并对外开放，成为对全国青少年进行革命传统教育的好课堂。

纪念馆的建筑总面积为 6 万平方米，以纪念碑和陵墓为中轴对称分布。走进大门，首先映入眼帘的是宽敞的广场，花坛中央耸立着高大的汉白玉纪念碑，碑的正面有毛泽东同志的亲笔题词"生的伟大，死的光荣"。碑的背面镌刻着《中共中央晋绥分局关于追认刘胡兰同志为中国共产党正式党员的决定》。碑后是近 3000 平方米的槽形建筑，正面栏柱中央悬挂着郭沫若所题馆匾"刘胡兰纪念馆"，周围的火炬象征着中华儿女"发扬胡兰精神，献身四化大业"的信心和决心。

纪念馆大厅内陈列着烈士的 74 件遗物和反映刘胡兰生平事迹的绘画、雕塑、照片、文献资料及毛泽东、朱德、邓小平、董必武、乌兰夫、郭沫若、谢觉哉等同志及江泽民为烈士题词的手迹。

大厅后是陵墓，烈士的忠骨就埋在正面的高台上。台上是苍松翠柏，墓上绿草茵茵。墓前耸立着 8 米高的汉白玉雕像，栩栩如生地再现了刘胡兰当年的英雄风采，令人肃然起敬。

雕像西侧是碑亭，东侧"生死树"下是刘胡兰烈士被捕处，观音庙是烈士受审处，石雕花圈是烈士就义处。

门　　票：20 元

开放时间：8:00—17:00

四、黄崖洞革命纪念地

中 文 名：黄崖洞革命纪念地

地理位置：山西省长治市黎城县黄崖洞镇赤峪村

内容简介：

黄崖洞革命纪念地位于黎城县北部45千米赤峪村西。1939年7月，八路军总部军工厂将榆社韩庄修械所迁到黄崖洞水窑山进行扩建。

主要景点：

牌楼雄伟壮观，正中是邓小平亲笔题写的"黄崖洞"三个遒劲的金色大字，纪念塔正面用工笔隶刻"黄崖洞殉国烈士永垂不朽"。展览馆收集了大量珍贵的史料和实物，展览馆前依次竖立了14块石碑，分别刻写着李雪峰、陈志坚、欧致富等领导人的题词。1991年，山西省国防工办在兵工厂旧址处建造了一座军工亭，共青团山西省委在陵园入口处树起一座水泥质红色火炬。

门　　票：60元

开放时间：8:00—18:30

五、太原解放纪念馆

中 文 名：太原解放纪念馆

地理位置：山西省太原市东山的牛驼寨

内容简介：

太原解放纪念馆位于山西省太原市东山的牛驼寨。这片土地当年是解放太原的主战场之一，牛驼寨地势陡峭，沟壑纵横，自古以来就是兵家攻守太原的军事要塞，有"太原门户"之称。

2016年12月，太原解放纪念馆入选《全国红色旅游经典景区名录》。

在解放太原战役中，我人民解放军经过一个多月的浴血奋战，一举攻克牛驼寨等东山四大要塞。1949年4月24日太原回到了人民的怀抱，从此推翻了阎锡山长达38年之久的统治。

主要景点：

纪念碑区由凯旋门、太原解放纪念碑主碑、副碑等建筑组成，徐向前元帅手书"太原解放纪念碑"鎏金大字装点丰碑，充分显示了太原解放的伟业将与日月同辉、与天地共存。

拾级向东穿过牌楼进入展览区，首先映入眼帘的是烈士纪念碑，上有毛泽东同志题写的"死难烈士万岁"，南北展室相映成趣，浑然一体。为了真实再现太原解放的历史全貌，整个展览室从征集到的 2000 万余字的文献资料和 700 余幅历史照片中精选出 8 万余字的文字、500 余幅照片展出，从 6 个不同的侧面再现了太原解放的雄伟画卷和战斗史实。向东进入墓区，一片苍松翠柏、郁郁葱葱，这里安放着当年在攻打东山牛驼寨等 4 大要塞时英勇牺牲的 1898 位烈士的遗骨。墓地中央矗立着烈士纪念堂，这座采用重檐结构、古朴典雅的宏大建筑坐落在绿丛之中，堂内嵌刻着在解放太原战役中英勇牺牲的 5500 多位烈士的英名，他们为无产阶级革命事业勇于献身的精神将永垂青史。

门　　票：免费

开放时间：8:30—17:00

六、平型关战役遗址

中 文 名：平型关战役遗址

地理位置：山西省大同市灵丘县

内容简介：

平型关战役遗址位于平型关东北 5 千米的山西省大同市灵丘县小寨、关沟一带，沟谷全长 7 千米左右，两边是数丈高的陡崖。平型关在与灵丘县相邻的山西省繁峙县城的东北 65 千米处，是明代修建的内长城的一处有名的关隘。平型关是一道很狭长的古道，东通冀北，西抵雁门关，自古以来就是兵家必争之地。这里建有平型关战役纪念馆。

平型关战役遗址的主景区规划面积为 32 平方千米，包括平型关关口、战役纪念馆、主战场乔沟、老爷庙、邓峰寺这 5 个主要景点。1961 年，平型关战役遗址被国务院定为第一批全国重点文物保护单位。

主要景点：

遗址距古长城关隘平型关约 5 千米，处于一天然沟壑中，两边高山陡崖如削，高达数十米，地势十分险要，公路蜿蜒盘绕其间。

抗日战争全面爆发后，侵华日军占据平、津后，向山西省平型关、雁门关一带进攻，企图夺取太原。1937 年 9 月 25 日拂晓，日本侵略军坂垣师团第 21 旅团辎重车辆大队进入这段峡谷古道，预先埋伏在崖顶的由林彪指挥的八路军 115 师发起进攻，激战一日，大获全胜。

歼敌 1000 余人，毁坏、缴获敌方汽车 100 余辆、大车 200 余辆、九二式野战炮 1 门、轻重机枪 20 挺、步枪 1000 余支、战马 50 余匹及其他军需物资。115 师师长林彪在战斗结束后被协作参战的国民党士兵误伤，留下终生疾患。

平型关战役震惊中外，打破了所谓"日本皇军不可战胜"的神话，鼓舞了全国人民抗战胜利的士气，唤起了世界进步力量对中国人民的声援与支持。平型关战役是抗日战争爆发以来中国国共两军第一次联手阻击进犯日军并取得胜利的著名战役。

门　　票：免费

开放时间：8:00—18:00

七、太行太岳烈士陵园

中 文 名：太行太岳烈士陵园

地理位置：山西省长治市英雄南路

内容简介：

太行太岳烈士陵园位于山西省长治市英雄南路，是为纪念在抗日战争中英勇牺牲的太行太岳的英雄儿女，经 1946 年 3 月晋冀鲁豫边区参议会第一届第二次会议做出决议后建立的。1948 年始建，1952 年落成。园内主要有烈士纪念塔、纪念堂、陈列馆、烈士公墓等，是抗日战争胜利后全国最早建立的一处纪念革命烈士的建筑。

太行太岳烈士陵园于 1986 年被国务院确定为"全国重点烈士纪念建筑物保护单位"，被中宣部命名为全国爱国主义教育示范基地。

主要景点：

烈士纪念塔

陵园的中心耸立着太行太岳烈士纪念碑，碑高 23 米，是陵园内最突出的建筑物。碑身内部全是大青石，表面贴 5 厘米厚的白色大理石，通身洁白的纪念碑象征着先烈们纯洁无瑕的高尚品质。碑的正面是晋冀鲁豫边区人民政府主席程子华题写的"太行太岳烈士纪念碑"9个丹漆大字，背面是邓小平同志的题词"人民永远纪念着你们"。碑的底部四面分别镌刻着刘伯承、徐向前、杨秀峰、李达、戎子和、裴丽生、王新亭、王鹤锋等人的题词及碑文，这些题词和碑文在四周照明灯的映射下熠熠生辉。

烈士纪念馆

烈士纪念馆馆内运用声、光、电等现代化展示手段，主要陈列着抗日战争和解放战争时期太行太岳根据地发生的重大历史事件、主要战役、战斗的介绍及涌现出来的众多英雄烈士事迹。

武士敏将军墓

爱国将领、原国民革命军 98 军军长武士敏将军墓建立在纪念馆的东侧，青松翠柏衬托着白色墓丘和墨玉墓碑，显得格外庄严肃穆。1984 年 9 月，山西省人民政府在此立碑以兹纪念。

烈士碑林

太行太岳烈士陵园于 2006 年在原烈士公墓的基础上，扩建了烈士墓区 1000 平方米，分为东、西两个部分，东部共安葬烈士 108 位，西部共安葬烈士 56 位。

门　　票：免费

开放时间：全天

八、山西国民师范旧址革命活动纪念馆

中 文 名：山西国民师范旧址革命活动纪念馆

地理位置：山西省太原市杏花岭区五一路

内容简介：

山西国民师范旧址革命活动纪念馆位于山西省太原市杏花岭区五一路 276 号，占地面积约 7000 平方米，1984 年筹建，1991 年 9 月 18 日正式开馆。

山西国民师范旧址革命活动纪念馆原为山西省立国民师范学校，是阎锡山创办的一所专门培育全省小学教师的师范学校。后来成为继山西省立一中之后，山西革命活动的坚强堡垒之一，是北伐战争、土地革命战争和抗日战争初期中国共产党在山西开展革命活动、建立抗日民族统一战线、发动群众开展抗日救亡运动的重要基地。

2020 年 9 月 1 日，山西国民师范旧址革命活动纪念馆入选第三批国家级抗战纪念设施、遗址名录。

主要景点：

山西国民师范旧址革命活动纪念馆占地面积约 7000 平方米，主楼为二层，办公楼一层是主题为"育才学府革命摇篮"的四个重要展厅及影像放映厅等。二层是旧址原状陈列：会议室的正中央挂有孙中山像，长条桌、木椅、水杯等陈设都是旧时的布置，这里曾是国师召开会议的主要场所，后成为山西公开工作委员会和牺盟会的会议厅；校长办公室、学监室也都是原状陈列，在学监室还保留着当年学生使用过的油印机，学生社团编制的进步刊物大多在这里印刷。

基本陈列

山西牺牲救国同盟会（简称牺盟会）于1936年9月18日在太原成立。牺盟会在国民师范举办各种抗日训练班，并成立了山西新军的第一支部队——山西青年抗敌决死队。牺盟会和山西新军迅速发展壮大，在山西以至华北的抗日斗争中创造了光荣的业绩。

珍贵藏品

毛呢大衣。这是毛泽东亲自赠给赵宗复的一件藏青色粗毛呢大衣，它是陕甘宁边区抗日革命根据地在最困难的时期生产的。

牺盟会会章。圆形，直径为3厘米，地球底呈蓝色，中国地图版图在画面正中呈绿色，其中东三省呈红色，在中国地图上有"牺牲救国"4个黑体字，背面有编号。

袖珍中国地图册。我国各省地图册，为山西新军所用。

门　　票：免费

开放时间：8:30—12:00，14:30—17:30（淡季）
　　　　　　8:00—12:00，14:00—17:30（旺季）

九、麻田八路军总部纪念馆

中 文 名：麻田八路军总部纪念馆
地理位置：山西省晋中市左权县城南45千米处麻田镇麻田村
内容简介：

麻田八路军总部纪念馆坐落在山西省晋中市左权县城南45千米处麻田镇麻田村，主要景点为八路军总部旧址，坐北朝南，是四合式院落，有砖木结构瓦房30余间（北楼5间）。

纪念馆总占地面积为9.6万平方米，展陈面积为6500平方米，素有太行山上"小江南"之称和"小延安"的美誉，1980年建成并正式对外开放。

抗日战争时期这里是华北的政治、军事、经济、文化中心，八路军总部、中共中央北方局等党、政、军首脑机关曾在此驻扎。彭德怀、刘伯承、邓小平、左权、杨尚昆、罗瑞卿等老一辈无产阶级革命家在此战斗、生活达5年之久，他们在此书写了争取民族独立和人民解放的篇章。麻田八路军总部纪念馆保存着许多珍贵的抗战时期的建筑和革命文物，是中国革命纪念地之一。

主要景点：

麻田八路军总部旧址地处左权县城南约45千米的麻田镇麻田村，分为旧址和新址两部分。旧址包括八路军前方总部旧址、邓小平旧居、左权和罗瑞卿旧居、北方局旧址、北方局党校旧址、新华日报社旧址、鲁艺学校旧址、后勤部旧址、总部科室旧址、武军寺彭德怀旧居、下南会刘少奇故居、太行新闻烈士纪念碑、左权将军殉难处、陈毅《过太行山书怀》诗墙等景点；新址即麻田八路军总部纪念馆，分为八路军总部历史陈列、抗战中的中共中央北方局、太行革命根据地的新闻工作、华北抗日根据地首府左权等，采用声、光、电等技术，展出实物、照片、场景复原等，各类文物多达6000余件。

门　　票：免费

开放时间：9:00—17:00

十、大同煤矿遇难矿工"万人坑"展览馆

中 文 名：大同煤矿遇难矿工"万人坑"展览馆

地理位置：山西省大同市矿区煤峪口南沟

内容简介：

"万人坑"是大同煤矿展览馆的别称，因其拥有两个容纳日寇侵华期间被害矿工尸骸的山洞而得名。自1962年建馆以来，先后接待上百万中外凭吊者，成为著名的全国爱国主义教育示范基地。

主要景点：

"万人坑"是在1937年10月日本侵略者占领大同煤矿、野蛮推行"以人换煤"的血腥政策后，成为被残害矿工死后堆放尸体的坑道的。在日本侵略者占领大同煤矿的8年中，掠煤达1400多万吨，6万多名矿工被摧残致死。仅在大同煤矿矿区就有多达20处的"万人坑"，如今仅存2处。这是日军残害中国矿工的铁证，也是日本侵华罪行的铁证。

"万人坑"分上、下两洞。上洞宽5米多，深40多米，是一个自然山洞。下洞宽4米左右，深70多米，为旧时小煤窑的坑道。两个洞内堆满了日军"二战"期间占领大同煤矿后杀戮或迫害致死矿工的尸体。煤峪口南沟的坑口仅是矿区20多个"万人坑"中的一处。

门　　票：免费

开放时间：全天

十一、徐向前元帅故居

中 文 名：徐向前元帅故居

地理位置：山西省忻州市五台县东冶镇永安村

内容简介：

始建于清道光初年（1821），1990 年进行了修缮。现故居坐北朝南，一进两院，院内房屋均为青砖通板瓦房，是典型的北方传统民居建筑。1901 年 11 月 8 日，伟大的无产阶级革命家、军事家、政治家徐向前元帅就出生在这里。

主要景点：

徐向前元帅的故居在山西省忻州市五台县东冶镇永安村，是滹沱河边的一个村庄，徐向前元帅故居距阎锡山故居仅 10 千米，这是一幢典型的晋北四合院式的建筑，院内正面为主房，两侧是厢房，上下两层是徐向前元帅青少年时期生活和学习的地方，故居内有徐向前元帅生平事迹展和老一辈无产阶级革命家李先念等为徐向前元帅的题词，庄重肃穆，朴实无华。徐向前元帅故居现已被列为青少年爱国主义教育基地。

2021 年 11 月，徐向前元帅故居被山西省人民政府核定公布为第一批省级红色文化遗址。

门　　票：免费

开放时间：全天

十二、晋绥边区革命纪念馆

中 文 名：晋绥边区革命纪念馆

地理位置：山西省吕梁市兴县蔡家崖乡蔡家崖村

内容简介：

晋绥边区革命纪念馆位于山西省吕梁市兴县蔡家崖乡蔡家崖村，是全国重点文物保护单位。它北倚元宝山，南临蔚汾河，东离县城 7.5 千米，西临黄河 15 千米，距太原市 277 千米。兴离（兴县至离石）公路、兴黑（兴县至黑峪口）公路从门前横穿而过。该馆建于 1962 年，属于红色旅游景点。

2017 年 1 月，晋绥边区革命纪念馆入选《全国红色旅游经典景区名录》。

主要景点：

纪念馆分为原状陈列和辅助陈列。原状陈列的有毛泽东、周恩来、任弼时、贺龙等同志的旧居，晋绥干部会议会址，六柳亭等。辅助陈列的有晋绥边区革命斗争史陈列室（1～6室）、毛主席在蔡家崖革命活动纪念展览、刘少奇同志纪念展室、贺龙元帅生平事迹展览、党和国家领导人视察题词展室、贺龙元帅汉白玉塑像等。

炮衣、机枪套。当年八路军在行军过程中，为保护枪械设备不受损坏而制作的武器保护外套。

八路军军服。呈浅灰色，材料为当时做工粗制的棉麻布。

缴获的日军炮车车轮。当年缴获的日军炮车车轮是日军进犯晋绥边区的铁证。

兵工厂机械制造工具。特色活动。

红色旅游推介文艺晚会。为塑造红色旅游经典景区，扩大晋绥边区革命纪念馆在社会上的知名度、影响力，倾力打造全国文博系统亮点景区、品牌形象，该馆举办丰富多彩、形式多样的推介文艺晚会，极大地推动了红色旅游的爱国主义教育示范基地的职能作用。

门　　票：免费

开放时间：全天

十三、娄烦高君宇故居

中 文 名： 娄烦高君宇故居

地理位置： 山西省太原市娄烦县静游镇峰岭底村

内容简介：

高君宇是中国共产党早期领导人，著名无产阶级革命家。参加过五四运动、北京共产主义小组、京汉铁路工人大罢工，发起、成立了北京社会主义青年团，是山西共产主义启蒙运动的先驱。高君宇生于 1896 年农历九月十六日，卒于 1925 年农历三月初五。他用 29 个春秋谱写了一曲灿烂的人生篇章，为中国无产阶级革命事业做出了杰出贡献。

主要景点：

娄烦高君宇故居建于清同治年间，以砖窑洞为主，共有房窑 70 余间，为晋西北农村特有的建筑风格。除住宅外，还有药店、油坊、粉坊、酿酒等作坊和菜园、小花园。整个大院又分为东上院、东下院、中院、西院和西园子 5 座院落，占地面积约 4500 平方米。

故居依山而建，坐北朝南，分东西两院。为窑洞式建筑，村民称"高家大院"。为纪念高君宇、教育后人，1995 年拨专款对故居进行了维修，现已辟为山西省爱国主义教育基地。

2016 年 12 月，娄烦高君宇故居入选《全国红色旅游经典景区名录》。

2019 年 10 月，娄烦高君宇故居被国务院核定为第八批全国重点文物保护单位。

2021 年 11 月，娄烦高君宇故居被山西省人民政府核定公布为第一批省级红色文化遗址。

门　　票：免费

开放时间：全天

十四、石楼红军东征纪念馆

中　文　名：石楼红军东征纪念馆

地理位置：山西省吕梁市石楼县

内容简介：

石楼红军东征纪念馆位于山西省吕梁市石楼县，依山而建，周围苍松翠柏、景色宜人。建筑面积为 1.1 万平方米，主体建筑占地 1100 平方米，分展厅与纪念碑两部分，整体建筑气势恢宏、造型优美。纪念馆内存有大量翔实珍贵的历史文物、照片、资料等，红色旅游文化内涵丰富，是红色旅游的重要之地。

主要景点：

在纪念馆的院中央，一个小红军战士的大理石雕像耸立当中。展厅的正中悬挂着江泽民亲笔题写的"红军东征纪念馆" 7 个鎏金大字牌匾，厅内由序厅和 4 个展室组成，分别陈列了革命文物 75 件、史料 70 余份、历史图片 190 多张，完整地再现了当年红军东征的历史壮举。

展厅中有一个巨大的红军东征电动沙盘模型，运用声、光、电等科技手段直观地再现了红军东征的全过程。左、右两厅陈列了老领导、老红军的题词 30 余幅。

馆背百级台阶以上是"中国人民红军抗日先锋纪念碑"，两侧是亭台、花草和一排排的青松翠柏。

门　　票：免费

开放时间：8:00—18:30

十五、平顺西沟展览馆

中 文 名：平顺西沟展览馆
地理位置：山西省长治市平顺县西沟村
内容简介：

平顺西沟展览馆始建于
1968 年，1971 年开馆，2000 年
修复，2005 年扩建布展。现展
馆面积近 1200 平方米，展出了
500 余幅珍贵照片和 100 多件实
物，系统地展示了全国著名劳
动模范李顺达、申纪兰带领西
沟人民艰苦奋斗的辉煌历程，
是中国社会主义革命、建设和
改革开放的缩影。平顺西沟展
览馆于 1995 年被省委、省政府
命名为山西省爱国主义教育示范基地；2001 年 7 月，被中共长治市委确定为长治市党员干部
廉洁从政教育基地；2005 年，被山西省委、省政府命名为"山西省爱国主义教育示范基地"；
2007 年，被确定为长治市一百个社会主义核心价值体系教育实践基地；2008 年，被山西省委
宣传部、山西省教育厅命名为全省高校思想政治理论课实践教育基地；2009 年 5 月，被中宣
部命名为全国爱国主义教育示范基地；2010 年，被中纪委命名为全国廉政教育基地；2011
年，被中宣部、国家发改委、财政部、国家旅游局（现文化和旅游部）确定为全国红色旅游
经典景区。

主要景点：

平顺西沟展览馆位于山西省长治市平顺县西沟村，是著名全国劳动模范李顺达，著名全
国劳动模范、第一至第十一届全国人大代表申纪兰的家乡。

西沟村是全国第一个农业生产互助组织——李顺达互助组的诞生地。1943 年 2 月 6
日，为响应党组织关于"组织起来"的号召，李顺达等 6 户农民商议决定，成立了农业生
产互助合作组织——李顺达互助组，这是抗日战争时期全国成立的第一个农业生产互助合
作组织。

平顺西沟展览馆占地 8000 平方米，现展馆面积为 1200 平方米，展出了 600 余幅珍贵照
片和 100 多件实物，包括毛泽东、刘少奇、周恩来、江泽民、胡锦涛等领导亲切接见全国劳
动模范李顺达、申纪兰的珍贵照片，系统地展示了李顺达、申纪兰带领西沟人艰苦奋斗、廉
洁奉公、建设山区的创业历史，全面反映了中国农村、中国农业和中国农民走社会主义道路
的光辉历程和改革开放、建设社会主义新农村、全面建设小康社会的辉煌业绩。

自平顺西沟展览馆建成至今，每年接待参观者 10 万余人次。党和国家领导人胡锦涛、朱
镕基、姜春云等均莅临西沟参观了展览馆。近年来，有 3500 批共 95 600 余人次党员干部

（其中处级以上干部 2000 余人次）来这里进行廉政宣誓，10 余万名大中小学生接受爱国主义传统教育。

门　　票：免费

开放时间：全天

十六、右玉精神展览馆

中 文 名：右玉精神展览馆

地理位置：山西省朔州市右玉县城南 3.4 千米

内容简介：

右玉精神展览馆，位于山西省朔州市右玉县城南 3.4 千米。2019 年 9 月 16 日，被中宣部命名为"全国爱国主义教育示范基地"。

主要景点：

右玉精神展览馆的总面积近 1600 平方米，以植树造林改变右玉面貌为主线，通过图文、视频、实物、声、光、电及 4D 立体影院等多种表现形式，全面展示了右玉干部群众自力更生、艰苦创业，建设绿色美好家园的奋斗历程。该馆的建成开放为广大干部群众学习与弘扬右玉精神、践行党的群众路线提供了新平台。

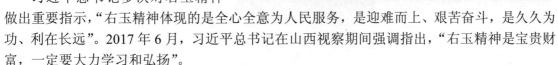

习近平总书记多次对右玉精神做出重要指示，"右玉精神体现的是全心全意为人民服务，是迎难而上、艰苦奋斗，是久久为功、利在长远"。2017 年 6 月，习近平总书记在山西视察期间强调指出，"右玉精神是宝贵财富，一定要大力学习和弘扬"。

门　　票：免费

开放时间：8:30—17:30（周一至周五）

内蒙古自治区

一、内蒙古博物院

中 文 名：内蒙古博物院
地理位置：内蒙古自治区呼和浩特市新城区新华东街 27 号
内容简介：

原内蒙古博物馆作为 1957 年自治区成立 10 周年大庆的重点项目，是全区唯一的自治区级综合性博物馆，也是全国少数民族地区最早建立的博物馆之一，在 20 世纪 50 年代就被列入世界建筑史。2007 年更名为内蒙古博物院，并正式揭牌成立，建筑面积为 1.5 万余平方米，展厅面积为 7000 平方米，为国家一级博物院。

主要景点：

内蒙古博物院立足于自治区丰厚的古生物化石、现生生物、历史文物、民族文物等资源优势，以"草原文化"为主题思想贯穿基本陈列和专题陈列，形成"草原文化系列展览"，分布于博物院三个层面的展厅，共计 14 个陈列，并在注重观众流线的前提下，构建层区风格统一和逐层步步升高的感观态势。其中，二层的"远古世界""高原壮阔""地下宝藏""飞天神舟"这 4 个基本陈列介绍草原文化的生成之地，景物交融，栩栩如生；三层的"草原烽火""草原风情""草原天骄""草原雄风"这 4 个基本陈列以板块串珠的形式，展示草原文化从古代到近代再到现代的纵向发展线条，简明生动，通俗易懂；四层的"草原日出""风云骑士""草原服饰""苍穹旋律""草原华章""古道遗珍"这 6 个专题陈列以亮点聚焦的方式，呈现草原文化的六大精彩之处，清新庄重，雅俗共赏。陈列多方位、多角度，纵横交错，点面结合，从宏观到微观，系统地描述了内蒙古的完整形象，个性鲜明，引人入胜。

二层有如下 4 个基本陈列。

远古世界：内蒙古自然古生物化石陈列，展示自 30 亿年前到 1 万年前起落恢宏的内蒙古远古生态环境的巨大变迁，尤其突出中生代恐龙和第三纪、第四纪哺乳动物的化石标本，不负内蒙古"化石之乡"的美誉。

高原壮阔：内蒙古自然现生生物陈列，展出现今生存于内蒙古的动物与植物标本，以东部森林、中部草原、西部戈壁沙漠的典型环境生物为闪光点，引领观众走进内蒙古独特的自然生态世界。

地下宝藏：内蒙古地质矿产标本陈列，展出内蒙古盛产的各类贵重金属矿产、有色金属矿产、非金属矿产、能源矿产和建筑材料等标本，呈现内蒙古丰富的地质矿产资源。

飞天神舟：以内蒙古为基础的大型中国航天科技陈列，展示了我国的航天史、航天成就和内蒙古人民对中国航天事业的巨大贡献，激发人们探索宇宙太空、发扬草原开放人文精神的情感。

三层有如下 4 个基本陈列。

草原烽火：内蒙古现代革命斗争史陈列，展出自 1919 年五四运动至 1949 年中华人民共和国成立期间内蒙古的社会状况和革命文物，重点表现内蒙古人民在中国共产党的领导下前仆后继、英勇悲壮又具民族特色的革命斗争史。

草原风情：内蒙古近代民族风情陈列，展出近数百年来生活在内蒙古地区的蒙古族、达斡尔族、鄂温克族、鄂伦春族、满族、回族、朝鲜族、汉族这 8 个民族的生产生活、文化艺术、风尚礼仪、宗教信仰等，积极弘扬民族优秀传统文化。

草原天骄：古代蒙古族通史陈列，以成吉思汗和大元王朝为亮点，按照从蒙古族起源到蒙元时代再到明清时期近千年的完整脉络，表现蒙古族的聪明才智和波澜壮阔的历史，是最具世界关注性的特色展览之一。

草原雄风：内蒙古古代民族史陈列，展出草原先民、东胡、匈奴、鲜卑、突厥、契丹等古代民族的文物精品，其中突出展示新石器时代红山文化和辽文化的历史，娓娓讲述草原文明的起源、形成、发展与辉煌历程。

门　　票：免费

开放时间：9:00—17:30（春季、夏季），9:30—17:00（秋季、冬季），周一闭馆

二、乌兰夫纪念馆

中 文 名：乌兰夫纪念馆

地理位置：内蒙古自治区呼和浩特市新华西街

内容简介：

乌兰夫纪念馆位于内蒙古自治区呼和浩特市新华西街南植物园内，是一座具有独特民族风格的巍峨建筑。乌兰夫纪念馆是中宣部命名的"全国爱国主义教育示范基地"。

建馆 20 多年来，纪念馆先后被命名为全国红色旅游经典景区、全国民族团结进步教育基地、国家国防教育示范基地、全国廉政教育示范基地及全国红色旅游工作先进集体，成为党员干部了解党史、加强党性锻炼的重要场所，广大青少年陶冶情操、培育民族精神的重要课堂，内蒙古自治区宣传思想教育工作的重要窗口。

主要景点：

乌兰夫纪念馆是一座具有独特民族风格的巍峨建筑，于 1992 年 12 月 23 日落成开馆，杨尚昆同志为纪念馆题写馆名。纪念馆占地 3 万平方米，建筑面积为 2100 平方米。整体建筑群将传统建筑风格与现代化建筑技术融为一体，在松柏绿茵的环绕下，形成了以人文景观为内涵、以绿色园林为载体、相互衬托的旅游胜地。

纪念馆的展馆面积为 1500 多平方米，整个陈列分为序厅和 9 个展室。整体陈列采用了现代化的声、光、电等技术和先进的布展材料，以乌兰夫同志的生平事迹为主体，同时体现了内蒙古老一代领导群体的业绩。整个展览共展出文物 160 件、文献资料 58 件、照片 305 幅，内容与形式珠联璧合。

乌兰夫纪念馆包括主馆、纪念广场、塑像平台、升旗台、碑亭、牌楼。纪念馆分为序厅及 6 个展室、2 个展廊，展示了乌兰夫同志从少年投身革命到为国操劳、鞠躬尽瘁的全过程。序厅的正面为乌兰夫同志的汉白玉坐像，背景为"美丽富饶的内蒙古大草原"巨幅画。东西两壁为四组高 5.5 米、宽 3.5 米的大型仿汉白玉浮雕，刻画了在从五四运动至今的风云激荡的百年中，中国人民尤其是内蒙古人民为争取民族解放、祖国统一而为中国革命和建设做出的贡献，成为中国革命史的重要组成部分。

门　　票：免费

开放时间：9:00—17:00

三、内蒙古革命烈士陵园

中 文 名：内蒙古革命烈士陵园

地理位置：内蒙古自治区呼和浩特市新城区北二环路岱洲营村东

内容简介：

内蒙古革命烈士陵园位于内蒙古自治区呼和浩特市新城区北二环路岱洲营村东，为缅怀革命先烈，经内蒙古自治区人民政府批准，1963 年开始兴建内蒙古革命烈士陵园，于 1980 年清明节正式对外开放。陵园占地 14.3 万平方米，主要建筑设施有接待室、悼念大厅、烈士生平纪念馆及骨灰堂等，建筑面积为 3000 多平方米。

内蒙古革命烈士陵园中存放着荣耀先、多松年、李裕智、刘洪雄、高凤英等先烈的骨灰。为进一步加强革命传统教育和爱国主义教育，在原有设施的基础上新建了两个烈士事迹陈列馆，在吊唁厅前广场的两侧树立了乌兰夫的半身铜像和多松年、李裕智、贾力更、刘洪雄、高凤英 5 位烈士的大理石像。经国务院批准，由呼和浩特市人民政府投资，在园内新建一座革命烈士纪念碑。

内蒙古革命烈士陵园于 2005 年 11 月被中宣部命名为全国爱国主义教育示范基地，2001年 5 月被民政部公布为全国重点烈士纪念建筑物保护单位。

主要景点：

陵园的主要建筑物是人民解放战争烈士纪念塔，塔底部为革命烈士灵堂。1974 年，重建了革命烈士纪念碑、革命烈士灵堂和革命烈士纪念塔。1996 年，在陵园内用紫铜制作了一尊内蒙古骑兵雕塑。1999 年，将苏联红军烈士纪念塔由五一广场搬迁到烈士陵园内，按原样重新修建。1987 年 3 月，烈士陵园被列为兴安盟第一批重点革命纪念建筑物。1988 年，内蒙古自治区人民政府批准烈士陵园为内蒙古自治区重点烈士纪念建筑物保护单位。为更好地缅怀革命烈士，充分发挥爱国主义教育示范基地的教育作用，2000 年，乌兰浩特市委、市政府决定将烈士陵园迁到乌兰浩特市森林公园内，并按国家级革命烈士纪念建筑物标准进行扩建，工程于 2001 年 8 月竣工。

重建后的人民解放战争烈士纪念塔坐落在园内的最高处，坐北朝南，呈火炬形，塔身高23.7 米，占地 1010 平方米。塔身采用砖混结构，雪花青大理石贴面，白色整体雕刻大理石罩顶，中间墨绿色大理石贴面上镶嵌着用钛金做的乌兰夫同志在原始塔面上书写的碑文"为人民解放战争而牺牲的英雄们永垂不朽"。塔基为 7 级共 50 层台阶，塔前为护栏广场。纪念塔的右前方是革命烈士灵堂，左前方为革命烈士纪念堂，均为长方形，建筑面积均为 238.5平方米。革命烈士灵堂内存放着 325 位革命烈士的骨灰，纪念堂内布置了一条 56 米长的展线。两座花岗岩群雕位于塔前台阶东西两侧，占地面积各为 33.32 平方米。

内蒙古骑兵雕塑位于塔前台阶西侧，高 7.3 米，占地 246 平方米。苏联红军烈士纪念塔位于革命烈士纪念堂的东侧，坐北朝南，塔高 827 米，占地 160 平方米。烈士陵园门前镶嵌着布赫同志亲笔书写的"乌兰浩特市烈士陵园" 9 个金色大字。整个陵园布局合理，层次鲜明，主题突出，庄严肃穆，气势宏大。2001 年该陵园被国务院批准为全国烈士纪念建筑物保护单位。

门　　票：免费

开放时间：全天

四、呼和浩特市武川县德胜沟大青山抗日游击根据地旧址

中 文 名：呼和浩特市武川县德胜沟大青山抗日游击根据地旧址
地理位置：内蒙古自治区呼和浩特市武川县德胜沟乡蘑菇窑村东的大青山深处
内容简介：

　　大青山抗日游击根据地是抗战时期通往苏蒙的红色交通枢纽、华北抗日战线的桥头堡，因其具有特殊的革命传统教育和爱国主义教育意义，1964 年被内蒙古自治区列为重点文物保护单位，2005 年被列入国家红色旅游发展规划纲要，成为全区红色旅游资源重点建设项目，并被中宣部等 6 部委命名为全国 19 个抗日游击根据地之一和全国百家红色经典旅游景区。

　　同年经全国红办和国家发改委批准立项，进行恢复重建，"大青山抗日游击根据地展馆"和"红旅公路"是其中的重点工程。

主要景点：

　　大青山抗日游击根据地位于大青山深处，境内峰峦起伏，连绵不断，8 座高峰由西往东依次排列，山与山之间有 5 条大沟（韭菜沟、肖夭子沟、老赖沟、德胜沟、李齐沟）及 30 余条支沟穿插其间，抢盘河、德胜河常年流水不断。山峰的最高海拔为 2255 米，平均海拔为 1700 米，山大沟深，林木繁茂，地形十分险要。在抗日战争中，大青山以其特定的位置成为整个大青山抗日游击根据地的中心地带。

　　大青山抗日游击根据地是全国著名的革命老区。自 1997 年开发建设以来，对德胜沟八路军司令部和李齐沟"郝区政府"等革命遗址、遗迹进行了修复、重建，恢复了原貌。2004 年 6 月又建成了呼和浩特市爱国主义革命教育示范基地，现已建成 2 个图片展区和 18 个展厅，展厅面积为 1500 平方米，彩喷 200 多平方米，陈列着反映大青山军民斗争史的大型图片 186 幅。

　　大青山抗日的主要战事有攻克乌兰花、蜈蚣坝伏击战、郝区政府反扫荡、德胜沟粮食保卫战、二份子战役、什尔登阻击战、吉盛奎战斗、上庙沟战斗、孤石坝战斗等。抗日惨案有西水沟惨案、井尔沟惨案、白旗惨案、哈彦忽洞惨案等。大青山抗日游击根据地现有司令部、卫生队、教导队、电台等遗址，李井泉、姚喆等领导人住过的窑洞和办公用的石磨、树墩，八路军作战使用过的电台、战刀、手榴弹、马镫、火盆、粮食袋、火镰等珍贵文物，李齐沟有郝秀山等老一辈领导人成立的"郝区政府"原址，并存有大量的革命历史文物。在根据地内曾经留下李井泉、姚喆、黄厚、杨植林、王良太等一大批革命前辈戎马青山的足迹，留下了大青山抗日军民奋勇杀敌、可歌可泣的英雄事迹。

门　　票：免费
开放时间：8:00—17:00

五、兴安盟内蒙古自治政府纪念地

中 文 名： 兴安盟内蒙古自治政府纪念地
地理位置： 内蒙古自治区乌兰浩特市
内容简介：

内蒙古兴安盟乌兰浩特是内
蒙古自治政府诞生地，被评为全国
爱国主义教育示范基地的"内蒙古
自治政府纪念地"，主要包括在内
蒙古兴安盟乌兰浩特 2 千米范围
内的内蒙古民族解放纪念馆、"五
一会址"、乌兰夫办公旧址、内蒙
古自治政府办公旧址等。

主要景点：

内蒙古民族解放纪念馆是为自
治区成立60周年献礼的重点工程，
是全程反映和再现内蒙古民族解

放与区域自治历史进程的纪念性展馆。主展厅内容由四部分组成：第一部分为觉醒的草原；
第二部分为抗日的烽火；第三部分为胜利的曙光；第四部分为永远的丰碑。英烈厅设四个单
元：第一个单元是革命先驱；第二个单元是还我河山；第三个单元是为了新中国；第四个单
元是英雄的铁骑兵。"五一会址"位于乌兰浩特市五一北路，是一座青砖建造的厅堂。"五一
会址"因 1947 年 4 月 23 日至 5 月 1 日，内蒙古人民代表会议在这里召开并宣告全国第一个
少数民族自治政权——内蒙古自治政府在此成立而得名。乌兰夫办公旧址位于内蒙古自治区
兴安盟乌兰浩特市兴安路北段东侧，始建于 1936 年。

门　　票： 免费
开放时间： 全天

六、呼伦贝尔市世界反法西斯战争海拉尔纪念园

中 文 名： 呼伦贝尔市世界反法西斯战争海拉尔纪念园
地理位置： 内蒙古自治区呼伦贝尔市海拉尔区
内容简介：

呼伦贝尔市世界反法西斯战争海拉尔纪念园位于海拉尔区铁路工人新村北部，定位为国
家 5A 级战争主题公园，总面积为 110 万平方米，是在原侵华日军海拉尔要塞遗址上建立的，

是集爱国主义、国际主义、革命英雄主义为一体的军事主题红色旅游景区，是国内少有的同类题材主题公园。

主要景点：

园区分为地上、地下两部分，其中地上建有海拉尔要塞遗址博物馆，设 4 个展厅，共 9 个单元，展出了抗战各个时期的文字资料 100 余万字、珍贵历史照片 1000 余张、图 39 幅及大量的战争实物，内设电影厅、射击场等游客参与项目空间。一厅的主要内容是：东亚烽火兴安怒。运用较多实景模拟介绍“九一八”事变后苏炳文将军成立东北民众救国军，发动著名的“海满抗战”，并利用中俄红色秘密交通线进行的一系列抗日壮举。二厅的主要内容是：炼狱硝烟草原焦。运用大型沙盘、大量实物说明海拉尔的地势地貌，日军在此修筑军事要塞的目的、作用，以及修建要塞中国劳工的悲惨遭遇，并运用高科技手段全景展示了最早的大规模立体战争——诺门罕战役。三厅的主要内容是：塞外惊雷万木春。以大量实物、图片讲述苏军、蒙军与东北抗日联军全力策应配合，于 1945 年 8 月 9 日进攻海拉尔要塞，并于 8 月 18 日取得决定性胜利的艰苦历程。四厅的主要内容是：世界和谐传友情。运用照片、实物讲述了改革开放以来呼伦贝尔地处中、俄、蒙三国交界地区，是中国向北开放的最前沿，积极推动了三国友好合作交流、互利互赢、和谐发展的新局面。

门　　票： 60 元

开放时间： 8:00—17:30

辽 宁 省

一、沈阳"九一八"事变博物馆

中 文 名： 沈阳"九一八"事变博物馆
地理位置： 辽宁省沈阳市大东区望花南街 46 号
内容简介：

　　沈阳"九一八"事变博物馆是为
警示后人勿忘"九一八"国耻而修建
的。博物馆建成于 1991 年，主体建筑
采用碑馆结合的形式。残历碑是一座
巨大石雕，碑形为翻到事变日期的台
历，上面布满弹痕与骷髅。"九一八"
事变博物馆是在原残历碑和地下展厅
的基础上于 1997 年 9 月开始扩建的，
1999 年 9 月 18 日正式落成开馆。馆
内用丰富的史料向人们介绍了日本帝

国主义发动九一八事变、奴役中国人民的罪行和沦陷区人民的苦难生活及不屈不挠的斗争
事迹。

　　主要景点：

　　建设"九一八"事变博物馆的总投资达 1.3 亿元，1997 年 9 月沈阳市开始对博物馆进行
扩建，在其后的短短 3 个月时间内，纪念馆收到来自社会各界、海外侨胞和国际友人的捐款、
物资达 5000 余万元。社会各界、海外侨胞和国际友人捐款、捐物人数达 366 万多人次。刘华
清同志亲赴沈阳为扩建工程奠基。"九一八"事变博物馆于 1999 年 9 月 19 日在沈阳正式开馆，
江泽民为新馆题写了馆名。

　　门　　票： 免费

　　开放时间： 8:30—17:00（春季、夏季，16:00 停止入馆），9:00—16:30（秋季、冬季，15:30
停止入馆）（周一闭馆）

二、旅顺万忠墓纪念馆

中 文 名：旅顺万忠墓纪念馆
地理位置：辽宁省大连市旅顺口区
内容简介：

旅顺万忠墓纪念馆位于辽宁省大连市旅顺口区九三路，是为纪念1894年中日甲午战争中惨遭日军杀害的近2万名中国同胞，于中日甲午战争100周年之际新建的。

该馆的主要陈列内容包括
"甲午战争前的旅顺口""甲午战
争与旅顺口的陷落""震惊中外的
旅顺惨案""旅顺万忠墓"这4部
分。整个陈列真实地反映了中日
甲午战争时期日本侵略军在旅顺
制造惨无人道的大屠杀的罪恶行
径，时刻提醒着人们牢记历史、
勿忘国耻。

主要景点：

1894年中日甲午战争爆发
后，日军向辽南军事重地（旅顺口）发起进攻，遭到了我爱国将士和群众的英勇抵抗。11月
21日旅顺口被日军攻陷，随后，日寇对手无寸铁的旅顺百姓进行了四天三夜的血腥屠杀，制
造了一起震惊中外、惨绝人寰的历史惨案——旅顺大屠杀，我两万同胞惨死在日本侵略者的屠
刀下。大屠杀过后，日军为掩人耳目、消除罪证，驱使死里逃生的同胞组成扛尸队，把死难
者尸体集中火化，焚烧了十几天后，将骨灰埋在白玉山东麓。1895年清军收回了旅顺，1896
年11月清军将士为遇难同胞树碑建墓，命名为"万忠墓"。1948年11月及1994年11月，
万忠墓先后重修；1971年3月，墓后增建展室。墓园的总面积为9200平方米。墓前重修三
间硬山式砖砌享殿，门上悬挂"永矢不忘"匾额。墓园内苍松翠柏陪衬，显得格外庄严肃穆。

1896年11月，日军撤出旅顺后，清朝派来接收旅顺的官员顾元勋在此树立了第一块碑
石，亲书"万忠墓"3个大字，以示祭奠。后又分别在1922年、1948年经过维修，并树碑。
碑阴铭文记述了日军的暴行和重修万忠墓的经过。

1994年是中日甲午战争100周年，旅顺口区委、区政府为祭奠和告慰百年前的不朽英灵，
发动群众第四次重修万忠墓，并新建了"万忠墓纪念馆"，于1996年对外开放。李鹏同志亲笔题
写了馆名。旅顺万忠墓纪念馆位于风景秀丽的旅顺白玉山北麓，总占地1万平方米，其中展馆面
积为2200平方米，展出内容分图片、实物、资料和陵园4个部分。

门　　票：免费

开放时间：8:30—15:30（秋季、冬季，15:00停止入场），8:00—16:30（春季、夏季，16:00
停止入场），周二闭馆（国家法定节假日除外）

三、辽沈战役纪念馆

中 文 名：辽沈战役纪念馆
地理位置：辽宁省锦州市凌河区北京路5段1号
内容简介：

辽沈战役纪念馆成立于1959年1月，其前身是辽宁省地志博物馆筹备处锦州办事处、锦州历史文物陈列馆，设在锦州老城区古塔脚下的大广济寺古建筑内，即现在的锦州市博物馆的院内。1963年10月，完成基本陈列并开放。20世纪60年代中期被迫闭馆，70年代初被撤销。1978年得到恢复，修改陈列后重新开放。同年10月叶剑英元帅题写了馆名，各项工作渐入正轨。1985年4月中央批复修建新馆。新馆选址位于市中心辽沈战役革命烈士纪念塔北侧，于1988年10月31日落成开放。2001年，辽宁省委、省政府决定对辽沈战役纪念馆进行全面的改造工作，2004年11月2日竣工并重新对外开放。根据中央和省市委的指示精神，2008年3月1日起，纪念馆率先实行向社会公众免费开放。2016年12月，入选《全国红色旅游经典景区名录》。

主要景点：

辽沈战役纪念馆位于锦州市内，离锦州火车站仅1千米，是一座专题性军事博物馆。纪念馆主要由革命烈士纪念塔、烈士名录碑、大型组雕、兵器园、广场、纪念馆等组成。参观纪念馆中的枪炮、旗帜奖章、生产工具及大量的图文介绍与战场全景画，可以了解中国解放战争中辽沈战役的过程与先烈们的艰苦革命生涯，是适合儿童的爱国主义教育示范基地。

园区内环境幽雅而肃穆，进入南大门（主入口），走过一段开阔的路便是革命烈士纪念塔，塔后是纪念馆。纪念馆分为三层：一层是序厅和战史馆，介绍了辽沈战役的历史背景和战争历程，可看到战时的坦克、枪炮、服装等展品；二层是支前馆，展示了战前动员及后方军民大力生产、支援前线的情况；三层是英烈馆，介绍了众多革命烈士的光荣事迹和他们的万般艰苦与冒险的革命生涯。

最后沿着螺旋式坡道而上是纪念馆中的压轴展品——《攻克锦州》全景画馆，这段一百多米长的画面融合绘画、声、光、电等形式，生动地再现了硝烟弥漫的战斗情景。走出纪念馆，还可以到馆旁的兵器园参观一下早期的国产战机及战时缴获的各种敌军火炮，园区内还有烈士名录碑、战役纪念群雕、烈士陵墓等景点。

门　　票：免费
开放时间：9:00—16:30（周一闭馆）

四、抗美援朝纪念馆

中 文 名：抗美援朝纪念馆
地理位置：辽宁省丹东市振兴区山上街 7 号
内容简介：

抗美援朝纪念馆坐落在市中心北部风景秀丽的英华山上，是一座塔楼式建筑群。该馆是中国唯一全面反映抗美援朝战争的专题纪念馆，始建于 1958 年 10 月，1993年 7 月 27 日，新馆落成并正式开馆。抗美援朝纪念馆以抗美援朝战争史为基本陈列，主要陈列内容分布在陈列馆、全景画馆和露天兵器陈列场等。

陈列馆以新颖的艺术形式和现代陈列手段，通过翔实的历史资料、丰富的文物，全面地反映了伟大的抗美援朝战争和抗美援朝运动。

主要景点：

抗美援朝纪念馆是丹东最值得一游的景点之一，它坐落英华山上，是当年志愿军指挥所所在地。这座始建于 1958 年的专题纪念馆展示了抗美援朝战争的历史，不仅可以了解战斗英雄的事迹，而且能看到很多武器和战时的生活用品，但最大的看点是还原战场情景的 360 度全景画，相当震撼。

从正门拾级而上的小山上是纪念馆的所在地。首先看到的是抗美援朝纪念塔，这座 50余米高的塔巍峨雄伟，象征着 1953 年抗美援朝战争的胜利，纪念塔正面是邓小平同志题写的"抗美援朝纪念塔" 7 个鎏金大字，背面是记载志愿军英雄业绩的铭文。

陈列馆内序厅的正面以"抗美援朝、保家卫国"浮雕群像为背景，正中是毛泽东和彭德怀的雕像，两侧分别是志愿军战歌和毛泽东组建中国人民志愿军命令。陈列馆共有三层，全部陈列内容分布在 10 个展厅内，可以看到历史照片和文物千余张（件），还有复原陈列、电动沙盘等陈列设施，生动地展示了抗美援朝战争的历史。

陈列馆中展示的原志愿军副司令员洪学智同志的一级自由独立勋章、平壤以北道路调查材料和朝鲜交通调查图、志愿军参谋长解方同志在谈判时期使用的照相机、第十九兵团政委李志民同志的一级国旗勋章和一级自由独立勋章、第十九兵团司令员杨得志同志的一级国旗勋章、第九兵团司令员宋时轮同志的卡宾枪、魏巍同志的《汉江南岸的日日夜夜》手稿等，都是非常珍贵的文物。

全景画馆是陈列馆旁的圆形建筑，分为上、下两层，上层为全景画陈列厅，下层为空军专馆和临时展厅。全景画馆陈列着全景画《清川江畔围歼战》，画面以抗美援朝战争第二次战役为背景，以清川江畔三所里、龙源里、松骨峰等阻击战为重点，形象地反映了志愿军在战场上的英雄气概，战争场面十分壮烈。

门　　票：免费

开放时间：8:00—16:00

五、抚顺市雷锋纪念馆

中 文 名：抚顺市雷锋纪念馆

地理位置：辽宁省抚顺市望花区雷锋路东段 61 号

内容简介：

雷锋同志是全国人民学习的光辉榜样。他以 22 岁的生命，将有限变为无限，将短暂变为永恒，谱写了壮丽的人生诗篇，铸就了一座令人敬仰的思想道德丰碑。为了宣传雷锋事迹、弘扬雷锋精神，雷锋牺牲后，抚顺市委、市政府决定修建抚顺市雷锋纪念馆。

抚顺市雷锋纪念馆位于望花区雷锋路东段 61 号，原雷锋生前所在部队驻地附近，占地面积为 9.99 万平方米，始建于 1964 年，2015 年 3 月 2 日，抚顺市雷锋纪念馆经过第四次改扩建后重新开馆。新馆的展览面积为 3680 平方米，分为两层：一层将高科技动态场景与艺术品插画等手段相结合，翔实、生动地再现了雷锋的成长历程和新形势下雷锋精神的五方面内涵；二层权威地展示全国学雷锋活动的源起和发展脉络及全国学雷锋活动成果。展览的展品丰富，展出了雷锋大量的生平史料，亮点突出，主要亮点有：组合场景《雷锋与母亲诀别在家中》、《爱岗敬业的推土机手》、《雷锋在军营中学毛选》、《雷锋作报告》、环幕影片《信仰的力量》、尾声《升腾的力量》等。

抚顺市雷锋纪念馆是全国爱国主义教育示范基地、全国文明单位、全国第七批重点文物保护单位、全国廉政教育基地、全国民政系统行风建设示范单位。抚顺市雷锋纪念馆致力于雷锋精神的研究、展示和宣传，与社会主义核心价值观的宣传有机融合，成为培育社会主义核心价值观、有力提升社会主义思想道德建设水平的重要基地。

主要景点：

矗立在序厅中央的名为"永恒的丰碑"的汉白玉塑像再现了伟大的共产主义战士雷锋的光辉形象，环绕四周的是目前国内最大的山水画青铜浮雕"青山魂"，寓意着雷锋已经化成巍巍高山屹立在中华大地，雷锋精神似苍松翠柏永远年轻；空中的蓝天白云，寓意雷锋精神可以让我们的精神世界更加洁净、美好。

第一部分：光辉的一生。

这部分的展示形式以图片、文字为基础，加入实物和场景，有效利用了画、雕塑等艺术品，构成展览的立体空间，使陈列表达主要为讲雷锋故事服务，丰富、生动、充分地展示了雷锋的成长历程和雷锋精神的形成过程，主要包括"苦难童年""先锋少年""新式农民""模范工人""伟大战士"5个单元。

第二部分：永恒的精神。

这部分的展示形式以图片、艺术品为主，由雷锋日记原件做成的透光雕刻的多种艺术品与展示雷锋经典故事的微型场景雕塑等艺术品、视频短片相辅相成，挖掘雷锋精神所蕴含的信仰的力量，反映其崇高的理想和坚定的信念，主要包括"热爱党、热爱祖国、热爱社会主义""服务人民、助人为乐""干一行爱一行、专一行精一行""锐意进取、自强不息""艰苦奋斗、勤俭节约"5个单元。

第三部分：永远的传承。

这部分及尾厅合理运用声、光、电等现代科技手段，提高了陈列的科技含量，增强了展览的时代感和吸引力，重点展示了全国学雷锋活动的历程、成果和经验，主要包括"伟大号召""光辉历程""当代雷锋""实现常态化"4个单元。

门　　票：免费

开放时间：8:00—17:00

六、丹东鸭绿江断桥

中 文 名：丹东鸭绿江断桥

地理位置：辽宁省丹东市振兴区江岸路

内容简介：

丹东鸭绿江断桥原为鸭绿江上的第一座桥，始建于1909年，长944.2米，宽11米，12孔，从中方数第四孔为开闭梁，以四号圆形桥墩为轴，可旋转90°，便于过往船只航行，每次旋转用时20分钟。抗美援朝战争期间被美军炸毁。中方一侧残存4孔，成为抗美援朝战争的历史见证。现为全国爱国主义教育示范基地。

主要景点：

1909 年，日本侵略者为掠夺中国资源，强行在鸭绿江上修建了这座大桥。1909 年 5 月动工，1911 年 10 月竣工，为当时殖民机构日本驻朝鲜总督府铁道局所建，始为铁路桥。1943 年 4 月，当时对中国东北和朝鲜实行殖民统治的日本在此桥上游不足百米处建成第二座铁路大桥。

抗美援朝期间，两座鸭绿江大桥成为中国支援朝鲜前线的交通大动脉。美军为切断中方供给线，多次对大桥狂轰滥炸。1950 年 11 月 8 日此桥被炸断，中方所剩 4 孔残桥保留至今，被称为"丹东鸭绿江断桥"。这座桥问世 100 多年来，见证了中华民族的奋起抗争，从历经挫折到不断胜利，从当家做主站起来到改革开放富起来的艰难历程。站在断桥之上，不仅可以回顾历史、激发爱国热情，而且可以饱览丹东市改革开放以来的成就。

1993 年，丹东市委、市政府投资 200 多万元开发丹东鸭绿江断桥，后又投资 400 万元用于增添景点和维修，使断桥成为设施完善、功能齐备的爱国主义教育示范基地和旅游地，先后被评为省及全国青少年爱国主义教育基地，并正式成为第二批百个全国爱国主义教育示范基地之一。在 1993—2001 年间，丹东鸭绿江断桥共接待中外游客 90 多万人次。

1993 年 6 月，丹东鸭绿江断桥被开辟为旅游景点。桥上现有原桥旋转及炸断处观赏台各一处、炮楼一个、桥史话展板 30 块。游客参观断桥，不仅能了解丹东鸭绿江断桥的历史，观看中朝两岸风光，而且能激发爱国热情和报国之志。

门　　票： 成人票 30 元，学生票 15 元

开放时间： 7:30—17:00（春季、夏季），8:00—16:00（秋季、冬季）

七、抗美援朝烈士陵园

中 文 名： 抗美援朝烈士陵园

地理位置： 辽宁省沈阳市皇姑区陵东街上岗子 1 号

内容简介：

抗美援朝烈士陵园始建于 1951 年，于 1999 年 10 月 15 日改建落成，是 1998 年沈阳市精神文明建设 10 大工程之一。其建筑面积为 2000 平方米，展出面积为 1500 平方米，总投资 1100 万元。

2016 年 12 月，抗美援朝烈士陵园入选《全国红色旅游经典景区名录》。

主要景点：

抗美援朝烈士陵园地处北陵公园东侧，园内苍松翠柏，气氛庄严肃穆，

是爱国主义和国际主义教育的重要基地。原先屹立于沈阳南站广场上的苏联红军阵亡将士纪念碑现在经过搬迁，立于陵园一侧。

1950年，中国人民的优秀儿女响应毛泽东"抗美援朝，保家卫国"的号召，雄赳赳气昂昂，跨过鸭绿江，进行了长达2年零9个月的抗美援朝战争。为了纪念在抗美援朝战争中牺牲的烈士，1951年初，东北军区筹建了这座抗美援朝烈士陵园。

陵园占地24万平方米，地势居高临下。拾级而上，迎面矗立着一座23米高花岗岩砌成的四棱锥形纪念碑。碑体正面是董必武同志的亲笔题字"抗美援朝烈士英灵永垂不朽"。碑的顶部是中朝两国国旗，旗下是手握冲锋枪的志愿军战士铜像。纪念碑后面是烈士墓，分为东、西、北三个墓区，安葬着122位志愿军烈士，其中，有特级战斗英雄黄继光、杨根思，以及一级战斗英雄邱少云、孙占元、杨连弟等。

在墓区的东南侧有大型画廊和烈士纪念馆。画廊展出国家领导人陪同国际友人来园扫墓及各界群众和烈士亲属来园祭扫的大幅照片。烈士纪念馆主要展出抗美援朝战争中的420多幅珍贵的历史图片、烈士生前使用过的武器、荣获的勋章和军功章等珍贵遗物。

门　　票：免费
开放时间：8:00—16:00

八、黑山阻击战烈士陵园

中 文 名：黑山阻击战烈士陵园
地理位置：辽宁省锦州市黑山县黑山镇北外环路10号
内容简介：

黑山阻击战烈士陵园是辽西一带重要的全国爱国主义教育示范基地，除每年有大量的群众前来参观、祭扫和接受爱国主义教育外，各单位、学校还选择这里作为职工、学生入党、入团的宣誓地点。2001年五四青年节，黑山县的数所学校在黑山阻击战烈士陵园举行了庄严的入团宣誓仪式。2001年的"七一"建党80周年纪念日期间，烈士陵园还组织各机关单位在这里举行入党宣誓仪式。

辽沈战役的关键在锦州，而黑山阻击战成功地阻截了廖耀湘兵团，对辽沈战役的最后胜利起了决定性的作用，同时辽西围歼战也在黑山打响，为以后的淮海战役和平津战役奠定了基础。鉴于黑山阻击战在历史上的作用，国防科学技术大学已经将这里选为战例教学点，并在黑山阻击战烈士陵园进行实地教学。

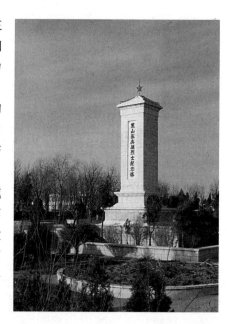

主要景点：

黑山阻击战烈士陵园建于1948年11月，始建之时有中心顶高2米的圆形公墓，墓顶部立有 5 米高方碑一块，墓南立有文祭碑一块、烈士名录碑 4 块，墓四周建砖筑木栏围墙，占地 2.25 万平方米。当时辽沈战役的战火硝烟刚刚散尽，黑山各项事业正百废待兴，全县群众齐动手，铲废墟之土安葬忠骨，平疮痍之地建造灵碑。此后，烈士陵园又经 1972 年和 1986 年两次修葺，整个陵园分成墓群、纪念塔、花坛 3 个部分，出现塔碑高耸、墓群有序的景致。县政府又将重修黑山阻击战烈士纪念碑列为 10 项惠民工程之一，县委、县政府高度重视，投入巨额资金修缮烈士陵园。

　　工程修建了纪念碑，恢复了碑文历史原貌，修缮了烈士墓群，扩建了瞻仰广场。重建的纪念碑高 19.48 米，寓意黑山阻击战发生在 1948 年；瞻仰广场有台阶 3 级，寓意黑山阻击战历时三天三夜；纪念碑基座为 11 级，寓意黑山阻击战烈士陵园始建于 1948 年 11 月。碑身正面镌刻着"黑山阻击战烈士纪念碑"几个金色大字，碑身东面是林彪的题词"为人民解放而牺牲的烈士们永垂不朽"，碑身西面是罗荣桓的题词"为人民而死虽死犹荣"，碑身北面是刘亚楼的题词"为革命而牺牲的英雄们永垂不朽"；纪念碑基座的东、西、南三面是反映当年黑山人民踊跃支前的浮雕，纪念碑基座的北面雕刻着黑山阻击战的简介。纪念碑碑身、基座、台阶和周围栏杆都用汉白玉制成，肃穆庄严，雄伟壮观。工程修缮了安葬着 751 具革命烈士忠骨的革命烈士大墓和贺庆积将军之墓等 6 个单墓。烈士墓的正门朝南开，两旁的门柱上雕嵌着一副楹联，上联是"功昭日月"，下联是"气壮山河"。烈士公墓的前方和东西两侧耸立方碑，东侧是烈士名录碑，铭刻着人民解放军东北野战军第十纵队在黑山战役中光荣牺牲的烈士英名，西侧是纪念碑，上面嵌刻着黑山县政府敬立和人民解放军东北野战军第十纵队全体指战员敬挽表达对烈士沉痛哀思的悼词。在陵园的东南角，黑山阻击战烈士纪念馆里珍藏着大量的历史文物和图片，向人们讲述着当年革命烈士英勇奋战和黑山人民踊跃支前的感人事迹。重新修缮的黑山阻击战烈士陵园将成为缅怀先烈、教育后人、扩大黑山对外影响的红色教育旅游基地。

门　　票：免费
开放时间：全天

九、塔山革命烈士陵园

中 文 名：塔山革命烈士陵园
地理位置：辽宁省葫芦岛市连山区
内容简介：

　　塔山革命烈士陵园位于葫芦岛市连山区塔山乡塔山村东山岗上（战时"塔山英雄团"前沿指挥所的所在地），是为纪念辽沈战役塔山阻击战中英勇牺牲的革命烈士而修建的。塔山革命烈士陵园距市区 12 千米，沈山铁路、公路从陵园南、北侧山脚蜿蜒穿过。塔山革命烈士陵园初建于 1953 年，于 1963 年 10 月重建。占地 1.1 万平方米，园林占地 22 万平方米。1996 年，烈士陵园被评为"全民国防教育基地"，1997 年被确定为"辽宁省爱国主义教育示范基地"，1999 年被确定为"辽宁省全民国防教育基地"。

主要景点：

　　陵园由牌楼、革命纪念塔、革命烈士公墓、将军墓、纪念馆等组成。进入陵园，通道两

侧青松林立，一座高大的仿古牌楼雄踞路口，牌楼正上方是由刘华清上将题写的"塔山革命烈士陵园"8个大字，金光夺目。

革命纪念塔位于山顶，塔高12.5米，全部由花岗岩砌成，塔身为正方形石柱，象征人民军队如擎天之柱，拔地而起。左右辅以连体副碑，象征人民群众对子弟兵的支援和扶持。塔座正面镶有石雕花圈，以示对烈士的永远祭奠。塔顶雕有云环纹饰，象征烈士们叱咤风云的英雄气概。塔两侧上方高悬着军功章浮雕，永久记载着烈士们的丰功伟绩。塔的背面镌刻碑文，讲述了战斗经过和英雄事迹，供人们瞻仰与缅怀。塔的正面是陈云的题词"塔山阻击战革命烈士永垂不朽"。塔基周围松柏常青。站在塔台向山下望去，8000米防线尽收眼底。

在革命纪念塔的前方有可容纳万人的广场。广场右侧是东北野战军第二兵团司令员程子华的题名"塔山阻击战纪念馆"，翠瓦丹墙，古香古色。馆内陈列着许多锦旗、奖章、图表、照片、遗物、支前用品。一幅幅塔山阻击战态势图向人们展示了几十年前我军那场"人在阵地在"、"誓与阵地共存亡"、与十倍于我之敌浴血奋战6昼夜，打退了敌人11个师兵力、数十次冲锋的宏伟悲壮的战斗场面。战后34团被纵队授予"塔山英雄团"奖旗，28团被纵队授予"塔山守备英雄团"奖旗，36团被纵队授予"白台山英雄团"奖旗，纵队炮团被授予"威振敌胆"奖旗。

在纪念塔的后侧，是1997年10月由市政府投资40万元建成的革命烈士公墓——用花岗岩砌成的圆形拱墓。四周是用汉白玉雕成的围栏，公墓内葬着743位烈士的尸骨。墓前耸立一座黑色大理石纪念碑，碑的正面是由张万年题写的"塔山英烈万古流芳"8个金色大字，碑的后面镌刻着743位革命烈士的英名录。

在纪念碑的前方分别耸立着1998年以来陆续增建的8位将军的墓碑，他们生前直接指挥了著名的塔山阻击战，死后不约而同地留下遗嘱，把骨灰的全部或部分葬在塔山，与当年牺牲的烈士们永远在一起。这些生为塔山之虎、死做塔山之松的将军是：东北野战军第四纵队司令员吴克华（1955年被授予中将军衔）、副司令员胡奇才（1955年被授予中将军衔）、参谋长李福泽（1955年被授予少将军衔）、第四纵队12师师长江燮元（1955年被授予少将军衔）、塔山英雄团团长焦玉山（1964年晋升为少将军衔）、莫文骅（1955年被授予中将军衔）、欧阳文（1955年被授予中将军衔）、江民风（1964年晋升为少将军衔）。整个陵园松柏苍翠，绿草如茵，给人一种庄严肃穆之感。

门　　票：免费

开放时间：9:00—17:00

十、关向应故居纪念馆

中 文 名：关向应故居纪念馆
地理位置：辽宁省大连市金州区向应街道大关屯 176 号
内容简介：

关向应故居纪念馆为纪念
党和军队的早期领导人关向应
而建，分为故居和纪念馆两部
分，占地面积为 3300 多平方米。
展厅里通过 148 幅珍贵的历史
照片、资料和 77 件实物，详细
地介绍了关向应的革命一生。

主要景点：

关向应故居纪念馆于 1986
年建成，由关向应故居、关向应
纪念馆、录像厅三部分组成。

第一部分为关向应故居，是
一座三间石砌低矮的茅草房，
1902 年 9 月 10 日关向应在此出
生，这里有他少年时代亲手栽种的大槐树和一家世代传用的老石磨。

第二部分为关向应纪念馆，院中有一座关向应的半身塑像。塑像后是一排整齐的展览大
厅，分 3 个展室共 10 个部分，用大量实物和珍贵的照片较翔实地介绍了关向应同志的革命
一生。

第三部分为录像厅，向参观人员播放"关向应的生平事迹""追悼会录像"及党和国家领
导人视察该馆的录像带等。关向应故居纪念馆已于 1988 年被列为省级文物保护单位，是大连
市人民政府首批命名的"大连市爱国主义教育示范基地"。2016 年 12 月，关向应故居纪念馆
入选《全国红色旅游经典景区名录》。

门　　票：免费
开放时间：7:30—17:00

十一、抚顺战犯管理所旧址陈列馆

中 文 名：抚顺战犯管理所旧址陈列馆
地理位置：辽宁省抚顺市新抚区宁远街 43 号

内容简介：

1986 年 5 月，经公安部、外交部和原中国人民解放军总政治部报请国务院批准，同意将其作为改造战争罪犯的旧址，正式对国内外开放。此后，由国家财政和抚顺市政府拨款，两次进行全面维修，建成综合陈列馆，改造末代皇帝陈列馆、日本"中归联"活动陈列馆。

主要景点：

抚顺战犯管理所旧址陈列馆原是日本侵略者在侵华

战争中为了囚禁中国抗日志士和爱国同胞，于 1936 年修建的一所旧监狱，当时称为"抚顺典狱"。1945 年日本投降后，被国民党接收，改名为辽东省第四监狱。1948 年 11 月后，由中华人民共和国政府接管，改称为"辽东第三监狱"。1950 年 6 月，根据中央指示，将该监狱改建为抚顺战犯管理所。同年 7 月，开始收押由苏联政府移交给我国的日本战犯、伪满战犯。1956 年后，又陆续收押了一批国民党战犯。

抚顺战犯管理所作为第二次世界大战反法西斯斗争胜利后关押战争罪犯的监狱，是当今世界上现存的保护比较完整的唯一战犯羁押场所。这里曾经在反法西斯斗争中发挥过重大作用，是中国人民抗日战争取得最后胜利的一个重要标志，同时具有宣传和平、颂扬中华民族美德、讴歌中国共产党伟大政策、弘扬振奋民族精神、反动侵略战争、抨击敌对势力打着保护人权的幌子恶毒攻击我国社会主义建设的重要作用。这里既是日本侵略者为镇压我国爱国同胞修建的监狱，又是我国政府关押改造日本战犯的场所；既是封建清王朝的发祥地，又是末代皇帝改造的地方，从侧面集中反映了我国近代历史发展的全过程。

门　　票：50 元（每年 9 月 18 日当天免费）

开放时间：8:30—16:00（周一闭馆）

十二、平顶山惨案遗址纪念馆

中 文 名： 平顶山惨案遗址纪念馆

地理位置： 辽宁省抚顺市平顶山东洲区平山街南昌路 17 号

内容简介：

平顶山惨案遗址纪念馆位于辽宁省抚顺市，记录了日军九一八事变侵华滔天罪行的证据，是全国重点文物保护单位。

主要景点：

1931年，日本帝国主义发动了九一八事变，东北大好河山陷于日军的铁蹄之下。1932年9月15日（农历八月十五中秋节）夜，"杨柏堡采炭所"等地被途经平顶山村的辽东民众抗日自卫军袭击，日军以平顶山村民没有报告即"通匪"为名，于次日出动守备队和宪兵队包围了平顶山村，将全村3000余名男女老幼驱赶到平顶山下，开始了灭绝人性的大屠杀。日军先用机枪扫射，又用刺刀重挑一遍，甚至挑出孕妇腹中的胎儿。最后为了掩盖罪行，用汽油焚尸，放炮崩山，将殉难者的尸骨掩埋于山下，并纵火烧毁了全村800多间房屋，将平顶山村夷为平地，制造了震惊中外的"平顶山惨案"。

1951年3月，为了纪念在1932年"平顶山惨案"中死难的同胞，抚顺市人民政府在惨案旧址建立"平顶山殉难同胞纪念碑"，1971年建立"平顶山殉难同胞遗骨馆"，馆内陈列着在现场发掘出的殉难同胞遗骨800余具及部分遗物。

1988年1月31日，国务院将平顶山惨案遗址公布为全国重点文物保护单位，将原"平顶山殉难同胞遗骨馆"改称"平顶山惨案遗址纪念馆"。平顶山惨案遗址纪念馆从1973年正式开放以来，已成为向全国人民进行爱国主义教育和革命传统教育的重要场所。

门　　票：免费

开放时间：9:00—16:00（周一闭馆，法定节假日和特殊情况除外）

十三、辽宁东北抗联史实陈列馆

中文名：辽宁东北抗联史实陈列馆
地理位置：辽宁省本溪满族自治县小市镇滨河东岸
内容简介：

辽宁是东北抗联活动的重要区域，本溪则是抗日民族英雄杨靖宇率领的抗联一军一师抗击日寇的主要战区。

全国抗联史实陈列专题中的规模最大、史料最全的东北抗联史实陈列馆在辽宁省本溪满族自治县建成开馆，这也是辽宁省范围内第一个东北抗日联军题材的陈列馆。

主要景点：

东北抗联史实陈列馆于 2005 年 7 月 29 日正式开工建设，建筑面积为 5040 平方米，其中陈列面积为 3000 平方米，分为序厅、主展厅、英烈厅 3 个部分，展厅共有 12 个展室。陈列布展以"林海雪原，抗联英雄"为主题，以东北抗联重要历史事件、历史人物、历史战役为线索，通过展示大量的史料、照片、图表、文物、实物，并结合抗联浮雕、场景复原等形式，全面、真实、准确、系统地反映了东北抗日联军 14 年的艰苦斗争历史，生动地再现了东北抗联与日本侵略者英勇斗争的历史，反映了抗联将士顽强的斗争精神和百折不挠的民族气节。2005 年 12 月，东北抗联史实陈列馆被中宣部命名为全国爱国主义教育示范基地。

门　　票： 免费

开放时间： 9:00—15:30（秋季、冬季），8:30—16:30（春季、夏季），周一闭馆

十四、旅顺日俄监狱旧址博物馆

中 文 名： 旅顺日俄监狱旧址博物馆

地理位置： 辽宁省大连市旅顺口区向阳街 139 号

内容简介：

旅顺日俄监狱旧址博物馆分为旧址展览与特别展览两大部分，旧址场景陈列有全景沙盘、检身室、东侧牢房、安重根牢房、暗牢、看守休息室、戒护系、刑讯室、看守台、遗物展、教诲室、西侧牢房、西部检身室、一工场、三角地、北大门、医务室、绞刑场、墓地复原区这 19 个区域。

原监狱于 1902 年由沙皇俄国始建，1907 年由日本扩建。原监狱围墙内有各种牢房 275 间，可同时关押 2000 多人；原监狱围墙外有强迫被关押者服苦役的窑场、林场、果园、菜地等。许多中国、朝鲜、日本、俄罗斯、埃及等国家的人民曾被囚禁和屠杀于此。

该博物馆占地面积为 2.6 万平方米，建筑面积为 12 521 平方米，是中国保存完整、内涵丰富、规模较大、具有国际性的遗址类博物馆。1971 年 7 月，监狱旧址经过修复后，作为陈列馆向社会开放；1988 年，监狱旧址被国务院列为全国重点文物保护单位；2005 年，监狱旧址博物馆被中宣部命名为全国爱国主义教育示范基地；2006 年，被国家国防教育办公室授予"国家级国防教育示范基地"称号。2007 年，被辽宁省人民政府命名为"辽宁省国防教育基地"。2013 年 4 月开始免费开放，年接待游客 50 万人次。

主要景点：

旅顺日俄监狱旧址是旅顺市最著名的历史景点之一，这里曾是日本侵略者关押和残害中国爱国义士与国际反战人士的地方。这里可以看到完整而庞大的监狱设施，包括牢房、刑具、刑场等，昭示着那段屈辱的历史，也警示着国人勿忘国耻。

旅顺日俄监狱旧址面积较大，凭身份证可入馆参观。上午 10:00 和下午 13:30 馆内有免费讲解服务，馆内允许拍照。由于这里是监狱旧址，因此即使是盛夏，也会感受到里面的森森凉意，不建议带年龄太小的孩子进去。

进门后看到的灰砖部分建筑是沙皇俄国早期修建的，而后面大片的红砖建筑则是日本后期扩建的。走进博物馆可根据指示标识按顺序参观，可依次看到检身室、东侧牢房、暗牢、刑讯室、西侧牢房、三角地、北大门、绞刑场等场所，最后还有"近代战争遗物特展""近代碑刻展"等陈列。

监狱的前半部分主要是牢房和刑讯室，可以看到囚犯们恶劣的囚禁环境及陈列着的各种刑具。曾有数千位中国、朝鲜、日本、苏联等的反战义士被关押在此，大部分是中国人，而朝鲜民族著名的爱国义士安重根也是在这里惨遭囚禁和杀害的。

监狱的后半部分是十几座工厂厂房，日军曾在此强迫犯人为其生产军需品和日用品。在这里可以看见高耸的红砖围墙，上面架设着电网，墙边还有碉楼。在墙角还有一处绞刑场，里面陈列着绞刑架和尸骨桶，让人观后心情很沉重。仅 1942—1945 年，就有 700 多人在这里被绞杀和摧残致死，所以这座人间地狱也被称为"东方的奥斯维辛"。

门　　票：免费

开放时间：9:00—16:00（5 月 1 日至 10 月 10 日），9:00—15:30（10 月 11 日至次年 4 月 30 日）（周一及除夕闭馆）

十五、赵尚志纪念馆

中 文 名：赵尚志纪念馆
地理位置：辽宁省朝阳市双塔区中山大街 2 段
内容简介：

赵尚志纪念馆于 2007 年 9 月 23 日开工，2008 年 10 月 25 日落成开馆。建筑面积为 5900 平方米，布展面积为 4000 平方米，由鲁迅美术学院设计建造。赵尚志纪念馆是集纪念、馆藏、研究保护、展览及爱国主义教育为一体的综合性建筑。整个建筑平面为规整的矩形，俯视整个建筑可以看到平面为一个方正的"尚"字。纪念馆高 11 米，正面长 34 米。

2015 年，赵尚志纪念馆列入第二批国家级抗战纪念设施、遗址名录。

主要景点：

展厅分为上、下两层，纪念馆基本陈列分为 8 个部分。

第一部分：忠义之家，刚烈少年。这一部分主要讲述的是英雄的家乡，以及赵尚志一家"满门忠烈"的情况。

第二部分：寻求真理，投身革命。这一部分讲述的是赵尚志在黑龙江省哈尔滨市许公中学读书，1925 年底，赵尚志成为黄埔军校第四期入伍生，以及在投入革命洪流后不久就先后两次被捕入狱度过了将近四年的铁窗生涯等情况。

第三部分：武装抗日，威震北满。1931 年 9 月 18 日，日本帝国主义发动了震惊中外的九一八事变，抗日救国成为当时中国人民最迫切的需求。赵尚志正是在这一过程中成长为抗日民族英雄的，创造了他生命中最后十年的辉煌。接下来的第四、第五两部分讲述的就是优秀军事指挥家赵尚志的主要战斗经历。

第四部分：白山黑水，铁血三军。

第五部分：治军治校，文韬武略。

第六部分：面对挫折，忠贞不渝。赵尚志的一生是极其曲折坎坷的，他不仅要面对敌人的抓捕和围剿，而且还要承受来自党内的压力与委屈。赵尚志一生中两次被错误地开除党籍，一直到 1982 年赵尚志牺牲 40 年以后，中共黑龙江省委才再一次恢复了他的党籍。

第七部分：将军蒙难，血染梧桐。这一部分主要运用了大型的幻影成像系统讲述了赵尚志将军牺牲的整个过程。

第八部分：中华英魂，浩气长存。赵尚志牺牲后，他的丰功伟绩和革命精神始终被人们传颂，这一部分展示了人们如何通过各种不同的方式纪念这位伟大的民族英雄，以及人们怎样历尽波折，用了 62 年时间，终于找寻到了将军的头骨。

整个布展通过展示图片、实物、绘画、场景及采用现代科技手段，采用交互式、体验式、还原式等手法，充分考虑现代人的观赏习惯，增加了观众的现场感。纪念馆展陈中利用幻灯、声响、幻影成像等手段，重点对颠覆日军军列、木炮打宾州、冰趟子战斗和最后的战斗等重要战役进行了详细解读，再现赵尚志誓死抗日、威武不屈的光辉形象。按展线参观整个纪念馆大约需要 90 分钟。

门　　票：凭身份证等有效证件免费

开放时间：9:00—16:00（周一闭馆）

十六、铁西老工业基地展览馆

中 文 名：铁西老工业基地展览馆

地理位置：辽宁省沈阳市铁西区卫工北街 14 号

内容简介：

位于辽宁省沈阳市铁西区卫工北街 14 号的原沈阳铸造厂，是 1956 年建立的亚洲最大的铸造厂，其核心车间——铸造车间的原生态环境构成了铸造博物馆的全部，分为工业会展、创意产业园、文艺演艺和铁西工业发展回顾 4 大部分，其中 1523 件设备、工具和产品等再现了铸造工艺流程与劳动场景，成为博物馆的核心。

主要景点：

博物馆广场——正门"铸造博物馆"几个大字是在铸造间的划线平台上建起来的。博物馆广场四周散落着重达 30 吨的钢锭模子、重达 13 吨的中注管、重达 15 吨的铁包子。

进入博物馆——穿过烘干窑门搭成的大门进入博物馆，转盘车、碾砂机、焖火窑等铸件工艺流程实物映入眼帘，这与高高在上的吊车和高 31 米、长 24 米的车间建筑构成了壮观的大生产场面。

墙壁上，工人们生产学习的壁画与芯铁、机壳木模等元素，再现了车间的另一种场景。砂子、芯盒、风铲、砂箱、耐火管、铅粉、风冲子等，个个锈迹斑斑，似乎在向人们诉说着那段难忘的岁月。

造型车间——这里完全保留原生产状态，布满了钢锭模子、芯铁、砂箱等，最引人注目的是 10 吨冲天炉。据曾在此工作过的工程技术人员李枝成说，铸造厂的大部分铸件都是冲天炉化成铁水浇铸而成的，每天要出 80 吨钢水。铸造车间是当时铸造厂中工作环境最差的地方，然而就是在这种恶劣环境下，工人们铸造出了辉煌的沈阳工业。

铁西老工业基地展览馆包括铁西区铸造博物馆和工人村生活馆这两个馆，铸造博物馆是在沈阳铸造厂原址的基础上改建的，工人村生活馆是我国首个以工人生活为题材的原生态博物馆。

门　　票：免费

开放时间：全天

十七、阜新万人坑死难矿工纪念馆

中 文 名： 阜新万人坑死难矿工纪念馆

地理位置： 辽宁省阜新市太平区孙家湾街道新园街 1 号

内容简介：

阜新万人坑死难矿工纪念馆的面积为 150 平方米，始建于 1940 年 4 月，是日伪统治时期埋葬死难矿工及抗暴青工的墓地，是日本侵略者残害矿工所犯滔天罪行的铁证。

主要景点：

阜新万人坑遗址陈列馆是全面展示日本侵略者掠夺阜新煤炭资源从而造成大量矿工死亡的罪恶史、矿工的屈辱史及反抗史的综合展览馆。

主题为"掠杀·抗争"的展览分为序厅、第一展厅（侵占东北，掠夺资源）、第二展厅（血腥开采，惨绝人寰）、第三展厅（浴血抗暴，气贯长虹）、第四展厅（以史为鉴，圆梦中华）和尾厅。展出历史照片、图表、文物照片220张，文物200件，通过雕塑、复原场景、油画的有机结合，生动地再现了日本侵略者在阜新期间所施暴行及阜新劳工悲惨境遇的历史场景。利用声、光、电与多媒体半景画《突围暴动》，立体地展示了劳工的苦难生活、入井挖煤、饱受欺辱及他们秘密策划暴动的场面。展览综合运用先进的陈列展示手段，融真实性、可观性、形象性于一体，极具视觉冲击力、精神震撼力和感染力。

死难矿工遗骨馆始建于1968年，改扩建后于2015年8月15日重新开馆。该馆分为南、北两个群葬大坑，裸露遗骸110具，其中南坑遗骸有52具，北坑遗骸有58具。在日寇法西斯统治和封建把头的非人折磨下，有的在矿井内被砸死、被瓦斯熏死，有的被冻死、饿死、病死，有的被活活打死，更有甚者被活埋致死。

阜新煤田的近代开采是在清光绪二十三年（1897）开始的，日本垄断资本家最早在中国东北取得合办煤矿特权的是日本财阀大仓喜八郎。1908年5月，大仓喜八郎至奉天（沈阳）谒东三省总督徐世昌、奉天巡抚唐绍仪，协议合办煤矿之事。1910年5月2日，中日合办本溪湖煤铁公司成立，并由农工商部批准立案，同年12月开始合办。从此，日本帝国主义正式取得了中日合办东北煤矿的特权。1914年6月，大仓喜八郎通过种种卑劣手段在阜新新邱开办了一个徒有虚名的"大新矿业合资公司"，名为合办，实为独占，重大问题均由日本人决策，中国人不过是挂名而已。1916年7月，满铁用46.3万日元获得6个矿区的一切权利。

1917年10月31日，满铁在两公司开井仪式的"祝辞"中充分暴露了日本侵略者掠夺阜新煤炭的野心："……按已有之策划，冒寒风，履坚冰。拮据经营，至今十载，终将此宝库收入我之手中，为皇国将来经营满蒙，取得一良好立足之地。"这一"祝辞"充分供出日本侵占阜新煤田是企图以"此地为经营东蒙的策源地"的扩张野心。 日本帝国主义掠夺阜新煤田，死难矿工遗址就是一个铁证。这两个群葬大坑是1935—1936年挖就的。1940—1941年，由于死难矿工越来越多，因此共分4次、用13辆车拉210具尸骨。两坑的南北间距为22米。南坑于沟坡挖就，东高西低，高低差约为1米，南北长11.1米，宽3.5米，等深不及1米，坑里仅露尸体52具，分双行将4尸下肢交叉相压。北坑平底，南北长13米，宽3.5米，深约1米，坑内露出尸骨58具，尸体单层摆放。两坑露出的尸骨中均有肢体残缺者，有的肢骨、椎骨、肋骨折断或颅骨穿洞、断裂，由此不难想象死难矿工所受的残酷折磨。其中还有一具尸骨两臂撑地、双腿后蹬、上身挺起、头微扬、斜卧于别尸（全坑尸体均单尸仰摆）之上，呈前爬之势、显系被活埋者，当时意欲爬出。

死难矿工遗骨馆就是在这两个群葬大坑原址上按照原貌建造的，这些矿工均是在井下瓦斯爆炸、冒顶、水淹等事故中丧生的，由此可以想象日本侵略者的惨无人道达到了极点。

抗暴青工遗骨馆始建于1968年，经改扩建后于2015年8月15日重新开馆。该馆埋葬的是反抗日伪黑暗统治，为争取民族解放而惨遭日寇屠杀的爱国青年志士。墓坑内共埋葬137具遗骸，坑内所埋遗骸分为5组，最少为单层摆放，最多为五层叠加摆放，露出遗骨或仅外露头骨的共有91具遗骸。

门　　票：免费

开放时间：9:00—16:00（15:30停止入馆，周一闭馆，法定节假日除外）

吉 林 省

一、杨靖宇烈士陵园

中 文 名：杨靖宇烈士陵园
地理位置：吉林省通化市浑江东岸靖宇山
内容简介：

杨靖宇烈士陵园位于吉林省通化市浑江东岸靖宇山，建于 1954 年，占地 2 万平方米，是伟大的抗日英雄杨靖宇将军的英灵安息地。园内松柏苍翠，四季常青，陵园由 5 座琉璃瓦民族式建筑物组成，正面主体建筑为陵堂和墓室，两侧 4 个偏殿为陈列室。

杨靖宇烈士陵园先后被授予"全国中小学爱国主义教育基地""全国爱国主义教育示范基地""国家国防教育示范基地""吉林省中共党史教育基地"称号，被国家评为 4A 级旅游景区并列为全国红色旅游经典景区。2016 年 12 月，入选《全国红色旅游经典景区名录》。

主要景点：

陵园由 5 座民族式建筑组成，采用水泥白米石方块图案，深绿色墙顶，正中为陵园大门。正面为灵堂和墓室，两侧的 4 个偏殿是杨靖宇将军生平业绩展厅，陵园中央矗立着杨靖宇将军的戎装铜像，花岗岩基座正面镌刻着彭真手书"民族英雄杨靖宇将军"。园内苍松翠柏，花团锦簇，景色怡人，红窗碧瓦，拱檐飞翘，庄严肃穆。陵园大门前是一条水泥方砖铺成的甬路，甬路的正中有一尊杨靖宇将军的铜像。铜像由鲁迅美术学院雕塑系的孙家岳、于维年设计雕制，为立姿全身像。将军身穿大衣，头戴皮帽，脚蹬靴鞋，胸前挂着望远镜，手扶枪匣，目光炯炯、昂首远眺，再现了将军抗日救国的英姿。铜像四面镶嵌着黑色花岗岩。正面是彭真的题词"民族英雄杨靖宇将军" 9 个铜质大字。迈进园门经水泥道，可直抵甬路尽头的主体建筑——靖宇陵堂和陵墓。陵堂建筑具有民族风格：陵堂门前有外廊，廊前檐下有

石柱四楹，楹柱上部与斗拱衔接。三间陵堂各有四扉敞门，中间正门较大，左右两门略小。正门上方有一块竖匾，上书"陵堂"鎏金二字。室内正中立有乳白色大理石基座，正面镌刻着杨靖宇将军的简历，基座上塑有一米高的杨靖宇半身石膏塑像。塑像后面开有一樘四扉门。门上方的横匾是朱德同志所书"人民英雄杨靖宇同志永垂不朽"鎏金大字。

陵堂后是陵墓，室呈穹状。内壁雪白，上有苍松枝叶、雪花卷云和花朵图案的石膏浮雕。墓室正中是水磨石棺座，上面放置着白丁香木棺，里面摆放着杨靖宇烈士的遗体。杨靖宇将军的身躯和头颅于 1958 年 2 月 23 日从靖县与哈尔滨迎回并安葬于此。当时，这里隆重举行了杨靖宇同志公祭安葬大会。毛泽东、刘少奇、周恩来、朱德等党和国家领导人都送了花圈，朝鲜金日成也送了花圈。杨靖宇将军的棺枢高 1.46 米，上面覆盖着黑绒。墓室的四周和棺枢的周围摆放着有关部门、生前战友和家属敬献的花圈。

陵园两侧为陈列室，陈列着将军青少年时期的遗物和他在抗日战争艰苦岁月里的一些用品及战利品等有关文物、文献、照片共 280 余件（幅），分为：青少年时代；初期革命活动；组织群众；贯彻党的政策，壮大抗日武装力量；领导抗联第一军，英勇打击敌人；艰苦奋斗，坚持抗战；壮烈殉国，前仆后继；苍松翠柏，万古长青。

门　　票：免费

开放时间：9:00—15:30（周一闭馆）

二、四平烈士陵园

中 文 名：四平烈士陵园

地理位置：吉林省四平市铁东区北一经街 2968 号

内容简介：

四平烈士陵园占地近 20 万平方米，安葬着为四平解放和建设而牺牲的数万名烈士，其中有记载的为10083 名。1951 年建立革命烈士公墓，1974 年成立烈士陵园。自成立以来，先后被列为省级爱国主义教育示范基地、全国爱国主义教育示范基地、全国重点烈士纪念建筑物保护单位、全国红色旅游经典景区。多年来，国家民政部、省民政厅、四平市委、市政府和社会各界筹集资金，先后投资 1000 余万元，对烈士陵园进行了两次大规模的建设，使烈士陵园成为一座集瞻仰、游览为一体的新型公园式陵园。目前在搞好基本建设的同时，以"纪念先烈，教育后人"为宗旨，发挥作为爱国主义教育服务窗口的作用。实行免费开放以来，四平烈士陵园已经逐渐成为各界群众，特别是青少年进行爱国主义教育和革命传统教育的重要场所。

主要景点：

陵园城堡式的大门宏伟壮观，两头高大威武的雄狮坐卧在大门两侧，把陵园衬托得既雄伟又庄严肃穆，陈云为四平烈士陵园题字。陵园的主轴线正中是一座由四把尖刀组成的四战四平纪念碑，在纪念碑的底座上，镌刻着彭真题写的"四平烈士永垂不朽" 8 个大字。

四平英烈事迹展览馆于 1993 年落成，由梁必业题写馆名。内部陈列分为两层，第一层展出了彭真、洪学智等曾指挥四平战役的老一辈无产阶级革命家的题词，以及刻有以抗日名将李红光师长为首的 10 083 名烈士名字的英烈榜；第二层主要展出坚贞不屈的姬兴周、不死的英雄王西兰等 8 位烈士的英雄事迹。两个展厅共陈列实物 111 件、照片 58 张、图表 31 幅、馆藏烈士文字资料 80 万字。

门　　票： 免费

开放时间： 全天

三、延边革命烈士陵园

中 文 名： 延边革命烈士陵园

地理位置： 吉林省延边朝鲜族自治州延吉市广播电视局附近

内容简介：

延边革命烈士陵园落成于 1992 年，建筑面积 4000 多平方米，在全国现有的革命烈士陵园中是占地规模最大的、被国家列为全国革命传统教育 100 个重点基地之一，是中宣部命名的全国爱国主义教育示范基地。

延吉市在 2012 年 5 月 20 日至 9 月 2 日对延边革命烈士陵园进行了全面的维修改造，同时展馆内部重新布展，于 9 月 3 日面向社会开放。

主要景点：

革命烈士纪念碑

牌楼北侧有一座革命烈士纪念碑。碑高 19.28 米，代表延边从 1928 年开始在党的领导下走上革命道路；四面红旗代表抗日战争时期、解放战争时期、抗美援朝时期和社会主义革命时期这 4 个历史时期；"革命烈士永垂不朽"由江泽民题写。

雕像——并肩战斗

革命烈士纪念碑的两侧有两座大型雕塑，东侧雕塑反映了延边抗日军民奋勇抗击日本侵略者的场景，西侧雕塑反映了延边各族人民踊跃支援前线的场面。

延边革命纪念馆

革命烈士纪念碑的北侧是延边革命纪念馆。张德江、曹龙浩分别用汉文、朝鲜文题写了馆名。

雕像——雪地行军

延边革命纪念馆的正厅是以长白山为背景的大型英雄雕塑，反映了延边各族人民不屈不挠、勇往直前的英雄主义精神。

英烈墙

延边革命纪念馆的北侧矗立着 21 块英烈墙，上面刻有全州 8 个县市各个历史时期的 17 733 名英烈的名字，英烈墙整体采用群山连绵的造型，由 21 块花岗岩组成。赵南起为英烈墙题词"延边革命烈士永垂不朽"。

石碑——千秋正气

延边革命烈士陵园的中央矗立着一块写有"千秋正气"4 个大字的石碑。1946 年，延吉警备一团团长朴洛权在解放长春的战役中英勇牺牲，延边人民为缅怀朴洛权等延边籍烈士，立下了这块石碑。

烈士墓区

革命烈士纪念碑的北侧是烈士墓群，这里安息着各个历史时期 600 位烈士的英灵。在烈士墓群的北侧是老干部骨灰堂，为延边的繁荣发展做出突出贡献的老干部的骨灰安放在这里。

门　　票：免费

开放时间：全天

四、"四保临江"烈士陵园

中 文 名："四保临江"烈士陵园

地理位置：吉林省临江市猫耳山南坡

内容简介：

"四保临江"烈士陵园位于吉林省临江市猫耳山南坡，鸭绿江的北岸。始建于 1947 年，由纪念馆、纪念广场和墓区三部分组成，占地面积 33 170 平方米，1989 年被国务院批准为全国重点烈士纪念建筑物保护单位，1994 年被命名为全国爱国主义教育示范基地，2016 年 12 月入选《全国红色旅游经典景区名录》。

主要景点：

"四保临江"烈士陵园内安息着在四保临江战役中牺牲的最高将领杜光华师长、温士友团长和著名战士英雄李安仁烈士及四保临江战役时期、抗美援朝时期和社会主义建设时期牺牲的革命烈士 483 位，其中 8 位是日本籍烈士。

1992 年，投资 10 万元修建了四保临江战役纪念馆，建筑面积为 412 平方米，馆内珍藏着烈士遗物、图片等革命资料，1994 年以来又相继投资 112 万元，社会各界捐资 12 万元，修建了通往墓区的"长青门"石牌楼、凉亭、花墙和 108 阶花岗岩踏步。108 阶象征着艰苦卓绝的四保战役历时 108 天，四阶缓步台象征着四保临江和 4 个建设，每个缓步台宽 3 米，象征着北满部队配合南满部队"三下江南"，又象征着临江市"开路、开边、开源"的三开战略。2000 年投资 65 万元重新修建了烈士纪念碑，铺设了园区地面。

门　　票：免费

开放时间：全天

五、白山抗日纪念地

中 文 名：白山抗日纪念地（靖宇将军殉国地、那尔轰会师遗址、城墙砬子会议旧址等）

地理位置：吉林省白山市靖宇县西南岔镇光明村于家沟

内容简介：

杨靖宇将军殉国地位于吉林省白山市靖宇县西南 6 千米，靖白公路沿线的三道崴子，是省级重点烈士纪念地保护单位和省级爱国主义教育示范基地。1946 年东北抗日联军第一路军总司令杨靖宇将军在这里抒写了荡气回肠的抗日诗篇，英雄壮举，浩气长存。为了纪念这位民族英雄，勤劳的靖宇人民把将军殉国地建设成了园林式公园，供人们接受爱国主义教育和旅游观光。景区内松柏苍翠，掩映抗联密营，纪念碑亭庄严肃穆，将军桥伴你重走将军路，正所谓"青山埋忠骨，碧水荡英魂"，是爱国主义教育的理想去处。

主要景点：

杨靖宇将军殉国地占地 10 万平方米，分为前导区、中心区和旅游区，牌楼、塑像、正气亭、台阶、拱桥、纪念碑、纪念塔组成一条纵轴线，将三个区连在一起。

前导区的主要建筑物有牌楼、将军塑像和正气亭。牌楼是陵园的正门，是古式黄色琉璃瓦建筑，正面陈云同志亲笔题写的"杨靖宇将军殉国地"蓝底金字镶嵌在牌楼门上，背面是郭沫若题写的"浩气长存" 4 个金色大字。牌楼前设停车场，面积为 3150 平方米，两侧放有高 1.9 米的汉白玉石狮一对，有陵园说明碑和牌楼说明碑各一块。从牌楼向前沿着 10 米由宽水泥预制板铺成的甬路走 120 米，便是前导区中心广场，广场中心耸立着"杨靖宇将军塑像"。塑像是由靖宇县各族人民于 1989 年 8 月捐款敬立的，由鲁迅美术学院设计，由浅褐色花岗岩雕琢，坐落在 3 米高的黑色大理石围成的基座上，正面有彭真同志于 1986 年 11 月亲笔题写的"民族英雄杨靖宇将军"黑底金字。从塑像再向前走是县政府于 1988 年捐资修建的四角形正气亭，站在亭中可观望中心区和旅游区全貌。

中心区的主要建筑物有纪念碑、护碑亭、常青树、纪念馆和纪念塔。纪念碑的正面刻着"人民英雄杨靖宇同志殉国地" 12 个正楷大字，背面刻有杨靖宇同志的简历，整个碑身是以青石精心磨制而成的，碑身两侧镶边的条石面上刻有民族风格的回字形花纹、红灯和海浪花等饰纹，碑首起脊成瓦楞形。纪念碑旁边的常青树是杨靖宇将军于 1940 年 2 月 23 日只身一人与日寇英勇作战最后壮烈牺牲时背倚之树，原树是一棵"扭劲子树"，后来干枯，20 世纪 60 年代为纪念将军在此栽了这棵针叶松树，起名常青树，意指将军松柏常青、永活人间。纪念碑的西侧是面积为 200 平方米的两层楼的杨靖宇将军纪念馆，一层设 80 平方米的展室，通过大量的实物、照片，再现了将军殉国前在蒙江 90 天的战斗历程。

南面是钢筋水泥结构的纪念塔，塔身正面刻有朱德同志的题词"人民英雄杨靖宇同志永垂不朽" 13 个金色手书大字。塔基分两层，每层设 5 步台阶，四周架设钢管扶栏。纪念塔的每一部分都有特殊的含义：第一层台基的北面石柱高 1.905 米，标志着杨靖宇出生于 1905 年；第二层台基的北面石柱高 19.27 米，标志着杨靖宇于 1927 年加入中国共产党，并领导了河南确山农民起义；第二层基座高 1.932 米，标志着杨靖宇于 1932 年担任中共满洲省委、军委代理书记；外台基边长 19.40 米，标志着杨靖宇于 1940 年壮烈殉国；塔高 15 米，标志着杨靖宇自 1925 年加入共青团到 1940 年为国捐躯，为民族解放艰苦奋斗了 15 年；塔座顶柱高 3.5 米，标志着杨靖宇自出生到为人民解放事业献出了宝贵生命仅仅活了 35 年；塔身周长 10 米，标志着靖宇县 10 万人民的永远怀念之情。

纪念塔四周修有花池，在塔与广场之间的花池边设有路灯 8 盏。广场东北二道蒙江河上建有 6 孔石拱桥一座，桥栏是用花岗岩制成的。桥基拦河形成了将军湖，湖水清澈，湖中有汉白玉雕成的白鹤一对，游人可划船观景。北岸桥头便是古式建筑的将军门，门旁是将军石，在将军石对面的东山顶上，是采用民族式黄色琉璃瓦建造的重檐蘑菇顶的雄风亭。

登上最高点雄风亭，以牌楼、塑像、正气亭、石阶、拱桥、纪念碑、纪念塔为轴线，曲桥两侧的碧水亭、丹心亭相对称，纪念馆和广场为主体，以小河、大山、苍松、翠柏为衬托，殉国地的风光尽收眼底。无论是草木浓茂的阳春，还是繁花似锦的仲夏，无论是洒满枫叶的金秋，还是银装素裹的隆冬，来到这里参谒旅游，都会被宏伟壮观的建筑群落和幽雅肃穆的自然景色吸引，既接受了爱国主义教育，又观赏了美好的自然风光。

门　　票：免费

开放时间：全天

六、日伪统治时期辽源矿工墓陈列馆

中 文 名：日伪统治时期辽源矿工墓陈列馆

地理位置： 吉林省辽源市西安区安家街安仁路 36 号

内容简介：

日伪统治时期辽源矿工墓陈列馆又名辽源煤矿死难矿工文物馆。日伪统治时期辽源矿工墓陈列馆是全国仅存几处保存完好的日本侵华罪证之一，也是日伪统治时期西安煤矿东城采炭所方家柜埋葬死难矿工的墓地。

主要景点：

日伪统治时期辽源矿工墓陈列馆过去被称为"方家坟""万人坑"。"二战"期间日本侵略中国后，将东北地区变成它的战略物资供应点，强行占领西安煤矿，采取"以人换煤"的残酷手段疯狂地掠夺煤炭资源。据资料记载，1932—1945 年，日本侵略者共掠夺煤炭 1581.9 万吨，获得近亿元的高额利润。日本侵略者根本不把中国矿工当人看，而是当成"原材料"，与火药、雷管等一并列在原材料消耗的栏目中，伤亡事故频频发生，留下了 6 个堆满中国矿工遗骨的"万人坑"，而矿工墓就是其中最典型和集中的一处。仅在 1942 年 9 月 23 日西安煤矿泰信一坑发生的瓦斯煤尘爆炸事故中，就有 617 名矿工遇难。

中心山岗上耸立着庄严肃穆的矿工墓纪念碑，上面镌刻着王光英同志亲笔题写的"日伪统治时期辽源煤矿死难矿工墓"15 个金光大字。原有的 7 处尸骨陈列馆和一处"炼人炉"遗址已在保持原貌的基础上修复一新，院中心新建一座 1055 平方米的"日伪统治时期辽源矿工墓陈列馆"，馆内利用现代化的展示手法，再现了日本帝国主义疯狂掠夺我国煤炭资源、残害我国同胞的历史。文物馆现有 7 处埋葬死难矿工遗址，保存了形态各异的 197 具尸骨和一处炼人炉遗址，另有矿工坟 3000 余个、刽子手蔡九龄铁像一个、史志大钟一座及"万人坑""牛世清工票"等遗址和遗物。该馆于 1983 年被吉林省人民政府确定为省级重点文物保护单位，1994 年被中共吉林省委、省政府确立为省级爱国主义教育示范基地，2005 年又被中宣部命名为第三批全国爱国主义教育示范基地。

门　　票： 免费

开放时间： 全天

七、吉林市革命烈士陵园

中 文 名： 吉林市革命烈士陵园

地理位置： 吉林省吉林市船营区环山路 27 号

内容简介：

吉林市革命烈士陵园位于风景秀丽的北山公园内，由烈士墓区、烈士纪念塔、烈士纪念馆三部分组成。烈士墓区建于 1954 年，占地 6000 平方米，安葬着 237 位不同时期牺牲的革命先烈和病故革命军人。

吉林市革命烈士陵园始建于 20 世纪 50 年代，1953 年开始修建革命烈士纪念塔，1956 年迁入革命烈士遗骨，修建革命烈士墓，以后陆续有革命烈士、病故的老红军和革命军人被安葬在陵园内。1987 年市委、市政府决定修建革命烈士纪念馆，1991 年正式成立了吉林市革命烈士陵园管理处，负责烈士纪念建筑物的管理和维护。

1995 年，在省民政厅、吉林市委、市政府和社会各界群众的支持与帮助下，革命烈士纪念馆历经 8 年终于建设落成，并于同年 4 月免费对外开放。

1962 年 9 月 7 日，吉林市革命烈士陵园被吉林市人民委员会确定为重点保护单位；1984 年，被吉林省政府确定为省级保护单位；1987 年 4 月 21 日，被吉林省政府确定为重点烈士纪念建筑物保护单位；2001 年 4 月 30 日，被国务院批准为全国重点烈士纪念建筑物保护单位。烈士纪念塔建成于 1956 年 10 月，占地 3472.5 平方米，塔高 28 米，塔身呈等边五棱形，采用花岗岩结构，建筑面积为 1134 平方米。

主要景点：

2007 年 4 月，烈士纪念馆在国家、省、市各级政府的大力支持下进行了扩建，现馆藏文字 400 余万字，油画、国画、画照等 264 幅。陈展实物 178 件，照片、文稿等 90 余张。纪念馆分 3 个展厅，即魏拯民纪念馆、抗联英烈展厅和江城英烈展厅，展馆通过报照、文版、油画、高浮雕塑、影像雕塑、硅橡胶仿真塑像、场景复原、场景模拟、电子演示屏等现代化展示手段，展现了抗日民族英雄魏拯民等 27 位在抗日战争时期、解放战争时期和社会主义建设时期为民族解放、正义事业和吉林建设而献出生命的革命先烈的光辉事迹。

门　　票：免费

开放时间：全天

八、伪满皇宫博物院暨东北沦陷史陈列馆

中 文 名：伪满皇宫博物院暨东北沦陷史陈列馆

地理位置：吉林省长春市宽城区光复北路 5 号

内容简介：

伪满皇宫博物院是由清朝末代皇帝爱新觉罗·溥仪居住的伪满洲国傀儡皇宫改建而成的博物馆，是中国现存的三大宫廷遗址之一，同时也是日本帝国主义武力侵占中国东北、推行法西斯殖民统治的历史见证。博物院是集伪满宫廷、红色旅游、文化休闲区、旅游商服于一

体的特色人文景区，是国家 5A 级旅游景区。

伪满皇宫博物院占地 25.05 万平方米，开放的景点达到了 30 多处，其中展览面积为 4.7 万平方米，推出原状陈列、基本陈列和专题展览 50 余个。

主要景点：

东北沦陷史陈列馆是伪满皇宫博物院于 2005 年设计、于 2006 年九一八事变 75 周年之际竣工的，是以展示日本侵略中国东北史实、对广大人民群众

特别是青少年进行近现代史教育和爱国主义教育为主要目的的博物馆。博物馆建在伪满皇宫旧址地东部区域，共 4 层（地下一层，地上三层）。顶层为交流展厅，展览空间面积约为 1200 平方米。已相继推出纪念九一八事变 75 周年"百名将军书画展""馆藏日本书画展""日军侵华漫画展"等 10 余个专题展览。其他三层为主展厅，展览空间面积约为 4200 平方米，展出的是大型基本陈列"勿忘'九一八'——日本侵略中国东北史实"等 50 余个基本陈列展览和原状陈列展览，以其丰富翔实、生动形象的展览内容和新颖独特的展示手段吸引了众多观众，得到了社会各界的一致好评。此外，博物馆还设有国内比较先进的文物藏品库房，防盗、防火安全设备中心监控室，确保文物藏品的安全。可以在可容纳 200 余人的学术报告厅召开国内外不同形式的学术报告会、研讨会及其他学术会议。现在东北沦陷史陈列馆已经成为伪满皇宫博物院建设警示性文化教育和爱国主义教育示范基地及 5A 级旅游景区的重要组成部分。

门　　票：

普通票：70 元。

免费票：适用残障人士、65 周岁及以上老人、身高不足 1.3 米的儿童。

学生票：20 元，适用普通高等教育阶段、高中教育阶段、初中教育阶段和小学教育阶段在校学生。

军人票：30 元，适用现役军人、消防救援人员。

老年票：35 元，适用年满 60 周岁（含）、不满 65 周岁老人。

开放时间：

旺季（4 月 16 日至 10 月 15 日）：8:30—17:20，16:20 停止售票；

淡季（10 月 16 日至次年 4 月 15 日）：8:30—16:50，15:40 停止售票。

九、白城市烈士陵园

中 文 名：白城市烈士陵园

地理位置： 吉林省白城市洮北区辽北路 53 号

内容简介：

白城市烈士陵园坐落在长白公路距离市区 3 千米处，抗洪纪念塔的南侧，占地面积为 6.9 万平方米，建筑面积为 3.5 万平方米，总投资 1000 万元，是一座开放式、花园式的集教育、游憩等多功能为一体的建筑群。白城市烈士陵园的前身是由省政府组织筹建的"辽北烈士陵园"。

在陵园的西部建立了木柄手榴弹形的烈士纪念碑，有阎宝航、陶铸、邓华等同志的题词。纪念碑的东侧是为革命捐躯的烈士的碑林。这里树木葱郁、雅致宜人，成为群众祭扫和缅怀先烈、进行革命传统教育和爱国主义教育的重要阵地。

1999 年，白城市政府按照城乡建设总体规划，决定异地新建白城市烈士陵园，2001 年 10 月 25 日正式竣工。经过多年的辛勤建设，白城市烈士陵园已经发展成为拥有鹤城英雄纪念碑、烈士陵园卧式墓群、无名英雄纪念碑等重点烈士纪念建筑物的爱国主义教育示范基地。

革命烈士陈列馆作为爱国主义教育展区，收藏着实物、照片、文字等珍贵史料，集中反映了抗日战争时期、解放战争时期、抗美援朝时期白城地区军民在党的领导下不屈不挠、积极奋战的革命精神及在社会主义建设时期为了祖国建设事业而英勇献身的烈士们的奉献精神，向世人展示了一幅幅壮丽的历史画卷，让以爱国主义为核心的民族精神深深扎根在每个人的心中。

主要景点：

烈士陵园卧式墓群

烈士陵园卧式墓群内共安葬着 147 名革命烈士的骨灰，其中有 16 位苏联红军、1 名日本国籍烈士，以及众多在抗日战争、解放战争及社会主义建设中英勇牺牲的烈士，较为知名的有李润诗、孙瑞符、施介、李佳琦等。整个卧式墓群呈扇形阶梯状分布，与鹤城英雄纪念碑遥遥相望，每逢清明时节，人们都纷纷前来祭扫、缅怀先烈，为大力弘扬革命精神、进行爱国主义教育增加了重要内容。

无名英雄纪念碑

烈士陵园卧式墓群的西边是无名英雄纪念碑，这里安葬着 45 名无名烈士的骨灰。无名英雄纪念碑以火炬的样式展现，象征着革命烈士的精神、意志将会像火炬一样生生不息、光照后人，一代一代传递下去，更为青少年进行传统教育、爱国主义教育增加了星火燎原的一笔。

烈士陵园的碑文

大门的左侧为烈士陵园的碑文。碑文主要介绍的是从 1947 年建园到 2001 年移地兴建的整个概况，以及对在抗日战争时期、解放战争时期、抗美援朝时期牺牲烈士的追思。目睹先烈遗迹，凝思英雄壮举，必将激发我们的爱国之情、报国之志，用政治、经济、文化跨越式的发展理念来建设白城、发展白城。

革命烈士陈列馆

作为爱国主义教育展区，革命烈士陈列馆收藏了彭真、洪学智、林枫等老一辈无产阶级革命家及陶铸、阎宝航、邓华同志为革命烈士的题词，同时收集了大量的烈士遗物，如马应健烈士曾用过的背包、水壶、望远镜，赵名歧烈士曾用过的水碗、手戳、胶鞋，陶铸同志写给张志明烈士的亲笔书信，著名的文艺创作者凌霞烈士为郭沫若同志作的《从黑暗到光明》所谱的曲稿，等等，还有许多解放战争时期人民群众积极支援前线、送子参军的珍贵图片。革命烈士陈列馆为爱国主义教育增添了厚重的史实资料。

鹤城英雄纪念碑

鹤城英雄纪念碑高 21.7 米，四周有 224 根花岗岩围栏，营造出庄严肃穆的气氛，象征鹤城人民永远缅怀革命先烈。它的两侧有两个五星广场，象征着全国各族人民紧密团结在中国共产党的周围，齐心协力共建美好家园。

门　　票： 免费

开放时间： 全天

黑 龙 江 省

一、东北烈士纪念馆

中 文 名：东北烈士纪念馆
地理位置：黑龙江省哈尔滨市南岗区一曼街 241 号
内容简介：

东北烈士纪念馆成立于 1948 年 10 月 10 日，是中国共产党在大城市建立的第一个规模较大的永久性纪念馆和首批国家一级博物馆、全国爱国主义教育示范基地、全国文物系统先进集体、国家国防教育示范基地、全国廉政文化教育基地、全国红色旅游经典景区。

东北烈士纪念馆展览于 1948 年 10 月 10 日对外开放，2008 年 2 月 21 日开始实行免费开放。

2017 年 1 月，东北烈士纪念馆入选《全国红色旅游经典景区名录》。

主要景点：

东北烈士纪念馆于 2005 年 8 月 15 日推出两项基本陈列。"黑土英魂——东北抗日战争时期烈士事迹陈列"从世界反法西斯战争的高度，展示了在东北 14 年艰苦卓绝的抗日战争中为中华民族的独立和解放而英勇不屈、浴血奋战、前仆后继的抗日英烈的事迹。展出 164 位主要烈士事迹、712 位烈士名录、478 张照片、10 幅图表、8 处景观、66 件艺术品。展览分为"民族危亡时刻""创建人民抗日武装""夜幕下的抗日斗争""东北抗日武装的脊梁""抗日战争的最后胜利"5 个部分。此基本陈列于 2009 年荣获"第八届全国博物馆十大陈列展览精品"。"伪满洲国哈尔滨警察厅罪恶及旧址复原陈列"通过展示伪满哈尔滨警察厅在政治、经济、思想、文化等方面对哈尔滨地区人民的残暴统治，揭露了日本侵略者在政治上残酷镇压东北人民的史实。展出224张照片、3幅图表、6处景观、8处办公室。展览分魔网、罪恶、覆灭三个部分。

为充分发挥全国爱国主义教育示范基地的作用，东北烈士纪念馆多年来迎合时势与青少年教育的需要，在基本陈列的基础上，通过自主制作展览、引进展览、合作办展等方式，推出专题展览300个。其中，许多展览在观众中产生了强烈的反响，如"阳光下的恶魔——侵华日军化学战罪行"展览、"红旗·热血·黑土——纪念中国共产党建党80周年"展览、为纪念毛泽东诞辰一百周年而举办的"东方巨人毛泽东"大型临时展览、同中国人民革命军事博物馆联合举办"祖国在我心中"展览等。

门　　票：免费

开放时间：9:00—16:30（周一闭馆）

二、侵华日军731细菌部队罪证陈列馆

中 文 名：侵华日军731细菌部队罪证陈列馆

地理位置：黑龙江省哈尔滨市平房区新疆大街47号

内容简介：

侵华日军731细菌部队罪证陈列馆是一所遗址型博物馆，建筑面积为9997平方米。

2017年1月，侵华日军731细菌部队罪证陈列馆入选《全国红色旅游经典景区名录》。

侵华日军731细菌部队始建于1933年，曾以石井部队、东乡部队、关东军防疫给水部等名义活动，犯下了细菌战、人体实验等战争罪行，于

1945年8月日本投降前夕灭亡。侵华日军731细菌部队在败逃之际炸毁了大部分建筑，形成了遗址的整体格局。

主要景点：

陈列馆现保存侵华日军731细菌部队罪证遗址16处，馆藏文物1000余件，图片、文件（复印件）2000余份。代表性的藏品有毒气瓶、石井式细菌弹头、细菌培养基箱、带"石井部队"字样的衣柜、平房特区居住证明书等。

在侵华日军731细菌部队本部大楼旧址开辟了两个临时陈列室：一室为"731细菌部队罪证文物陈列"；另一室为"731细菌部队罪恶史展览"。两室共有陈列品278件，其中包括99个罪证文物、86张历史照片、53份文献资料、7件动物标本、33幅图表。"731细菌部队罪证图片流动展览"还在农村、学校、部队展出。从1987年开始，每年提供7～10件文物，到日本大阪、京都展出。

陈列馆主要包括罪证陈列馆和罪证遗址两大部分。现保存较为完好的遗址有 23 处，大部分分布在平房区，其中主要遗址有 731 细菌部队本部大楼旧址、南门卫兵所旧址、动力班遗址、黄鼠饲养室遗址等。罪证陈列馆有 16 个部分，陈列厅的使用面积为 418 平方米，陈列 160 余张照片，陈列 70 余件罪证实物和大量见证人的证言，这些证据有力地证明了当年日本军国主义进行了细菌战的罪恶活动。

门　　票：免费

开放时间：9:00—16:30（周一闭馆，法定节假日除外）

三、铁人王进喜纪念馆

中 文 名：铁人王进喜纪念馆

地理位置：黑龙江省大庆市让胡路区解放二街 8 号

内容简介：

铁人王进喜纪念馆是为了纪念中国工人阶级的先锋战士——铁人王进喜而于 1971 年建成的。铁人纪念馆原址位于黑龙江省大庆市让胡路区解放二街 8 号，新馆于 2006 年 9 月 26 日大庆油田发现 47 周年之际开馆，全馆总占地面积为 11.6 万平方米，其中绿地面积为 3 万平方米，主馆建筑面积为 1240 平方米。

2017 年 1 月，铁人王进喜纪念馆入选《全国红色旅游经典景区名录》。

主要景点：

铁人王进喜纪念馆馆区占地 11.6 万平方米，主体建筑面积为 2.15 万平方米，展厅总面积为 4790 平方米，展线总长度为 917 延长米。主体建筑外形为"工人"二字组合，鸟瞰呈"工"字形，侧看为"人"字形，象征着这是一座工人纪念馆。主体建筑高度为 47 米，正门台阶共有 47 级，寓意铁人 47 年不平凡的人生历程。建筑顶部为钻头造型，象征大庆油田奋发向上、积极进取。铁人王进喜纪念馆馆区内的雕塑《崛起》《奋进》《五把铁锹闹革命》等错落有致地矗立于馆区。

铁人王进喜纪念馆的 4 个展厅分布在一层和二层。楼上与楼下之间有自动扶梯、直梯相通，同层展厅之间有回廊相连，总体展线采用顺时针方向。整个陈列以铁人王进喜生平事迹为主线，以大庆石油发展历史为副线，内容丰富翔实、形式多样，除采用照片、文字、电动图表等传统的展示手段外，还采用了硅胶像、沙盘、场景复原、多媒体等现代化展示手段，较好地体现了"爱国、创业、求实、奉献——石油魂"这一主题。

铁人王进喜纪念馆展览共分为"不屈的童年""赤诚报国""艰苦创业""科学求实""无

悔奉献""鞠躬尽瘁""精神永存"7 个部分，集中展示了铁人王进喜的生平业绩及用终生实践所体现出的大庆精神、铁人精神。在各展厅之间的通道处，根据内容的需要，增加了巨幅国画《大庆工人无冬天》和战报墙、会战诗抄墙、宣传铁人和石油会战的美术作品。

门　　票：免费

开放时间：8:30—16:00（周一闭馆）

四、瑷珲历史陈列馆

中 文 名：瑷珲历史陈列馆

地理位置：黑龙江省黑河市瑷珲镇萨布素街

内容简介：

瑷珲历史陈列馆坐落在清代第一任黑龙江将军衙门驻地、1858 年《中俄瑷珲条约》的签订地——瑷珲新城遗址，遗址现为全国重点文物保护单位。

瑷珲历史陈列馆是全国唯一以全面反映中俄东部关系史为基本陈列内容的专题性遗址博物馆，是首批全国爱国主义教育示范基地、全国重点博物馆，是省级爱国主义和国防教育基地、黑龙江省青少年爱国主义教育基地、国家 3A 级旅游景区。2017 年 1 月，瑷珲历史陈列馆入选《全国红色旅游经典景区名录》。

主要景点：

进入展馆首先看到的是序厅，序厅集中反映了瑷珲历史陈列馆的主题。新馆陈列的主要内容分为 5 个部分。

第 1 部分"黑龙江是中国北方民族的母亲河"。从遥远的古代起，源远流长、支流众多的黑龙江流域就哺育着自己的优秀儿女——中国古代北方诸多民族。他们在美丽富饶的黑龙江流域的广袤土地上，世代劳动、生息、繁衍，与血脉相连的中原各族一起创造了中华民族灿烂的文化和辉煌的历史。

第 2 部分"17 世纪的黑龙江流域和中俄《尼布楚条约》"。从 17 世纪 40 年代开始，清政府统治下的蒙古族、鄂温克族、达斡尔族、鄂伦春族、满族、赫哲族、费雅喀族等黑龙江流域各族遭到了沙俄哥萨克的严重侵扰，为维护国家主权和领土完整，清政府被迫组织了雅克萨之战，通过外交谈判，中俄两国签订了《尼布楚条约》。

第 3 部分"17 世纪末至 19 世纪中叶的黑龙江流域"。《尼布楚条约》签订后，清政府采取多种措施加强了对外兴安岭以南、黑龙江以北大片领土的管理。在约一个半世纪的和平环境里，黑龙江流域的社会经济得到了稳定发展，瑷珲发展成为黑龙江中上游地区的中心城市。

第 4 部分"19 世纪下半叶的黑龙江和中俄《瑷珲条约》"。19 世纪下半叶，清帝国已由盛至衰、内外交困，面对强邻沙俄对黑龙江流域的再次入侵，再也无力自卫和反抗。1858 年，在沙俄东西伯利亚总督穆拉维约夫的武力威逼下，黑龙江将军奕山被迫与之签订了丧权失地的《瑷珲条约》。

第 5 部分"'庚子俄难'和'重建瑷珲'"。《瑷珲条约》生效后，黑龙江两岸中俄贸易发展起来，江东六十四屯地区仍归中国管辖。1900 年，义和团反帝爱国运动爆发，沙俄借机出兵中国东北，制造了震惊世界的"海兰泡惨案"和"江东六十四屯惨案"，烧毁了黑河和瑷珲。

展览中最引人注目的是《海兰泡惨案》半景画，画长 76 米，宽 19 米，给人以强烈的视觉冲击和震撼，是黑龙江省第一个半景画馆、全国第五个半景画馆。

展厅内有"瑷珲条约""尼布楚条约"两个写实雕塑场景，形象地再现了历史的真实场面。"瑷珲条约"的场景展示再现了 1900 年瑷珲城被毁和瑷珲人民不屈抗争的历史。

"世代友好永不为敌"为瑷珲历史陈列馆的专题展览，观众参观完瑷珲历史陈列馆，便可步入该展厅继续参观。

"世代友好永不为敌"反映的是中俄两国从古至今的友好交往，尤其是十一届三中全会以来两国在政治、经济、军事等方面的友好合作与往来。

门　票： 凭有效证件免费

开放时间： 全天（周一闭馆，法定节假日除外）

五、哈尔滨烈士陵园

中 文 名： 哈尔滨烈士陵园

地理位置： 黑龙江省哈尔滨市动力区体育街 1 号

内容简介：

哈尔滨烈士陵园始建于 1948 年，是全国重点烈士纪念建筑物保护单位、黑龙江省文物保护单位。张爱萍题写了"哈尔滨烈士陵园"园名。

2017 年 1 月，哈尔滨烈士陵园入选《全国红色旅游经典景区名录》。

主要景点：

哈尔滨烈士陵园由烈士事迹陈列馆、烈士灵堂、烈士墓等建筑组成。整座陵园苍松翠柏林立，四季常青，幽雅整洁，庄严肃穆。

陵园里，有东北人民解放军炮兵司令员朱瑞、东北抗日联军第一路军第三方面军指挥陈翰章、东北抗日联军第十军军长汪雅臣、松江军区兼哈尔滨卫戍区司令员卢冬生、战斗

英雄王凤江等 17 位烈士的陵墓，还有一座 21 位烈士的合葬墓。朱瑞将军墓位于陵园的中心，建于 1953 年 10 月，墓碑高 7 米，呈长方体，乳白色，采用汉白玉石和大理石建筑。碑座正面刻写着哈尔滨市人民政府及全体人民题撰的碑文。朱瑞将军的棺椁就葬在墓碑下面。朱瑞将军墓的后侧建有烈士灵堂和烈士事迹陈列馆。烈士事迹陈列馆展出了朱瑞将军和其他著名烈士生平事迹的珍贵历史图片、文字资料和实物。烈士灵堂陈列着哈尔滨市 1628 名烈士的名录，安放着 152 位烈士的骨灰盒。

碑林

走进哈尔滨烈士陵园，首先看到的是 100 延长米的革命烈士诗抄碑林。这些碑上有革命先烈铭志的诗句，有英勇就义前的激昂壮语，有他们随口说出却感天动地的言辞，也有活着的战友怀念他们的心声，更有后人的无限敬仰与缅怀。每块碑的字体不尽相同，每块碑的年代有远有近，可是我们知道，碑林上空回荡的浩然正气会长存于亿万中国人的心中。

烈士墓

哈尔滨烈士陵园共安葬抗日战争、解放战争、抗美援朝、社会主义建设及改革开放等不同时期牺牲的烈士 206 位。其中有我军在战争中牺牲的最高将领、杰出的炮兵创始人、东北人民解放军炮兵司令员朱瑞将军，松江军区兼哈尔滨卫戍区司令员卢冬生将军，另外还安葬着东北抗日联军第一路军第三方面军指挥陈翰章、东北抗日联军第十军军长汪雅臣两位将军的遗首，这也是全国仅存的两颗烈士遗首。被江泽民誉为"献身国防的模范干部"的苏宁、公安战线国家一级英模宋兆东、年仅 12 岁舍己救人的好少年孙洪海等烈士也安息在这里。

门　　票：免费
开放时间：全天

六、马骏纪念馆

中 文 名：马骏纪念馆
地理位置：黑龙江省宁安市宁安镇马骏街
内容简介：

马骏纪念馆于 1995 年 6 月落成，同年 8 月正式开馆，总建筑面积为 1283 平方米，是三层仿古建筑。

纪念馆前面被苍松翠柏和鲜花所簇拥，8 根白色擎檐柱、弧形蓝膜玻璃的钙塑门窗、白色的大理石墙面、具有回族特色的光华夺目的蓝琉璃瓦屋顶及飞檐，使马骏纪念馆显得古朴凝重。二层飞檐下悬挂着邓颖超亲笔题写馆名的匾额。

1999 年，马骏烈士生平事迹陈列被评为"黑龙江省十大优秀陈列"。2001 年，马骏纪念馆被中宣部命名为全国爱国主义教育示范基地。2004 年，入选《全国红色旅游经典景区名录》。

主要景点：

基本陈列

马骏纪念馆的基本陈列有马骏烈士生平事迹陈列和宁安历史文物陈列。马骏烈士生平事迹陈列通过马骏开展地下活动时用过的念珠、在敌人法庭上的辩护词手稿、马骏生前用过的器物等珍贵文物、记载着马骏革命事迹的历史文献及照片和创作画等，翔实生动地再现了马骏烈士光辉的革命生涯。宁安历史文物陈列以历史沿革为主线，通过丰富的文物展品，生动、直观地展示了宁安的悠久历史、丰厚的文化底蕴、著名的英雄人物、骄傲的光辉历史和瞩目的建设成就。

马骏纪念馆开馆以来，社会效益斐然，前来参观者络绎不绝，年接待游客 5 万人次。这里已成为机关及企事业单位、乡村党支部、驻军指战员、广大青少年，尤其是中小学生接受爱国主义教育和革命传统教育的重要基地。每当重大节日，这里都会成为大规模、有组织的教育活动中心。如今，马骏纪念馆已成为黑龙江省爱国主义教育示范基地、国防教育基地和民族团结教育基地。

马骏纪念馆坐落在黑龙江省宁安市内，市域内的旅游资源极为丰富。有山色秀美、风光绮丽的世界第二大高山堰塞湖——镜泊湖，有浑然天成、自然绝景的火山口国家森林公园，还有令人叹为观止的唐代渤海国上京龙泉府遗址。宁安市交通发达，地理位置十分优越。201 国道和牡图铁路纵贯全境，距牡丹江海浪机场仅 20 千米。马骏纪念馆就处于红绿结合的旅游链条上，吃、住、行、游、购、娱都十分便捷。

珍贵藏品

马骏纪念馆现展出 739 件展品，最珍贵的有五四运动中留日同学会赠给马骏的留日纪念章，马骏设计并使用的书柜、书桌，开展地下革命活动的接头标志物茶瓶、念珠。这些文物从不同侧面展示了革命先烈为中华民族解放、唤醒民众而奔走呼号、英勇献身的光辉业绩。

门　　票：5 元

开放时间：9:00—16:30（淡季，16:00 停止入馆）

　　　　　8:30—17:30（旺季，16:30 停止入馆）

七、齐齐哈尔西满革命烈士陵园

中 文 名：齐齐哈尔西满革命烈士陵园

地理位置：黑龙江省齐齐哈尔市铁锋区

内容简介：

齐齐哈尔西满革命烈士陵园位于黑龙江省齐齐哈尔市南山公园风景区内，占地面积达 4 万平方米。该陵园是中国东北解放区的第一座烈士陵园，它以建园早、规模大、安葬烈士较多而闻名于世，现为全国爱国主义教育示范基地和全国重点文物保护单位。

1948 年 4 月 4 日陵园正式落成，4月5日西满各省市党政军民3万多人参加了隆重的革命烈士安葬追悼大会，西满分局、西满军区的主要领导亲自为英烈扶灵安葬。

主要景点:

陵园正门高悬着西满军区司令员黄克诚亲题的"西满革命烈士陵园"门额，毛泽东为陵园题词"共产主义是不可抗御的，星星之火，可以燎原，死难烈士万岁!"，朱德题词"浩气长存"。

陵园内安葬、安放着党的"七大"代表杨道和、"辽吉功臣"马仁兴、"一二·九"学生救亡运动的冯克武和吕明仁、人民艺术家王大化、嫩江省（现归黑龙江省）政府代理秘书长马识途等608位革命英烈。其中安葬在墓区的革命烈士有168位，在革命烈士灵堂内安放了107位在抗美援朝、珍宝岛自卫反击战中牺牲和在社会主义建设时期为抢救国家财产而献身的英雄人物的骨灰与333位烈士的灵位。

陵园内有集体烈士纪念碑1座、个人纪念碑和塑像4座。

1967 年，在墓区前新建"革命烈士纪念堂"和"革命烈士灵堂"。

1984 年 7 月，经省、市政府批准，在陵园东侧新建一座面积为 250 平方米的接待室。

门　　票: 免费

开放时间: 8:00—17:00

八、侵华日军东宁要塞遗址

中 文 名: 侵华日军东宁要塞遗址
地理位置: 黑龙江省牡丹江市东宁市三岔口镇
内容简介:

侵华日军东宁要塞遗址位于黑龙江省牡丹江市东宁市三岔口镇南山村北两千米的勋山上，占地 1.5 万多平方米，由 1 万多平方米的大理石广场、4000 平方米的绿地和 1100 平方米的馆舍组成。1999 年 5 月成立筹备处，在勋山地下要塞一个 300 平方米的仓库内建立了"东宁要塞陈列馆"，于 1999 年 6 月 18 日正式向社会开放。2005 年 10 月 18 日，"东宁要塞历史陈列馆"在侵华日军东宁要塞遗址旁落成开馆，2008 年正式命名为"东宁要塞博物馆"，隶属于东宁市文化体育局。

2017 年 1 月，侵华日军东宁要塞遗址入选《全国红色旅游经典景区名录》。

主要景点：

在侵华日军东宁要塞入口处，树立着张万年题词的"勿忘国耻、强我中华"纪念碑。广场中心树立的是"苏联红军烈士纪念碑"和李德生题词的"第二次世界大战最后战场"纪念碑，在广场的左侧是"劳工殉难纪念碑"，右侧是"抗联英雄纪念碑"，可供上万人在此集汇活动。

门　　票：20 元

开放时间：8:30—20:00

九、侵华日军虎头要塞遗址

中 文 名：侵华日军虎头要塞遗址

地理位置：黑龙江省虎林市虎头镇虎东山

内容简介：

侵华日军虎头要塞遗址位于黑龙江省虎林市虎头镇虎东山，距离虎林市中心 65 千米，是全国重点文物保护单位。侵华日军虎头要塞遗址于 1999 年 4 月正式开工，2000 年 6 月开始进行布展装饰工程，2001 年 8 月正式对外开放，是全国爱国主义教育示范基地。

2017 年 1 月，侵华日军虎头要塞遗址入选《全国红色旅游经典景区名录》。

主要景点：

侵华日军虎头要塞遗址是展示侵华日军罪证和第二次世界大战最后一战的专题型博物馆。侵华日军为了长期霸占中国并进攻当时的苏联，于 1934－1939 年的 6 年间，强迫数十万中国劳工秘密修筑了永久性军事工事虎头要塞。虎头要塞正面宽 12 千米，纵深 30 千米，由虎东山前沿阵地、虎北山侧翼阵地、猛虎山主阵地、虎西山和虎啸山后援阵地构成。地上军用机场、大型火炮阵地密布；地下结构复杂，设施完备，工程浩大，有"东方马其诺防线"之称。

1945 年 8 月 8 日，苏军出兵东北，8 月 15 日，日军投降。然而日本关东军第十五国境守备队还凭借着虎头要塞这一重要地理位置进行殊死抵抗，战斗异常激烈，持续到 8 月 26 日，负隅顽抗的日军全军覆没，2000 余名士兵及其家属全部葬身于虎头要塞中。战斗中苏联红军也付出了沉重的代价，因此，虎头要塞被国内外学者称为"第二次世界大战终结地"。

博物馆馆舍采用的是地上与地下相连的展览形式、展馆与历史遗址相通的建筑风格。地上展厅展出了大量侵华日军的实物和罪证及苏联红军攻占虎头要塞的史料；地下展厅展示了虎头要塞中设施最全的虎东山遗址一部，再现了战争之残酷和日军之野心。

1999 年 4 月，博物馆建设正式开工，2001 年 8 月 1 日，正式对外开放。主要展出虎头要塞的相关资料和图片，分别为日伪统治下的虎头镇、虎头要塞概貌、劳工的血和泪、虎头要塞之战、历史呼唤和平及侵华日军和苏联红军等专题，以及当时使用过的枪支、弹药、衣物、钢盔、炊具等。

苏联红军纪念碑：位于虎东山山顶，为纪念反法西斯战争胜利，由当时的苏联红军设计、当地居民出工修建，碑高 9.7 米，碑体呈白色，俗称小白塔。

门　　票：免费

开放时间：8:00—17:00

十、杨子荣烈士陵园

中 文 名：杨子荣烈士陵园

地理位置：黑龙江省牡丹江市海林市海林镇子荣街 1 号

内容简介：

杨子荣烈士纪念馆位于黑龙江省牡丹江市海林市东山烈士陵园的青松翠柏之中，是为了纪念著名侦察英雄杨子荣烈士而建的。

2017 年 1 月，杨子荣烈士陵园入选《全国红色旅游经典景区名录》。

主要景点：

杨子荣在一年多的剿匪战斗中，大智大勇，英勇奋战，立下了许多战功。

1947 年 2 月初，杨子荣只身打入匪穴，里应外合，活捉了匪首"座山雕"，荣立三等功。2 月 23 日，在海林市北部梨树沟山里闹枝子沟追剿残匪的战斗中英勇牺牲。杨子荣的团参谋长曲波同志根据杨子荣的事迹创作的京剧《智取威虎山》，更使这个英雄的名字家喻户晓。如今，杨子荣烈士陵园已成为游人必至之地，杨子荣烈士纪念馆也被黑龙江省委、省政府批准为省级爱国主义教育示范基地。杨子荣烈士纪念馆于 1981 年 4 月 5 日正式开放，陈列着烈士生平事迹的图片及遗物等。纪念馆的后山坡是烈士陵园，园中耸立着烈士纪念碑，碑高 8.1 米，象征着"八一"建军节，陵园内立纪念碑，高 10 米，基座面积为 15 平方米，用花岗岩筑成。纪念碑正面是书法家邹文秀书写的"革命烈士纪念碑" 7 个大字，碑背面刻有杨子荣、马路天、高波及其 165 名战友的英名和 42 位烈士的名字。杨子荣墓坐落在纪念碑的东侧，墓前立有"杨子荣烈士之墓"石碑，高 3.1 米，象征着英雄牺牲的年龄 31 岁。整个陵园青松挺立，庄严肃穆。1978 年扩建杨子荣烈士纪念馆，陈列了杨子荣等烈士生前的光辉事迹。杨子荣烈士纪念馆现改建为海林市博物馆。

杨子荣烈士陵园内有中心广场、杨子荣雕像、杨子荣纪念馆、革命烈士纪念碑、杨子荣烈士陵墓等，观众可在纪念馆内随时点播"迎来春色换人间""誓把反动派一扫光"等现代京剧选段和讲述杨子荣传奇的故事，声像影视厅可播放《林海雪原》《智取威虎山》等影视片，充分展示了杨子荣在影视中的英雄形象。

门　　票：20 元
开放时间：8:00—23:00

十一、珍宝岛革命烈士陵园

中 文 名： 珍宝岛革命烈士陵园
地理位置： 黑龙江省双鸭山市宝清县
内容简介：

珍宝岛革命烈士陵园始建于 1969 年，1984 年进一步扩建。2007 年 8 月实施了陵园改扩建工程，陵园占地面积为 3.6 万平方米。珍宝岛革命烈士陵园是专门为纪念在珍宝岛自卫反击战中牺牲的烈士而建造的，园内安葬着在战斗中牺牲的 5 位战斗英雄和 63 位烈士。

主要景点：

珍宝岛革命烈士陵园内建有一座革命烈士纪念馆，由陈雷亲笔题名。展厅面积为 328.9 平方米，馆内分为三部分：第一部分展出的是抗日战争时期在宝清县境内牺牲的部分抗联战士的事迹和图片；第二部分展出的是解放战争时期为解放宝清而牺牲的三五九旅的 95 位烈士的英雄事迹；第三部分展出的是中苏边境武装冲突的历史原因和三次战斗经过及牺牲烈士的英雄事迹、实物、照片。

纪念馆的南侧为珍宝岛革命烈士纪念碑，碑高 7 米，宽 3 米，由黑色大理石贴面。碑顶是 3 米高的自卫反击战中烈士奋起还击的雕像，碑名由陈雷题写，碑的背面刻着珍宝岛事件的经过。

珍宝岛革命烈士纪念碑的北侧是三五九旅七一九团 93 位烈士的纪念碑，碑高 15.6 米，占地 278.9 平方米，是为解放宝清而牺牲的 93 位烈士而建的。碑名"三五九旅革命烈士纪念碑"与背面的"为解放宝清牺牲的革命烈士永垂不朽"题词均由王震将军题写。该纪念碑原立于马鞍山上，后被移至园内。

陵园的最东端是墓区，占地 4330 平方米。墓区的最前排是由中央军委授予"战斗英雄"称号的 5 位烈士的汉白玉烈士墓，长眠着"踏遍雷区无所惧"的孙征民烈士、"粉身碎骨志不移"的杨林烈士、"一生交给党安排"的陈绍光烈士、"洒热血，捍江山"的王庆容烈士、"生命不息，冲锋不止"的于庆阳烈士。再向东是在珍宝岛自卫反击战中牺牲的 63 位烈士的墓穴，每座墓都刻有烈士的姓名和牺牲时间。墓穴的西侧花环点缀，四周松柏映衬，庄严肃目，让人肃然起敬。

凉亭、人工湖、假山、花卉又为陵园增添了几道风景。英勇的石狮、挺立的松柏，衬托出陵园的雄壮。杨柳依依，芳草茵茵，花朵四季不败，一片盎然生机。

门　　票：5 元

开放时间：全天

十二、齐齐哈尔大庆油田历史陈列馆

中 文 名：齐齐哈尔大庆油田历史陈列馆

地理位置：黑龙江省大庆市萨尔图区中七路 32 号

内容简介：

齐齐哈尔大庆油田历史陈列馆是中国第一个以石油工业为题材的原址性纪念馆，是黑龙江省文物保护单位。

齐齐哈尔大庆油田历史陈列馆集教育、展示、研究、旅游及人性化服务功能于一体，成为展示大庆油田文化、石油员工风采的重要基地。陈列馆也是爱国主义教育的基地、企业形象展示的窗口、油田历史研究的场所、优秀文化交流的平台、缅怀石油先辈的殿堂和旅游休闲观光的圣地。

2017 年 1 月，齐齐哈尔大庆油田历史陈列馆入选《全国红色旅游经典景区名录》。

主要景点：

齐齐哈尔大庆油田历史陈列馆占地面积为 1.59 万多平方米，陈展面积为 4200 多平方米，拥有馆藏展品 7458 件。齐齐哈尔大庆油田历史陈列馆包括"贴近实际、贴近生活、贴近群众"的精品陈列，馆内陈列分为"岁月大庆""松辽惊雷，油出大庆""艰苦创业，光辉历程""大庆赤子，油田脊梁""大庆精神，民族之魂""巨大贡献，卓越品牌""春风沐雨，光耀征程""油田百年""百年油田畅想"9 部分。通过采用编年体和专题式有机结合的方式，全面地展示了大庆油田的辉煌发展历程、油田领导的泱泱风范、企业文化的继承创新、大庆油田的巨大贡献、中央领导的亲切关怀等内容，突出表现了党领导建设社会主义工业企业成功典范的主题。

门　　票：免费
开放时间：8:00—17:00

十三、齐齐哈尔江桥抗战纪念地

中 文 名：齐齐哈尔江桥抗战纪念地
地理位置：黑龙江省齐齐哈尔市泰来县江桥蒙古族镇
内容简介：

齐齐哈尔江桥抗战纪念地位于黑龙江省齐齐哈尔市泰来县江桥蒙古族镇，嫩江流域的中段，它是齐齐哈尔通往中原地区的要道，江桥抗战就是在这里发生的。如今齐齐哈尔江桥抗战纪念地在江南铁桥之西，北边是陡峭的邻水山崖，山的阳坡是民房覆盖区。铁桥的东南为平坦的开阔地，多数地方栽植树木，再往东是地势起伏的小漫岗，靠近水面之地无植被。江北为低洼的沼泽地。

2017 年 1 月，国家发改委、中宣部、财政部、国家旅游局（现文化和旅游部）、中央党史研究室等单位公布了《全国红色旅游经典景区名录》，齐齐哈尔江桥抗战纪念地位列其中。2019 年 9 月，齐齐哈尔江桥抗战纪念地被中宣部命名为"全国爱国主义教育示范基地"。

主要景点：

1931 年九一八事变后，日本帝国主义侵占辽吉，虎视龙江。马占山临危受命，激民族之义愤，怀满腔爱国之热血，立"还我河山"之宏愿，举抗日之旗。11 月 4 日，马占山组织领导打响了中华民族抗日战争第一枪。江桥阻击战持续了半月之久，异常悲烈。江桥抗战，蜚声中外，世人感泣，民心振奋。

现在，齐齐哈尔江桥抗战纪念地建有纪念公园、纪念馆，包含江桥小站、抗战路改造、十里观江大道、观江台、抗战遗址园广场、观江亭、赏月亭等景观，成为爱国主义教育基地和红色旅游景区。

齐齐哈尔江桥抗战纪念地有江桥抗战时期的嫩江哈尔葛大桥（木桥）桥墩遗址，伪满时期建设的嫩江大桥（铁桥）桥墩、桥头碉堡遗址，日本占领时期江桥铁道守备队遗址，关东军驻江桥守备队大营碉堡、地下工事遗址，以及未探明的日军地下仓库等。自 2001 年以来，江桥镇累计建设了占地 3 万平方米的纪念公园，园内有江桥抗战纪念碑、马占山将军铜像、反满抗日爱国志士伊作衡纪念碑、抗日爱国将领苏炳文将军纪念碑、江桥抗战纪念墙、江桥抗战纪念馆等，其中馆内有珍贵图片 240 张、文物 90 件。

门　　票：免费
开放时间：全天

上 海 市

一、中国共产党第一次全国代表大会会址纪念馆

中 文 名：中国共产党第一次全国代表大会会址纪念馆
地理位置：上海市黄陂南路
内容简介：

中国共产党第一次
全国代表大会会址纪念
馆位于上海市黄陂南
路，是事件类纪念性博
物馆，隶属于上海市文
化广播影视管理局、上
海市文物局。纪念馆的
主要任务是对中共一大
会址进行保护管理，对
有关中共党史、中国革
命史文物资料的征集、
保管、陈列和对中共创
建历史进行研究，对中
外观众进行讲解和接待。

中共一大会址纪念馆成立于 1952 年，当时称为上海革命历史纪念馆第一馆。中共一大会
议旧址于 1951 年踏勘确认。中共上海市委设立上海革命历史纪念馆管理委员会，夏衍任主任
委员，负责领导中共一大会址的修缮和建馆工作。1952 年初，会址修复竣工，成立上海革命历
史纪念馆筹备处。1952 年 9 月，中共一大会址复原布置就绪，实行内部开放。1961 年 3 月 4
日，国务院公布中共一大会址为第一批全国重点文物保护单位。1968 年，上海革命历史纪念
馆筹备处将其改名为中国共产党第一次全国代表大会会址纪念馆，并对社会开放。1986 年，
经上海市编制委员会批准，恢复上海革命历史纪念馆筹备处，并与中共一大会址纪念馆实行

两块牌子、一套机构。1984 年 3 月，邓小平为纪念馆题写了馆名。

中共一大会址纪念馆自建馆以来，先后被中宣部命名为全国爱国主义教育示范基地，被中共中央纪律检查委员会公布为全国廉政教育基地，被国家国防教育办公室公布为国家国防教育基地，先后荣获了全国五一劳动奖状、全国爱国主义教育示范基地先进单位、全国文物系统先进集体、全国红色旅游工作先进集体、全国德育教育先进集体、上海市文明单位、上海市爱国主义教育基地先进单位等荣誉称号。中共一大会址纪念馆党支部先后被中共中央组织部与中共上海市委组织部评为全国和上海市先进基层党组织。

主要景点：

纪念馆馆舍建筑利用的是中共一大会址所在地树德里的原有房屋和西邻的辅助建筑，占地面积为 1300 余平方米。树德里房屋建于 1920 年秋，共 2 排 9 幢二层楼房，砖木结构，坐北朝南，清水外墙，大门上部均有拱形堆塑花饰，属于上海典型的石库门建筑。后排 4 幢为黄陂南路（原贝勒路）374 弄 1～4 号，前排 5 幢为兴业路 70～78 号，其中中共一大会址即在 76 号（原望志路 106 号）。全部房屋的建筑面积约为 900 平方米。馆舍建筑均按照当年外貌原状修复，新扩建的辅助建筑于 1999 年 5 月竣工，外貌与中共一大会址建筑相仿，保留了20 世纪 20 年代上海典型的石库门民居风格。新建筑为钢筋混凝土结构，占地面积为 780 平方米，建筑面积为 2316 平方米，位于兴业路 82～94 号。一层为观众服务设施，设有门厅和多功能学术报告厅；二层为"中国共产党创建历史文物陈列"展览厅。

中共一大会址纪念馆扩建工程于 1998 年 6 月 10 日开工。全市广大共产党员、共青团员和人民群众积极参与了工程的义务劳动与自愿捐款。1999 年 5 月 27 日，中共一大会址纪念馆工程于庆祝上海解放 50 周年纪念日竣工并正式对外开放。江泽民专门为扩建工程竣工题词"没有共产党就没有新中国"。

中共一大会址纪念馆建馆以来，收藏文物 3.8 万余件，其中一级文物 128 件，累计接待国内外观众 1000 余万人次。1997 年 6 月，中共一大会址纪念馆被中宣部命名为全国爱国主义教育示范基地。

门　　票：免费

开放时间：9:00—17:00，16:00 停止入馆（周一闭馆，节假日除外）

二、上海龙华烈士陵园

中 文 名：上海龙华烈士陵园

地理位置：上海市徐汇区龙华西路 180 号

内容简介：

上海龙华烈士陵园由邓小平同志题写园名，位于龙华寺的西侧，是全国重点文物保护单位和全国重点烈士纪念建筑物保护单位。这里原为国民党淞沪警备司令部旧址和龙华革命烈士就义地，1949 年后作为革命烈士纪念地予以保护，20 世纪 90 年代初与上海烈士陵园合并建设。1995 年 7 月 1 日建成开放，是一座集纪念瞻仰、旅游、文化、园林名胜于一体的新颖陵园，素有"上海雨花台"之称。

上海龙华烈士陵园东临名刹龙华寺，与龙华古塔隔路相望。其前身为血华公园，辟建于 1928 年，为阵亡烈士陵园。1952 年市工务局园场管理处接管整修，1952 年 5 月 1 日对外开放，改名龙华公园。1964 年，对公园进行扩建整修。

公园原址的西侧为国民党淞沪警备司令部，内设看守所，1927—1937 年，数以千计的革命志士曾被关押于此。公园东北为刑场，罗亦农、彭湃、陈延年、陈乔年、赵世炎、李求实、柔石、殷夫、胡也频、冯铿等革命志士就义于此。

主要景点：

龙华烈士陵园建有纪念瞻仰区、烈士墓区、遗址区、烈士就义地、碑林区、青少年教育活动区、干部骨灰存放区和游憩区这 8 个功能区。纪念碑矗立在陵园的主轴线上，其正面镌刻着江泽民题写的"丹心碧血为人民"7 个大字。纪念馆分为 8 个展厅，以 1000 余件文物和大量的照片、图片，展示了自鸦片战争以来为"独立、民主、解放、建设"而战斗和牺牲在上海的 200 多位革命先烈的光辉业绩。烈士纪念堂安放着 500 余位烈士的骨灰，堂内设有一幅题为《碧血》的大型瓷版画，是先烈崇高精神的生动写照。陵园内有全国著名雕塑家塑造的 10 座大型纪念雕塑和集当代书法大成的龙华烈士诗词碑林。

龙华观桃是上海历史上有名的胜景，在陵园大门东侧有大片桃树林，种植碧桃、垂丝桃、寿星桃等品种共 500 余株，周边内侧还种有红花夹竹桃。每当三月，可见落英缤纷，与龙华古塔交相辉映。"龙华千古仰高风，壮士身亡志未穷，墙外桃花墙里血，一般鲜艳一般红"，更使桃花与陵园联为一体。

南北主轴线的甬道两侧密植着高大的龙柏，圆柱形的树冠绵延成两道绿墙，给人庄严、肃穆的感觉。外面两侧是两排四季常青的雪松和叶色鲜红的枫树，下层地上种植着杜鹃花，体现出整个陵园的主体意境。在甬道中段两旁对称的大花坛中，满坛鲜花簇拥在烈士纪念碑前。

东西副轴线与南北主轴线垂直交错，成为东西向的林荫干道，两旁以广玉兰为主调树种，配置茶花、八角金盘、八仙花等花灌木。副轴线东段伸入碑林区的全部植竹丛，象征烈士的高尚气节。另一条副轴线位于西北部，绿化以墓地为主体，列植蜀桧柏作为背景树，墓地前面铺常绿草坪，四周群植蜡梅、南天竹、桂花、石榴、紫薇等。

纪念瞻仰区：在陵园中部、南部的南北主轴线上，大门广场内有传统特色的门楼，楼顶上为邓小平所题的"龙华烈士陵园"，门外广场东侧保留红岩，象征革命烈士威武不屈的英姿。门内香樟林后为三层逐层升高和逐层向两边扩大的平台。第三层广场正中，一座用红色花岗岩筑成的巨大横幅由鲜花凌空托起，碑正面镌刻"碧血丹心为人民"，反面为碑文。纪念碑后面是纪念馆，呈金字塔形。第二层平台两旁有"独立、民主""解放、建设"两组主题雕塑。

碑林区：碑林区在陵园的东侧，紧依龙华寺，由两座碑亭、四座碑廊、两座碑墙和大型梯形花坛组成。入口处是一座名为"且为忠魂舞"的大型烈士群雕，底座镌刻毛泽东手书的

《蝶恋花》，两座碑亭皆为方形，攒尖顶，亭中央各立一根四面有碑文的碑柱。碑廊外一侧建有对称的两座碑墙，一墙镌刻鲁迅《为了忘却的记念》全文手迹，另一墙镌刻烈士诗文 29 首。在茂林修竹间，还竖立着数十块保持自然形态、大小不等的石林碑刻，星罗棋布，自然成林。

就义地及地下通道：位于陵园的东北隅，南衔碑林区，西临纪念瞻仰区。

烈士墓区：由烈士纪念堂、烈士墓地和无名烈士墓组成。烈士纪念堂造型别致，圆形的顶部采用斜面几何形钢架玻璃天棚结构，墙面内外共有三块"百年英烈历史浮雕"，烈士纪念堂内有一幅瓷版画，主题为"碧血"，取材于春秋的碧血丹心。烈士墓地分东、西两块，内植草皮。

11 座大型雕塑与纪念广场坐落于南北主轴线上。这里安葬着顾正红、罗亦农、赵世炎、林育南、李求实等 1600 余位烈士，并建有申城第一碑林，占地约 1.4 万平方米，分南北两排，各长 54 米，遥相呼应。

门　　票：免费

开放时间：陵园 6:00—17:30（17:00 停止入园，17:30 清场）
　　　　　　纪念馆 9:00—16:30（16:00 停止入馆，周一闭馆）

三、宋庆龄陵园

中 文 名：宋庆龄陵园
地理位置：上海市长宁区宋园路 21 号
内容简介：

宋庆龄陵园的正门位于上海市长宁区宋园路 21 号，建于 1984 年 1 月，前身为上海市万国公墓。宋庆龄陵园由以宋庆龄墓为中心的纪念设施、儿童博物馆、万国公墓名人墓园和万国公墓外籍人墓园 4 个部分组成。主干道的东端建有宋庆龄纪念碑，正面镌刻着邓小平的题词"爱国主义、民主主义、国际主义、共产主义的伟大战士宋庆龄同志永垂不朽"，背面为王桂方书写的"宋庆龄同志碑文"，3300 余字的碑文记载了宋庆龄光辉的一生。主干道的尽头是宋庆龄生平事迹陈列室。儿童博物馆位于宋庆龄陵园的东南部，由综合楼、航天馆、航海馆、环幕电影厅 4 个部分组成。墓地两侧为万国公墓外籍人墓园和万国公墓名人墓园。

1982 年，国务院公布宋庆龄墓为第二批全国重点文物保护单位。

主要景点：

宋庆龄陵园坐落于上海市区，离徐家汇商圈不远，这里是宋庆龄长眠的地方。宋庆龄陵园内环境清幽、松柏成林，走进大门有一条笔直的路通向深处。顺着路直走，会首先看到邓小平题词的纪念碑，碑的背面是记载宋庆龄光辉一生的碑文。

继续往里走，右手边即是墓区，可以远远地望到端坐在松柏深处的宋庆龄雕像，汉白玉雕成的宋庆龄笑容端庄、和蔼，令人肃然起敬。雕像的后面是宋氏墓地，中间是宋庆龄的父母宋耀如和倪桂珍的合葬墓，其东侧是宋庆龄墓，西侧则是与宋庆龄共患难 50 多年的保姆李燕娥女士的墓。

宋庆龄陵园的前身是上海万国公墓，所以在宋氏墓地的东侧可以看到一片万国公墓外籍人墓园，有来自世界各国的 600 多名外籍人士安葬于此，其中包括鲁迅的日本朋友内山完造夫妇、宋庆龄的美籍女友耿丽淑等，还能看到鲁迅先生的原葬地（现已迁葬到上海鲁迅公园）。园区的西北侧是万国公墓名人墓园，安葬着抗日英雄谢晋元、"三毛之父"张乐平、京剧大师周信芳、油画家陈逸飞等知名人士。

紧邻着万国公墓名人墓园的是宋庆龄纪念馆，馆内可见到宋庆龄曾用过的笔、眼镜、打字机，曾穿戴过的衣物，她的亲笔书信，以及她与孙中山等人的珍贵照片，这里还有纪录短片和各种图文，讲述了宋庆龄的生平事迹。如果带着孩子来，那么还可以到园区东南角的儿童博物馆参观，这里有多个科普展览和玩具展，是为实现宋庆龄"把最宝贵的东西给予儿童"的愿望而建成的，是陵园的一部分。

门　　票：免费

开放时间：8:30—17:00

四、上海博物馆

中 文 名：上海博物馆

地理位置：上海市黄浦区人民大道 201 号

内容简介：

上海博物馆创建于 1952 年，原址在上海市南京西路 325 号旧跑马总会，1959 年 10 月迁入河南南路 16 号中汇大楼，现位于上海市黄浦区人民大道 201 号。

1993 年 8 月，上海博物馆新馆开工建设，于 1996 年 10 月 12 日全面建成开放。上海博物馆的建筑总面积为 3.92 万平方米，占地面积为 1.1 万平方米，地下有两层，地上有五层，高 29.5 米，总投资 5.7 亿元。新馆是方体基座与圆形出挑相结合的建筑造型，具有"天圆地方"的寓意。馆名"上海博物馆"由 1949 年后上海第一任市长陈毅所书。

上海博物馆设有 11 个专馆和 2 个展览厅，陈列面积为 2800 平方米。馆藏文物近百万件，其中精品文物 12 万件，尤以青铜器、陶瓷器、书法、绘画为特色。收藏了来自陕西、河南、湖南等地的青铜器，有文物界"半壁江山"之誉，是一座大型的中国古代艺术博物馆。

主要景点：

上海博物馆陈列面积共计 1.2 万平方米。一层为中国古代青铜馆、中国古代雕塑馆和展览大厅；二层为中国古代陶瓷馆、暂得楼陶瓷馆和展览厅；三层为中国历代书法馆、中国历代绘画馆、中国历代玺印馆；四层为中国古代玉器馆、中国历代钱币馆、中国明清家具馆、中国少数民族工艺馆和展览厅。

中国古代青铜馆：展厅面积为 1200 平方米，其中陈列了 400 余件精美的青铜器。中国商周时代，青铜器是古代社会文明的重要标志。上海博物馆收藏的青铜器又以具有长篇铭文和著录的重器较多为特色，新的陈列品中还有西周的晋侯器和秦国早期的秦公器等重要文物。

中国古代雕塑馆：展厅面积为 640 平方米，有 120 余件展品。展厅以金、红、黑三色为基本色调，以佛教艺术中常用的莲瓣形做隔墙，以石窟寺中的佛龛做壁橱，采用了露置的陈列形式。除陈列部分木雕、陶塑外，还陈列了石刻塑像，这里有北魏、北齐、北周和隋唐雕塑，以及南石刻、金铜佛像等。

中国古代陶瓷馆：展厅面积为 1300 平方米，共陈列了 500 余件展品。其中有新石器时代的彩陶和灰陶、商周及春秋战国时代的原始青瓷、东汉时代的青瓷，还有唐朝的唐三彩。在宋、金、辽时代，各地窑场林立。在元、明、清时代，景德镇成为中国瓷业的中心，所烧制的釉下彩、釉上彩和颜色釉瓷器皆有展出。

中国历代书法馆：集中了各个时期的典型名作，系统地展示了中国书法艺术的历史轨迹。展厅采用了展框、自动感应的灯光照明。

中国历代绘画馆：展厅面积为 1200 平方米，共陈列历代绘画精品 120 余件，从唐代至近代，各种绘画门类均有体现。绘画有着深厚的文化传统和独特的民族风格，是以毛笔、墨、绢纸为主要工具，以点线结构为主要表现手段的造型艺术。为有效地保护展品和方便观众欣赏，展厅内还采用了自动调节光照的感应射灯。

中国历代玺印馆：是中国第一个专题陈列玺印篆刻的艺术馆。展厅面积为 380 平方米，展出玺印篆刻 500 余件。整个陈列以印章艺术的发展历史为线索，上自西周，下迄清末，展出了从馆藏的一万余枚印章文物中遴选出来的具有代表性、艺术性的精品。展馆内借助高低错落的展柜，应用多种技术手段，使实物与辅助陈列相互配合。

中国少数民族工艺馆：展厅面积为 700 多平方米，集中陈列了少数民族的服饰工艺、染织绣、金属工艺、雕刻品、陶器、漆器、藤竹编和面具艺术等近 600 件，表现了少数民族工艺品的奇异风格。

中国历代钱币馆：展厅面积为 730 平方米，通过近 7000 件文物集中展现了中国货币发生、发展和中外经济文化交流的历史概貌。中国历代钱币馆内还辟有杜维善、谭端言伉俪捐赠的丝绸之路中亚古币专室。

中国明清家具馆：700 平方米的展厅内陈列了明清时代的中国精华家具 100 多件。

中国古代玉器馆：中国素有"玉石之国"的美誉，制作玉器已有 7000 多年的历史。在古代社会，玉不仅被用于装饰，而且是财富、权力的标志，又是统治者祭天祀地、沟通神灵的法物。

门　　票：20 元

开放时间：9:00—17:00，16:00 停止入馆

五、"南京路上好八连"事迹展览馆

中 文 名："南京路上好八连"事迹展览馆

地理位置：上海市宝山区大场镇沪太路 3100 号

内容简介：

"南京路上好八连"事迹展览馆于 1963
年 4 月建馆，展馆占地 1200 余平方米，其中
展区面积为 900 多平方米。先后进行过 4 次
较大整修，展示了中共中央三代领导核心和
老一辈革命家对八连的亲切关怀，以及八连
是如何保持艰苦奋斗的作风的。1994 年、
2003 年分别被命名为上海市青少年教育基
地和上海市爱国主义教育基地，2001 年被中
宣部命名为全国爱国主义教育示范基地。

主要景点：

进入展览厅，醒目位置陈列着毛泽东、
邓小平、江泽民、胡锦涛亲切接见"好八连"官兵的珍贵照片和给"好八连"的亲笔题词，
以及胡锦涛给"好八连"战士的亲笔信。陈列分设"四馆一室"。第一馆的主题为"党和国家
领导人的关怀"；第二馆的主题为"霓虹灯下的哨兵"；第三馆的主题为"艰苦奋斗的传人"；
第四馆的主题为"人民群众的厚爱"。"一室"即为放映室，通过多媒体方式再现了当年"好
八连"感人的生动场面。通过 300 多幅照片、200 多件实物、十几面锦旗生动翔实地展示了
"好八连"在上海各个时期的事迹。

除展区外，馆内还设有可供观众进行入团（党）宣誓、举行成人仪式等集体活动和播放
专题片的放映厅，以及方便青少年与"好八连"官兵进行思想交流的座谈室。

展馆对青少年团体预约参观免费（学生个人一般不接待）。

门　　票：免费

开放时间：8:30—17:30（周六、周日闭馆）

六、海军上海博览馆

中 文 名：海军上海博览馆

地理位置：上海市宝山区吴淞塘后路 68 号

内容简介：

1953 年 2 月 19 日，毛泽东首次视察人民海军舰艇部队，乘坐"长江"舰从武汉到南京。航行过程中，毛泽东先后为"长江""洛阳"等舰题词"为了反对帝国主义的侵略，我们一定要建立强大的海军"。为纪念这一意义重大的视察活动，"长江"舰退役后，海军党委决定在上海吴淞建立"长江"舰纪念馆。1991 年，海军东海舰队在该纪念馆的原址筹建了海军上海博物馆。1992 年 11 月 21 日，江泽民莅临该馆视察时指示"要把

这里建设成青少年爱国主义和国防观教育的基地"，并欣然题写了馆名。1996 年，海军上海博物馆被命名为全国中小学爱国主义教育基地，2001 年，被中宣部命名为全国爱国主义教育示范基地。

博览馆占地 1.8 万平方米，包括主体展览馆、海洋科普馆、海洋艺术馆、中国海军历史馆、海军兵器馆、轻武器实弹射击馆、海洋珍奇贝壳馆这 7 个展馆和上海宝山海军少年军校。展览通过图片、文字及实物等方式对青少年进行爱国主义教育和国防观、海洋观教育。

主要景点：

中国海军历史馆的 A 厅是古代部分，展示中国古代海军从春秋末年诞生以来的 2000 多年的水战历程，直至郑和下西洋、郑和成功收复台湾，说明中国古代海军处于世界先进行列；B 厅是近代部分，展示鸦片战争后中国海军在向近现代化转变过程中的坎坷经历和悲惨结局；当代海军历史馆以东海舰队简史为主，展示了人民海军自 1949 年 4 月 3 日诞生后的成长和壮大过程：作战 866 次，解放众多岛屿，首航南太平洋协同进行远程火箭飞行试验，巡逻保卫南沙群岛，出访南亚三国，在革命化、现代化、正规化道路上胜利前进。

海洋艺术馆展示了我国从古至今以海军为题材的艺术品。以大量的陶瓷、书画、石刻、木雕等艺术作品及图片资料，浓缩了从半坡文化时代到 21 世纪的几千年的海洋艺术精华，形象地展示了我国 300 万平方千米海洋国土的蔚然大观和海洋风情，向世人证明海洋文明与人类命脉的渊源。

海军兵器馆展示了曾参加海战的鱼雷快艇和各种舰炮。轻武器实弹射击馆以实物模型、图片和电视录像的形式，形象地展示了海军常用的兵器和我国自行设计建造的各类飞机模型，介绍各类轻武器的发展过程和实战使用的情况。有 5 个标准的手枪、步枪实弹射击靶道，让观众在亲身体验中感受使用武器的乐趣。

在室外展区中，还陈列着曾创造了世界海战史上绝无仅有的单艇独雷击沉国民党军舰奇迹的"海鹰"号英雄艇，多次击落国民党战机、荣立无数战功的歼六飞机，在为夺取海岸制空权的对空作战中，击落敌机的两架 59 式高射炮及 SY—1 舰载导弹等。

海洋珍奇贝壳馆是一个集海洋珍奇贝壳、海洋知识科普、海洋环保宣传为一体的展览馆，

该馆展出来自不同国家、不同海域、形态各异、五彩斑斓的贝壳近 3000 余种，是上海市唯一有规模的长期贝壳展馆。

门　　票：免费

开放时间：9:00—17:00（周三至周日）　　发票时间：9:00—11:20，12:30—16:00

七、陈云故居暨青浦革命历史纪念馆

中 文 名：陈云故居暨青浦革命历史纪念馆

地理位置：上海市青浦区朱枫公路 3516 号

内容简介：

陈云故居暨青浦革命历史纪念馆是在"陈云故居"和原"青浦革命历史陈列馆"的基础上改扩建而成的，总占地面积约为 3.5 万平方米，包括纪念馆主体建筑和附属设施两部分。纪念馆主体建筑占地 2.6 万平方米，由主体部分及辅助设施两部分构成，地下有一层，地上有两层，总建筑面积为 5500 平方米，其中地上部分面积为 3500 平方米，地下部分面积为 2000 平方米。主体建筑前为广场，广场正中设陈云同志铜像，广场两侧设长廊和水池。主体建筑的周围种植苍松、翠柏，后方设青石铺地的小广场，陈云故居毗邻主体建筑。基地后方是风貌依旧的市河，市河两岸保留着具有江南小桥流水特色的建筑群。

主体建筑采用中轴严格对称的手法来表现崇高的纪念主题，屋顶采用民居建筑的曲线坡层面，高低错落加以组合，形象庄重而朴实，且富于变化、层次分明，并与环境协调，立面以色调朴实沉稳的国产石料为主，装饰屋面，屋檐采用琉璃瓦装饰，整个建筑造型继承传统，但又并非简单地复古，既具有现代感，又融入地方历史文化的深刻内涵，达到形式与内容的完美统一。用建筑语言反映了陈云的个性，历史地再现了陈云童年和青少年时期的成长环境，充分体现陈云一生平易近人、朴实高洁的精神风貌。故居与民宅融为一体，突出了江南小镇独具韵味的特色。

主要景点：

主馆一层

序厅中矗立着陈云的 3.6 米高的汉白玉雕像。雕像栩栩如生地刻画了陈云作为共和国经济建设的开创者和奠基人之一的光辉形象。雕像的背景是雨后春笋，这寓意着老一辈无产阶级革命家开创的事业正在蓬勃发展。雕像前种植了竹子，竹是虚心、正直、廉洁与坚韧等美好品质的象征，也是陈云生前最喜爱的植物。

第一展厅

第一展厅展出的内容是：店员出身的工运领导人；在历史转折关头，党的组织工作的杰出领导者；参加领导东北解放战争。陈云作为党内为数不多的工人出身的领导人，在中国革命的几个关键时期都做出了非常突出的贡献。他在遵义会议上支持毛泽东的正确主张，为中国革命实现历史性的伟大转折发挥了重要的作用；他在抗日战争时期担任中共中央组织部部长，对于中共党员人数由3万到121万的大发展功不可没；他在国共两党决定中国命运的大决战中，为解放东北和建立巩固的东北根据地立下汗马功劳，并为解放全中国奠定了基础。

第二展厅

第二展厅展出的内容是：社会主义经济建设的开创者和奠基人之一；在逆境之中。陈云作为中国社会主义经济建设的开创者和奠基人之一，在建国初期统一全国财经、稳定物价斗争中，在进行社会主义改造和建设中都做出了突出贡献。陈云处境困难，但他依然关心国家发展、人民生活，认真调查研究，并率先提出要研究当代资本主义，成为打破自我封闭、实现对外开放的先声。

主馆二层

第三展厅

第三展厅展出的内容是：推动拨乱反正；参与开创有中国特色的社会主义伟大事业。1976年10月，粉碎江青、王洪文、张春桥、姚文元"四人帮"后，陈云冒着巨大风险，率先提出重新评价"天安门事件"、让邓小平参加中央领导工作、平反冤假错案的意见。这推动了拨乱反正工作的全面开展，为实现党的工作重心的真正转移提供了政治保障。十一届三中全会后，陈云作为以邓小平为核心的中央领导集体的重要成员，参与领导改革、开放事业，为探索建设有中国特色的社会主义做出了理论和实践上的重大贡献。他关于计划与市场关系的论述、关于党风问题重要性的论述，至今仍具有很重要的指导意义，是留给我们党的宝贵的精神财富。

第四展厅

第四展厅以陈云曾经工作、生活过的地方——中南海为复原场景，展示了陈云和夫人于若木使用过的物品。

青浦革命历史陈列厅

青浦人民具有光荣的革命传统，1848年发生的青浦教案是近代青浦人民开始反抗西方殖民侵略的标志，是中国近代史上的第一宗教案。19世纪50年代，周立春、周秀英父女领导的农民起义把青浦人民的反封建、反侵略斗争推向了高潮。中国共产党成立后，青浦人民的革命斗争面貌焕然一新，大批青浦有志之士投身革命，为中华民族的独立、富强而奋斗。陈云同志就是他们中的一名杰出代表。

陈云手迹碑廊

陈云手迹碑廊位于主馆南广场的西南角，由方亭、碑廊、园景构成，兼具参观、游览功能。陈云手迹碑廊展出了陈云手迹及党和国家领导人有关陈云的评价、题词近百幅，以供瞻仰。陈云手迹碑廊兼具休憩功能，又与园景交相辉映，游客可以于自然情景中轻松自在地专心观摩石碑，接受革命传统教育。

长春园

　　少年陈云读书之余常去长春园听戤壁书（靠在墙壁上听不花钱的书）。他对评弹的爱好一直保持到晚年。现在的长春园是根据当地老人的回忆及有关资料记载复制而成的。长春园内用大量珍贵的照片、史料、实物展示了陈云喜爱评弹艺术、关心评弹成长、研究评弹发展的情景。

　　门　　票：免费

　　开放时间：9:00—16:30（16:00 停止入馆）

八、上海鲁迅纪念馆

中 文 名：上海鲁迅纪念馆

地理位置：上海市虹口区甜爱路 200 号

内容简介：

　　上海鲁迅纪念馆于 1950 年由华东军政委员会文化部筹备，谢旦如先生负责筹建，1951 年 1月 7 日正式开放，周恩来总理题写馆名。上海鲁迅纪念馆包括鲁迅的生平陈列、鲁迅墓、鲁迅故居，三位一体。

　　上海鲁迅纪念馆原与山阴路的上海鲁迅故居毗邻，1956年 9 月迁入虹口公园（今鲁迅公园）。同年 10 月，鲁迅墓由上海虹桥路万国公墓迁葬于虹口公园，并由毛泽东题写碑文。

　　新馆于 1998 年 8 月开始改扩建，于 1999 年 9 月 25 日建成开放。占地 4212 平方米，建筑面积为 5043 平方米。一层建有文化名人专库"朝华文库"、学术报告厅"树人堂"、专题展厅"奔流艺苑"等，二层为鲁迅生平陈列厅。

　　1994 年，上海鲁迅纪念馆被命名为上海市爱国主义教育基地；2001 年 6 月，被中宣部命名为全国爱国主义教育示范基地。

主要景点：

　　上海鲁迅纪念馆的陈列改变了以往的以生平为线索的旧例，在陈列框架上以专题划分展区，分为"新文学开山""新人造就者""文化播火人""精神界战士""华夏民族魂"这5 个专题展区，展示鲁迅的重大业绩与主要精神的突出方面，重点突出、氛围浓郁，给观众留下深刻的印象。上海鲁迅纪念馆的陈列在形式上注重营造氛围，通过色调色温、声音和造型来营造氛围，如灯光造型在"铁屋子中的人群"中的运用等。在展示手段上，除用文物直接再现历史外，还充分应用了影视、场景模型等辅助手段，如鲁迅逝世前 11 天参观在八仙桥青年会举办的全国第二回流动木刻展览会的蜡像场景等。还设计了多种观众参与的功能，运用了大量高科技的技术和设备装置，如多媒体"鲁迅知识百题问答"等。鲁迅纪念馆的陈列设计理念先进，活化了文物资料，再现了鲁迅精神，受到专家和广大观众的好评。

门　　票：免费

开放时间：9:00—17:00（16:00停止入馆，周一闭馆，法定节假日除外）

九、江南造船博物馆

中 文 名：江南造船博物馆

地理位置：上海市黄浦区鲁班路600号

内容简介：

江南造船博物馆是中国近现代科技史的缩影，也是中国近现代工业史的缩影。江南造船博物馆以大量的珍贵实物、历史图片、模型等，展示了从1865年至今，中国近代军事工业和

造船工业的发展史、近代科技的发展史、近代工业的发展史及近代国防的发展史，是上海唯一跨越3个世纪的科技史、工业史大型博物馆，现为全国爱国主义教育示范基地。

主要景点：

江南造船博物馆包括民船馆、历史馆、重工馆和军船馆4个部分。

民船馆

江南造船厂在科学技术上的发展主要集中在1949年以后，这里有展现1949年后至改革开放前江南造船厂在中国工业技术上的突破的代表产品，有当时最大的沿海客货轮"和平28号"、中国第一条自行设计建造的万吨巨轮"东风号"、为中国宇航航天事业做出突出贡献的"远望"科学考察船队。还有改革开放以来民用船舶发展的代表产品，如中国第一艘石油液化气船、琼州海峡火车渡轮、各类出口船舶等，体现了江南造船厂在获得新生后迅速恢复和发展生产，努力建造并提供多种航运及工业装备，展现了百年老厂为国争光的风采。

历史馆

历史馆再现了自1865年江南机器制造总局建立至1949年江南的军事工业、造船工业和科学技术的发展历史。通过对建局初期的规模、著名的江南翻译馆、近代科技先驱徐寿、华蘅芳等的介绍及中国第一艘机动兵轮、第一门钢炮、第一支后装线膛枪等实物和模型的展示，生动地展现了我国近代建立时间最早、规模最大的官办工业企业，集军事工业、机器工业、造船工业于一身的"中国第一厂"的历史，展现了中国近代科学技术的探索和发展。

重工馆

重工馆展示的是江南造船（集团）有限责任公司的上市公司江南重工股份有限公司建造的钢结构产品，展示了上海科技馆、上海大剧院、国家大剧院等标志性建筑的磁悬浮列车轨道，以及世界上跨度最大的钢拱桥——卢浦大桥等。重工馆展现了江南造船（集团）有限责任公司对上海和全国重点工程的贡献，体现了企业在非船舶产品市场的竞争力。

军船馆

军船馆展示了江南造船（集团）有限责任公司生产的多种军事、科研产品及老军工企业为国家国防工业做出的贡献。这里有中国第一艘潜艇——"03"潜艇，第一艘自行设计、全部采用国产材料设备建造的护卫舰——"65"护卫舰，海上先锋舰——"112"舰等。

门　　票：免费

开放时间：9:00—11:00，13:00—16:00

十、中共二大会址纪念馆

中 文 名：中共二大会址纪念馆

地理位置：上海市静安区老成都北路 7 弄 30 号

内容简介：

中共二大会址纪念馆的会址是建于 1915 年的石库门楼房，是当时中央局负责宣传工作的主任李达的寓所。1959 年，中共二大会址纪念馆被原上海市人民委员会确定为上海市文物保护单位。2001 年在建党八十周年之际，中共二大会址修复，建立纪念馆并于次年对外开放。2003 年，中共二大会址纪念馆被上海市人民政府命名为上海市爱国主义教育基地。

主要景点：

1922 年 7 月 16 日至 23 日，中共二大在此召开，出席大会的有中央局成员、党的地方组织的代表、参加远东各国共产党及民族革命团体第一次代表大会后回国的部分代表。

中国共产党第二次全国代表大会是党的历史上一次十分重要的会议。这次会议第一次提出了党的民主革命纲领，第一次提出了党的统一战线思想，制定了第一部《党章》，第一次公开发表了《中国共产党宣言》，第一次比较完整地对工人运动、妇女运动和青少年运动提出了要求，第一次决定加入共产国际，第一次提出了"中国共产党万岁"的口号。

中共二大会址纪念馆为两排东西走向的石库门里弄住宅建筑，采用砖木结构，建筑面积约为 2282 平方米，基本保留了 1915 年始建时的建筑风貌。纪念馆展区面积为 1170 平方米，中共二大会址纪念馆的展区分为 5 个部分，分别为序厅、第一展厅、第二展厅、党章历程厅、"平民女校"展厅。第一展厅分为"开创与探索""旗帜与道路"两个展区，分别展现了党从创建到二大召开的光辉历程。第二展厅即"实践与发展"展区，展现了二大召开后工人与农民运动日益发展、党的理论宣传工作进一步加强、党酝酿与推动国共合作的相关史实。第三展厅为党章历程厅，集中展示了中国共产党的一大党章、二大到十七大的党章，从一个独特的角度再现了中国共产党从幼年走向成熟的过程，通过党章的发展反映了中国共产党与时俱进、开拓创新的精神。第四展厅为"平民女校"展厅，重现了我党第一个培养妇女干部的学校的风貌，并通过女校教师与学员的生活实物、照片，以及相关报道和回忆录，重现了王会悟、丁玲、王一知、王剑虹、钱希均等革命女性追求真理的历程。

门　　票：免费

开放时间：9:00—16:30（16:00 停止入馆，周一闭馆）

十一、团中央机关旧址纪念馆

中 文 名：团中央机关旧址纪念馆

地理位置：上海市卢湾区淮海中路 567 弄 1~6 号

内容简介：

团中央机关旧址纪念馆的全称是中国社会主义青年团中央机关旧址纪念馆。团中央机关旧址纪念馆分为序厅、中国青年英模展厅、上海青年运动史展厅、"渔阳里"历史展厅和旧址 5 个部分，其中旧址位于上海市卢湾区淮海中路 567 弄 6 号，是第一批全国重点文物保护单位。

1920 年 8 月 22 日，上海社会主义青年团正式发起成立。最早有 8 名团员：俞秀松、李汉俊、陈望道、叶天底、施存统、袁振英、金家凤、沈玄庐。俞秀松担任上海社会主义青年团临时中央委员会第一任书记。团的机关就设在当时上海法租界的一个普通民居——霞飞路新渔阳里 6 号（今上海市卢湾区淮海中路 567 弄 6 号）。在新的社会主义青年团临时章程中明确规定：在正式团的机关未组成时，以上海团的机关代理中央职权。

上海社会主义青年团在当时对全国各地社会主义青年团的建立起到了发动和指导的作用。

为了联系和团结进步青年，上海共产主义小组和青年团组织在新渔阳里 6 号开办了外国语学社，这是中国党团组织第一所培养青年的革命干部学校，并在学员中发展青年团员。中国共产党第一代领导集体成员的刘少奇、任弼时就是从这里踏上革命征途的。

团中央机关旧址纪念馆现为全国爱国主义教育示范基地和全国青少年教育基地。

主要景点：

上海青年运动史展厅

通过大量的图片集中展示了上海青年在党的领导下，在新民主主义革命时期、社会主义建设时期和改革开放、建设社会主义现代化国际大都市进程中创造的光辉业绩，表现了青年在党的领导下前赴后继、艰苦奋斗的历程。

中国青年英模展厅

展示了五四运动以来的 33 位青年英模和英模集体的感人事迹，通过再现各个历史时期涌现出的英模形象，向当代青少年昭示中华民族自强不息、奋发向上的精神实质。

"渔阳里"团中央机关旧址历史展厅

展厅主要反映了 1919 年五四运动至 1922 年团的一大召开的这段历史。该展厅分为 4 个展区。第一展区介绍时代背景，讲述五四运动在北京爆发，上海举行了"三罢"斗争并取得胜利的过程。第二展区介绍上海建团的过程，讲述中国共产党发起组领导建团、在渔阳里开办外国语学社、培养干部和输送优秀青年到苏俄学习的历史。第三展区介绍全国建团的情况，讲述在团的带动下，全国各地相继建团，直到 1922 年 5 月 5 日团的一大胜利召开的历史。第四展区展示了以刘少奇、任弼时、俞秀松、罗亦农为代表的从渔阳走出来的一批批优秀青年。

6 号旧址

复原内部陈设，真实再现了当年团中央机关、上海社会主义青年团和外国语学社的原貌。

门　　票：免费

开放时间：9:00—11:00，13:00—16:00（全年无休）

江 苏 省

一、中山陵

中 文 名：中山陵
地理位置：江苏省南京市玄武区紫金山南麓
内容简介：

中山陵是中国近代伟大的民主革命先行者孙中山先生的陵寝及其附属纪念建筑群，面积为8万余平方米。中山陵于1926年春动工，至1929年夏建成。1961年成为首批全国重点文物保护单位，2006年被列为首批国家重点风景名胜区和国家5A级旅游景区，2016年入选"首批中国20世纪建筑遗产"名录。

中山陵位于江苏省南京市玄武区紫金山南麓钟山风景区内，前临平川，背拥青嶂，东毗灵谷寺，西邻明孝陵，整个建筑群依山而建，

由南往北沿中轴线逐渐升高，主要建筑排列在一条中轴线上，体现了中国传统建筑的风格，从空中往下看，像一座平卧在绿绒毯上的"自由钟"，融汇了中国古代与西方建筑的精华，庄严简朴，别具一格。

中山陵的各建筑在形体组合、色彩运用、材料表现和细部处理上均取得了极好的效果，音乐台、光华亭、流徽榭、仰止亭、藏经楼、行健亭、永丰社、永慕庐、中山书院等建筑如众星捧月般环绕在陵墓周围，构成中山陵景区的主要景观，色调和谐统一，更渲染了庄严的气氛，既有深刻的含义，又有宏伟的气势，且均为建筑名家之杰作，有极高的艺术价值，被誉为"中国近代建筑史上第一陵"。

主要景点：

中山陵的主要景点有孙中山纪念馆、中山书院、革命历史图书馆、林荫大道、光华亭、祭堂、碑亭、陵门、流徽榭、美龄宫、行健亭、仰止亭、议政亭、音乐台、永丰社、永慕庐。

祭堂

祭堂现在通常称为灵堂，是一座融合中西建筑风格的宫殿式建筑，长 30 米，宽 25 米，高 29 米，外壁用香港花岗岩建造。堂顶采用中国传统的重檐歇山式，上盖蓝色琉璃瓦。祭堂正中是一尊大理石的孙中山先生坐像。墓室中央是一个圆形的大理石墓圹，墓圹正中是一具用汉白玉雕刻的孙中山先生卧像，孙中山的遗体就安放在这个圆石墓圹里，并用钢筋水泥密封。

碑亭

碑亭平面近似方形，宽约 12 米，高约 17 米，正中立高达 9 米的丰碑，上刻"中华民国十八年六月一日中国国民党葬总理孙先生于此"。1928 年，葬事筹备处认为先生的思想和业绩非文字所能概括，故决定不用碑文。

孙中山纪念馆

孙中山纪念馆，原名藏经楼，位于中山陵与灵谷寺之间的密林中，是一座仿清代喇嘛寺的古典建筑。主楼高 20.8 米，顶上盖绿色琉璃瓦，屋脊采用黄色琉璃瓦，正脊中央饰有紫铜回轮华盖，梁、柱、额枋均饰以彩绘。楼内珍藏孙中山先生的经典著作和奉安照片等珍贵史料。楼前广场正中的花台上竖有一尊高 2.6 米的孙中山先生全身铜像。楼后有长达 125 米的碑廊，上刻孙中山先生所著"三民主义"全文。

中山书院

中山书院于 1994 年 11 月建成，主要用于纪念孙中山先生的学术研究和文化交流。书院是二层宫殿式建筑，坐北朝南，重檐飞角，红柱白墙绿瓦。一层正中安置着中山先生半身像。西厅分类陈列着各种版本的孙中山著作、孙中山研究的学术著作、中山陵文史书刊等，壁上悬有孙中山各个时代的大型照片；东厅陈列着中山陵园收藏的书画精品。二层为会议接待厅，播放着孙中山先生生前的演讲录音。书院建筑面积为 2800 多平方米，四周辅以草坪，植有桂花、茶花、梅花、龙柏、广玉兰和雪松等各类植物，环境清静、幽雅。

流徽榭

流徽榭，又名水榭，位于中山陵至灵谷寺间的公路旁。它三面临水，一面傍陆，以石阶与岸相连。亭长 14 米，宽 10 米，四周有 1 米高的水泥栏杆，顶为卷棚式，铺乳白色琉璃瓦，红色立柱，全部建筑采用钢筋水泥结构。

门　　票：免费

开放时间：8:30—17:00（周一闭馆，法定节假日除外）

二、周恩来纪念馆（故居）

中 文 名：周恩来纪念馆（故居）
地理位置：江苏省淮安市淮安区桃花垠永怀路 2 号

内容简介：

周恩来纪念馆位于江苏省淮安市淮安区桃花垠，为国家 5A 级旅游景区，属于周恩来故里景区。

周恩来纪念馆于 1992 年 1 月 16 日落成。邓小平题写馆名，江泽民、李先念、李鹏、杨尚昆等同志为纪念馆题词。

馆区由纪念岛、宽阔的水面和湖四周的环形绿地组成。总面积为 35 万平方米，其中 70% 为水面。岛上建有主馆和附馆，总建筑面积为 3265 平方米，其中主馆面积为 1918 平方米，附馆面积为 1345 平方米。

主要景点：

在周恩来纪念馆南北 800 米长的中轴线上，依次有瞻仰台、主馆、附馆、周恩来铜像和仿北京中南海西花厅等纪念性建筑。此外，还有岚山诗碑、海棠林、海棠路、樱花路、五龙亭、怀恩亭、西厅观鱼等景点。

主馆

主馆坐落在绿色草坪的基台上，象征着周恩来是中国人民忠实的儿子，他将永远扎根在祖国的土地上。主馆高 26 米，与南京中山陵、雨花台烈士纪念馆为同一等级高度。主馆呈四方形，内八角，四方八面体寓意着周恩来的精神普照着中华民族。4 根花岗岩石柱寓含着周恩来生前曾先后于 1954 年、1962 年、1964 年和 1975 年 4 次提出要在我国实现"四个现代化"的宏伟设想。4 根花岗岩石柱支撑着四坡屋顶，可使人联想起古老江淮平原上提水灌田的牛车棚，寓含着周恩来的一生是为人民服务的一生。4 根柱子支撑四坡屋顶的造型还像苏北里下河地区的待渡亭。1910 年，周恩来离家赴东北时曾在运河边的待渡亭候船，然后登舟北上。以待渡亭的形状作为纪念馆的造型寓意周恩来从淮安待渡亭走出，最终又回到了他的故乡。

馆区的主体建筑排布在南北走向的中轴线上，主馆、附馆坐落在中部三面环水的半岛上，主馆、附馆和中轴线最北端的西花厅是游客主要参观的三个场馆。

主馆分三层。一层为陈列厅，通过图片、实物和电视显示屏介绍了周恩来的一生。二层为瞻仰大厅，中央立着高 4.7 米的周恩来汉白玉全身雕塑。三层是观景台，可俯看馆区，远眺淮安古城。

附馆

附馆是周恩来生平业绩陈列馆，有两层。一层设名人字画厅和影视厅：字画厅展出国内外知名人士和书画大家为周恩来纪念馆捐赠的书画作品；影视厅主要放映周恩来生平业绩的影视片。二层为办公用房。

仿北京中南海西花厅由于能让游客一窥中南海的神秘，因此人气最旺。仿北京中南海西花厅有两层：底层为文物库房和办公用房；二层按原比例复制周恩来工作过的西花园，是一方晚清风格的北方四合院，里面有周恩来会见外宾和举行国事活动的前客厅（西花厅）、卧室、办公室、邓颖超卧室、邓颖超办公室等房间，大多宽敞明亮。

门　　票：免费
开放时间：8:30—17:00（周一闭馆）

三、新四军纪念馆

中 文 名：新四军纪念馆
地理位置：江苏省盐城市亭湖区建军东路 159 号
内容简介：

　　新四军纪念馆是全国唯一的专业性新四军纪念馆。该馆的展览大厅是一座现代化的建筑物。醒目的、蓝白相间的"N4A"臂章图案镶嵌在展厅正门的上方，两侧旗形的花岗岩阴雕画，艺术地再现了新四军与八路军在白驹狮子口胜利会师和皖南事变后新四军在盐城重建军部的历史场面。

　　2017 年 11 月 17 日，新四军纪念馆获第五届全国文明单位称号。

　　主要景点：

　　新四军纪念馆由主馆区、建军广场（铜马广场）、新四军重建军部旧址三部分组成。

　　主馆区

　　主馆区坐落在建军东路北侧，于 1986 年 10 月建成并对外开放。据有关数据显示，主馆区南北长 330 米，东西宽 110 米，占地 33 333 平方米，分为群雕、碑林、展厅、园林这 4 个景区。广场正中立有一座 11.75 米高的国民革命军新编第四军重建军部纪念碑，碑的正面为李先念的题字，背面刻有黄克诚写的《盐阜会师记》碑文，碑前有喷泉。广场东西两侧屹立着"英勇战斗"和"拥军支前"两组高 5 米、宽 7 米、用花岗岩雕刻而成的半圆雕、高浮雕组合的高大的红色花岗雕塑。桥头两旁各有一座用整块汉白玉雕成的少先队员塑像。两侧碑廊分别陈列着老一辈革命家及全国知名书法家作品的石碑 120 余块。

　　展览大厅是一座现代化的建筑，造型体现了新四军的"四"字，正面上方东、西各有一幅"新四军盐城重建军部"和"新四军八路军会师"的花岗岩阴雕画。两幅阴雕画中间是新四军佩戴的"N4A"臂章图案。门前挂着李先念题写的"国民革命军新编第四军重建军部纪念馆"金字匾额。大厅左面的墙上，江泽民的题词"江淮英杰，卫国干城"高度评价了新四军的丰功伟绩；右面的墙上，邓小平的题词"中华儿女们记着：你们的幸福生活是用血换来的！"教导后人缅怀革命先烈，继承发扬光荣革命传统；正面巨幅屏风上镌刻着毛泽东的手书《中国共产党中央革命军事委员会命令》，屏风两旁挺立着陈毅、刘少奇、张云逸、赖传珠、邓子恢五位领导人的雕像，使人感受到"皖南事变"后，中国共产党重建新四军军部、粉碎国民党顽固派取消新四军的图谋、拯救中华民族于危亡的坚强意志。门前陈列着飞机、大炮、军舰等。展厅内陈列着较为完整的、系统的新四军坚持华中敌后抗战的史料和文物。

建军广场

建军广场位于市区最繁华路段的中心，即建军路和解放路的交界处，此处原是盐城市的地理中心位置，盐城市的城市发展也由此向四周扩展。建军广场中间有一个新四军骑马的铜像，这个广场俗称为铜马广场。以新四军骑兵铜像为主体的新四军重建军部纪念塔是盐城的城市标志；铜像是根据新四军老战士管文蔚的具体设想，由中央美术学院王克庆教授创作设计的：一位年轻英武的新四军战士身背大刀，手握缰绳，骑在高扬前蹄的战马背上，面向太阳昂首前进，象征着新四军东进，开辟华中敌后抗日根据地。铜像高4米，长3.8米，重3250千克。塔座用黑色花岗岩砌成，四面呈梯形，正面朝东，刻由原新四军第四师师长张爱萍上将的亲笔题词"新四军重建军部纪念塔"。背面朝西，上刻由张爱萍上将审定的碑文，由已故书法家鲍审手书。

新四军重建军部旧址

新四军重建军部旧址俗称泰山庙，位于盐城市建军西路，是皖南事变后重建新四军时的军部所在地，陈列着刘少奇、陈毅等领导人的文物、史料、照片等。

门　　票：免费

开放时间：8:30—17:00

四、侵华日军南京大屠杀遇难同胞纪念馆

中 文 名：侵华日军南京大屠杀遇难同胞纪念馆
地理位置：江苏省南京市建邺区水西门大街418号
内容简介：

侵华日军南京大屠杀遇难同胞纪念馆通称江东门纪念馆，位于江苏省南京市建邺区水西门大街418号，选址于南京大屠杀江东门集体屠杀遗址及遇难者丛葬地，是首批国家一级博物馆，首批全国爱国主义教育示范基地，全国重点文物保护单位，首批国家级抗战纪念设施、遗址名录，也是国际公认的"二战"期间三大惨案纪念馆之一。

江东门纪念馆是为铭记侵华日军攻占南京后制造了惨无人道的南京大屠杀的暴行而筹建的，是中国人民遭受全民族灾难的实证性、遗址型的专史纪念馆，也是中国唯一的有关侵华日军南京大屠杀的专史陈列馆及国家公祭日主办地。

截至 2015 年，纪念馆占地面积为 12 万多平方米，建筑面积为 11.5 万平方米，展陈面积约为 1.8 万平方米，馆藏文物史料 20 万余件。2014 年接待人数达 803.4 万余人次，自 1985 年 8 月 15 日建成开放至 2015 年 8 月 15 日，参观总人数达 6072.79 万人次，来自美、日、德、英等 90 多个国家和地区的海外人士近 300 余万人次，在全世界博物场馆中仅次于故宫博物院。

2015 年 12 月 1 日，侵华日军南京大屠杀遇难同胞纪念馆的分馆——南京利济巷慰安所旧址陈列馆正式开馆，并对公众开放。这是亚洲最大、保存最完整的慰安所旧址，也是唯一的被在世慰安妇指认过的慰安所建筑。2016 年 9 月，侵华日军南京大屠杀遇难同胞纪念馆入选"首批中国 20 世纪建筑遗产"名录。

主要景点：

纪念馆一期占地面积为 3 万平方米，建筑面积为 5000 平方米。建筑物采用灰白色大理石垒砌而成，气势恢宏，庄严肃穆，是一处以史料、文物、建筑、雕塑、影视等综合手法，全面展示"南京大屠杀"特大惨案的专史陈列馆。

纪念馆正大门左侧镌刻着邓小平手书的"侵华日军南京大屠杀遇难同胞纪念馆"馆名。陈列分为广场陈列、遗骨陈列、史料陈列三大部分。广场陈列由悼念广场、祭奠广场、墓地广场这三个外景陈列场所组成。其中，悼念广场由外形如十字架的上部刻南京大屠杀事件发生时间的标志碑、"倒下的 300 000 人"的抽象雕塑、"古城的灾难"大型组合雕塑及和平鸽等部分组成。祭奠广场上有刻着馆名的纪念石壁、郁郁葱葱的松柏和用中、英、日三种文字镌刻的"遇难者 300 000"的石壁。

纪念馆外景展区有群雕、立雕、浮雕、标志碑、纪念碑、诗碑、赎罪碑、枯树、断壁残垣、遇难者名单墙、绿树草坪等诸多景观，构成了以生与死、悲与愤为主题的纪念性墓地建筑风格。

在外形为棺椁状的遗骨陈列室内，陈列着建馆时从"万人坑"中挖掘出的部分遇难者的遗骨，是侵华日军大屠杀的铁证。

在呈墓穴形状的半地下的史料陈列大厅内，陈列着 1000 余件珍贵的历史照片、文物、图表和见证资料。采用灯箱、沙盘、泥塑、油画、复原景观、多媒体触摸屏、电影、电视等现代化陈列手段，再现了南京大屠杀的悲惨历史，揭露了日本军国主义者的血腥暴行。

纪念馆成为国际间祈祷和平与历史文化交流的重要场所，同时也是全国爱国主义教育示范基地。

门　　票： 免费

开放时间： 8:30—16:30（周一闭馆，国家法定节假日除外）

五、雨花台烈士陵园

中　文　名： 雨花台烈士陵园
地理位置： 江苏省南京市雨花台区雨花西路 215 号
内容简介：

雨花台烈士陵园是国家首批 4A 级旅游区、全国重点文物保护单位、全国爱国主义教育示范基地。

　　陵园面积为 1.13 平方千米，包括雨花台主峰等 5 个山岗，以主峰为中心形成南北向中轴线，自南向北有南大门、广场、纪念馆、纪念桥、纪念碑、北殉难处烈士大型雕像、北大门及西殉难处烈士墓群、东殉难处烈士墓群、纪念亭等。

　　2016 年 9 月，雨花台烈士陵园被列入第六批国家级烈士纪念设施名单。同月，雨花台烈士陵园入选"首批中国 20 世纪建筑遗产"名录。

　　主要景点：

　　在雨花台烈士陵园中，烈士就义群雕、纪念馆和纪念碑是主要的纪念性建筑。纪念碑的碑名和纪念馆的馆名均由邓小平同志题写。纪念碑为花岗岩贴面，高 42.3 米，寓意南京于 1949 年 4 月 23 日解放。纪念碑由碑额、碑身、碑座三部分构成：碑额似红旗、如火炬；碑身正面镌刻着邓小平手书的"雨花台烈士纪念碑" 8 个鎏金大字，背面有江苏省人民政府、南京市人民政府撰写，著名书法家武中奇书写的碑文；碑座前立有一尊高 5.5 米、重约 5 吨，以"宁死不屈"为主题的青铜圆雕。

　　门　　票：免费

　　开放时间：全天

六、淮海战役烈士纪念塔

　　中 文 名：淮海战役烈士纪念塔

　　地理位置：江苏省徐州市解放南路 2 号

　　内容简介：

　　淮海战役烈士纪念塔位于江苏省徐州市，是全国著名的爱国主义教育基地与红色旅游景区，入选《全国红色旅游经典景区名录》。

　　纪念塔于 1959 年 4 月经国务院批准兴建，于 1965 年落成并开放。塔高 38.15 米。塔体正面是毛泽东题写的塔名"淮海战役烈士纪念塔"，塔座正面镌刻着碑文，两侧为大型浮雕。

纪念塔自建成开放以来，年接待社会各界群众 350 余万人次，先后被国务院、中宣部等部门批准或命名为全国重点烈士纪念建筑物保护单位、全国首批爱国主义教育示范基地、国家国防教育示范基地、国家 4A 级旅游景区等。

主要景点：

淮海战役烈士纪念塔园林是为了纪念淮海战役的伟大胜利而建造的，景区内新建的淮海战役纪念馆是世界上最大的陆战博物馆之一。园林占地 80 万平方米，拥有纪念塔、纪念馆、淮海战役碑林、总前委群雕、国防园 5 大建筑及粟裕骨灰撒放处、胡耀邦植树处、青年湖等 10 大景点。整个园林气势宏大、风景秀丽，是一个历史内涵深刻、人文景观丰富、自然景色优美的革命纪念地和风景游览区。

门　　票：免费

开放时间：7:00—17:30（春季、夏季），7:30—17:00（秋季、冬季）

七、《南京条约》史料陈列馆（中英《南京条约》签约旧址）

中 文 名：《南京条约》史料陈列馆（中英《南京条约》签约旧址）

地理位置：江苏省南京市下关朝月楼 116 号

内容简介：

《南京条约》史料陈列馆位于南京市狮子山西麓的古静海寺遗址上，该馆通过 4 个展厅的 130 余幅（件）图片、史料和实

物，向人们展示了英帝国主义侵略中国，腐败的清政府屈膝求和、割地赔款这一中国近代史上屈辱的一幕。馆内新增的条约陈列室陈列着我国近代与外国政府签订的 1100 多个条约，其中大部分是不平等条约，教育人民勿忘国耻、振兴中华。

主要景点：

展览以"百年沧桑，国耻毋忘"为主题，分 4 个展室进行展

示，让参观者穿越百年时空，看到中华民族从屈辱走向强盛的历程。第一部分"英军入侵"，主要介绍鸦片战争爆发的历史背景和战争的简要过程。第二部分"城下之盟"，主要介绍《南京条约》产生的过程。第三部分"丧权辱国"，主要介绍《南京条约》对中国社会产生的深远影响。第四部分"香港回归"，主要通过图片资料介绍香港回归的历史进程，表明中国人民和国家领导人为收回香港所做的不懈努力。

门　　票：免费

开放时间：8:30—17:00

八、梅园新村纪念馆

中 文 名： 梅园新村纪念馆

地理位置： 江苏省南京市玄武区汉府街18号

内容简介：

梅园新村纪念馆位于江苏省南京市城东长江路东端的梅园新村街道两侧，由中共代表团办事处旧址、国共南京谈判史料陈列馆、周恩来铜像、周恩来图书馆等组成，属于近现代历史遗迹及革命纪念建筑物。1946年5月至1947年3月，以周恩来为首的中国共产党代表团在这里与国民党政府进行了10个月零4天的谈判。

主要景点：

纪念馆是一片开放式的街道，它南至汉府街，北至中共代表团办事处旧址外延35米，东至梅园新村17号东侧围墙，西至原南京军区空军后勤部围墙。这里有一幢幢民国时期建筑、一排排法国梧桐，环境幽静。梅园新村由南至北依次有国共南京谈判史料陈列馆、周恩来铜像、周恩来图书馆、中共代表团办事处旧址等景点。

国共南京谈判史料陈列馆：首先到达的是国共南京谈判史料陈列馆，馆名由杨尚昆题写。这是一座富有地方特色的现代建筑，采用传统的四合院格局，周围有颇具民族风格的老虎窗、石刻透空窗。陈列馆正中是一座高6.5米、宽3.3米的大型汉白玉浮雕，浮雕上镌刻着中共代表团领导成员和部分工作人员的群像。陈列馆共有两层，一层展厅为"梅园风云"部分，以记述历史事件为主；二层展厅为"梅园风范"部分，以展示革命文物为主。

周恩来铜像：铜像位于露天庭院的正面墙前，高3.2米，重900千克，神形兼备，以周恩来当年步出梅园新村30号大门的照片为原型。铜像背后树立着高大的汉白玉拱门，在接近铜像处有一组铁花拱圈门，以中共代表团办事处旧址 30 号大门为原型。看到这尊总理铜像，会使人有一种亲切之感。

周恩来图书馆：陈列馆旁边是周恩来图书馆，由民国初期四幢民居式小楼改建组合而成，分上、下两层，内设展厅、阅览厅、音像资料厅、采编室、书库等。主要收藏周恩来的论著、文献、照片、音像资料及介绍他的生平事迹和思想的书刊、资料等，现藏书数万册，在这里可以充分地了解有关周恩来总理的生平事迹。

中共代表团办事处旧址：再往北就是中共代表团办事处旧址，梅园新村 30 号是周恩来和邓颖超同志当年办公与居住的地方，办公室里还陈放着当年周恩来用过的写字台、转椅、分省地图及中共代表团的信笺。梅园新村 35 号是董必武、李维汉、廖承志等代表团成员当年办公与居住的地方，里面藏有董必武藏书《总理遗教全集》。梅园新村 17 号是代表团工作人员办公与居住的地方，周恩来经常在这里举行中外记者招待会，发表重要声明。

门　　票：免费，内设免费讲解

开放时间：8:30—16:30（周一闭馆）

九、沙家浜革命历史纪念馆

中 文 名：沙家浜革命历史纪念馆

地理位置：江苏省常熟市沙家浜风景区内

内容简介：

位于常熟市的沙家浜革命历史纪念馆是为纪念和弘扬沙家浜军民光荣传统而建立的教育展览馆，占地 67 万平方米。在抗日战争时期，位于阳澄湖畔的沙家浜成为苏、常、太游击根据地，依靠当地人民群众的支持，利用阳澄湖地区的天然地理条件，我军开展艰苦卓绝的抗日武装斗争。血战沙家浜、激战阳沟娄、伏击八字桥、夜袭浒墅关、奇袭虹桥飞机场等历史事件至今仍广为传颂。该馆再现了当年沙家浜抗日军民鱼水情深、共同抗敌的感人事迹。

主要景点：

耳熟能详的传奇故事《沙家浜》就诞生在烟波浩渺的阳澄湖上。阿庆嫂、郭建光、沙奶奶、胡司令……在沙家浜革命历史纪念馆里，怀旧的人们可以追寻到他们的足迹。在高大茂密的芦苇荡中，无论是从陆路还是从水路，均能领略到昔日新四军战士与日寇周旋于此时写下的壮丽诗篇。位于辽阔、幽深、曲折、迂回的芦苇迷宫中的第一代"春来茶馆"，仿照京剧《沙家浜》春来茶馆的原貌，保存着八仙桌、七星灶、铜壶等物件，在此品茗休憩，可尽情遐思当年阿庆嫂智斗敌伪的风采。芦花飞雪，河港纵横，你会由衷地感叹：这里就是芦荡火种的发祥地。

地处阳澄湖畔的沙家浜是抗日战争时期中共领导的敌后抗日游击队的根据地，当年新四军及地方抗日武装在人民群众的支持与配合下，英勇抗击日寇和敌伪反动势力，威震敌胆。1949年后，先后有沪剧《芦荡火种》及京剧《沙家浜》传唱全国。为颂扬新四军坚持东路抗战的丰功伟绩和开展革命传统教育，1988年创办该馆。后经重建、扩版更陈，现馆位于瞻仰广场西侧，有馆舍1300平方米、展板700平方米、照片600余幅、革命文物50余件。以内容丰富的版面文字、史料翔实的陈列方式，分5方面内容再现了当年新四军战斗在阳澄湖地区的英雄业绩和今日沙家浜的新貌。同时还采用了现代化多媒体音箱、场景复原、花岗岩浮雕等多种手段布展，使展览动与静结合、平面与立体结合、艺术与科学结合，增强了教育效果。该馆为苏南地区最有代表性的新四军纪念馆之一。自开馆以来，已接待参观者50余万人次，被列为省学校德育基地、苏州市爱国主义教育示范基地等。

门　　票：免费
开放时间：全天

十、茅山新四军纪念馆

中 文 名：茅山新四军纪念馆
地理位置：江苏省镇江市句容市城东南的茅山镇
内容简介：

茅山新四军纪念馆坐落在江苏省镇江市句容市城东南25千米处的茅山镇。茅山是江苏省省级风景名胜区。现在新馆的占地面积为1.6万多平方米，展厅建筑面积为3500多平方米，展馆分5个部分。展出各种珍贵文物和历史资料2000多件，用声、光、电、多媒体等高科技手段，再现了陈毅、粟裕等老一辈无产阶级革命家的光辉业绩和伟大形象，再现了当年新四军与苏南人民同日军浴血奋战的悲壮场面。

主要景点：

步入茅山新四军纪念馆，首先映入眼帘的是一座造型别致、气势雄伟的主体展馆，馆外是占地几万平方米的广场，雪松环绕，绿草茵茵，平整的草坪之上分别陈列着当年新四军在茅山抗战期间使用和缴获的各类飞机、大炮等大型武器。馆内展厅建筑立面以茅山三山为造型，整座建筑庄重大方，展厅共有两层，楼下门厅中屹立着陈毅同志身着戎装、手持望远镜的古铜色全身塑像。塑像后面的展厅分为五部分：第一部分苏南人民奋起抗击日本侵略军；第二部分茅山抗日根据地的开辟；第三部分茅山新四军东进北上；第四部分苏南抗日根据地的艰苦坚持；第五部分苏南人民夺取抗日斗争的胜利。

门　　票：免费
开放时间：9:00—17:00

十一、南京博物院

中 文 名：南京博物院
地理位置：江苏省南京市玄武区中山东路 321 号
内容简介：

南京博物院位于南京市玄武区中山东路 321 号，简称南院或南博，其前身是 1933 年蔡元培等倡建的国立中央博物院，是中国创建最早的博物馆、中国第一座由国家投资兴建的大型综合类博物馆，是大型综合性的国家级博物馆、全国综合性历史艺术博物馆。现为国家一级博物馆、首批中央地方共建国家级博物馆、国家 4A 级旅游景区和全国重点文物保护单位。

主要景点：

南京博物院占地 13 万余平方米，为"一院六馆"格局，即历史馆、特展馆、数字馆、艺术馆、非遗馆、民国馆。另全院设"六所"研究部门，即考古研究所、文物保护研究所、古代建筑研究所、陈列艺术研究所、非遗保护研究、古代艺术研究所，并设有中国博物馆中唯一的民族民俗学研究机构，其中文物保护研究所被称为"文物三甲医院"，是中国纸质文物保护国家文物局重点科研基地。

截至 2018 年，南京博物院拥有各类藏品 432768 件/套，珍贵文物 371032 件/套，珍贵文物数量居中国第二，仅次于故宫博物院。馆藏文物上至旧石器时代，下迄当代；既有全国性的，又有地域性的；既有宫廷传世品，又有考古发掘品，还有一部分来源于社会征集及捐赠，均为历朝历代的珍品佳作和备受国内外学术界瞩目的珍品。青铜、玉石、陶瓷、金银器皿、竹木牙角、漆器、丝织刺绣、书画、印玺、碑刻造像等所有文物品类一应俱有，每一品种又自成历史系列，是数千年中华文明历史发展最为直接的见证。

历史馆常设"江苏古代文明"展览，通过大量文物和标本"直接说话"，彰显展示效果。

特展馆内设 10 个展厅，用于举办临时展览与特别展，体现不同文化艺术之间的交流融合。目前展出"国宝展""金色中国""盛世华彩""陈设清宫""精准与华美"等展览。

艺术馆内设 8 个展厅,按照艺术品的分类设古代绘画、古代书法、古代雕塑等专题陈列,同时设立名人艺术专馆,包括国画大家傅抱石、工笔画大家陈之佛、油画大师苏天赐专馆等。

数字馆分为实体馆、网络虚拟馆两个部分。其中实体馆基于人类情感,展现了中国古代文明,尤以江苏为例。网络虚拟馆不仅在线复原了实体馆,而且以网络为平台,集合观众智慧打造永不闭馆的"网上博物馆"。

民国馆以南京的地域文明为主题,直观展示民国时期的市民生活。

非遗馆即江苏非物质文化遗产展示馆,除介绍江苏非遗项目的基本情况外,还展示热闹的民俗活动、传统的手工艺和传统口头表演等。

除有中山门、朝天宫两处藏品库房外,又在大殿右侧新建一座 3000 平方米的现代化新库房,使文物保管条件得到很大改善。大殿底层的新展厅,即 20 世纪 30 年代原图纸上设计的连接二层陈列大厅的底层陈列厅也已建成,陈列厅有《长江下游五千年文明展》《我们的昨天——祖国的历史、民族和文化展》《江苏考古陈列》三个基本陈列,常年对观众开放。大殿前方西侧的一座与现大殿相似的仿古宫殿式艺术陈列馆,即 20 世纪 30 年代原计划兴建的工艺馆,计 1.26 万平方米。内设珍宝馆、青铜馆、瓷器馆、书画馆、玉器馆、织绣馆、陶艺馆、漆艺馆、民俗馆、现代艺术馆、名人书画馆 11 个专题陈列展馆。

门　　票:免费

开放时间:

周一 9:00—12:00(11:00 停止领票进入),周一逢法定节假日全天开放

周二至周日 9:00—17:00(16:00 停止领票进入)

十二、泰兴黄桥革命历史纪念地

中 文 名:泰兴黄桥革命历史纪念地

地理位置:江苏省泰州市泰兴市黄桥镇

内容简介:

泰兴黄桥革命历史纪念地位于江苏省泰州市泰兴市黄桥镇,包括新四军黄桥战役纪念馆、新四军苏北指挥部旧址、新四军第三纵队司令部旧址、粟裕部分骨灰安放处等。

1940 年秋,由陈毅、粟裕担任正、副指挥的苏北指挥部在黄桥指挥了著名的黄桥战役。新四军 7000 多人与

3 万多日寇鏖战 5 日，一举歼敌 1.1 万多人。黄桥战役创造了我军以少胜多的光辉历史，实现了新四军与八路军的胜利会师，打开了华中抗战的新局面。

主要景点：

新四军黄桥战役纪念馆

位于黄桥镇米巷 10 号丁家花园内，于 1979 年筹建，1980 年正式对外开放。1990 年第一次扩建，2005 年初再次整建，改建后的新四军黄桥战役纪念馆的占地面积为 4820 平方米，是建馆最早的新四军纪念馆，纪念馆是近代园林建筑，现馆藏三级以上历史文物 4000 余件，历史照片 2500 多幅，新四军老战士及省部级以上干部字画、题词 300 多幅，并设有电子触摸屏、电动图、声光电模型科技产品，又陈列了与现场场景相适应的人物蜡像。纪念馆对新四军黄桥战役进行了全方位、多层面的展示。

新四军苏北指挥部旧址

位于泰州市姜堰区南大街 219 号，以其位于古运盐河拐弯处，故名曲江楼。1940 年夏秋，新四军抗日东进，9 月，新四军苏北指挥部驻曲江楼，总指挥陈毅下榻于楼上，运筹帷幄，为我军在决战黄桥前打赢了政治仗，进而取得了黄桥决战的胜利。

新四军第三纵队司令部旧址

原为严复兴楼，是清代民居建筑。1940 年 10 月，粟裕、陶勇在这里指挥所属将士坚守黄桥，打退了国民党顽固派的 7 次冲锋，为黄桥战役的全面胜利立下了不朽的功勋。1982 年，被江苏省人民政府列为"江苏省文物保护单位"。

粟裕部分骨灰安放处

粟裕曾任中国人民解放军总参谋长、国防部长、中共中央委员、全国人大常委会副委员长、中共中央顾问委员会常务委员。他生前就希望身后把自己的骨灰撒在曾经频繁战斗过的土地上，与长眠在那里的战友们永远在一起。黄桥战役是他和陈毅将军一起创造的我军战争史上以少胜多的奇迹之地，因此逝世后，在中央军委的直接安排下，由他的夫人楚青同志亲自护送部分骨灰来到黄桥撒于此处，并立墓碑以纪念。

门　　票：免费

开放时间：全天

十三、赣榆抗日山烈士陵园

中 文 名：赣榆抗日山烈士陵园

地理位置：江苏省连云港市赣榆区王洪村抗日山南坡

内容简介：

赣榆抗日山烈士陵园位于连云港市赣榆区王洪村抗日山南坡，由八路军 115 师教导二旅、山东军区、滨海军区军民于 1941 年春兴建，至 1944 年，先后 4 次为抗战牺牲的先烈建塔树碑。1949 年以后，党和政府又多次拨款整修护建，形成了以纪念塔、纪念亭、纪念堂、纪念碑、烈士冢和东、西墓群为主的大型烈士陵园。1991 年，为纪念建园 50 周年，新建了日本友人金野博纪念碑、八路军跃马雕塑，翻建了符竹庭将军陵寝，重修了陵园大门等。该陵园于 1982 年 3 月成为江苏省第三批文物保护单位，于 1989 年 8 月成为第二批全国重点烈士纪念建筑物保护单位，现为国家 4A 级风景区。

主要景点：

革命烈士纪念馆位于赣榆区抗日山烈士陵园第二坡段，于 1973 年 11 月建成，最初为倒 T 形平顶房，原建筑面积为 795 平方米，2001 年续建 450 平方米，共 1245 平方米。设 4 个展厅，展线面积为 1160 平方米。纪念馆馆藏实物 50 件、书信 20 封、重要图片 180 幅。馆名由抗日战争时期山纵二旅团长、我国著名军旅书法家武中奇亲笔题写。

革命烈士纪念馆序厅的背景为漫圆形大型雕塑计算机彩色喷绘，生动地表现了滨海抗日军民顶天立地、战无不胜的英雄气概。

第一展厅的主题是：奋起抗日，共产党是中流砥柱。展厅详细介绍了爱国县长朱爱周英勇抗日，中共中央政治局委员、华中局书记、新四军政委刘少奇同志在赣榆开展工作，以及滨海军区政委兼区党委书记符竹庭将军的英勇事迹。

第二展厅的主题是：抗战烽火，八路军、新四军是雄师劲旅。展厅主要介绍了在滨海区参战的主力部队，在地方武装的情况下于赣榆及周边地区发起并组织的主要战斗和战役，其中详细介绍了青口战役、18 勇士和小沙东海战。

第三展厅的主题是：军民团结，天下无敌，兵民是抗战胜利之本。展厅介绍了希伯和金野博两位国际友人的抗日事迹及陈士榘司令员、符竹庭政委统一指挥的赣榆战役的经过。此外还有"担架英雄"董力生的事迹展介。在淮海战役中，她和男队员一样，用木轮小车日夜不停地转运物资，历时 99 天，被评为"支前模范"。她用的小车被中国人民革命军事博物馆收藏陈列。

第四展厅的布展由"修建抗日山""敬仰抗日山""记忆抗日山""热血抗日山""丰碑抗日山""印象抗日山" 6 部分内容组成。

门　　票：免费

开放时间：全天

十四、苏中七战七捷纪念馆

中 文 名：苏中七战七捷纪念馆

地理位置：江苏省南通市海安县长江中路 68 号

内容简介：

苏中七战七捷纪念馆位于江苏省南通市海安县长江中路 68号，建于 1986 年，原名为"苏中七战七捷纪念碑管理处"，1998年更名为"苏中七战七捷纪念馆"，是全国红色旅游经典景区、国家 3A 级旅游景区、江苏省全民国防教育示范基地、江苏省爱国主义教育示范基地、江苏省文物保护单位。

主要景点：

苏中七战七捷纪念馆包括纪念碑、陈列馆、国防园、广场等，有闻名中外的"天下第一刺刀"和"中华第一捷"碑廊等。

纪念碑由全国政协委员、中国科学院院士、全国十大建筑设计师、东南大学教授齐康设计。碑基由寓意深刻、内涵丰富、令人深思的喷沙地、几何坑穴、草坪、錾假石挡土墙、祝酒杯和级级升高的台阶及书卷式碑墙组成。原全国人大常委会副委员长姬鹏飞为"苏中七战七捷纪念碑"题词。

陈列馆正面是向天鸣捷的 7 支枪，馆内陈列着大量历史图片与数百件文物、史料，以及中央领导和全国各地书画家的作品 500 多件，再现了苏中战役的战斗经过和胜利情景等。

国防园陈列着不同时期我军使用的大炮、坦克、导弹等各式武器，是进行国防教育和革命传统教育的富有直观性的好素材。

苏中七战七捷又称苏中战役，是全国解放战争胜利的起点。1946 年 7 月 13 日至 8 月 27 日，华中野战军在粟裕、谭政林的指挥下，以 3 万兵力迎击美式装备的国民党军 12 万之众，连续作战七次，仗仗奏捷，取得歼敌 5.3 万余人的胜利，延安总部发言人高度评价苏中战役，称其为"七战七捷"。

门　　票：免费

开放时间：8:30—17:30

十五、顾炎武纪念馆

中 文 名：顾炎武纪念馆

地理位置：江苏省苏州市昆山市千灯镇马鞍山东路1号亭

内容简介：

顾炎武是昆山市千灯镇人，号亭林，世称亭林先生。顾炎武是明末清初的三大思想家之一，"天下兴亡，匹夫有责"就是他的名言。他一生撰写了《日知录》《天下郡国利病书》《肇域志》等巨著，在中国思想史、学术史上有着辉煌的成就和崇高地位。顾炎武纪念馆内陈列着有关顾炎武的生平事迹，有他的主要著作及专家、学者的部分论文，有古今名人对顾炎武的评价，还有当今书法家颂扬顾炎武所写的碑文。1998年10月5日，江泽民曾到此参观，并签名留念。

顾炎武纪念馆包括顾炎武故居、亭林祠、顾炎武墓、顾园，为千灯镇明清宅第之首。顾炎武纪念馆于2005年被中宣部命名为全国爱国主义教育示范基地。

主要景点：

顾炎武故居朝东落西，为五进古香古色的明清建筑，自东而西依次为水墙门、门厅、清厅（轿厅）、明厅（正厅、楠木厅）、住宅楼，北侧有背弄连接灶房、读书楼和后花园，前与千年石板街相接，后与顾炎武墓和顾园相连。这里是亭林先生居家生活、读书的场所，各厅内陈列着顾炎武先生的塑像、手迹、著作、生平事迹和国内外对顾炎武先生及其作品的研究成果。

亭林祠和顾炎武墓：坐北朝南，东侧有门与顾炎武故居相通，西侧墙外为顾园，祠内有一祭堂。两边墙上及外面走廊墙中嵌有刻碑12块，记述先生事迹。其中一块上刻有先生所著《日知录》中的名言"天下兴亡，匹夫有责"。顾炎武墓的露台均用花岗岩砌造，石阶有七级，围以石栏杆。

顾园：占地2万平方米，位于故居的西南侧，与顾炎武故居、亭林祠及顾炎武墓均相通。内曲水环绕，环水有10个景点，各景点以诗文、字画、语录、塑像等形式表现亭林先生的事迹和生平。整个纪念馆内的古树参天蔽日，环境静谧优美。1956年，顾炎武墓及亭林祠被列为江苏省文物保护单位。2000年，顾炎武故居被昆山市委、苏州市委宣传部命名为昆山市爱国主义教育示范基地和苏州市爱国主义教育示范基地。

门　　票：20元

开放时间：8:00—19:00

十六、中国人民解放军海军诞生地纪念馆

中 文 名：中国人民解放军海军诞生地纪念馆
地理位置：江苏省泰州市高港区白马镇
内容简介：

中国人民解放军海军诞生地纪念馆位于江苏省泰州市高港区白马镇，是全国文物保护单位、全国爱国主义教育示范基地、全国红色旅游经典景区、国家全民国防教育基地、全国科普教育基地、全国航海科普教育基地、江苏省全民国防教育基地，中国人民解放军海

军东海舰队"战斗精神教育基地"。1998年,江泽民为其亲笔题名"中国人民解放军海军诞生地纪念馆"。

主要景点:

由江泽民亲笔题名"中国人民解放军海军诞生地纪念馆"坐落在江苏省泰州市高港区白马镇,纪念馆分为中国人民解放军第三野战军渡江战役指挥部旧址和海军诞生地新馆两部分,占地面积约为2.5万平方米,1999年4月新馆落成开馆。2009年,纪念馆进行了馆区环境维护和展厅改陈设计。

中国人民解放军海军诞生地纪念馆的旧址原为王姓地主庄园,始建于明末清初。1949年4月初,中国人民解放军第三野战军渡江战役指挥部设在此地。同年4月23日根据中央军委命令,中国人民解放军第一支海军部队——华东军区海军在此宣告成立,张爱萍任司令员兼政治委员。1989年2月17日,中央军委颁发命令,确定1949年4月23日为中国人民解放军海军诞生日,江苏省泰州市白马庙为中国人民解放军海军诞生地。

海军诞生地旧址占地面积为1500平方米,建筑面积为800平方米,现存清式二层小楼一座及平房数间,楼上为三野渡江战役指挥中心会议室,楼下为粟裕、张震、张爱萍三位将军的卧室兼办公室。旧址陈列了当年粟裕睡过的雕花木床,以及抗战时期支前用的独轮车和木箱、茶几、太师椅、马灯、灯柜、铜盆等50余件文物用品,设有四个展区共六个展室,再现了当年三野渡江作战指挥机关运筹帷幄、决战长江天堑的历史场景。1982年,中国人民解放军海军诞生地纪念馆被公布为江苏省文物保护单位。1996年和1997年,相继被公布为江苏省全民国防教育基地和爱国主义教育基地。2006年,被公布为全国重点文物保护单位。

中国人民解放军海军诞生地纪念馆新馆建筑新颖别致,既具浓厚的现代气息,又突出纪念馆的主题特征。主体建筑外形似艘军舰,室外广场左侧竖有象征海军舰艇的高桅杆,广场上陈列了一批退役的轰炸机、歼击机、超黄峰直升机、舰炮、鱼雷、导弹等装备,馆内展览运用实物、图片、模型等多种表现形式和幻影成像、影视音像、场景制作等声、光、电技术手段,复原了"渡江作战""解放一江山岛"等多个历史场景,给观众以强烈的视觉冲击,达到了思想性、艺术性和观赏性的有机统一。纪念馆从"近代沧桑""白马建军""威震海疆""发展壮大""鱼水情深"5个方面展示了人民海军发展壮大的光辉历程,并设有贵宾接待厅、报告厅、互动区和4D动感影院,是集教育、培训、旅游娱乐于一体的理想场所,是进行爱国主义教育和全民国防教育的重要基地。

中国人民解放军海军诞生地纪念馆已与数十所院校建立了共建关系，已成为重要的爱国主义教育基地，成为学生军训、党员/团员宣誓、双拥等活动的首选场所，成为社会主义精神文明建设的重要窗口，是泰州精神的展示窗口。

门　　票：免费

开放时间：8:30—17:30

十七、新四军江南指挥部纪念馆

中 文 名：新四军江南指挥部纪念馆

地理位置：江苏省常州市溧阳市竹箦镇水西村

内容简介：

1938 年夏，新四军第一、第二支队先后挺进苏南敌后，开展抗日游击战争，次年 11 月，新四军江南指挥部在水西村成立，统一指挥第一、第二支队和地方抗日武装，巩固和发展了苏南抗日根据地。

新四军江南指挥部旧址西距宁杭高速公路 20 千米，南距溧阳市区 20 千米，是一个在中国革命史和军事史上有重要地位的地方。

主要景点：

新四军江南指挥部旧址原为李氏宗祠，始建于明代。整个祠堂为三进四厢房，回廊雕窗，斗拱画梁，重修后恢复了历史风貌。政治部战地服务团等 5 处旧址均为砖木结构民宅。该馆占地面积为 6000 平方米，建筑面积为 2645 平方米。

纪念馆的大厅内屹立着江南指挥部指挥陈毅、副指挥粟裕的全身铜像。紫色的帷幕上镶嵌着原新四军秘书长、中顾委委员李一氓的题词"威震江南，功在民族"。整个展厅以照片、实物、图表、电子模型等展品反映了新四军江南部队在陈毅、张鼎臣、粟裕的率领下，深入苏南敌后，开创和发展以茅山为中心的苏南抗日根据地的战斗历程。展厅的两侧分别保留着陈毅、粟裕的办公室兼卧室。粟裕同志逝世后，其夫人、子女遵照粟裕的遗愿，将其部分骨灰敬撒于展厅的天井内。

纪念馆的左侧建有将帅馆，陈列了陈毅、粟裕、叶飞等 76 位 1949 年后被授予少将军衔以上的新四军将帅的生平事迹。一层陈列有陈毅、粟裕的生平业绩及他们在各个历史时期的80 余幅珍贵照片，再现了他们光辉战斗的一生。二层是 4 位上将、8 位中将、62 位少将的生平介绍，展品有将军们使用过的望远镜、手枪、公文包，以及战利品、勋章等。

出将帅馆，过六角亭，沿级而下，便是碑廊。它临池而建，黑瓦飞檐，小巧玲珑，古朴典雅。廊壁上镶嵌着有关 52 位新四军老战士的题词、书法作品。

2013 年 5 月，新四军江南指挥部纪念馆由国务院核定并公布为全国重点文物保护单位。

门　　票：免费

开放时间：

春季、夏季 8:00—17:00（16:30 停止入馆），秋季、冬季 8:30—16:30（16:00 停止入馆），周一闭馆，节假日除外

十八、南京云锦博物馆

中 文 名：南京云锦博物馆

地理位置：江苏省南京市建邺区茶亭东街 240 号

内容简介：

南京云锦博物馆位于南京市建邺区，是中国唯一的云锦专业博物馆、国家三级博物馆，主要展示以南京云锦为代表的中国民族织锦艺术，是"新金陵四十八景"之一。其前身是创建于 1984 年的中国织锦工艺陈列馆，是我国首家集知识、观赏、娱乐于一体的织锦艺术博物馆，由中国织锦工艺研究生产实验中心主办，目的是促进中国传统民族民间织锦的开发利用、技艺交流，接待国内外专业人士参观、访问。

主要景点：

南京云锦博物馆展示着云锦织造工艺、明清云锦精品实物及中国古代丝织文物复制品等。具有 1500 多年手工织造历史的南京云锦，以其特殊的浮雕、镶嵌技艺，表达出特殊的审美境界和文化艺术魅力，反映出中华民族特有的文化内涵。博物馆的一层是云锦产品售卖区，二层是各种织机的模型及云锦织造工艺的实体展现。

门　　票：免费

开放时间：8:30—17:00（周一闭馆）

十九、中国审计博物馆

中 文 名：中国审计博物馆

地理位置：江苏省南通市崇川区濠北路 518 号

内容简介：

中国审计博物馆，由国家审计署批准，中国审计学会、江苏省审计厅、江苏省南通市人民政府共同筹建，该馆于 2008 年 4 月 2 日建成并正式对外开放。中国审计博物馆是一座以国家审计为主要内容的专题性博物馆，是中国也是世界上首家国家审计博物馆。

中国审计博物馆坐落于江苏省南通市崇川区风光绮丽的 5A 级景区濠河之滨，展馆面积约为 5000 平方米，展陈面积约为 4000 平方米，分为基本成立区、临时成立区两部分，集收藏、科研、宣传、教育等功能于一体。中国审计博物馆展示了我国不同历史时期的审计制度、审计管理、审计活动及其所体现出的审计文化，展示了我国审计事业三千多年的发展脉络。珍贵的历史文物、文献，不仅佐证了国家审计是民主与法治的产物，而且是推动民主法治的工具。

中国审计博物馆的开馆对于传承审计文化、弘扬审计精神、发展审计事业、促进社会主义和谐建设具有十分重要的意义，也是中国审计人多年的愿望，更是南通人民多年的期盼。筹建中国审计博物馆，旨在传承审计文化、弘扬审计精神，进而促进审计事业和谐发展。

2019 年 9 月，中国审计博物馆被中宣部命名为"全国爱国主义教育示范基地"。

主要景点：

在中国审计博物馆的南门，原审计署审计长李金华题写的"中国审计博物馆"大字的上方是一个大大的红色"审"印。进入展厅，迎面是一个形如魔方青铜雕塑，上面分别刻着"审、勘、磨、计、覆、勾、稽、比"几个字。这些字是表述审查财物账计的行为，从多种不同角度反映了审计在其漫长成长历史过程中所呈现的不同形态，由此也揭示了审计是一种错综复杂且不断发展变化的综合体。"魔方"的后面是一面浮雕，象征中国审计源远流长。雕塑的两侧分别展示着新中国几代领导人对审计工作的指示。

中国审计博物馆的成功创办，得益于改革开放的时代背景，得益于国家经济又快又好的发展局面，得益于各级领导的高度重视和社会各界的鼎力支持。南通作为中国近代文博事业的发源地，中国审计博物馆花落此间，定能不违初衷，为社会主义精神文明建设发挥更重要的作用。

门　　票：免费

开放时间：9:00—16:30（16:30 停止入馆，周一闭馆）

二十、扬州博物馆

中 文 名：扬州博物馆
地理位置：江苏省扬州市邗江区文昌西路 468 号

内容简介：

扬州博物馆，位于江苏省扬州市邗江区文昌西路 468 号，由扬州中国雕版印刷博物馆、扬州博物馆新馆组成（简称"扬州双博馆"），是国家 4A 级旅游景区。

扬州博物馆占地总面积为 50 000 平方米，建筑面积为 25 000 平方米，展区面积为 10 000 平方米，文物库房面积为 5000 平方米，办公区面积为 3000 平方米，公共服务区面积为 7000 平方米。馆内设有广陵潮——扬州城市故事厅、扬州八怪书画厅、书画厅、国宝厅、古代雕刻艺术展厅、中国雕版印刷展厅、扬州雕版印刷展厅和一个临时展厅共 8 个展厅。

扬州博物馆定位为扬州地区最大的文物收藏中心、文博学术研究中心、市民文化休闲中心、青少年文博爱国主义教育基地。开放后的扬州博物馆已经成为扬州文化建设的标志性建筑，成为展示扬州传统文化和现代文明最重要的窗口之一。

主要景点：

广陵潮——扬州城市故事厅

为通史式陈列，其主题突出，设计独具创意，信息传播明晰，陈列语言准确，空间处理富有意味而合乎逻辑，为中国地方博物馆的基本陈列样式摸索出一条全新思路。

国宝厅

陈列面积为 184 平方米，展厅仅陈列一件展品，即元霁蓝釉白龙纹梅瓶。该梅瓶属于元代景德镇窑蓝釉瓷器中的大型器物，造型秀美，蓝釉呈色鲜明纯正，腹部白龙环绕于瓶身，具有极强的艺术感染力，反映了元代景德镇窑的最高烧造水准。此种梅瓶目前传世仅见三件，一件为宫廷旧藏，现存颐和园，一件藏于法国巴黎吉美博物馆，两瓶都有残损，唯扬州博物馆的此件器型最大、纹饰最为精美，1992 年被国家文物鉴定委员会评定为国宝级文物。

书画厅

陈列面积为 717.2 平方米，包括"扬州八怪书画精品展"和"馆藏明清书画展"两个展览，陈列文物 66 件。"馆藏明清书画展"所选展品多是与扬州密切相关的书画家的作品，与"扬州八怪书画精品展"展示的春兰秋菊，各擅胜场。

临时展厅

临时展厅的面积为 1065.3 平方米，可独立对外开放。扬州博物馆自开馆以来，不断举办各种临时展览，或者从外引进，或者内部挖掘，先后举办了"扬州文物精品集粹展""凤鸣岐山——周原西周王朝青铜器玉器精品展""走进'神五''神六'大型航天展""流光溢彩——馆藏明清瓷器展"等展览。

古代雕刻艺术展厅

陈列面积为 526 平方米，陈列文物 135 件。该展厅的展出文物根据材质分为玉雕类、石雕类、砖雕类、漆雕类、骨、象牙雕刻类、竹雕类、瓷雕类、核雕类和木雕类等，分别诠释了灿烂的中国古代雕刻艺术。

门　　票：免费

开放时间：9:00—17:00（16:00 停止入场，周一闭馆）

二十一、南京长江大桥

中 文 名： 南京长江大桥

地理位置： 江苏省南京市鼓楼区下关和浦口区桥北之间

内容简介：

南京长江大桥位于江苏省南京市鼓楼区下关和浦口区桥北之间，是长江上第一座由中国自行设计和建造的双层式铁路、公路两用桥梁，在中国桥梁史和世界桥梁史上具有重要意义，是中国经济建设的重要成就、中国桥梁建设的重要里程碑，具有极大的经济意义、政治意义和战略意义，有"争气桥"之称。它不仅是新中国技术成就与现代化的象征，而且承载了中国几代人的特殊情感。

南京长江大桥是中国东部地区交通的关键节点，上层为公路桥，长 4589 米，车行道宽 15 米，可容 4 辆大型汽车并行，两侧各有 2 米多宽的人行道，连通 104 国道、312 国道等跨江公路，是沟通南京江北新区与江南主城的要道之一。下层为双轨复线铁路桥，宽 14 米、全长 6772 米，连接津浦铁路与沪宁铁路干线，是国家南北交通要津和命脉。大桥由正桥和引桥两部分组成，正桥 9 墩 10 跨，长 1576 米，最大跨度为 160 米。通航净空为 120 米，桥下通航净空为设计最高通航水位以上 24 米，可通过 5000 吨级海轮。

南京长江大桥是南京的标志性建筑、江苏的文化符号、中国的辉煌，也是著名景点，被列为新金陵四十八景。1970—1993 年先后接待 100 多个国家和地区的国家元首、政府首脑及 600 多个外国代表团，来此观览的国内外游客更是难以计数。1960 年以"世界最长的公铁两用桥"被载入《吉尼斯世界纪录大全》，2014 年 7 月入选不可移动文物，2016 年 9 月入选首批中国 20 世纪建筑遗产名录。

主要景点：

桥头堡

桥的南北两侧各有 4 个桥头堡，共 8 个。每一侧有大桥头堡两个、小桥头堡两个。大桥头堡高 70 米，顶上有象征着 20 世纪 50 年代人民公社、大跃进和总路线的"三面红旗"雕像。小桥头堡高 10 余米，突出公路桥面的部分为"工农兵学商"人物雕像。桥头堡下的墙上则写着"人民，只有人民，才是创造世界历史的动力""我们的国家是工人阶级领导的以工农联盟

184

为基础的人民民主专政的国家"等红色标语。整座南京大桥都充满着那个时代的回忆。

上桥方法

外地车辆：南京长江大桥全天 24 小时禁止非本市籍外地号牌机动车、非机动车通行。外地号牌机动车可根据相关通行政策由南京长江二桥、南京扬子江隧道、南京长江隧道等其他过江通道绕行；外地号牌非机动车可通过轮渡通行。

货运车辆：除夜间 23:00 至次日晨 6:00，允许本市籍中型及以下封闭、厢式货车通行外，禁止货车通行。为保障涉及民生的确需通行大桥的货物运输，允许本地中型及以下货车办理通行证后（避开早晚高峰）通行（专项作业车、挂车参照货车管理。）

客运车辆：全天禁止大型客车通行（公交车、本地持通行证通勤班车除外）。

其他车辆：危化品运输车辆、非本市主城号牌摩托车全天禁止通行。

眺望南京城景

从这边的桥头堡步行到对面的桥头堡大概需要 30 分钟至 1 小时，可以看到公路桥两边的栏杆上镶嵌着约 200 块描绘祖国风景和当时社会主义成就的浮雕。感受着脚下隆隆的火车经过，看桥上车水马龙，看桥下滚滚长江上的船只。天气好时，往南眺望南京城景，狮子山、阅江楼、紫峰大厦、江苏南京广播电视塔（紫金塔）都能看到。长江上的日出和日落也非常瑰丽。到了晚上，大桥上千盏路灯齐亮，像长江上的一串夜明珠。不过在早上看日出或晚上看夜景时，若桥头堡电梯没到运营时间，则只能徒步由引桥上桥，或者只在桥下看看，也很有气势。

旅游观光

南京长江大桥是中国对外开放的重要窗口和景点，也是江苏和南京地区的旅游景点之一，吸引了大批国内外游客前来参观游览。大桥建成以来，先后接待了 100 多个国家和地区的国家元首、政府首脑 64 批，部长级贵宾 637 批，国际友人和外国观光者 210 万人次，港澳台胞和海外华人 120 万人次，境内各地游客 3400 万人次。

门　　票：凭有效证件免费（南堡公园 15 元/人）

开放时间：全天

二十二、国家超级计算无锡中心

中 文 名：国家超级计算无锡中心

地理位置：江苏省无锡市滨湖区吟白路 1 号

内容简介：

国家超级计算无锡中心由国家科技部、江苏省和无锡市共同投资建设，为江苏省首个重大科技基础设施，无锡市、清华大学和江苏省产业技术研究院签订了合作协议，将国家超级计算无锡中心委托给清华大学管理运营。

2019 年 9 月，国家超级计算无锡中心被中宣部命名为"全国爱国主义教育示范基地"。

主要景点：

国家超级计算无锡中心经国家科技部批准成立，由国家科技部、江苏省和无锡市三方共同投资建设。中心坐落在风景秀丽的江苏省无锡市滨湖区吟白路1号，拥有世界上首台峰值运算性能超过每秒十亿亿次浮点运算能力的超级计算机——"神威·太湖之光"。该系统是我国"十二五"期间"863计划"的重大科研成果，由国家并行计算机工程技术研究中心研制，运算系统全面采用了由国家高性能集成电路设计中心通过自主核心技术研制的国产"申威26010"众核处理器。"神威·太湖之光"也是我国第一台全部采用国产处理器构建的世界排名第一的超级计算机。

国家超级计算无锡中心依托"神威·太湖之光"计算机系统，根植江苏，覆盖长三角，拓展全国，放眼全球，与国内外专家、应用单位等密切进行合作。面向生物医药、海洋科学、油气勘探、气候气象、金融分析、信息安全、工业设计、动漫渲染等领域提供计算和技术支持服务，承接国家、省部级等重大科技或工程项目，为我国科技创新与经济发展提供平台支撑。

国家超级计算无锡中心将利用中心的优势资源，结合江苏省"十三五"规划提出着力建设具有全球影响力的产业科技创新中心和具有国际竞争力的先进制造基地的战略新定位，建成具有明确应用背景的高性能计算技术重大应用研究与支撑中心，充分展示高性能计算作为科技创新核心竞争力和强力引擎的价值，成为国内高性能计算人才聚集地和国内外重要并行应用软件研发基地，实现超算中心的可持续发展。

门　　票：凭有效证件免费

开放时间：全天

浙 江 省

一、南湖革命纪念馆

中 文 名：南湖革命纪念馆
地理位置：浙江省嘉兴市南湖区烟雨路
内容简介：

南湖革命纪念馆是嘉兴南湖中共一大会址的宣传、保护、管理机构，是近现代纪念性专题纪念馆，隶属于嘉兴市南湖风景名胜区管理委员会。

南湖革命纪念馆成立于 1959 年 10 月。建馆之初，馆址设在湖心岛。1992 年，中国改革开放转型后，南湖成为旅游风景区。2006 年建立新馆，是第一批全国中小学生研学实践教育基地。

主要景点：

南湖革命纪念馆的基本陈列为"中共一大史料陈列"，系统地介绍了 1840 年鸦片战争以后，中国人民为寻求救国救民的道路而不断探索与抗争、中国工人阶级的壮大、马克思主义在中国的传播、共产主义小组的建立，直至中国共产党成立这一历史进程。

展陈共有三层，一层和二层为"开天辟地"单元，包括"探索救亡图存的道路""中国共产党成立""十三位代表生平事迹介绍"三部分；三层则为"光辉历程"单元，包括"进行新民主主义革命""建设社会主义新中国""走中国特色社会主义道路"三部分。

序厅总面积为 270 平方米，总高度为 9.5 米，主体部分由两层大型浮雕构成。浮雕采用上下错落的块状分割组合形式：上层以嘉兴南湖的风景名胜为主要内容，反映了中共一大召开的社会背景；下层正中，一艘全铜的一大纪念船石破天惊般地从历史画卷中奔涌而出，显示序厅"中国革命的航船从南湖扬帆起航"的中心主题。左右两侧浮雕显示的是中国近代历史上的重大事件，寓意"历史选择了马克思主义，人民选择了共产党"。上下两层浮雕之间以6根巨大的石柱贯通，蕴含"中国共产党是中华民族的中流砥柱"之意。序厅顶部是一块约100平方米的超大型屏幕，一枚巨型党徽投射其上、熠熠生辉，象征着中国共产党"指引中国革命和建设道路，照耀中华民族伟大复兴的光辉历程"。整个序厅通过强烈的视觉冲击和艺术震撼，渲染了"中国共产党诞生是开天辟地的大事变"这一主题。

从序厅往左是"开天辟地"的第一部分"探索救亡图存的道路"，该部分又分为"清王朝的衰落和列强侵华""屈辱与苦难""抗争与探索"这三个章节。在第二部分"建设社会主义新中国"中，首先映入眼帘是天安门与开国大典的大型场景。第三部分"走中国特色社会主义道路"展览的最后是一面宏伟壮观的"党章墙"，通过对不同历史时期党章的展示和介绍，形成了中共从一大到十七大的完整的思想发展史。

门　　票：免费

开放时间：8:00—18:00

二、鲁迅故居及纪念馆

中 文 名： 鲁迅故居及纪念馆

地理位置： 浙江省绍兴市越城区鲁迅中路 235 号

内容简介：

鲁迅故居位于浙江省绍兴市中心，保护规划范围为 51.57 万平方米，其中核心保护区占地 28.9 万平方米。包括 5 大区域：以鲁迅祖居、鲁迅故居、三味书屋等为核心的鲁迅青少年时代生活环境展示区，清末民初绍兴市井生活风情和鲁迅作品人物场景展示区、鲁迅文化研究展示区、绍兴传统商业区、旅游服务区。

故居原为两进，前面一进已非原貌，周家的三间平房已被拆除。后面一进是五间二层楼房，东首楼下小堂前是吃饭、会客之处，后半间是鲁迅母亲的房间，西首楼下前半间是鲁迅祖母的卧室，西次间是鲁迅诞生的房间。楼后隔一天井，是灶间和堆放杂物的三间平房。

1988 年，鲁迅故居（含三味书屋、周家老台门）被列为全国重点文物保护单位。1994 年，鲁迅纪念馆被评为全国十佳优秀社会教育基地。1996 年，被命名为浙江省文明示范博物馆。1997 年，被命名为全国爱国主义教育示范基地。

主要景点：

鲁迅故居

鲁迅故居的新台门位于东昌坊口西侧，是一座大型的台门建筑，其规模和结构与老台门基本相同，坐北朝南，青瓦粉墙，砖木结构，分为六进，共有大小房屋 80 余间，连同后面的百草园在内，共占地 4000 余平方米。

故居中有水榭庭院，搭着一个小小的戏台子。

在新建的鲁迅纪念馆陈列大厅的东首，就是鲁迅祖居——周家老台门，它坐北朝南，前临东昌坊口，后通咸欢河，西接戴家台门，与三味书屋隔河相望。老台门占地 3087 平方米，青瓦粉墙，砖木结构，是一座封建士大夫住宅。

三味书屋是当时绍兴城内的一所私塾。鲁迅 12 岁开始到这里读书，前后长达 5 年时间。三味书屋面积约为 35 平方米，正中上方悬挂着"三味书屋"匾额，是清朝书法家梁同书所题。

风情园在鲁迅纪念馆的西北侧，有一朱家台门，又称"老磐庐"，它西接周家新台门，东邻周家老台门，北临东咸欢河。朱家台门寓古迹，为古城绍兴的花园台门建筑。朱家台门的主人叫朱阆仙，即买下周家新台门的朱文公的子孙。朱家台门原为越王望花宫的故址，是明初名将胡大海官宅的一部分。

百草园连同周家新台门的房产易主之后，园地的南北两端虽已改变了面貌，但它的主要部分仍基本保持原样。

鲁迅纪念馆

鲁迅纪念馆始建于 1973 年。2003 年初，为恢复鲁迅故居的传统风貌，与环境不协调的陈列厅被拆除，恢复为周家新台门。新建的纪念馆位于鲁迅故居的东侧，东接鲁迅祖居，西邻周家新台门，北毗朱家台门，南临东昌坊口，与寿家台门隔河相望。

门　　票：免费
开放时间：8:30—17:00

三、镇海口海防遗址

中 文 名：镇海口海防遗址
地理位置：浙江省宁波市镇海区招宝山街道沿江东路
内容简介：

镇海口海防遗址集中分布在甬江入海口不到 2 平方千米的南北两岸的范围内。镇海口海防遗址内容齐全，自成体系，是中国保存较为完好的海防遗址。镇海口海防遗址包括甬江北岸镇海区招宝山的威远城、明清碑刻、月城、安远炮台、梓荫山的吴公纪功碑亭、俞大猷生祠碑记、泮池（裕谦殉难处）、吴杰故居这 8 处，以及甬江南岸北仑区的戚家山营垒、金鸡山瞭台、靖远炮台、平远炮台、宏远炮台、镇远炮台这 6 处，南

北两岸共计 14 处。这些海防遗址是中国人民热爱祖国、不畏强暴、抗御外侮、自强不息的历史见证。

主要景点：

镇海地处我国海岸线的中段，北临杭州湾、长江口，南连闽、粤，为南北转运、补给和海上交通的要冲，有极其重要的战略地位，素有"海天雄镇""浙东门户"之称。自明中叶以来，镇海军民先后经历了抗倭、抗英、抗法等闻名中外的抗击外敌入侵的自卫战争，留下了许多可歌可泣的英雄事迹和十分丰富而珍贵的海防遗址。在镇海口北面现存的主要海防遗迹有浙江军民抗倭的重要遗迹——威远城、月城、安远炮台、烽堠、明清碑刻及后海塘遗址等。其中的后海塘遗址，城塘合一，既能挡住海潮冲击，又能抵御外敌入侵。城塘是用大块石板条石构筑而成的夹层塘，气势宏伟，蜿蜒数千米。在镇海口的南面，现存的主要海防遗迹有金鸡山顶瞭望台、靖远炮台、宏远炮台、戚家山营垒等。如此集中的海防遗迹在全国是罕见的，它们既是我们的先辈用血肉之躯铸成的历史丰碑，同时又记载了外国侵略者的累累罪行。

门　　票：15 元

开放时间：8:00—18:00

四、大禹陵

中 文 名：大禹陵
地理位置：浙江省绍兴市越城区会稽山麓
内容简介：

大禹陵，古称禹穴，是大禹的葬地。它背靠会稽山，前临禹池，位于浙江省绍兴市城东南的会稽山麓，距城 3 千米。大禹是上古时代的一位治水英雄，是中国第一个王朝——夏朝的开国之君，被后人尊为"立国之祖"。明太祖洪武年间，大禹陵即被钦定为全国祭拜的 36 座王陵之一。

1996 年，大禹陵被国务院公布为全国重点文物保护单位。1997 年，大禹陵又被

中宣部命名为全国爱国主义教育示范基地。2006 年，大禹祭典被国务院列入国家级非物质文化遗产名录。

主要景点：

大禹陵由禹陵、禹祠、禹庙三部分组成。禹陵在中，禹祠位于禹陵的南侧。祠外北侧有"禹穴"碑，祠内有"禹穴辩"碑，禹陵碑亭北侧顺碑廊而下即为禹庙。陵区坐东朝西，从禹陵下，进东辕门，自南而北的建筑依次为照壁、岣嵝碑亭、棂星门、午门、祭厅、大殿，高低错落，山环水绕。

禹陵。大禹葬地，墓在会稽山下，为大禹陵的核心部分，陵区占地面积约为 3 万平方米，建筑面积为 2700 平方米。

禹祠。为姒氏之宗祠，位于禹陵的南侧。坐东朝西，由前殿、后殿、曲廊组成，中由天井分隔。

禹庙。位于禹陵的北侧，是历代帝王、官府和百姓祭祀大禹的地方。

附属建筑

享殿。是古代帝王陵墓地面建筑的主体部分，明代嘉靖初年，绍兴知府南大吉邀请学者对大禹陵的位置进行了考证，立"大禹陵"碑，并在碑后建享殿三间，至清代光绪年间倾圮。

大禹陵碑。于明嘉靖十九年（1540）由绍兴知府南大吉所立，选址依据是闽人郑善夫考证禹穴之所在，在庙南可数十步许。整块碑高 4.05 米，宽 1.9 米，"大禹陵"三个大字由南大吉题写。

龙杠。位于入口处的大禹陵牌坊前有一横卧的青铜柱子，名龙杠。龙杠两侧各有一柱，名拴马桩。

咸若古亭。建于宋孝宗隆兴二年（1164），"咸若"二字出自《尚书·皋陶谟》，咸若古亭是石构建筑，为八角重檐石亭，上刻"咸若古亭"4 字，距今已有 800 多年的历史了。

大禹铜像。大禹铜像高 21 米，重 118 吨，建成于 2001 年，是大禹治水时亲躬劳作的形象，手持木耜，脚踏巨舟，气势雄伟，屹立在石帆山顶。

碑廊。位于咸若古亭的右前方，最高大的碑叫"会稽刻石"，又称为"李斯碑"，篆刻于秦代。据记载，秦始皇三十七年（前 210）11 月，秦始皇东巡狩，上会稽，祭大禹，登秦望山，眺南海，感叹之余，命宰相李斯撰文刻于石上以歌颂自己，故又名"李斯碑"。

禹井。在禹祠的左侧有一井，名曰"禹井"，相传为禹所凿。

禹穴。大禹的葬处被称为"禹穴"。在大禹陵有两处"禹穴"：一处为大禹陵碑后侧；另一处为窆石所在地。

门　　票：通票 50 元（含大禹陵、百鸟苑和香炉峰）

开放时间：8:00—17:00

五、河姆渡遗址博物馆

中 文 名：河姆渡遗址博物馆
地理位置：浙江省宁波市余姚市河姆渡镇浪墅桥村

内容简介：

河姆渡遗址是中国东南沿海最早的新石器时代遗址，发现于 1973 年，总面积约为 4 万平方米，年代约为公元前 5000—公元前 3000 年。河姆渡遗址博物馆通过大量珍贵的文物，展示了河姆渡文化的丰富内涵。

主要景点：

博物馆内设三个基本展厅和一个临时展厅，共展出文物 400 余件。

第一展厅为序厅，通过序言、照片、图表、模型、文物概括地介绍了河姆渡文

化的基本情况。其展出的两个完整的人头骨和复原的头像，让观众见识到我们远祖的模样；7000 年前河姆渡生态环境的模型形象地再现了 7000 年前河姆渡先民过着定居生活，从事农业、狩猎等生产、生活的场景，惟妙惟肖，栩栩如生。

第二展厅"稻作经济"，反映稻作农业及渔猎采集活动。展出的实物有 7000 年前的人工栽培稻谷及照片，稻谷芒刺清晰，颗粒饱满，令人叹为观止。此外，展出的还有骨耜、木杵及石磨盘、石球等稻作经济的全套耕作与加工工具，以及带炭化饭粒的陶片、以夹炭黑陶为主的釜、钵、盘、豆、盆、罐、盉、鼎、盂等炊具、饮器和贮器。

第三展厅反映的是河姆渡人定居生活和原始艺术两方面内容，陈列着被称为是建筑史上奇迹的带有榫卯的干栏式建筑木构件和加工工具。

门　　票：免费

开放时间：

4 月至 10 月：8:30—17:00（16:30 停止入馆）

讲解服务时间：8:30—11:00，13:30—16:00

11 月至次年 3 月：8:30—16:30（16:00 停止入馆）

讲解服务时间：8:30—11:00，13:00—15:50

六、解放一江山岛烈士陵园

中 文 名：解放一江山岛烈士陵园

地理位置：浙江省台州市椒江区枫山北麓

内容简介:

解放一江山岛烈士陵园的主要建筑有牌楼、墓道、战斗纪念塔、纪念亭、石碑、烈士墓区、烈士桥、烈士塑像、纪念馆、陈列馆等。

解放一江山岛烈士陵园 1986 年被列为浙江省文物保护单位,1996 年被台州市委、市政府命名为市级爱国主义教育示范基地,1997 年被浙江省委、省政府命名为省级爱国主义教育示范基地,2001 年被中宣部命名为全国爱国主义教育示范基地,2004 年被国家旅游局(现文化和旅游部)列为红色旅游基地,2005 年被中国人民解放军第二炮兵部队(现中国人民解放军火箭军)列为革命传统教育基地。

主要景点:

陈列馆

陈列馆分为第一陈列室和第二陈列室。馆内陈列主要反映了解放一江山岛战斗的前后过程,分为三部分。

第一陈列室展出的是战前态势和准备工作。国民党余部订立了所谓的"共同防御条例",加紧战争活动,把一江山岛作为他们"反攻大陆"的前哨、据点。

第二陈列室展出的是战斗经过及战后的一江山岛,主要展品有插上北一江山岛主峰 203 高地和南一江山岛主峰 180 高地的两面红旗(复制件),还有解放一江山岛雕塑和烈士遗物,反映了这次战斗的激烈和指战员浴血奋战的场景,以及海门人民支前的感人场面。

纪念馆

纪念馆位于陵园的北面,是圆形天坛式四层建筑。该馆造型独特、壮观典雅。门口匾额"烈士纪念馆"和楹联"悼英雄壮烈精神万古长青,继遗志一定解放金马台澎"为时任浙江省省长周建人所书。

纪念馆的一层、二层为陈列厅。一层中间圆柱上正对大门的一面是张爱萍部长在纪念解放一江山岛战斗胜利四十周年时的题词,另有 4 块大型浮雕,分别表现了授旗、出发、登陆、解放 4 种场面。

战斗纪念塔

战斗纪念塔高 18 米,是陵园内最高的建筑物。基座为五角形,由青石砌筑,上为混凝土塔身,呈三大面和三小面相间的六角形,威武挺拔的陆、海、空三尊雕像立于基座上,塔尖装红五星灯。

烈士墓区

烈士墓区的中心是纪念碑,纪念碑由浙江省人民政府所立。碑文主要记载了解放一江山岛战斗的概况,勉励后人饮水思源,肩负起保卫祖国的神圣责任。烈士墓区内还有一些在解放初期的其他军事行动中牺牲的烈士的墓葬。

"青嶂千年奠忠骨，丹枫万树护英魂"。每年的清明时节，成群结队的凭吊者来到这里，表达对先烈们的永远缅怀和崇敬之情。

门　　票： 免费

开放时间： 全天

七、四明山革命烈士陵园

中 文 名： 四明山革命烈士陵园

地理位置： 浙江省宁波市鄞州区章水镇振兴中路 66 号

内容简介：

浙江省宁波市鄞州区四明山区峰峦叠嶂，地势复杂。在各个革命时期，中国共产党都在这里领导人民进行不屈不挠的斗争，尤其是在抗日战争和解放战争时期，党在这里领导人民建立了武装，与日本帝国主义、国民党顽匪进行了长期的艰苦卓绝的斗争，谱写了一曲曲可歌可泣的英雄赞歌。

为了纪念这些为革命抛头颅、洒热血的英雄先烈，从 1951 年开始，宁波市与鄞县（现鄞州区）人民在鄞县西部的章水镇兴建、扩建革命烈士陵园和革命烈士纪念馆。四明山革命烈士陵园占地面积已达 1.43 万平方米，陵园内树茂花繁、风景宜人。纪念馆的建筑群错落有致，庄严肃穆，这一建筑群包括纪念塔、纪念碑、纪念厅、烈士事迹陈列厅、烈士公墓群、烈士骨灰室和九曲休息长廊，其中最引人注目的是陵园正中冲天耸立的纪念塔。在纪念塔的塔顶，鲜艳的红五星象征着先烈的革命精神如同日月之光，永照千秋；塔身四周镌刻着 4 组浮雕，艺术地再现了当时鄞县革命斗争如火如荼的岁月。烈士事迹陈列厅是参观者流连忘返的地方，陈列厅以丰富的展品展示了鄞县先烈们在各个革命斗争时期进行不屈不挠斗争的历史。

主要景点：

陵园西首有一幢三层楼的建筑，一层为革命烈士纪念馆，馆内墙上一块"英烈永垂四明"的碑石上铭刻着 670 余位烈士的英名，二层、三层分别为烈士骨灰室及病故革命工作者骨灰室。纪念馆北面的烈士事迹陈列厅的建筑面积为 678 平方米，厅内展出了鄞县 4 个历史时期（大革命时期、抗日战争时期、解放战争时期、社会主义革命和建设时期）的革命斗争史和烈士事迹，概述了每个革命时期里革命斗争的形势，展出各个时期革命先烈的斗争经历、史料照片、个人遗物、遗照等。在 100 多件革命文物里，无论是一页信笺、一支钢笔、一本日记、一件战利品，还是大刀、步枪、子弹等，都形象生动地揭示了"没有共产党就没有新中国"

和"只有社会主义才能救中国"的真理。

门　　票：免费

开放时间：7:30—10:30，13:30—16:30（春季、夏季）；8:00—11:00，13:00—16:00（秋季、冬季）

八、舟山鸦片战争纪念馆

中 文 名：舟山鸦片战争纪念馆

地理位置：浙江省舟山市定海城区竹山公园内

内容简介：

舟山鸦片战争遗址公园占地 10 余万平方米，园内建有舟山鸦片战争纪念馆、"三总兵"纪念广场、百将题碑、傲骨亭等，以及迁建的三忠祠和在公园施工中发现的抗英阵亡将士古墓群。

舟山鸦片战争纪念馆是公园的主体建筑，占地 672 平方米，1996 年 5 月奠基，1997 年，乔石为该馆题写馆名，1997 年 6 月 20 日正式对外开放。舟山鸦片战争纪念馆主要陈列了定海两次保卫战的历史文物、图片资料等。2001 年 6 月，被中宣部命名为全国爱国主义教育示范基地。

主要景点：

自 1997 年 6 月向社会开放以来，舟山鸦片战争纪念馆一直是人民群众缅怀先烈、不忘国耻、接受爱国主义教育和国防教育的"大课堂"。每年有 10 万余人次前来参观，接受国防教育，使英勇抗击侵略的民族精神永远激励后人，昭示着"落后就要挨打""有海不能无防"的道理。

"三总兵"纪念广场

"三总兵"纪念广场位于竹山顶，占地 600 多平方米，中央是由三把 21 米高的不锈钢宝剑组成的纪念碑。用将军红花岗岩雕塑的 6 米多高的三总兵像站立碑前，倚剑临风，神情坚毅，目视定海城，象征着誓死保卫国门的浩然正气。

三忠祠

三忠祠是 1846 年根据道光皇帝的谕旨，为祭奠在 1841 年 9 月英侵略军第二次犯定海时，率军顽强抵抗而壮烈殉国的定海镇总兵葛云飞、处州镇总兵郑国鸿、寿春镇总兵王锡朋而设的祠堂。迁建后的三忠祠占地 1360 平方米，并在原有的基础上新增了文史室和书画室，陈列着文物、图片、书画作品等。

百将题碑

百将题碑将收集共和国百位将军为公园的题词，目前已收集并镌刻了刘华清、张震、迟浩田等 60 多位将军的题词。

抗英阵亡将士古墓群

抗英阵亡将士古墓群是在公园建设施工中意外发现的，墓中安葬的是在定海第二次保卫战中壮烈牺牲的清军将士。墓茔虽已经一百多年风雨的侵蚀，但碑文"奉旨：阵亡将士墓"依然十分清晰。

门　　票：免费

开放时间：全天

九、侵浙日军投降仪式旧址（千人坑遗址）

中 文 名：侵浙日军投降仪式旧址（千人坑遗址）

地理位置：浙江省杭州市富阳区受降镇中秋村

内容简介：

侵浙日军投降仪式旧址占地 2867 平方米，建筑面积总计 440 多平方米，1995 年经修复作为浙江人民抗战纪念馆。旧址坐北朝南，采用泥石木结构，为重檐亭式房屋，于 1995 年 9 月正式对外开放。在 200 多平方米的展厅内，分为"侵华暴行，铁证如山""抗日烽火，烧遍全国""欢庆胜利，严惩战犯"三个部分，陈列展出了近 200 幅历史照片、图片和当年受降仪式现场的部分实物，用生动直观的形式展示了日本军国主义的侵华暴行，表现了中华民族不屈不挠反抗侵略的斗争精神和取得的伟大胜利。

主要景点：

"受降厅"原是富阳县长新乡宋殿村（现富阳区受降镇中秋村）地主宋作梅宅院中的一个厅堂。1937 年 7 月 7 日抗日战争全面爆发后，同年 12 月 24 日富阳县城沦陷。随即日军第 22 师团 35 联队第 3 大队移驻宋殿村，其中一个中队的队部就设在宋作梅家里，之后宋殿村成为日军江北指挥所。日军在宋殿村大肆修筑防御工事，在沦陷区实行法西斯统治，烧杀淫掠，无恶不作。

千人坑遗址在距侵浙日军投降仪式旧址东南 500 米的山坞里，是当年日寇杀害我同胞兄弟的刑场和抛尸地点，掳我无数同胞至宋殿村，或囚木笼水牢，或烫煮活埋，或枪杀刀劈。在那血雨腥风的抗战期间，仅宋殿村本地就有 370 余名村民惨死在日本鬼子的屠刀之下，千人坑里白骨累累，惨绝人寰。

1945 年 8 月 15 日日本帝国主义战败，宣布无条件投降，浙江省富阳县长新乡宋殿村被指定为侵驻浙江地区日军投降的唯一地点。

1945 年 9 月 4 日，中方受降代表、第三战区副司令长官兼前进指挥所主任韩德勤中将，副长官上官云相中将，国民党省党部主任委员罗霞天，浙江省主席行辕主任贺扬灵，长官部参谋长张世希等，在宋殿村的原宋作梅宅第接受了日方代表浙日军 133 师团参谋长樋泽一治大佐及达国雄、大谷义一、道佛正红、大下久良、江藤茂榆等的投降仪式，仪式由张世希主持，日方投降代表立正脱帽并向受降长官鞠躬，呈缴证明书、日军驻地表、官兵花名册和武器清册，然后在投降书上签字，并将装投降书的木盒子双手捧着呈送给受降代表韩德勤。

因此地是重大历史事件的发生地，故 1950 年，长新乡改名为受降镇，以志纪念。

在 1995 年抗日战争胜利 50 周年之际，中共富阳市委、富阳市人民政府拨款修复当年投降仪式旧址——受降厅。

门　　票：免费

开放时间：8:00—17:00（春季、夏季，16:30 停止入场），8:30—16:30（秋季、冬季，16:00 停止入场）（周一闭馆，节假日照常开放）

十、浙江省博物馆

中 文 名：浙江省博物馆
地理位置：浙江省杭州市西湖区孤山路 25 号
内容简介：

浙江省博物馆始建于 1929 年，原名"浙江省立西湖博物馆"，是浙江省最大的集收藏、陈列、研究于一体的综合性人文科学博物馆，馆藏文物达 10 万余件。1993 年，浙江省博物馆改扩建工程竣工，新馆占地 2.04 万平方米，建筑面积为 7360 平方米，新增历史文物馆、青瓷馆、书画馆、钱币馆、吕霞光艺术馆、常书鸿美术馆、明清家具馆等 10 个展馆。馆舍建筑以富有江南地域特色的单体建筑和连廊组合而成，形成了"园中馆，馆中园"的独特格局。

浙江省博物馆是国家一级博物馆。

主要景点：

文澜阁

孤山馆区的西侧部分为清朝皇帝行宫遗址和江南著名的皇家藏书楼——文澜阁，建成于乾隆四十八年（1783），为清代珍藏《四库全书》的七阁之一。咸丰十一年（1861）文澜阁焚毁，光绪六年（1880）于旧址重建，并建御碑亭及太乙分青室，是江南三阁中唯一幸存的一阁。2001 年被国务院公布为全国重点文物保护单位。

孤山馆区位于杭州西湖孤山南麓，东衔白堤和平湖秋月景点，西接西泠印社。1993 年秋，浙江省博物馆改扩建工程竣工，1999 年秋，位于馆区东侧的浙江西湖美术馆落成。孤山馆区的改造工程完成后，推出了"陶瓷陈列""黄宾虹书画陈列""常书鸿油画陈列""雷峰塔文物陈列""漆器陈列"等常设陈列，建成了集中展示各类文物、艺术精品的艺术类馆区。

武林馆区

浙江省博物馆武林馆区和浙江革命历史纪念馆位于西湖文化广场 E 区，建筑面积为 20 991 平方米，陈列面积为 7600 多平方米。两馆以历史陈列为主：一层为"越地长歌——浙江历史文化陈列"；二层为"钱江潮——浙江现代革命历史陈列"；三层为"山水之间——黄公望《富春山居图》与馆藏明清山水画""非凡的心声——世界非物质文化遗产中的中国古琴""意匠生辉——浙江民间造型艺术""十里红妆——宁绍婚俗中的红妆家具"等专题陈列；地下一层临时展厅举办国内外的临时展览。

沙孟海旧居

沙孟海旧居坐落于杭州市龙游路 15 号，当代中国书坛巨擘沙孟海先生晚年曾居住于此，占地面积为 870 平方米，总建筑面积为 601 平方米。秉承沙孟海先生的遗愿，其家属将其数百件书法和篆刻作品及珍贵文物捐赠给浙江省博物馆收藏。2004 年 11 月，由浙江省人民政府斥资 700 余万元对沙孟海旧居进行修缮并正式对外开放。旧居为砖木两层结构别墅，院内"沙孟海旧居"五字匾额为著名金石篆刻家钱君陶所书。

黄宾虹纪念室

黄宾虹纪念室坐落在杭州市栖霞岭 31 号，原为黄宾虹先生的故居。1948 年夏，85 岁的黄宾虹应国立杭州艺术专科学校（今中国美术学院）的聘请，由北平南下，在浙江走过了他人生的最后 7 年。

浙江西湖美术馆

浙江西湖美术馆于 1999 年 10 月落成，位于浙江省博物馆孤山馆区的东侧。20 世纪 30 年代初，林风眠、艾青等曾在此发起建立了一座哥特式美术馆，旨在"整理中国美术，介绍西洋美术，调和中西艺术，创造时代艺术"。浙江西湖美术馆共有三层，包括门厅、接待室和 4 个大小不一的展厅，是浙江省展示美术名家作品、介绍美术动态、进行学术交流、传播艺术的重要场所之一。

门　　票：免费

开放时间：9:00—17:00（16:30 停止入馆，周一闭馆，法定节假日除外）

十一、新四军苏浙军区纪念馆

中 文 名：新四军苏浙军区纪念馆
地理位置：浙江省湖州市长兴县城西北槐坎乡温塘村

内容简介：

新四军苏浙军区纪念馆原为清代咸丰年间民宅，房屋建筑呈砖木结构，正屋是一栋四面高墙前后两进五开间的走马楼，共有房屋 46 间，建筑面积为 2000 平方米，整个建筑规模宽敞，布局紧凑，构造精巧，雕饰华丽，错落有致，体现了清代民宅建筑古朴、庄重典雅的艺术风格。新四军苏浙军区纪念馆于 2001 年被列为全国重点文物保护单位。

主要景点：

新四军苏浙军区纪念馆现辖管的新四军苏浙军区旧址有 17 处（点），现对外开放的有新四军苏浙军区一纵队司令部（暨纪念馆）、新四军苏浙军区司令部、新四军苏浙军区政治部、新四军苏浙军区供给部、粟裕宿舍与办公室、新四军苏浙公学、新四军后方医院疗养所旧址。这些革命旧址和旧址内展出的革命文物、历史照片、文献史料，系统地记录了以粟裕、叶飞、王必成、江渭清领导的苏浙军区的战斗历程，生动形象地反映了新四军苏浙军区抗日反顽斗争史迹和抗日根据地广大军民坚持抗战的辉煌业绩。2008 年，新四军苏浙军区纪念馆完成了对中共长兴县委、长兴县抗日民主政府、苏南人民行政公署等旧址的产权收购及整体保护性修缮。

门　　票：免费

开放时间：8:00—17:00

十二、温州浙南（平阳）革命根据地旧址群

中 文 名： 温州浙南（平阳）革命根据地旧址群

地理位置： 浙江省温州市平阳县山门镇

内容简介：

温州浙南（平阳）革命根据地旧址群包括中共浙江省一大旧址、闽浙边抗日救亡干部学校、闽浙边临时省委驻地这三个点，地处素有"浙江延安"之称的浙江省温州市平阳县西部的山门镇。

主要景点：

中共浙江省一大旧址于 1961 年被列为第一批省级文物保护单位。为丰富和充实展览内容、提高接待能力、发挥更大的教育作用，投资 700 多万元的"省一大"陈列馆于 1995 年底动工兴建，2007 年 8 月 3 日举行"省一大"陈列馆开馆仪式，并对外开放。

闽浙边抗日救亡干部学校旧址位于平阳县山门镇凤岭岗坪上的山门小学内，前身为山门

畴溪小学。1937年卢沟桥事变爆发后，全国掀起了抗日高潮。为了加强抗战力量、满足将来斗争的需要、解决骨干不足的问题，1938年1月15日，以刘英、粟裕同志为首的闽浙边临时省委和红军挺进师在山门镇创办闽浙边抗日救亡干部学校，招收来自全省各地的青年学生、工人、教师等200多人。该处1989年被列为第三批省级文物保护单位。

闽浙边临时省委旧址位于平阳县山门镇北侧半山腰的大屯村，海拔400米，该村东邻凤卧镇，西北与文成县接壤，东西两侧是峡谷，南面有条盘山公路通向山门街，间距约5千米。周围群山连绵，峡谷幽深，古树苍郁，山峻路险。闽浙边临时省委机关办公地点设在大屯村东南面郑永盛家的9间平房里。省委机关的油印室、收发报机、缝纫组、军械组、红军食堂等分设在大屯村的周围群众家里。1983年3月18日，粟裕率领部队北上抗日后，省委机关从大屯村移往凤卧镇玉青岩村。大屯村是闽浙边临时省委机关在浙南驻扎最久的地方。

门　　票：免费
开放时间：全天

十三、秦山核电站

中 文 名：秦山核电站
地理位置：浙江省嘉兴市海盐县秦山镇
内容简介：

秦山核电站是中国自行设计、建造和运营管理的第一座30万千瓦压水堆核电站，地处浙江省嘉兴市海盐县秦山镇，由中国核工业集团有限公司100%控股，秦山核电有限公司负责运行管理。

秦山核电站采用目前世界上技术成熟的压水堆，核岛内采用燃料包壳、压力壳和安全壳三道屏障，能承受极限事故引起的内压、高温和各种自然灾害。一期工程于1985年开工，1991年建成投入运行，年发电量为17亿千瓦时。二期工程将在原址上扩建两台60万千瓦发电机组，于 1996 年开工。三期工程由中国和加拿大政府合作，采用加拿大提供的重水型反应堆技术，建设两台 70 万千瓦发电机组，于 2003 年建成。

2015 年 1 月 12 日 17 时，秦山核电站扩建项目方家山核电工程 2 号机组成功并网发电。至此，秦山核电站现有的 9 台机组全部投产发电，总装机容量达到 656.4 万千瓦，年发电量约 500 亿千瓦时，成为目前国内核电机组数量最多、堆型最丰富、装机最大的核电站。

2019 年 9 月，秦山核电站被中宣部命名为"全国爱国主义教育示范基地"。

主要景点：

浙江省嘉兴市海盐县秦山镇的双龙岗面临杭州湾，背靠秦山，这里风景如画、水源充沛、交通便利，又靠近华东电网枢纽，是建设核电站的理想之地。秦山核电站的汽轮机、发电机、蒸汽发生器、堆内构件、核燃料元件等重要设备都由我国自己制造，进口设备主要有反应堆厂房环形吊车、压力壳、主泵等，动力装置主要由反应堆和一、二回路系统三部分组成。秦山核电站的设计广泛采用了国外现行压水堆核电站较成熟的技术，并进行了相当规模的科研和试验工作，始终把安全放在首位。

穿过隧道是二、三期核电基地。二期工程是国家"八五"期间的重点工程。由中国核工业集团有限公司、浙江省、上海市等投资联营建设的，规模为两台 60 万千瓦核电机组的商用核电站，已分别于 2002 年 2 月 6 日和 2004 年 5 月 3 日建成发电。秦山核电站三期总装机的容量为两台 728 兆瓦核电机组，是中国与加拿大联营建设的，两台机组分别于 2002 年 12 月 31 日和 2003 年 6 月 12 日建成发电。二期扩建工程 3 号机组于 2010 年 10 月 5 日投入商业运行，二期扩建工程 4 号机组于 2012 年 4 月 8 号正式投入商业运行。至此，秦山核电站运行机组的数量达 7 台，总装机容量达 432 万千瓦，年发电能力为 330～340 亿千瓦时，成为我国运行机组数量最多的核电基地。

秦山核电站的厂区主要包括七个部分：核心部分、废物处理、供排水、动力供应、检修、仓库、厂前区。全厂设备约为 28 000 余台件，由国内 585 个工厂和 10 余个国家（地区）供货。为阻止放射性物质外泄，设置了三道屏障：第一道锆合金管把燃料芯块密封组成燃料元件棒；第二道屏障为高强度压力容器和封闭的一回路系统；第三道屏障则为密封的安全壳，防止放射性物质外泄。另外还有安全保护系统、应急堆芯冷却系统、安全壳、喷淋系统、安全壳隔离系统、消氢系统、安全壳空气净化和冷却系统、应急柴油发电机组等，使反应堆在发生事故时能自动停闭和自动冷却堆芯。秦山核电站自投产以来，机组运行一直处于良好状态，成为中国自力更生、和平利用核能的典范。

秦山核电站总投资 17 多亿元，所产生的清洁电能源源不断地输入华东电网，有助于缓解浙江省和长三角区域长期能源供应吃紧的状态。

门　　票：凭有效证件免费

开放时间：8:00—17:00

安 徽 省

一、陶行知纪念馆

中 文 名：陶行知纪念馆
地理位置：安徽省黄山市徽城镇小北街 8 号
内容简介：

陶行知于 1891 年出生在安徽省，是伟大的人民教育家与教育思想家、卓越的民主主义战士、伟大的爱国者、伟大的共产主义战士。郭沫若曾赞道："二千年前孔仲尼，二千年后陶行知。"为了纪念人民教育家陶行知，20 世纪 80 年代省（市）委、省（市）政府批准修建了陶行知纪念馆。

主要景点：

瞻仰厅：一进大门，宏伟典雅、风格独特的瞻仰厅展现在眼前。迎面大屏风上是陶行知亲笔题写的"爱满天下"4 个大字。屏风背面是江泽民同志的题词"学习陶行知教育思想促进教育改革"。2.6 米高的陶行知雕像屹立于厅堂中央，展现了这位伟大的人民教育家的高大形象。汉白玉的质地，象征着他洁白无瑕的高尚人格；形如磐石的像座，标志着他不惧不屈的坚强性格；青松翠柏，隐示着其言、其德、其业万古长青。

放像厅：绕过厅堂拾级而上是放映厅，在这里为观众播放陶行知生平事迹的录像。

展厅：向北穿过侧门就进入展厅，全馆共有 5 个展厅。第一展厅在楼下，第二、第三展厅在楼上，三个展厅分 7 个时期展示陶行知光辉的一生。还有一个特殊展厅，即第四展厅，是陶行知在崇一学堂读书时的宿舍，当年陶行知就是在那间宿舍的墙壁上写下了"我是一个中国人，要为中国作出一些贡献"的豪言壮语，这个展厅保持着当年的风貌。第五展厅为书画厅，陈设了陶行知的大量书籍、文稿和书画作品等。

开馆典礼：为了纪念人民教育家陶行知，安徽省委、省政府于1981年批准在陶行知少年就读的崇一学堂旧址修建了陶行知纪念馆，于1984年开馆。

门　　票：免费

开放时间：9:00—17:00

二、新四军军部旧址纪念馆暨皖南事变烈士陵园

中文名：新四军军部旧址纪念馆暨皖南事变烈士陵园

地理位置：安徽省宣城市泾县云岭乡

内容简介：

新四军军部旧址纪念馆暨皖南事变烈士陵园位于安徽省宣城市泾县云岭乡，为全国重点文物保护单位。1962年，纪念馆筹建。1985年9月，司令部（含"种墨园""大夫第"两处）、大会堂、修械所旧址复原陈列和设于大会堂后的辅助陈列同时对外开放。1987年7月，完成新四军政治部、战地服务团俱

乐部及中共中央东南局3处旧址复原。1988年7月，完成叶挺桥复原。该馆收藏各类文物资料2100种，共计6200余件。其中重要文物有叶挺使用的望远镜、袁国平在长征和新四军时期使用过的毛毯、邓子恢使用过的马袋、叶挺送周子昆的怀表。该馆不定期举办馆藏新四军老战士书画展。

1985年9月3日，新四军军部旧址陈列馆对外开放，叶飞题写馆名。军部旧址由"大夫第""种墨园"组成，叶挺与军部在此办公。周恩来视察新四军时曾下榻于此，旧址及纪念馆于1961年被列为全国重点文物保护单位。

主要景点：

现收归新四军军部旧址纪念馆管理的旧址有如下7处。

司令部旧址：位于罗里村内，是拥有两座清末建筑的地主庄园，一座名为"种墨园"，一座名为"大夫第"，由71间平房、1栋楼房和1座小花园组成，总建筑面积为1381平方米。

政治部旧址：位于罗里村西2.5千米的汤村，为一座清末建筑，三间两厢，前后两进，面积为255平方米。

大会堂旧址：位于罗里村西1千米处。原为云岭村陈氏宗祠，始建于清康熙时期。该祠规模宏大，分为前、中、后三大厅，建筑总面积为2200平方米。

修械所旧址：在大会堂东300米处。原为关帝殿，始建于明万历时期。采用砖木结构，保存完好。大殿前的花戏楼造型美观，多饰砖雕木刻，艺术精湛，建筑总面积为822平方米。

战地服务团俱乐部旧址：位于云岭脚下的新村内，是陈氏新村尚文厅，为五间两厢民居，是清光绪时期建筑，面积为 414 平方米。

叶挺桥：位于罗里村东 500 米的叶子河上。1938 年冬，由叶挺主持设计，建造了这座便民过河的木质栏板桥。桥长 2 丈，宽 6 尺。栏板上原有叶挺手书"军民合作，抗战到底"圆木板。1949 年后，当地群众为纪念叶挺，将其命名为"叶挺桥"。

新四军军部旧址又称皖南新四军军部旧址，位于泾县云岭乡。设新四军军部旧址纪念馆。1938 年 7 月至 1941 年 1 月，新四军军部设于此，负责指挥华中敌后各抗日战场的新四军部队。中共中央东南局也同时设于此。云岭东接泾云公路，南依青弋江，西靠黄山，北望长江，风景秀丽。新四军军长叶挺有诗赞曰："云中美人雾里山，立马悬崖君试看。千里江淮任驰骋，飞渡大江换人间。"1939 年 2 月，周恩来曾来此视察。

门　　票：免费

开放时间：8:00—17:00（秋季、冬季），7:40—17:30（春季、夏季）

三、王稼祥纪念园（王稼祥故居）

中文名：王稼祥纪念园（王稼祥故居）
地理位置：安徽省芜湖市十一中校园内
内容简介：

王稼祥纪念园坐落在安徽省芜湖市十一中校园内的风景秀丽的狮子山上，始建于 1986 年王稼祥同志诞辰 80 周年之际。2006 年被评为国家 4A 级旅游景区，2007 年 6 月被选为安徽省旅游协会第三届理事单位，是安徽省红色旅游景区唯一的理事单位。

主要景点：

纪念广场。纪念广场的面积为 2000 平方米，由铜像、浮雕墙组成。

王稼祥全身铜像。王稼祥全身铜像高 4 米，基座高 2.8 米，共 6.8 米。

浮雕长廊。浮雕墙由 4 部分组成：求学芜湖、寻求真理、反帝斗争、踏上征程，反映了王稼祥同志从芜湖走上革命道路的轨迹。

王稼祥纪念园藏馆。王稼祥纪念园藏馆再现了王稼祥同志的办公室及卧室，珍藏了王稼祥生前藏书共 1200 余册，以及生前使用过的各类遗物，王稼祥生前工作使用的"吉姆"牌轿车亦珍藏于此。该车是苏联元帅伏罗希洛夫赠送的，由莫洛夫汽车厂制造，为苏联国家领导人专用轿车。

王稼祥纪念碑广场。1980 年由胡耀邦同志为纪念王稼祥而题词。

王稼祥生平陈列馆。主要采用徽式建筑，运用声、光、电等高科技手段展示了王稼祥的一生。馆内设有 6 个展厅，分别介绍了王稼祥同志在中国革命的各个历史时期的重大贡献和丰功伟绩。馆内收集并陈列了王稼祥同志的珍贵遗物 110 余件、重要信件与文章 130 件、照片 200 余幅，馆藏丰富，资料翔实。

王稼祥半身铜像广场。1986 年，为了纪念王稼祥诞辰 80 周年，王震和王稼祥的夫人朱仲丽亲临芜湖，为王稼祥半身铜像揭幕。

综合馆。设有可容纳 80 人的影视厅和贵宾室。

纪念亭。王稼祥事迹陈列馆内有一座纪念亭。

门　票：免费

开放时间：春季、夏季 8:00—11:30，14:30—17:30；秋季、冬季 8:00—11:30，13:30—16:30

四、淮海战役双堆集烈士陵园

中 文 名：淮海战役双堆集烈士陵园
地理位置：安徽省淮北市濉溪县双堆集镇
内容简介：

淮海战役双堆集烈士陵园位于安徽省淮北市濉溪县双堆集镇，东西长 368 米，南北宽 292 米，面积为 10.6 万平方米。烈士陵园于 1976 年筹建，1981 年 10 月，淮海战役烈士纪念碑落成，淮海战役双堆集歼灭战纪念馆于 1988 年 10 月竣工。陵园大门朝东，门内两侧各有一个面积为 1250 平方米的池塘。

2016 年 12 月，淮海战役双堆集烈士陵园入选《全国红色旅游经典景区名录》。

主要景点：

淮海战役双堆集烈士纪念碑

位于烈士陵园中部，1980 年 5 月动工兴建，翌年 10 月 1 日落成。碑高 22.5 米，由白色花岗岩砌成。碑基分为两层，第一层南北长 31 米，东西宽 31 米；第二层长、宽各为 25 米；四面各有 18 级台级，并有青松环绕，纪念碑座正面镌刻纪念碑文，碑身正面刻有邓小平同志的亲笔题词"淮海战役烈士永垂不朽！"，上下两端环万年青图案。碑冠镶嵌淮海战役胜利纪念章浮雕。纪念碑前铺设水泥结构的广场，面积约 2100 平方米。

淮海战役双堆集歼灭战纪念馆

位于烈士陵园的东南部，正面朝北，于 1988 年 10 月建成，长 32 米，宽 28 米，占地 900 多平方米。张爱萍同志为纪念馆题写了馆名。该馆造型美观，民族式屋檐覆盖着金黄色琉璃瓦，外墙为扎黄色，44 面圆顶高窗分布四周。敞开式正厅宽 14 米，高 6.8 米，进深 10 米。东、南、西三厅互相串通，连成一体。中央为一天井，面积为 98 平方米。整个建筑色彩明快，形式大方，既有古典建筑艺术，又有现代建筑风格。展厅陈列着珍贵的历史照片

300 余张，文物 200 余件、作战地图、图表、美术作品 20 余幅，并有电动沙盘模型 1 台，这些展品形象地反映了淮海战役的全貌。展出内容分八部分，以双堆集地区歼灭战为重点。第一至第七部分为战役部分，共 8 个展室。第八部分为缅怀先烈厅，陈列着 27 位烈士的事迹、遗像和遗物。

门　　票：免费

开放时间：8:00—12:00，14:30—17:30

五、安徽省博物院

中 文 名：安徽省博物院

地理位置：安徽省合肥市蜀山区怀宁路 268 号

内容简介：

　　安徽省博物院位于安徽省合肥市蜀山区怀宁路 268 号，是安徽省唯一集自然、历史、社教为一体的省级综合类博物馆，占地面积约为 6.2 万平方米，展厅面积为 1.6 万平方米，地上 6 层，地下 1 层，建筑高 37.7 米，有展厅 15 个，馆藏文物 21.8 万余件。新馆从侧面综合展示了安徽的历史文化亮点，老馆则陈列安徽近现代特色文化。建筑造型沧桑厚重，体现了"四水归堂、五方相连"的徽派建筑风格。安徽省博物院是安徽的标志性文化设施。作为毛泽东视察过的唯一省级博物馆（安徽省博物馆）的新馆，"安徽博物院"使用毛体字作为招牌字。2011 年，安徽省博物馆更名为安徽博物院。

主要景点：

　　安徽省博物院新馆位于合肥老城的西南，从多个侧面综合展示安徽的历史文化亮点，包括一个基本陈列——安徽历史文化陈列和四大特色陈列。新馆位于园区的中部，主入口朝东，东南、东北分别是古生物化石博物馆与美术馆，三座文化建筑呈"品"字形。整体布局突出公共空间从内部的中庭空间向建筑外部延伸连通的空间效果。安徽省博物院陈列展览大楼为仿苏式建筑，以大楼为主体的整个馆区平面布局呈"中"字形。大楼为砖混结构，面南背北，建筑面积为 11 580 平方米，展览面积为 7826 平方米，正中主楼为五层（第五层为塔楼），两侧两层副楼为展厅。造型呈 U 字形，建筑简洁壮观，平面规矩，中轴对称，庄严肃穆。主楼高耸突出，回廊宽缓伸展，是合肥市 20 世纪 50 年代兴建的三大建筑之一。

门　　票：免费

开放时间：9:00—17:00（16:00 停止取票入馆），周一闭馆（法定节假日除外）

六、金寨县烈士陵园

中 文 名: 金寨县烈士陵园
地理位置: 安徽省六安市金寨县梅山镇史河西侧
内容简介:

金寨县烈士陵园位于鄂、豫、皖三省交界处的大别山腹地,包括 6 个部分,即革命烈士纪念塔、金寨县革命博物馆、红军纪念堂、洪学智将军纪念碑、红军烈士墓园、红军广场。现已形成以革命烈士纪念塔为中心,融塔、馆、堂、碑、墓、村为一体,具有山区特色的大型革命烈士陵园。

主要景点:

革命烈士纪念塔位于陵园中央,1960 年 6 月开始兴建,1965 年 10 月建成。塔高 24 米,气势磅礴,雄伟壮观。塔身正面镌刻着刘伯承元帅亲笔题写的"燎原星火"4 个镀金大字。塔基正面镶有汉白玉浮雕,背面的墨色大理石上铭刻着中共金寨县委、金寨县人民政府的纪念碑文。革命烈士纪念塔四周和台阶两旁青松翠柏、四季常青、庄严肃穆。革命烈士纪念塔广场面积为 2500 平方米,可容纳 5000 人。1993 年在革命烈士纪念塔北面又兴建一座红军纪念堂,洪学智为红军纪念堂题名。

红军纪念堂的建筑面积为 1050 平方米,为两层钢筋混凝土结构,呈八角形,酷似红军八角帽,寓意红军精神永放光芒。在红军纪念堂背后的山坡上,建有百余座将军和红军的陵墓,安葬着林维先、滕海清、詹化雨、陈祥、余明等已故将军和老红军的遗体与骨灰。当年那些为革命驰骋沙场、冲锋陷阵的红军英雄和红军将领们,如今又回到了他们的故乡——他们投身革命和曾经浴血奋战的地方。

金寨县革命博物馆建于 1983 年,主楼正面镶嵌着邓小平同志的亲笔题名"金寨县革命博物馆"8 个大字。馆内陈列分为序厅、革命史展、将军展、洪学智图片展、金寨名人展、烈士展、书画厅 7 个部分,馆藏文物 1192 件。

洪学智将军纪念碑建筑面积为 840 平方米,包括纪念碑、功勋柱、长城墙、悼念广场、绿化等。

红军烈士墓园建在革命烈士纪念塔的西山坡上,共有百余座。红军广场的面积为 1.9 万平方米,包括广场、牌坊、上山台阶步道、绿化、照明、挡土墙和浮雕等。

门　　票: 15 元
开放时间: 全天

七、渡江战役总前委旧址纪念馆

中 文 名： 渡江战役总前委旧址纪念馆
地理位置： 安徽省合肥市肥东县瑶岗村
内容简介：

渡江战役总前委旧址纪念馆位于
肥东县瑶岗村。纪念馆于 1984 年 4 月
成立，1985 年对外开放，隶属于肥东
县文化局。

主要景点：

纪念馆有藏品 125 件，多为与渡
江战役有关的文物、文献、资料等。
其中较为珍贵的有总前委领导人邓小
平、陈毅等使用过的公文包、文件箱、
办公桌椅、床等 40 余件，还有嵌在陈毅卧室墙壁上的由陈毅亲笔写的七绝诗"旌旗南指大江
边，不尽洪流涌上天。直下金陵澄六合，万方争颂换人间"。

门　　票： 免费
开放时间： 8:00—18:00（周一至周六开馆，旅游旺季周日也开馆）

八、合肥蜀山烈士陵园

中 文 名： 合肥蜀山烈士陵园
地理位置： 安徽省合肥市西郊风景区大蜀山东麓
内容简介：

合肥蜀山烈士陵园位于合肥
市西郊风景区大蜀山东麓，占地
约 18 万平方米，是安徽省规模最
大的烈士陵园，被国务院批准为
中国重点烈士纪念建筑物保护单
位，并被列为全国爱国主义教育
示范基地。合肥蜀山烈士陵园也
是合肥市的旅游景点之一。

主要景点：

合肥蜀山烈士陵园主要由安
徽革命烈士事迹陈列馆、悼念广场、烈士纪念碑组成。陵园大门上面镌刻着张恺帆手书的"蜀

山烈士陵园"6个金字。园内有荷花池塘，两座小石桥架于池塘之上，桥下投放的观赏鱼若隐若现，池塘边坐落的十二生肖石刻惟妙惟肖，使游人流连忘返。进入陵园大门，拾级而上，190级台阶通向8000平方米的悼念广场。广场西侧矗立着烈士纪念碑，碑上铸有邓小平的题词"江淮英烈永垂不朽"，纪念碑前的双人青铜雕塑体现了农民同红军战士用生命来捍卫祖国领土、高举革命旗帜的高尚的革命精神。悼念广场两边是安徽革命烈士事迹陈列馆。陈列馆建有南、北两馆，共12个展室，建筑面积为2642平方米，展览区面积为1213.8平方米。馆内陈列着从中国共产党创立至社会主义建设时期牺牲的全省有代表性的190位烈士的光辉业绩及450多件烈士遗物、烈士手抄、名人字画、领导题词等，并且存放着58本全省烈士英名录，记载了57 623名烈士的英名。

门　　票：免费

开放时间：全天

九、皖西烈士陵园

中 文 名：皖西烈士陵园

地理位置：安徽省六安市解放南路 82 号

内容简介：

皖西烈士陵园，位于六安市中心的九墩塘畔，交通便利，人口密集，商业发达。陵园占地13.9万平方米（其中陆地11.2万平方米，水面2.7万平方米），三面环水，风景秀丽。

2016年12月，皖西烈士陵园入选《全国红色旅游经典景区名录》。

主要景点：

整个陵园由纪念区和浏览区组成。园内树木葱茏，繁花似锦，环境优雅秀丽。园内的革命烈士纪念塔建于1957年。塔基建在砌有三层水泥雕栏的面积为900平方米的平台上，塔基宽3.2米，塔身为方形锥体，采用钢筋水泥结构，高18米，正面原为谢觉哉题字"是人民革命事业的先驱者，英风浩气长存于天地之间"，后改为毛泽东题字"人民英雄永垂不朽"。其余三面刻有记述皖西革命斗争史的铭文，塔顶竖有红星。陵园内的纪念建筑另有烈士亭、烈士事迹陈列室等。

纪念区位于陵园中央，有革命烈士纪念塔、许继慎烈士塑像、皖西籍将军事迹陈列馆、悼念广场及祠、亭等多处纪念建筑设施。陈列室陈列着100名著名烈士的生平英勇斗争事迹和420名县团级以上烈士的英名录，征集收藏知名烈士档案192卷、烈士遗物2100件，其中13件为国家一级革命文物。

浏览区环绕在陈列馆的四周，由日月塘、拱心桥、苗圃、花卉、林荫绿带、娱乐场等构成。

皖西烈士陵园建成后，党和国家领导人朱德、刘伯承等曾来此莅临凭吊先烈，寄托哀思。1989 年，被国家民政部列为全国重点烈士纪念建筑物保护单位；1995 年，被中宣部命名为全国爱国主义教育示范基地；2004 年 7 月，被安徽省人民政府、安徽省军区命名为安徽省国防教育基地。

门　　票：20 元

开放时间：全天

十、渡江战役纪念馆

中 文 名：渡江战役纪念馆

地理位置：安徽省合肥市滨湖新区云谷路 299 号

内容简介：

渡江战役纪念馆于 2008 年 10 月 26 日在安徽省合肥市滨湖新区的巢湖之滨正式开工建设，该项目建设规划用地面积约为 22 万平方米，纪念馆主体建筑面积约为 2 万平方米，规划场地成半岛状突出巢湖，犹如一艘乘风破浪的巨型战舰，纪念馆于 2012 年 4 月正式开馆。

渡江战役是中国人民解放军实施战略追击的第一次战役，也是向全国进军作战的伟大起点。以邓小平同志为首的渡江战役总前委就驻扎在合肥市肥东县瑶岗村。渡江战役纪念馆是和辽沈、平津、淮海三大战役纪念馆等同规模的国家级纪念馆。

2017 年 3 月，渡江战役纪念馆被中宣部命名为全国爱国主义教育示范基地。

主要景点：

在合肥市滨湖新区，一座形似并排行驶的战舰造型的建筑就是渡江战役纪念馆。整个渡江战役纪念馆自北向南分别为解放广场、纪念馆、总前委雕像、胜利广场、胜利塔，主展馆展览区的面积达 3000 多平方米。参观完展馆外的"胜利之星"纪念塔和五前委雕像之后，从主展馆中间的台阶直接上到二层观景台。进入二层观景台，迎面便是一座巨大的群雕，这就是反映占领总统府场景的"胜利之师"。这座全长 50 米、高 8 米、局部高 12 米的群雕，采用了写实和写意相结合的创作手法，是目前国内最大的室内艺术群雕。

门　　票： 免费开放，观看 4D 影院每人每场次收费 10 元

开放时间： 9:00—17:00（16:00 停止入馆），周一闭馆（法定节假日除外）

十一、淮南市大通万人坑教育馆

中 文 名： 淮南市大通万人坑教育馆

地理位置： 安徽省淮南市大通区矿南社区

内容简介：

淮南市大通万人坑教育馆是公益性事业单位，位于淮南市大通矿南，始建于 1968 年，全馆占地面积约为 31 571.24 平方米，建筑面积为 6900 平方米，展室面积约为 2400 平方米。万人坑形成于 1943 年春，是日本帝国主义侵略中国、疯狂掠夺我国煤炭资源、残害我国矿工的历史铁证。现为国家 3A 级旅游景区、国家重点文物保护单位、全国首批国家级抗战纪念设施遗址、安徽省国防教育基地、安徽省爱国主义教育示范基地。

主要景点：

淮南市大通万人坑教育馆掩映于一片森林丛中，南望绵延的舜耕山。馆区没有高楼大厦，全是一层的瓦房，只是在万人坑周围竖起了仿古沧桑的高大木头架，上书"牢记历史，珍惜和平" 8 个大字。教育馆现对外开放的展览有教育馆概述、日寇侵占大通期间布局沙盘、矿工生产生活用品用具、矿工上下工流程泥塑、矿工作业场景、日寇残害矿工刑具、大病房概况、三条白骨大坑、秘密水牢等。展室分为 6 部分，分别是前言，矿山沦陷、人间地狱，残酷掠夺、以人换煤，泥塑造型，滔滔罪行、罄竹难书，大通万人坑简介。各个展室里保留着当年矿工的衣服、挖煤工具、乞讨用品，还有珍贵的历史照片。

门　　票： 免费

开放时间： 春季、夏季 8:00—11:30，14:00—17:00；秋季、冬季 8:00—12:00，14:00—17:00；周一闭馆

福建省

一、古田会议纪念馆

中 文 名：古田会议纪念馆
地理位置：福建省龙岩市上杭县古田镇古田路 76 号
内容简介：

古田会议纪念馆位于福建省龙岩市上杭县古田镇社下山西麓，处在有"北回归线荒漠带上的一颗璀璨翡翠"之称的国家 4A 级自然保护区——梅花山的腹地，是全面介绍古田会议的专题革命纪念馆。古田会议纪念馆建于 1964 年，拥有馆藏文物 1.2 万余件，是福建省文物数量最多的革命纪念馆。

主要景点：

陈列馆于 1972 年 1 月开始兴建，1973 年 12 月竣工。建筑面积为 3200 多平方米，有 10 个陈列室，并设音像室和贵宾接待室。陈列展览于 1974 年 1 月开始施工，并于同年 10 月正式对外展出。1999 年，对陈列展览进行了大规模修改。陈列展览的展线长 306 米，展出文物 400 多件。陈列展览的内容分为三部分：古田会议召开的历史背景、光辉的古田会议决议、古田会议永放光芒。此外，本馆古田会议会址、中共红四军前委机关暨红四军政治部旧址（松荫堂）、毛泽东《星星之火可以燎原》写作旧址（协成店）、中共闽西第一次代表大会会址（文昌阁）、中共闽西特委机关旧址（树槐堂）、红四军司令部旧址（中兴堂）内均设有辅助陈列。

古田会议纪念馆业务力量雄厚，自建馆以来，已出版或参与编撰出版《闽西革命史文献资料》《福建革命根据地文学史料》《将军与故土》《红色号角》《邓子恢传》《刘忠将军传》《傅柏翠》《光辉的古田会议》《历史的见证》《古田铸军魂》等 10 余种（套）书籍；协同拍摄、制作了《古田会议》《古田会议——历史的丰碑》等电视专题片；每年在中央、省、市级刊物发表史论史稿性文章 30 篇以上。

门　　票：免费

开放时间：9:00—17:00

二、陈嘉庚生平事迹陈列馆

中 文 名：陈嘉庚生平事迹陈列馆

地理位置：福建省厦门市集美区

内容简介：

陈嘉庚生平事迹陈列馆位于福建省厦门市集美区，由陈嘉庚先生故居、陈嘉庚生平事业陈列馆、集美学校校史展览馆、陈敬贤生平事迹陈列馆、归来堂、归来园、集美鳌园、嘉庚公园组成。于 1988 年 4 月被厦门市人民政府公布为厦门市文物保护单位。

主要景点：

陈嘉庚生平事迹陈列馆位于陈嘉庚先生故居的西侧，建于 1983 年，为一幢 3 层楼房。陈嘉庚生平事迹陈列馆及配套的嘉庚文化广场总占地面积为 104 484 平方米，建筑面积为 11000.5 平方米。全馆以 350 多幅图片、310 多件文物和实物为基础，分 4 个展厅介绍陈嘉庚光辉的一生。第一展厅为"陈嘉庚生平"；第二展厅为"倾资兴学、情系乡国"；第三展厅为"纾难救国、民族之光"；第四展厅为"在陈嘉庚身边——嘉庚现象、诚毅同行"。陈嘉庚生平事迹陈列馆于 1995 年 8 月被中共福建省委、福建省人民政府公布为福建省爱国主义教育示范基地，1996 年 1 月被中共厦门市委、厦门市人民政府公布为厦门市爱国主义教育示范基地，1997 年 6 月被中宣部命名为全国爱国主义教育示范基地。

归来园位于集美区集美街道尚南路 1 号，总占地面积为 2650 平方米。归来堂建于 1962 年，主体建筑坐东朝西，由门厅、天井、拜厅、正堂及双侧护厝组成，占地面积为 1273 平方米。正堂内陈列着陈嘉庚青石坐像。陈嘉庚塑像园建于 1984 年，塑像为著名雕塑家潘鹤所作，紫铜质，高 2.3 米，重达 1 吨，塑像后为照壁，其上镌刻着毛泽东对陈嘉庚的高度评价"华侨旗帜，民族光辉"。

归来园于 2001 年 7 月被集美区人民政府公布为集美区文物保护单位。

门　　票：免费

开放时间：9:00—17:00

三、林则徐纪念馆

中　文　名：林则徐纪念馆

地理位置：福建省福州市鼓楼区澳门路 16 号

内容简介：

　　林则徐纪念馆位于福州市鼓楼区澳门路 16 号。进入林则徐纪念馆，屏墙左右两边石拱门上的横额分别为"中宗宗衮"及"左海伟人"。祠门外围屏墙内壁有浮雕"虎门销烟图"，大门上额刻着"林文忠公祠"。仪门两侧回廊陈列了 20 多面执事牌，仪门厅后有石道可以直达御碑亭，内有光绪三十一年（1905）立的道光三十年（1850）"圣旨""御赐祭""御制碑文"3块青石碑。御碑亭的北边为树德堂，里面有林则徐坐像。树德堂的西面为南北花厅，厅的西面是两层的曲尺楼，原为林家子弟读书的地方，楼前有草坪、鱼池、假山、花木等。全馆为古典式园林建筑，现今，堂、厅、楼均辟为林则徐生平展室，分为林则徐生平事略，林则徐与鸦片战争，林则徐与救灾、水利，放眼看世界第一人，林则徐手迹等部分。

　　主要景点：

　　林则徐纪念馆，游览其中，除能欣赏"湖广总督衙门"、南后街乡亲欢迎林公回乡、林公流放到新疆坎儿井等逼真的场景外，还可以一睹林则徐的亲笔书画、信札、奏折等实物。最有特色的是用高科技多媒体演示手法表现的"虎门销烟"场景，在 200 多平方米的展示大厅内，100 多位仿真人惟妙惟肖。中间是林则徐在众多官员的陪同下，高举右手，宣布虎门销烟的开始；左侧是几十位工人抬着鸦片投入销烟池中，场景利用投影制造水面波动的效果。

门　　票：免费

开放时间：9:00—17:00

四、郑成功纪念馆

中　文　名：郑成功纪念馆

地理位置：福建省厦门市思明区永春路 73 号

内容简介:

郑成功纪念馆坐落于日光岩景区内，1962年2月1日，郑成功收复台湾三百周年的时候，纪念馆剪彩开馆。郑成功是我国明末清初著名的民族英雄，他收复了被荷兰侵略者侵占38年的我国宝岛台湾，台湾人民尊他为"开台圣王"。纪念馆是国内外最大的郑成功文物、文献收藏中心和研究基地，至今犹存寨门、水操台等遗址。全馆分为7个部分，展出各种文物、资料、照片、雕塑和模型300余件，比较系统地展示了郑成功的生平事迹。馆藏有关郑成功的历史文物有400多件，多媒体演示组合展示并通过声、光、电技术，形象、生动、系统地展示了郑成功的生平事迹及为争取民族独立、维护国家主权与领土完整和民族尊严而英勇奋斗的历程。

主要景点:

郑成功是明末清初的军事家、民族英雄。除序厅外，纪念馆有《郑成功青少年时代》《报国救民、举义抗清》《中国宝岛——台湾》《跨海东征——驱荷复台》《筚路蓝缕——开发台湾》《大义彪炳——流芳百世》《民族精神，激励后人》7个陈列室。展出各种文物、文献、资料、照片、图表、绘画、雕塑、模型等800余种，系统地介绍郑成功光辉的一生。在陈列橱里，有郑成功佩戴的玉带、龙袍残片、鞋子、图章等遗物。在诗画资料中，有郑成功的诗作及其手书、《郑成功与王忠孝对弈图》《海上见闻录定本》、延平王户官杨英的《先王实录》及《稗海纪游》等，其中《海上见闻录定本》（共两册）是1960年在同安县（今厦门市同安区）发现的一部抄本，是非常珍贵的历史资料。此外，还有双龙铜炮，因炮身饰有两条游龙而命名。

门　　票: 免费
开放时间: 8:30—17:00（周一闭馆）

五、泉州海外交通史博物馆

中　文　名: 泉州海外交通史博物馆
地理位置: 福建省泉州市丰泽区东湖街425号

内容简介：

泉州海外交通史博物馆位于福建省泉州市丰泽区。博物馆 1959 年 7 月 15 日创建，新馆于 1991 年 2 月落成，有开元寺馆和东湖新馆两个馆区。

泉州海外交通史博物馆是专门反映古代航海交通历史的博物馆。它以刺桐港（泉州港）的历史为轴心，独特的海交文物再现了中国古代的海洋文化。重要文物有古代宗教石刻、泉州湾宋代海船等。泉州海外交通史博物馆设有"泉州宗教石刻陈列馆""中国舟船世界陈列馆""阿拉伯——波斯人在泉州陈列馆""泉州湾古船陈列馆"等 7 个分馆。

泉州海外交通史博物馆是中国海交史的展示中心和研究基地，2008 年 5 月，泉州海外交通史博物馆被国家文物局认定为"国家一级博物馆"。1997 年 6 月泉州海外交通史博物馆被中宣部命名为全国爱国主义教育示范基地，2002 年被命名为全国青少年科技教育基地。

主要景点：

泉州海外交通史博物馆是我国唯一的以海外交通史为专题的博物馆，是国家一级博物馆。博物馆创建于 1959 年，原址位于著名佛教寺院——泉州开元寺院内东侧。1991 年 2 月，新馆主楼于东湖街落成。2003 年，在主楼东侧又建成了"泉州伊斯兰文化陈列馆"。这些都属于泉州海外交通史博物馆的一部分。

泉州海外交通史博物馆的主题是反映古代海外交通、海上丝绸之路，以及由此带来的各种经济、文化交流。

古船陈列馆是位于开元寺内的旧馆，共分两层，主要陈列 1974 年从泉州湾后渚港发掘的宋代沉船及其伴随出土物，最值得看的当属馆内的宋代海船模型。宋代海船于 1974 年在泉州湾后渚港出土，为当时国内发现年代最早、体量最大的宋代海外贸易海船，伴随该船出土的还有大量文物，弥足珍贵。

新馆则十分长知识，也能使人觉得富有乐趣，在这里你可以见到 10 种不同的十字架，可以知道为什么泉州寺庙多处能看到泰米尔文，可以看到通过丝绸之路当时出口的丝绸和陶器的样子，也能知道当年抵抗倭寇用的是什么武器，更能看到很多不同的宗教墓碑。

门　　票：免费

开放时间：8:30—17:30（周一闭馆，法定节假日除外）

六、福建省革命历史纪念馆

中 文 名：福建省革命历史纪念馆
地理位置：福建省福州市晋安区鼓山下院

内容简介：

福建省革命历史纪念馆坐落于福州市著名风景名胜区鼓山脚下，是全国爱国主义教育示范基地、全国红色旅游经典景区、福建省国防教育基地、全省爱国主义教育示范基地先进单位，也是福建省精神文明建设和改革开放的重要窗口。

2016年12月，入选《全国红色旅游经典景区名录》。

主要景点：

纪念馆占地2万平方米，建筑面积为1.6万平方米。整座建筑融中西建筑风格于一体，以内广场为中心，组织起序厅、陈列厅、半景画馆、办公楼、培训中心等空间序列。馆体建筑具有福建土楼的风格。大门两旁叠落水池中耸立两组现代化艺术铜雕，分别为《曲折·崛起》，寓意着福建人民在曲折中奋进，在探索中崛起，给人以坚忍不拔、勇往直前的感觉。大门横楣上镶嵌着大型花岗岩浮雕"迈向新世纪"，浮雕由"奋斗、胜利、腾飞、辉煌"等组成。内广场为圆形，广场直径为20米，抬头仰望与蓝天白云直接相通，取天人合一的意境。内广场一座高7米的大型铜雕"奋斗"，其中，人物是以工农兵为主体的10位革命群像，以勇往直前的造型、刚毅坚强的神态，表现出福建人民团结奋斗、前仆后继、追求光明幸福的革命精神。序厅大型影雕"闽之魂"高2.4米，长14米，黑色花岗岩上镌刻着福建百年风云人物和革命文物精华，气势磅礴，栩栩如生，堪称福建工艺美术经典之作。其中基本陈列"福建革命史陈列"的面积约为1800平方米，展出革命文物800多件和历史照片800多幅，"解放福建"半景画馆是全国最大的半景画馆，也是福建文化艺术史上的首创。

门　　票：半景画馆实行收费参观，15元/人次，学生、退休人员等半票，其他展厅免费

开放时间：9:00—16:30（周一闭馆）

七、毛泽东才溪乡调查纪念馆

中 文 名：毛泽东才溪乡调查纪念馆
地理位置：福建省龙岩市上杭县才溪乡下才村
内容简介：

毛泽东才溪乡调查纪念馆坐落在上杭县北部，距205国道200米。该馆是以旧址陈列宣传毛泽东同志在才溪乡重要革命实践活动的专题纪念馆。全馆占地面积为18 750平方米，其

中建筑面积为 7300 平方米，有毛泽东才溪乡调查会址、光荣亭、列宁台等史迹。

毛泽东才溪乡调查纪念馆是全国爱国主义教育示范基地。

主要景点：

毛泽东才溪乡调查纪念馆共有 10 个展厅，展线长 350 米，列展文物 230 件，展品中有毛泽东才溪乡调查时用过的实物。1933 年春，福建省苏维埃政府授予才溪"我们是第一模范区"的光荣碑。中央、省各级苏维埃政府赠送的奖旗、奖匾反映才溪模范区人民在搞好政权建设、经济建设、扩大红军、拥军优属、生产支前、文化教育等方面的努力。馆藏大量革命文物：毛泽东为"光荣亭"的亲笔题字，1955 年颁发的勋章、解放战争时期的各种纪念章，周恩来签署的授衔命令，领袖人物同将军在一起的历史照片，馆藏文物共计 700 多件。

门　　票：免费

开放时间：8:00—12:00，14:30—17:30

八、长汀县瞿秋白烈士纪念碑

中 文 名：长汀县瞿秋白烈士纪念碑

地理位置：福建省龙岩市长汀县西门街罗汉岭

内容简介：

长汀县瞿秋白烈士纪念碑位于长汀县西门街罗汉岭，1951 年在瞿白秋烈士就义地建长汀县瞿秋白烈士纪念碑，1982 年重修，1985 年又重建。碑总高 30.59 米，碑名为陆定一所题，碑文由中共福建省委、省人民政府撰写敬立。碑座下分 4 个层次平台，周围有坪地，建筑面积为 4000 平方米，坪地上建有方形、六角形几处花池。六角形花池中央为瞿秋白就义处，旁有瞿秋白烈士事迹陈列室。

1985 年，被列为省文物保护单位；1987 年，被列为全国重点烈士纪念建筑物保护单位；2001 年，被命名为第二批全国爱国主义教育示范基地。

主要景点：

瞿秋白，原名瞿双，后改名瞿霜、瞿爽，江苏常州人。早年曾到武昌外国语学校学英文，后到北京谋生。1917 年考入北洋政府外交部办的北京俄文专修馆读书。1919 年参加五四运动，并领导北京的学生。1920 年初参加马克思主义学说研究会，后以记者身份赴苏俄采访。1922 年加入中国共产党。大革命失败后，主持召开八七会议，确定了党的土地革命和武装反抗国民党反动统治的总方针。会后任中央临时政治局主席，主持中央工作。1928 年 6 月，出席党的六大，随即参加共产国际六大，后担任中共中央驻共产国际代表团团长。1931 年起，在上海同鲁迅一起领导左翼文化战线的斗争。1931 年后担任中华苏维埃共和国中央政府教育部部长等职。1934 年初进入中央革命根据地，中央红军主力长征后，瞿秋白留在南方坚持游击战争，任中共苏区中央分局宣传部部长。1935 年 2 月在长汀转移途中被捕，敌人采取各种手段对他利诱劝降，都被他严词拒绝。6 月 18 日临刑前，他神色不变，坦然走向刑场，沿途用俄语高唱《国际歌》《红军歌》。到刑场后，高呼"中国共产党万岁""共产主义万岁"等口号，英勇就义，年仅 36 岁。

门　　票：免费

开放时间：全天

九、闽侯县"二七"烈士林祥谦陵园

中 文 名：闽侯县"二七"烈士林祥谦陵园

地理位置：福建省福州市闽侯县祥谦镇福厦公路东侧枕峰山西麓

内容简介：

"二七"烈士林祥谦陵园位于闽侯县祥谦镇福厦公路东侧枕峰山西麓，1961 年 2 月 7 日动工兴建，1964 年 11 月竣工落成。陵园背山面水，占地面积约为 1.5 万平方米，建筑面积为 5000 多平方米。拾级而上，中轴线上由西到东依次为陵门、墓道、纪念堂、墓地等建筑。墓道长百米，水泥铺筑，中间为林祥谦石雕像，左右为荷花池，第二墓道有 126 级石阶。纪念堂为"工"字形双层建筑，占地面积为 1850 平方米，钢筋混凝土结构。堂匾"二七烈士纪念堂"为郭沫若所书。墓为覆鼎形，墙式墓碑上镌刻着郭沫若所书的"二七烈士林祥谦之墓"。石阶、纪念堂基座、墓均用洁白的花岗岩砌筑。1985 年，被公布为省级文物保护单位；1989 年，被公布为全国重点文物保护单位。

主要景点：

中轴线上的陵园主要建筑物有停车场、陵门、台阶道、纪念堂、藏骨冢，旁有资料馆等附属建筑。陵园外面有 30 米长的通道接通陵门。通道两旁种有风景树，树旁立一个省级文物保护单位的保护碑。陵门左右的墙壁上嵌有青石，上书"祥谦陵园"4个贴金大字。进门十多步便是台阶道，台阶道分左、中、右三路，有五台，计126级。台阶道尽处是纪念堂，用花岗岩砌造，上下三层。下层悬金字横额"二七烈士纪念堂"，是郭沫若手书。内为大礼堂，陈列着林祥谦烈士的石膏塑像，像背后有一座屏风，上是毛泽东手书"共产主义是不可抗衡的！""星星之火可以燎原……"等三段草书。展览馆展出大量的"二七"抗暴斗争的历史图片及烈士生平事迹、遗物。休息室等处还悬有朱德、邓子恢、何香凝、郭沫若等老一辈革命家的题词和前来瞻仰的名人的墨宝。

门　　票：免费

开放时间：全天

十、华侨博物院

中 文 名：华侨博物院

地理位置：福建省厦门市思明南路493号

内容简介：

华侨博物院是一座华侨历史博物馆，位于福建省厦门市思明南路493号，是一幢具有民族特色的楼房，建筑面积为3000多平方米，该馆由著名华侨领袖陈嘉庚先生主持创办，并由侨胞和归侨捐款筹建，于1956年动工，1959年5月正式开放。

主要景点：

华侨博物院是一座富有浓郁中国民族风格的重檐式建筑，建筑物很有特色，馆内陈列着7000多件展品。

华侨博物院分为"华侨的产生和发展""新中国成立前华侨的悲惨遭遇""华侨同侨居国人民的友谊""华侨对祖国的贡献""华侨社会的过去和现在""华侨政策的回顾"6个部分。

在新建的牌楼式的大门上镶嵌着廖承志先生题写的匾额。华侨博物院被英籍女作家韩素英誉为"世界上独一无二的华侨历史博物馆"，该博物院是陈嘉庚先生带头捐款倡办的，1959年5月建成并正式对外开放。馆内展览面积为2400平方米，展出各种资料、照片1200多件，珍贵文物2000多件，各种珍禽、走兽、水产标本1000多件。

博物馆院内绿荫葱葱，面对大门的位置有一块巨石，上书"勿忘故国"。往前走可以看到博物馆的主体建筑物，馆舍由洁白的花岗岩砌成，古色古香，雄伟壮观。

主楼的一层和二层是基本陈列"华侨华人"，三层是"陈嘉庚珍藏文物展"。二层的侧楼有基本陈列"自然馆"。博物馆也会不定期举办一些主题展览。

"华侨华人"以院藏侨史文物资料和侨史研究新成果为基础，回顾了华侨华人走出国门、走向世界的足迹；"陈嘉庚珍藏文物展"展示的是陈嘉庚先生珍藏的文物，有青铜器、陶瓷器、字画等；"自然馆"模拟了自然的生态环境，有150多件鸟类、兽类等自然标本散落在适宜它们生存的环境中，呼吁人们提高保护野生动物、保护环境的意识。

门　　票：免费
开放时间：9:30—16:30（周一闭馆）

十一、中国闽台缘博物馆

中 文 名：中国闽台缘博物馆
地理位置：福建省泉州市北清东路 212 号
内容简介：

中国闽台缘博物馆是一座反映大陆与宝岛台湾历史关系的国家级专题博物馆。博物馆集收藏、展示、研究、交流和服务等功能于一体，也是研究大陆与台湾关系史特别是闽台关系史的重要学术机构。中国闽台缘博物馆先后被中宣部命名为全国爱国主义教育示范基地，被团中央命名为全国青少年教育基地，被国家文物局命名为国家一级博物馆，被国台办命名为海峡两岸交流基地。

主要景点：

"闽台缘"主题展厅是整座博物馆陈列的核心，总面积达 3466平方米。包括 7 部分，共 21 个单元，87 个项目。第一部分为"远古家园"，有"陆桥相连""史前文化"两个单元；第二部分为"血脉相亲"，有"闽越东徙""大陆民众迁台"两个单元；第三部分为"隶属与共"，反映闽台间的"法缘"关系；第四部分为"开发同工"，有"农耕水利""手工制造""商贸交通"三个单元；第五部分为"文脉相承"，由闽台两地方言、科举考试、戏曲、民间艺术 4 个单元组成；第六部分为"诸神同祀"，主要展示两岸道教信仰、佛教信仰和民间信仰的情况；第七部分为"风俗相通"，以闽台两地岁时节庆、生命礼俗和衣食住行等共同习俗为主要内容。

博物馆以历史为主线，先后从地理、民族、政治、经济、文化、生活、宗教、艺术等各个角度，以各种身临其境的方式展示了泉州发展的方方面面，当然也包括福建及台湾的历史关系。展品齐全且贴近民生，很多展示都非常真实，看完整个展览就会对泉州有相当丰富的认识了。

博物馆的主体建筑共有 4 层，门前设有景观广场。广场可以算是目前泉州市规格、档次最高的一个广场了。它由馆名卧碑、倒影池、音乐喷泉、九龙柱、七彩灯柱等组成。

博物馆内的常设展览是二层的基本陈列"闽台缘"和三层的专题展"乡土闽台"。二层的基本陈列分为7部分主题：远古家园、血脉相亲、隶属与共、开发同工、文脉相承、诸神同祀、风俗相通。三层的专题展"乡土闽台"则按照"春、夏、秋、冬"4个时节，通过全场景式的陈列手法，展现闽台两地共同的民俗风貌。

全馆的镇馆之宝是大厅处巨大的爆破画，这是由祖籍泉州的当代艺术家蔡国强用火药爆破出的一幅高18米、宽9米的《同立、同种、同根生》的巨型榕树画，视觉冲击极强。

门　　票：免费

开放时间：9:00—17:00（16:30停止入馆）

十二、福州马尾船政文化遗址群

中 文 名：福州马尾船政文化遗址群

地理位置：福建省福州市马尾区昭忠路

内容简介：

福州马尾船政文化遗址群以中国船政文化博物馆为中心，包括中坡炮台、昭忠祠、英国领事分馆、轮机车间、绘事院等多所船政遗址，展现了近代中国科学技术、新式教育、工业制造、国防建设、西方经典文化翻译传播、东西方文化交流等方面的丰硕成果，折射出立志进取、积极作为、虚心好学的传统文化神韵，形成独特的船政文化。它是中国近代工业的重要发源地，被誉为"中国近代海军的摇篮"，先后被命名为全国爱国主义教育示范基地及国防教育基地。

2016年12月，入选《全国红色旅游经典景区名录》。

主要景点：

中国船政文化博物馆为中国第一个以船政为主题的博物馆。该馆依山而建，为五层建筑，建筑面积为4100平方米，正面造型为两艘乘风破浪的战舰，气势磅礴，颇具现代建筑风格。馆内陈列分为序厅、船政概览厅、船政教育厅、船政工业厅、海军根基厅、船政名人堂。通过大量船政文物、历史照片、图表、壁雕等，立体地展现了中国船政的诞生、发展与以"精忠报国、自强不息"为主旨的船政文化。

福州马尾船政文化主题公园以罗星塔公园和马限山公园为基础，由"两园两馆一船坞"组成，即罗星塔公园、马限山公园、马江海战纪念馆、中国近代海军博物馆和一号船坞遗址等景点，还有船政创始人左宗棠、船政大臣沈葆桢的雕塑，以及严复、詹天佑、邓世昌等船政群贤的石雕等。

福州中法马江海战烈士墓和昭忠祠位于马尾的马限山东南麓。1884 年 8 月 23 日，法国侵华舰队突袭福建水师，挑起中法马江海战。清政府的软弱使得福建水师仓促应战，796 名官兵牺牲，打捞 400 多具烈士遗体，分 9 冢安葬于马限山。两年后，墓东建"昭忠祠"，1920 年重建墓园，合 9 冢为一丘，并成立了马江海战纪念馆。

门　　票：免费

开放时间：8:30—12:00，13:30—17:30

十三、冰心文学馆

中 文 名：冰心文学馆

地理位置：福建省长乐市爱心路 193 号

内容简介：

冰心文学馆坐落在长乐冰心公园左侧，于 1997 年建成并对外开放，是全国第一个以个人命名的文学馆，是全国爱国主义教育示范基地、全国巾帼文明岗、国家 3A 级旅游景区和福建省德育教育和爱国主义教育基地。

主要景点：

冰心文学馆展厅面积约为 600 平方米，在展厅中间特别辟出一块约 40 平方米的地方，复原了冰心晚年居住的中央民族大学教授楼 34 单元 34 号的两个房间，分别是客厅和卧室。增加了序厅，展出《冰心玫瑰》油画，以及《五四冰心》《小橘灯》《寄小读者》等 5 件巨型浮雕和两件冰心手迹木雕。1997 年 9 月 23 日起对外免费开放，绝大部分展品是第一次公开。

馆内设有大型陈列"冰心生平与创作展览"，与北京中国现代文学馆、上海鲁迅纪念馆一样，达到国内一流水平。而在单个作家实物的收藏方面，当属国内第一。

据不完全统计，里面共展出杂志 2778 本、书籍 5592 本、字画 41 幅、照片 135 张、手稿 30 页、手迹 27 页、信件 5000 多封、贺卡 1000 多张、签名本 28 本、证书 125 本、笔记与日记 5 本、家庭账本 6 本、衣服 97 件、被褥 11 床、礼品 63 件、工艺品 97 件、音像制品 8 件、生活用品 124 件、家具 45 件等。目前，这些遗物都已收藏在珍藏室，存列在展览厅。整理冰心遗物，共耗时 300 多个工作日。

门　　票：免费

开放时间：9:00—16:30（周一闭馆）

十四、建宁县红一方面军领导机关旧址暨反"围剿"纪念馆

中 文 名： 建宁县红一方面军领导机关旧址暨反"围剿"纪念馆

地理位置： 福建省三明市建宁县溪口街 49 号

内容简介：

建宁县红一方面军领导机关旧址是全国重点文物保护单位。在土地革命战争时期，建宁县是中央 21 个苏区县之一，毛泽东、朱德、周恩来等老一辈无产阶级革命家曾在建宁战斗、生活和实践过，为中国革命的胜利写下了可歌可泣的历史篇章。1985 年 10 月，建宁县红一方面军总司令部、总前委旧址和红一方面军总政治部旧址被福建省人民政府确定为省级文物保护单位。

主要景点：

纪念馆藏品主要以革命文物为主，共有 1115 件。园区内矗立着伟人雕塑和主题雕塑，历史氛围浓烈，是进行爱国主义教育和革命传统教育的大课堂，也是红色摇篮感悟之旅的绝好去处。

红一方面军机关两度进驻建宁县城，在建宁县留下了两处革命遗址：红一方面军总司令部、总前委旧址暨毛泽东、朱德旧居，红一方面军总政治部旧址暨周恩来旧居。

反围剿纪念园坐落在溪口街 49 号，距离建宁县城中心 1.5 千米。纪念园包括红一方面军总司令部、总前委旧址，总政治部旧址，"红军颂"大型青铜群雕，中央苏区反围剿陈列馆和中央苏区民俗陈列馆等，全方位、立体式地展现了土地革命战争时期中央苏区反围剿这段波澜壮阔的历史。

中央苏区反围剿陈列馆占地面积为 1000 平方米，建筑面积为 3000 平方米，陈展面积为 2000 平方米，展线长为 350 米，展出革命文物 114 件和图片 348 幅。陈展共分 7 个部分：闽山赣水红一角、前头捉了张辉瓒、横扫千军如卷席、千里回师歼顽敌、四破铁围奇中奇、残阳如血染征程、苏区精神永传扬，全面再现了中央苏区军民反围剿战争的波澜壮阔的历史画卷和英勇顽强的战斗精神。

门 票： 免费

开放时间： 8:30—11:30，14:30—17:00（周二闭馆）

十五、闽西革命历史博物馆

中 文 名： 闽西革命历史博物馆
地理位置： 福建省龙岩市新罗区北环西路 51 号
内容简介：

闽西革命历史博物馆位于龙岩市北环路、闽西革命烈士纪念碑北侧，坐北朝南，钢筋混凝土结构，占地约 13 333 平方米，于 1986 年筹建，1989 年 1 月正式开馆。

主要景点：

闽西革命历史博物馆是在谭震林等老一辈无产阶级革命家的提议下建立的，是龙岩市唯一的综合性的社会历史类博物馆。主楼是具有民族风格的楼厅式建筑，气势恢宏，高大壮观。馆内 12 个陈列展厅错落有致，厅外荷花池碧水涟漪，花草簇拥，幽雅恬静。

"闽西人民革命史""闽西儿女战斗在祖国大地""共和国将帅的摇篮"展览充分运用大量的文物、历史照片和资料，回顾了闽西人民在中国共产党的领导下所进行的波澜壮阔、不屈不挠的斗争，以及坚持"二十年红旗不倒"的辉煌历史，体现了闽西儿女为了民族独立、人民解放，浴血奋战在中华大地的壮志豪情。众多将军都曾在闽西进行过伟大的革命实践，留下光辉的业绩，同时成就了 68 位闽西籍的开国将军等优秀儿女。馆内的各陈列展览既为单独专题，又有机结合，较为完整地展现了 20 世纪闽西红土地的百年光辉历史。

门　　票： 免费
开放时间： 8:15—11:45，14:45—17:15（周一闭馆）

十六、宁化县革命纪念馆

中 文 名： 宁化县革命纪念馆
地理位置： 福建省三明市宁化县翠江镇城西路 71 号

内容简介：

宁化县革命纪念馆，于1977年兴建于福建省三明市宁化县，是人们缅怀革命先烈丰功伟绩、弘扬革命精神的重要场所。2005年，宁化革命烈士纪念碑、毛泽东"如梦令元旦"铜雕、北山公园三处整合为宁化县革命纪念园，入选《全国红色旅游经典景区名录》，是一座园林式的仿古建筑，为福建省爱国主义教育示范基地和国防教育基地。

2017年3月，被中宣部命名为全国爱国主义教育示范基地。

主要景点：

宁化革命烈士纪念碑高18米，用青白色花岗岩砌成。正面镌刻"革命烈士纪念碑"，背面镌刻"革命烈士永垂不朽"鎏金大字。碑座前面有一块碑，并建有上、下两层平台，上层长20米、宽15米，下层长40米、宽30米。平台紧接100级石阶，为瞻仰者的步行之路。

在土地革命战争期间，宁化县是中央革命根据地的组成部分，二万五千里长征起点县之一，中共闽赣省委、省苏维埃政府和省军区后期所在地。全县有1.3万多人参加红军，其中3000多人为革命献出生命。1977年，建此纪念碑，以资纪念。

门　　票：免费

开放时间：8:00—11:30，14:30—17:30

十七、闽北革命历史纪念馆

中 文 名：闽北革命历史纪念馆

地理位置：福建省武夷山市中山路列宁公园内

内容简介：

闽北革命历史纪念馆位于著名的革命老区、国家重点风景名胜区、国家重点自然保护区、国家级旅游度假区、世界文化与自然遗产地的武夷山市区列宁公园内，与公园内的闽北革命烈士纪念碑、粟裕大将骨灰安放处、闽北著名的六烈士纪念亭等共同形成闽北爱国主义教育和青少年革命传统教育的人文景观。

2016年12月，入选《全国红色旅游经典景区名录》。

2017 年 3 月，被中宣部命名为全国爱国主义教育示范基地。

主要景点：

纪念馆展出了中共闽北地方党组织的建立与大革命时期、土地革命战争时期、抗日战争时期、解放战争时期的革命史实。有 16 个专题：人民的苦难与反抗，马克思主义的传播，中共闽北地方组织的建立和工农运动的崛起，闽北农民暴动，工农红军和苏维埃政权的建立，苏区的建设与发展，主力红军在闽北，三年游击战争，停止内战与抗日，抗日救亡运动，反对国民党顽固派的斗争，赤石暴动，争取和平民主、开展游击战争，配合大军、解放闽北，闽北英烈，党和国家的关怀。

门　　票：免费

开放时间：8:30—17:30

十八、蔡威事迹展陈馆

中 文 名：蔡威事迹展陈馆

地理位置：福建省宁德市蕉城区前林路 3 号

内容简介：

蔡威事迹展陈馆于 2008 年 7 月 1 日正式成立，由蔡氏家庙附属建筑区和蔡威故居两部分组成，旨在纪念、缅怀和宣传为中国革命事业特别是红军长征胜利做出卓越贡献的蔡威烈士，继承和弘扬先烈伟大的精神力量。目前，展陈馆已被命名为福建省爱国主义教育示范基地、福建省国防教育基地、福建省文物保护单位、福建省机要干部革命传统教育基地、福建省党史教育基地等。

主要景点：

蔡威，宁德市蕉城区人，1907 年生，1926 年加入中国共产党。在鄂豫皖苏区根据地，他与其他几位同事一起开创了红四方面军的无线电通信和技术侦察工作，曾任电台台长、红军总司令部二局局长等职。1936 年 9 月 22 日，因患重伤寒病逝于长征途中，年仅 29 岁。

蔡威事迹展陈馆位于宁德市蕉城区前林路 3 号，是一座具有明清建筑风格的典型闽东古民居。

门　　票：免费

开放时间：全天

十九、谷文昌纪念馆

中 文 名：谷文昌纪念馆
地理位置：福建省漳州市东山县陈城镇
内容简介：

　　谷文昌纪念馆位于福建省漳州市东山县陈城镇东山国家森林公园的谷文昌纪念园内，该

园由谷文昌纪念馆、陵园、塑像、
管理楼及纪念广场、停车场等系列
配套工程组成。2016 年 12 月，谷文
昌纪念馆入选《全国红色旅游经典
景区名录》。 2019 年 9 月，谷文昌
纪念馆被中宣部命名为全国爱国主
义教育示范基地。

　　主要景点：

　　谷文昌纪念馆内设有 6 大展室
和音像室，展馆由"序言、昔日东
山、执政为民、艰苦奋斗、求真务
实、致力发展、绿色丰碑、永久的怀念" 8 个部分构成。整个展览以大量珍贵的历史照片、
图片和谷文昌同志生前使用的实物、照片等，再现了党的好儿女、人民的好书记谷文昌同志
在 1953—1964 年，面对恶劣的自然环境，如何带领东山人民矢志不移、植树造林、根治风沙，
从根本上改变东山生态环境的动人情景，展示了谷文昌同志和老百姓所发生的真实感人的故
事，集中反映了一名共产党人一心为公、无私奉献的高尚品德。

　　谷文昌纪念馆是 2003 年 7 月由省委报请中共中央办公厅批准兴建的，根据"把谷文昌纪
念馆建成全国学习弘扬谷文昌精神的爱国主义教育基地"的指示精神，建成的纪念馆庄严肃
穆、主题突出、立意新颖，整个展馆上档次、高质量、有特色。

门　　票：凭有效证件免费
开放时间：全天

江 西 省

一、安源路矿工人运动纪念馆

中 文 名: 安源路矿工人运动纪念馆
地理位置: 江西省萍乡市安源区安源镇
内容简介:

安源路矿工人运动纪念馆是纪念性革命博物馆,位于江西省萍乡市安源区安源镇,距萍乡市城区 6 千米。前身是创办于 1956 年的安源路矿工人俱乐部遗址陈列室。1968 年兴建陈列馆,1969 年开放,1984 年 8 月改为现名。

安源路矿工人运动纪念馆坐北朝南,占地面积为 13.3 万平方米,建筑面积为 3245 平方米,陈

列面积为 2400 平方米。纪念馆陈列大楼高 24 米,长 100 米,宽 30 米,采用二层钢筋混凝土结构。正中间是安源路矿工人俱乐部部徽,两边是由红色瓷砖组成的五星红旗和大型有机玻璃火炬灯。大厅门口有 6 根用大理石砌成的方形大柱,高约 14 米。2018 年 10 月,被评为全国中小学生研学实践教育基地。2021 年 11 月,入选第一批全国职工爱国主义教育基地名单。

主要景点:

安源路矿工人纪念馆是安源路矿工人运动纪念馆的主体,由邓小平手书馆名。现有馆藏文物 5000 余件,包含国家一级文物 53 件、不可移动文物 17 处,其中,全国重点文物保护单位 4 处、省级文物保护单位 6 处。建馆以来,接待来自世界各地的观众 1100 余万人次。以安源路矿工人运动纪念馆为中心和龙头的安源,正逐渐成为集教育、观光、休闲、娱乐为一体的赣西红色旅游圣地。

纪念馆基本陈列系统地介绍了 1921 年至 1930 年,中国共产党领导安源路矿工人,开展

罢工斗争、农民运动和武装斗争，反对帝国主义、封建主义的历史。该馆陈列内容分六部分：
（一）三重压迫下的路矿工人；（二）组织起来；（三）路矿工人大罢工；（四）"二·七"惨案
后的坚持和发展；（五）工农联合，支援北伐；（六）秋收起义，武装割据。除了文字图片和
实物，还有《矿工苦》《毛泽东去安源》《大罢工》《工农联盟》《奔向井冈山》等大型雕塑。

　　馆内现有馆藏文物 5000 余件，一级藏品约 200 件。其中有《安源旬刊》、工人消费合作
社的股票和购物证，在中国现代文学史上占有一定地位，是很珍贵的藏品。该馆还辖有全国
重点文物保护单位安源路矿工人俱乐部旧址（2 处）、省级重点文物保护单位 6 处：安源煤矿
进口总平巷旧址、安源路矿工人第一所补习学校旧址、安源路矿工人消费合作社旧址、刘少
奇与路矿当局谈判的大楼旧址、部署湘赣边界秋收起义的安源军事会议旧址、德国式建筑公
司。市级文物保护单位有：毛泽东 1921 年秋来安源的住处、决定罢工的党支部会议旧址、安
源市工农兵政府等 8 处。

　　安源路矿工人运动纪念馆是为征集与保护中国共产党领导萍乡煤矿和萍乡铁路工人革命
运动的文物、研究与宣传这一革命运动的历史俱乐部。此外，还在安源建有烈士陵园和烈士
纪念碑、在芦溪建有秋收起义总指挥卢德铭烈士陵园、在莲花建有莲花一枝枪纪念馆，以及
在市区的黄金地段建有富含现代气息的秋收起义广场以及江泽民题写碑名的秋收起义纪念
碑，共同构建了萍乡丰富的红色旅游资源。

　　门　　票：免费

　　开放时间：8:00—17:00（淡季），8:00—17:30（旺季）（周一闭馆）

二、南昌八一起义纪念馆

中 文 名：南昌八一起义纪念馆
地理位置：江西省南昌市西湖区中山路中段 380 号
内容简介：

　　南昌八一起义纪念馆成立于 1956
年，1959 年 10 月 1 日正式对外开放，
1961 年被国务院公布为全国首批重点
文物保护单位（所辖五处革命旧址为总
指挥部旧址、贺龙指挥部旧址、叶挺指
挥部旧址、朱德军官教育团旧址和朱德
旧居）。纪念馆位于中山路中段 380 号，
占地面积为 5903 平方米。2016 年 12
月，南昌八一起义纪念馆入选《全国红
色旅游经典景区名录》。2007 年 7 月，
投资 1.53 亿元的纪念馆改扩建工程全
面竣工并正式对外开放，占地面积由原来的 5903 平方米扩展为 10 155 平方米，陈列面积由
原来的 2250 平方米增至 5875 平方米。

主要景点:

新馆的陈列大楼展厅——序厅正中有一座名为"石破天惊"的雕塑,一只有力的大手从崩裂的石块中伸出,紧扣着汉阳造步枪的扳机,其中一块石块上刻着起义打响的时刻。这座雕塑也是纪念馆的标志,许多游人在此留影。

纪念馆的基本陈列分为危难中奋起、伟大的决策、打响第一枪、南征下广东、转战上井冈等部分。馆内大约每半小时会有一场免费讲解,讲解员会对那段历史有更清晰的讲解。

馆内陈列的展品有当年起义用的刀枪弹药、衣物、望远镜等,其中起义时朱德使用过的手枪、贺龙用过的怀表是这里最著名的藏品。另外值得一提的是,展馆内有不少多媒体模型,蜡像和雕塑在声、光的配合下格外逼真,枪炮声、冲锋声回响在耳畔,攻打敌人指挥部、五万人欢庆胜利等场面栩栩如生。

南昌八一起义总指挥部旧址是一座五层的灰色大楼,也就是原来的江西大旅社。如果你翻开历史课本,那么一定能在南昌起义这一章找到这幢中西合璧的回形建筑的图片。1927年7月下旬,起义部队到南昌,包租下这家旅社作为起义指挥中心。

如今里面按当年起义时的原样布置供游人参观,入口处的石碑上是江泽民题写的"军旗升起的地方"。在此可以看到缴获的战利品、召开第一次会议的大厅,以及根据旅社老工人的回忆复原的餐厅、客房等,还展出着一些起义时使用过的原物。

当年在此住宿的大多是从事党务、工农运动的著名人士,房间有林伯渠的办公室和卧室、军事参谋团办公室等。其中最出名的是头等房,也就是25号房,这是周恩来同志工作过的地方,里面的梳妆镜就是当年使用的原物。这些陈设看起来十分普通,可以感受到当年革命时的清贫。每天都有不少人来此参观,遥想当年全国各地的精英在此同仇敌忾、力挽狂澜的场景,时隔多年依然能让人心潮澎湃。

门　　票: 免费

开放时间: 9:00—17:30（16:00 闭馆,周一闭馆）,9:10—11:00 和 13:30—15:30 每半小时有免费讲解及设备播放

三、井冈山革命纪念地

中 文 名: 井冈山革命纪念地
地理位置: 江西省吉安市井冈山市茨坪镇
内容简介:

井冈山革命纪念地主要分布在以茨坪镇为中心的7200平方千米的土地上,大小革命遗址群落共有13处,分布在江西省的宁冈、永新、遂川、莲花4县和湖南省的酃县（今炎陵县）、茶陵两县。在井冈山,以毛泽东为代表的共产党人把马列主义的普遍真理同中国革命的具体实践相结合,开辟了一条用农村包围城市、武

装夺取政权的中国式的革命道路。井冈山的斗争奠定了中国革命胜利的基础，它不朽的功绩将永远彪炳于中国革命的史册。

主要景点：

井冈山：井冈山位于罗霄山脉的中段，即湖南和江西两省的交界处。这里层峦叠嶂，群山环抱，地势险要。1927 年 10 月，毛泽东率领湘赣边界秋收起义的工农革命军来到井冈山。10 月 27 日，毛泽东与井冈山的农民队伍首领袁文才、王佐举行会谈，参加秋收起义的工农革命军在袁文才、王佐的帮助下走上了井冈山，开始参加以宁冈为中心的井冈山农村革命根据地的艰苦斗争。

井冈山烈士陵园：在 1927 年 10 月到 1928 年 2 月间，国民党军阀混战，互相攻杀，局面混乱。毛泽东抓住这个有利契机，率领部队打土豪，筹款子，广泛发动群众，相继建立了茶陵、遂川、宁冈、永新工农兵政府，初步形成了井冈山根据地。毛泽东点燃的"工农武装割据"的星星之火，在革命转入低潮的形势下，开创了重新聚集革命力量、武装夺取政权的新局面。

井冈山革命博物馆：井冈山革命博物馆是遗址性革命史类博物馆，位于江西省井冈山上的茨坪，为纪念中国共产党创建的第一个农村革命根据地井冈山而建立。1959 年建成开放，该馆有馆藏文物近 3000 件，其中原件 860 件，复制品 2000 多件。珍贵文物有当年毛泽东撰写《中国红色政权为什么能够存在》和《井冈山的斗争》时用过的油灯、砚台，以及朱德在井冈山挑粮用过的扁担等。基本陈列反映了井冈山革命斗争的历史，展出文献、实物、图片和辅助展品近 600 件，其中美术作品均为中国当代著名艺术家所作。井冈山军事根据地的五大哨口还保存着中国红军第四军的工事等遗迹。

门　　票：免费

开放时间：8:00—17:00

四、瑞金中央革命根据地纪念馆

中 文 名：瑞金中央革命根据地纪念馆
地理位置：江西省瑞金市象湖镇
内容简介：

瑞金中央革命根据地纪念馆原名瑞金革命纪念馆，位于江西省瑞金市象湖镇，是一所为纪念土地革命战争时期中国共产党及其领袖毛泽东、朱德等直接领导创建中央革命根据地和中华苏维埃共和国而建立的纪念性博物馆。

1953 年组建瑞金革命纪念馆筹备处；1958 年瑞金革命纪念馆开馆；1995 年经批准改为瑞金中央革命根据地纪念馆；2007 年瑞金中央革命根据地纪念馆新馆竣工。该馆是中宣部命名的首批百个全国爱国主义教育示范基地之一。

主要景点：

瑞金中央革命根据地纪念馆内收藏文物 10 265 件，其中有一级藏品 45 件，二级藏品 90 件；史料 10 220 份；图书、杂志 2000 多册。

主要有陈列展览馆、文博楼、文物库房和多功能报告厅等。馆内基本陈列为《人民共和国从这里走来——中华苏维埃共和国历史》，共 6 个部分，围绕中华苏维埃共和国历史演变主题，通过图文、实物、油画、场景、多媒体、幻影成像、超现实仿真雕像等先进的声、光、电展陈手段，再现了中华苏维埃共和国历史演变的全过程，诠释了中华苏维埃共和国与中华人民共和国的传承关系。另有专题展览、临时展览等，不定期更换。

门　　票：免费

开放时间：8:30—17:30（春季、夏季），8:30—17:00（秋季、冬季）（旧址景区全年开放，周一闭馆，国家法定节假日除外）

五、秋收起义纪念地

中 文 名：秋收起义纪念地
地理位置：江西省九江市修水县城凤凰山路 136 号
内容简介：

秋收起义纪念地是纪念秋收起义的专题性纪念地，分为秋收起义修水纪念馆、秋收起义铜鼓纪念馆和萍乡秋收起义广场。

秋收起义修水纪念馆坐落于江西省九江市修水县城凤凰山路 136 号，始建于 1977 年，纪念馆陈列重点反映湘赣边界秋收起义爆发的背景等相关史实。

秋收起义铜鼓纪念馆是纪念毛泽东同志亲自领导的湘赣边界秋收起义的专题陈列馆。现拥有馆藏文物 15 329 件，馆内陈列分为五个部分：第一部分军旗猎猎；第二部分沙洲阅兵；第三部分排埠思索；第四部分引兵井冈；第五部分星火燎原。陈列展出了部分珍贵文物，并采用了现代先进的声、光、电等手段，生动再现了毛泽东同志当年在铜鼓率领秋收起义部队开展革命活动的恢宏历史。

萍乡秋收起义广场原名昭萍广场，因建有秋收起义广场纪念碑而更名。萍乡秋收起义广场由中央广场、西北广场、东北广场和东西广场组成，占地面积约为 23 万平方米。

秋收起义纪念地被中共中央宣传部评为全国爱国主义教育示范基地。

主要景点：

秋收起义陈列重点反映湘赣边界秋收起义爆发的背景，工农革命军第一军第一师的组建，中国共产党的第一面军旗在修水设计、制作、升起，师部和第一团及第二、第三、第四团在秋收起义中的经历，修水地方党组织和农会、工会及人民群众积极配合并参加秋收起义的史实，突出毛泽东和参加秋收起义的老一辈无产阶级革命家的丰功伟绩，讴歌秋收起义开创井冈山革命根据地，使星星之火燃遍全中国的历史功勋。展馆装饰和厅内布置互相依存，相辅相成，追求庄重、简洁、大气、典雅的氛围，史料详尽真实，得到了社会各界的一致好评。

　　为了追溯历史、缅怀先烈，该馆于 1976 年开始大量征集革命文物，搜集整理资料。2009 年馆藏文物有 330 件，其中国家一级文物 7 件，二级文物 12 件，三级文物 58 件。管辖修水县 60 余处革命旧址，其中省级文物保护单位 1 处，县级文物保护单位 3 处。

　　门　　票：免费

　　开放时间：8:00—17:00（秋季、冬季），8:00—18:00（春季、夏季）（周五下午闭馆）

六、永新三湾改编旧址

中 文 名：永新三湾改编旧址
地理位置：江西省吉安市永新县三湾乡
内容简介：

　　三湾村坐落在江西省吉安市永新县西部的九陇山北麓。1927 年 9 月 29 日，毛泽东率领湘赣边界秋收起义部队来到这里，进行了具有伟大历史意义的"三湾改编"。这是中国工农红军政治工作的开端，确立了党对军队的绝对领导，为从组织上、政治上和思想上建设一支全新型的人民军队奠定了牢固的基础。

　　主要景点：

　　革命旧居旧址包括中国工农革命军第一军第一师第一团士兵委员会旧址——泰和祥杂货铺、毛泽东旧居——协盛和杂货铺、中国工农革命军第一军第一师第一团团部旧址——钟家祠、红双井、枫树坪等。

　　三湾改编史迹陈列共有四个部分，展示了三湾改编的背景、内容和意义：第一部分战略转移；第二部分"三湾改编"；第三部分井冈割据；第四部分军魂永驻。

　　1927 年 9 月 9 日，毛泽东亲自领导了湘赣边境的秋收起义。参加起义的有中国共产党领导的原国民政府警卫团，有平江、浏阳、醴陵等地的农军，还有安源的工人武装。各路起义部队经过艰苦的战斗，在浏阳市文家市会师，毛泽东做出了向井冈山进军的英明决策。经过长途跋涉、艰苦转战，部队于 9 月 29 日到达永新县境内的三湾村。

　　三湾村处在湘赣边区的九陇山区，是茶陵、莲花、永新、宁冈 4 县交界的地方，由陈家、钟家、上李家、下李家和三湾街组成，有 50 多户人家，在山区是较大的村庄。

　　门　　票：免费

　　开放时间：9:00—17:00

七、兴国革命历史纪念地

中 文 名：兴国革命历史纪念地
地理位置：江西省赣州市兴国县五福广场
内容简介：

兴国革命历史纪念地包括兴国革命纪念馆和兴国革命烈士陵园。
主要景点：

兴国革命纪念馆位于江西省赣州市兴国县五福广场旁，内有纪念亭、英名碑、悼念广场、陈列馆、水莲池等建筑群。纪念馆始建于1950年，1968年正式对外开放，占地1442.2平方米，拥有文物资料6000余件，辖有苏区兴国革命斗争史陈列馆、毛泽东长冈乡调查纪念馆、中国人民解放军兴国籍将军纪念馆等，主要陈列毛泽东、朱德、陈毅等老一辈革命家在兴国的革命活动和苏区兴国人民为革命做出

贡献的历史资料，重点陈列130余名在全国有重要影响的著名革命烈士史迹与珍贵文物，并建有著名的马前托孤、宁死不屈、洗衣队员、江善忠跳崖、过雪山等雕塑。1991年建成的英名碑呈五角回廊式，中间为英烈群雕，回廊镶满镌刻全县 23 179 位烈士的英名石碑。1995年，该馆被评为全国爱国主义教育示范基地，1996年，经国务院批准为"第三批全国重点革命烈士纪念建筑物保护单位"。

兴国烈士陵园始建于1950年，1977年迁建现址，并于2009年12月启动实施了改扩建工程。改扩建项目包括悼念广场、烈士浮雕墙群、烈士英雄长明灯、烈士悼念卧碑、革命烈士纪念馆、英名碑廊、纪念亭、纪念池及会议室、资料室、文物库等设施。悼念广场两侧耸立着象征"独立、民主、解放、建设、发展"的两座大型主题雕塑。烈士陵园占地30亩，革命纪念馆面积2700平方米，英名碑廊307平方米，由序厅、主题厅和展厅组成，展线长达4000米，按时间顺序和专题，重点陈列 130 多名兴国著名革命烈士史迹与珍贵文物。1995年，兴国烈士陵园被国家民政部列为全国爱国主义教育基地，1996年，被国务院批准为"第三批全国重点革命烈士纪念建筑物保护单位"。2001年，被中宣部列为全国第二批爱国主义教育示范基地。每年前来瞻仰纪念烈士的人数达6万多人，烈士陵园已成为缅怀先烈丰功伟绩、激励后人、弘扬苏区传统的重要爱国主义教育基地。
门　　票：免费
开放时间：全天

八、上饶集中营革命烈士陵园

中 文 名：上饶集中营革命烈士陵园
地理位置：江西省上饶市南郊茅家岭陵园路 66 号
内容简介：

上饶集中营革命烈士陵园坐落在江西省上饶市南郊茅家岭,总体规划面积为 2 平方千米,分为 5 个参观区：革命烈士陵园、茅家岭监狱旧址、周田监狱旧址、李村监狱旧址和七峰岩监狱旧址。上饶集中营革命烈士陵园为全国爱国主义教育示范基地,并已获准成为中国侨联爱国主义教育基地。这里交通便利,场地宽阔,环境优美,是了解历史、进行爱国主义教育,以及举行团体入团、入伍、入党仪式等活动和游览的好去处。

2016 年 12 月,上饶集中营革命烈士陵园入选《全国红色旅游经典景区名录》。
主要景点：

革命烈士陵园：以革命烈士纪念碑为中心,东侧为烈士公墓；南侧为子芳亭、施奇烈士塑像；北侧为 15 位烈士被秘密杀害处；西南侧是集中营茅家岭监狱旧址及摆着各种刑具的审讯室。其中革命烈士纪念碑始建于 1956 年,重建于 1959 年,位于茅家岭雷公山中腰,坐东朝西,高 28.5 米,呈正方形,其中碑座高 7 米,长、宽各 20 米,正面刻有周恩来题写的"革命烈士们永垂不朽"9 个鎏金大字题词,东面刻有刘少奇、朱德的题词；南面和北面分别刻有中共江西省委、江西省人民委员会题文,碑底座刻有烈士纪念碑碑文；整座碑由花岗石分砌而成,呈银灰色,气势雄伟,庄严壮观。

茅家岭监狱旧址：位于上饶市信州区茅家岭乡徐潭村境内,这里原是一座"葛仙庙",1939 年夏改为三战区特务机关政治部专员室关押政治犯的秘密监狱,人称"狱中之狱",闻名全国的茅家岭暴动就发生在这里。

周田监狱旧址：位于上饶市信州区茅家岭乡周田村境内,于 1941 年 3 月设立,专门囚禁皖南事变中被俘的新四军排以上干部和从东南各省地方上搜捕来的共产党员、爱国进步人士,共 700 余人。

李村监狱旧址：位于上饶市广信区皂头镇李村,原为三战区长官部副县官处招待所,后为囚禁皖南事变中下山谈判被扣的新四军军长叶挺的地方。

七峰岩监狱旧址：位于上饶市上饶县黄市乡七峰村境内,是由七座山峰和一个岩洞组成的,当年国民党特务人员将原庙宇厢房及山洞用木栅隔成数小间成为囚室,新四军第三纵队司令员张正坤、教育总队副总队长兼教育长冯达飞、第三纵队五团团长徐锦树等多人曾被囚于此。

门　　票: 免费

开放时间: 8:00—17:30（4月1日至10月31日），8:30—17:00（11月1日至次年3月31日）

九、方志敏纪念馆

中 文 名: 方志敏纪念馆
地理位置: 江西省上饶市弋阳县城北面峨眉嘴山顶
内容简介:

方志敏纪念馆位于江西省上饶市弋阳县城北面峨眉嘴山顶，于1978年9月落成，占地面积为11 000平方米，建筑面积为1300平方米。纪念馆于1987年3月经江西省人民政府批准，命名为全省重点烈士纪念建筑物保护单位，1995年被上饶地区批准为全区爱国主义教育基地，2001年6月经中宣部批准，命名为全国爱国主义教育示范基地。2016年12月，方志敏纪念馆入选《全国红色旅游经典景区名录》。

主要景点:

馆内陈设布局合理，内容丰富，有4个陈列室和一个展厅，分别介绍了方志敏烈士参加江西地方党团组织创建、领导江西农民运动革命、创建闽浙赣根据地和红十军团、狱中斗争的事迹。方志敏纪念馆是江西省省级重点烈士纪念馆建筑保护单位。

方志敏纪念馆位于弋阳县城北面，馆内陈列着方志敏烈士及其他著名英烈的生平事迹和部分烈士的遗像及革命文物，他所创立的根据地被毛泽东称为"方志敏式根据地"，邓小平、江泽民也分别给予了方志敏高度评价，他在短暂而伟大的一生中为中国人民的解放和共产主义事业做出了巨大贡献。他在狱中以顽强的毅力写下了《清贫》《可爱的中国》《狱中纪实》等8篇光辉著作近20万字，已成为一笔极其珍贵的精神财富。

方志敏纪念馆对外又称"弋阳革命烈士纪念馆"，是省级重点烈士纪念馆建筑保护单位，是省、地、县爱国主义教育基地，是人们瞻仰先烈的重要名胜点。

方志敏烈士墓: 位于江西省南昌市西郊梅岭山麓。陵园背依青山，面向东方，建于1959年8月，占地6660多平方米。墓前有台阶12层，共170余级，两边青松翠柏环抱，庄严肃穆。墓为汉白玉砌成，大理石碑下面刻有方志敏简历。墓碑正中镌刻毛泽东题词"方志敏烈士之墓"，墓前设休息室，陈列方志敏烈士的生平事迹和珍贵文物。

方志敏故居: 是一栋普通的六拼屋农舍。1899年8月21日，方志敏出生在这里。土地革命战争时期，其住宅被国民党反动武装及地方靖卫团多次焚毁。

三清山八祭村旧址：是方志敏同志主要战斗和生活的地方之一，方志敏同志在该村生活、战斗长达数年。该村保留的主要纪念点有三处："金坑防线"突围会议旧址，小山垅战壕，"哨兵树"。

门　　票：20 元

开放时间：8:00—18:00

十、于都革命烈士纪念馆及中央红军长征第一渡纪念碑园

中 文 名：于都革命烈士纪念馆及中央红军长征第一渡纪念碑园

地理位置：江西省赣州市于都县长征大道中路

内容简介：

于都革命烈士纪念馆位于江西省赣州市于都县长征大道中路，于 1987 年 3 月兴建，宋任穷同志亲笔题写馆名。该馆陈列面积为 434 平方米，展线长 161 米，分为一个序厅、一个悼念厅、6 个陈列室。陈列了红二十军长肖鹏、红军第十五纵队参谋长朱学玖等 147 名于都籍知名烈士的事迹及部分遗物。土地革命战争时期，于都县是中央革命根据地的重要组成部分，全县为革命光荣捐躯的烈士达16 336 名。为褒扬革命先烈，1955 年于都县人民政府建烈士纪念塔、纪念亭各一座，1987 年 7 月 1 日于都革命烈士纪念馆举行奠基仪式，1990 年 12月 26 日正式对外开放。

主要景点：

中央红军长征第一渡纪念碑园位于江西省赣州市于都县城东门外东门渡口。2006 年，于都县在中央红军长征第一渡纪念碑园内又新建了中央红军长征出发纪念馆。该馆建筑面积为1100 平方米，两层展厅展有文字、图表、照片，通过沙盘、油画、实物及声、光、电等现代化手段，直观地展示中央红军长征出发的历史，再现了中国革命大转折及苏区人民支援红军的历史场景。

门　　票：免费

开放时间：

纪念碑园：全天开放

纪念馆：夏季、秋季 9:00—12:00，14:30—17:30；春季、冬季 9:00—12:00，14:30—17:00（周一闭馆）

十一、江西革命烈士纪念堂

中 文 名：江西革命烈士纪念堂
地理位置：江西省南昌市八一大道北段
内容简介：

　　江西革命烈士纪念堂占地面积为1.7万余平方米，陈列大楼建筑面积为5000余平方米。绿化覆盖率达60%，是省级园林化单位。建堂以来，共接待国内、外观众670余万人次，其中有70多个国家和地区的外宾2000多人次，朱德、董必武、谢觉哉、彭德怀等同志先后来堂参观，并题词、题诗。先后被命名为"全国爱国主义教育示范基地"，省委、省政府和市委、市政府"爱国主义教育基地"，江西省民政系统"文明服务示范单位"，江西省"省直文明单位""江西省国防教育基地"。

主要景点：

　　纪念堂分为前厅、序厅。陈列毛泽东等党和国家领导人的题词及中共江西省委、江西省人民委员会、江西省军区、政协江西省委员会题词，以及浮雕《各族人民悼念革命先烈》《万里长空且为忠魂舞》和大型油画《革命烈士无上光荣》《江西省革命烈士英名录》。

　　纪念堂内容分以下6个部分。

　　第一部分为中国共产党的创立和大革命时期：分4个专题（宣传革命思想，创建江西党团组织；北伐战争；轰轰烈烈的江西工农运动；第一次大革命失败），共陈列赵醒侬、袁玉冰等83名烈士和1个集体的典型事迹。

　　第二部分为土地革命战争时期：分7个大专题（工农武装暴动；建立根据地，开展土地革命；保卫苏区，粉碎敌人"围剿"；红军英勇奋战；伟大的长征；三年游击战争；艰苦的地下斗争），9个小专题（南昌起义；湘赣边界秋收起义；江西各地工农武装起义；井冈山革命根据地；东固革命根据地；中央苏区；闽浙皖赣苏区；湘赣苏区；湘鄂赣苏区），共陈列卢德铭、曾天宇、胡海、黄公略、方志敏等863名烈士和13个集体的典型事迹。

　　第三部分为抗日战争时期：分4个专题（八路军；新四军；中国共产党领导的抗日斗争；国民党抗战英烈），共陈列黄道、周建屏、刘英、邹韬奋等128名烈士和1个集体的典型事迹。

　　第四部分为解放战争时期：共陈列艾萍、王麓水等32名烈士的事迹。

　　第五部分为社会主义革命和社会主义建设时期：共陈列李湘、蔡正国等119名烈士的事迹。

　　第六部分为褒扬先烈、继往开来：陈列江西省革命烈士褒扬工作情况。

门　　票：免费
开放时间：8:00—17:00

十二、东固革命根据地旧址群

中　文　名：东固革命根据地旧址群
地理位置：江西省吉安市青原区东固畲族民族乡
内容简介：

东固革命根据地旧址群主要有东固平民银行旧址，红四军与红二、四团会师旧址，东固毛泽东旧居，军事誓师大会会场旧址，红一方面军无线电训练班旧址，公略亭，东固革命烈士纪念塔，东固第二次反"围剿"陈列馆，"二七"会议旧址，红四军总部，江西省苏维埃政府，中共赣西南"一大"旧址等。

主要景点：

东固革命根据地以东固畲族民族乡为中心，包括富田镇、文陂乡，曾是一、二、三次"反围剿"的主战场。东固革命根据地是中国共产党创建的最早的革命根据地之一，在中国革命史上占有一席之地，创造了中国革命和中华苏维埃史上的多个先例：第一张纸币、第一个赤色邮局、第一个无线电培训班、第一个消费合作社、第一个综合兵工厂，以及孕育了21位共和国开国将军。

东固革命根据地旧址群包括东固革命根据地博物馆、东固毛泽东旧居、军事誓师大会会场旧址、红一方面军无线电训练班旧址、东固平民银行旧址等34处旧址，具有：点多面广成片，原生态历史风貌；涵盖内容十分丰富，遗址种类多样；砖木结构为主，与古建筑相伴相生；文物价值很高，开发利用前景广阔等特点。

门　　票：免费
开放时间：全天

十三、中国工农红军北上抗日先遣队纪念馆

中　文　名：中国工农红军北上抗日先遣队纪念馆
地理位置：江西省上饶市玉山县怀玉山国家级森林公园境内
内容简介：

中国工农红军北上抗日先遣队纪念馆位于江西省上饶市玉山县怀玉山国家级森林公园境内。纪念馆总占地面积为13 667平方米，建设面积为2000平方米，纪念碑身长39.8米，宽15米，高12.75米。主体用钢筋混凝土浇筑，外挂花岗岩火烧板，群雕部分用铜浮雕。

主要景点：

该纪念馆是我国首座全面展示中国工农红军北上抗日先遣队历史征程的高端展馆，占地 8 万平方米，总投资 6000 余万元，主体建筑面积为 7274 平方米，广场面积为 1.2 万平方米，是一座集红色教育、廉政教育、国防教育和党史研究、干部培训、乡村旅游等为一体的综合性场馆。

纪念馆分为展览馆、研究中心、革命旧址三大板块。展览馆布展面积为 3732 平方米，以"铁血军魂"为主题，通过"启程""征战""重整""天殇""新生""人物春秋"6 大板块，以详尽、权威的史实和崭新的布展方式，将中国工农红军北上抗日先遣队的征战历史全面展现在观众面前。

展览馆周边有茶山会议、先遣队临时医院、方志敏旧居等革命旧址 10 余处，保存完好，具有较高的文物价值、研究价值、红色教育价值。

门　　票：免费

开放时间：全天

十四、闽浙皖赣革命根据地旧址群

中 文 名：闽浙皖赣革命根据地旧址群

地理位置：江西省上饶市横峰悬葛源镇枫林村

内容简介：

根据地东临大海，西连江西鄱阳湖，北靠安徽长江，南达福建闽江，为"东南半壁"之襟喉。武夷山、怀玉山、郡公山、黄山、仙霞岭，山山绵亘，重峦叠嶂；信江、抚河、乐安河、新安江、崇阳溪，水水长流，纵横若网；军事上地势险要，经济上物产丰盈，具备开展革命斗争的良好条件。

根据地苏区时期先后由赣东北、闽北、（开）化婺（源）德（兴）、信（江）抚（河）、皖赣、皖南这 6 块苏区组成，纵横约 50 个县，人口达数百万，建立过 58 个中共县级组织和 32 个县级苏维埃政权。3 年游击战争时期，党组织遍布闽浙皖赣边区 80 多个县，游击区人口近千万。

主要景点：

闽浙赣省革命根据地旧址群。位于横峰县葛源镇，这里是土地革命战争时期闽浙皖赣革命根据地的中心，方志敏等革命先驱在这里创建了红色政权，开创了"两条半枪闹革命"的历史，被毛泽东同志誉为"我们光荣的模范苏区"。这里有全国重点文物保护单位中共闽浙赣省委机关、省苏维埃旧址、省军区司令部旧址、红军五分校旧址、红色列宁公园等一大批经过维修的革命旧址，还有红军广场、司令台、四部一会旧址等，其中，红色列宁公园是我党历史上建立的第一个公园。这里的葛源烈士纪念馆、葛源镇古街也是观光游览的好去处。

中国工农红军学校第五分校旧址。中国工农红军学校第五分校的前身为彭阳军事政治学校，1931 年 2 月由弋阳芳家墩迁址于此。

中共赣东北省委旧址。位于葛源镇葛源村，占地面积约为 150 平方米，为一幢土木结构的楼房。1930 年 10 月，当时的赣东北特委及特区苏维埃政府由弋阳芳家墩迁址于此。

闽浙赣省委旧址。位于山峦叠翠、红叶掩映的横峰县葛源镇枫林村，占地面积为 1000 平方米，四周筑有围墙，大门两边"坚决执行党的进攻路线，彻底粉碎敌人五次围攻"的标语仍清晰可见，方志敏同志办公室兼卧室仍保存完好，陈设一如当年，还留着主人睡过的四轮架子床，墙壁上糊着《工农报》《红色东北报》。1959 年 11 月 30 日，江西省人民委员会批准公布为省级文物保护单位；1996 年 12 月，国务院批准公布为全国重点文物保护单位；1995年，上饶地委命名为地区爱国主义教育基地。

门　　票： 免费

开放时间： 全天

十五、宁都县中央苏区反"围剿"战争纪念馆

中 文 名： 宁都县中央苏区反"围剿"战争纪念馆

地理位置： 江西省赣州市宁都县梅江镇

内容简介：

宁都县中央苏区反"围剿"战争纪念馆位于宁都县梅江镇背村与迳口村之间通往翠微峰道路南侧，是全国唯一反映中央苏区五次反"围剿"战争的军事纪念馆，填补了我国没有全面展示我党我军这段光荣历史的纪念馆的空白。该纪念馆年接待能力达 30 万人次，是继红色

242

故都瑞金、将军县兴国、长征第一渡于都后又一重要的国防教育基地和军事教育基地，于2009年2月被列为江西省第四批爱国主义教育基地。

主要景点：

纪念馆紧扣中央苏区反"围剿"战争史这一主线，突出展示人民战争的光辉思想、红军将士英勇无畏的英雄气概，彰显"雄浑、厚重、大气"的陈展特色。序厅雕塑采用圆雕和浮雕相结合的形式，前面是反"围剿"的关键人物毛泽东、周恩来、朱德、彭德怀的一组圆雕，后面是象征五次反"围剿"的浮雕，虚实相间，气韵灵动，栩栩如生。

大型半景画《黄陂大捷》《广昌保卫战》、动态沙盘《红四军进军赣闽》、幻影成像《宁都起义》等，采用声、光、电等现代陈展手段，再现了中央苏区反"围剿"战争波澜壮阔的历史画卷。通过背景画面、地面艺术塑形、艺术道具、彩塑人物营造真实的战场环境，声、光、电配合再现战场氛围，多媒体技术模拟再现爆炸、机枪、冲锋枪等真实战场影像。同时，展厅内还借助油画、国画、浮雕、版画、雕塑等其他艺术形式，丰富了展出形式，提升了展示效果的艺术性，其规模和设施可跻身全国一流场馆。

门　　票：免费

开放时间：9:00—17:00（16:45停止入馆），开馆期间义务讲解时间为10:00、16:00（周一闭馆，国家法定节假日除外）

十六、湘鄂赣革命纪念馆

中 文 名：湘鄂赣革命纪念馆

地理位置：江西省宜春市万载县阳乐大道322号

内容简介：

湘鄂赣革命纪念馆成立于1961年，1962年5月在万载县中共湘鄂赣省委旧址进行原状陈列。1983年3月，湘鄂赣革命纪念馆得到恢复，同时成立万载县博物馆，实行两块牌子、一套人马。

湘鄂赣革命纪念馆总占地面积为1880余平方米。其中陈展面积达580平方米，包含"湘鄂赣革命根据地斗争史陈列"和"万载籍部分老红军将士革命业绩陈列"两个专题展厅。馆内还建有文物库房、办公楼等配套建筑，库房占地200余平方米，共收藏革命文物和历史文物1843件，其中珍贵文物507件，收藏的文物时代跨度范围从商朝直到近现代，其中还有众多湘鄂赣革命根据地斗争时期的文物。湘鄂赣革命纪念馆还负责遍布万载城乡的几十处国家级、省级、市级、县级文物保护单位的管理和维护工作。

湘鄂赣革命纪念馆是江西省爱国主义教育基地、中国井冈山干部学院现场教学点、国家国防教育示范基地，2013年被评为国家三级博物馆。

主要景点：

该馆有"湘鄂赣革命根据地斗争史陈列"，全面介绍了湘鄂赣革命根据地形成、发展的斗争历史，展现湘鄂赣苏区人民创建湘鄂赣革命根据地的战斗历程。陈列分为"风雷动 湘鄂赣星火燎原""旌旗奋 根据地蓬勃发展""炮声隆 反围剿浴血奋战""夜深沉 游击战艰难岁月""汇洪流 驱日寇御敌救亡"等部分。

"万载籍部分老红军将士革命业绩陈列"主要收展杜平、王宗槐、刘惠农等17位万载籍老红军的生平事迹及各时期的不同文物。

门　　票： 免费

开放时间： 淡季8:30—11:30，15:00—17:00；旺季8:30—11:30，14:30—17:30（周日闭馆）

十七、余江血防纪念馆

中 文 名： 余江血防纪念馆
地理位置： 江西省鹰潭市余江区果喜大道28号
内容简介：

余江血防纪念馆是截至目前江西唯一、全国最大的血防展览馆，1978年10月由余江（现鹰潭市余江区）县委、县政府兴建，收藏了大量珍贵的历史资料，由著名书法家吴作人题写馆名。

2019年9月，余江血防纪念馆被中宣部命名为"全国爱国主义教育示范基地"。

主要景点：

余江血防纪念馆占地面积为6483平方米，建筑面积为2345平方米，为四舍院式结构，建筑风格朴实、壮观。正门的前景中心广场与广场另一侧的"血防纪念碑"遥相呼应。纪念馆主体部分高12.66米，正门外廊两侧耸立8根高11米的方柱，柱顶额枋装饰"春风杨柳""白云飞燕"浮雕图案，与诗词意境相得益彰。展厅环绕，内庭排布，厅厅相连，自然流畅。内庭设计雅致，水池、拱门、踩石、花木错落其间，令人心旷神怡。

馆内由序幕厅、第一展厅（苦难篇）、第二展厅（消灭篇）、第三展厅（巩固篇）、第四展厅（变化篇）及余江名人厅这6部分组成。展览以大量珍贵的历史资料，全景式地展示了余江人民在中国共产党的领导下，克服重重困难，消灭血吸虫病、巩固血防成果的完整过程，以大量的实例突出体现了我党的根本宗旨，诠释了"血防精神"重要思想的深刻内涵。

门　　票：凭有效证件免费

开放时间：全天

十八、景德镇市中国陶瓷文化展示基地

中 文 名：景德镇市中国陶瓷文化展示基地

地理位置：江西省景德镇市昌江区迎宾大道368号

内容简介：

景德镇市中国陶瓷文化展示基地的建筑面积将近400万平方米，总投资约200亿元。景德镇市中国陶瓷文化展示基地是成功地将陶瓷历史、陶瓷文化创意、陶瓷产业升级、旅游资源整合、总部基地集群、国际商务办公、高端酒店集群、科技人文住宅等集为一体的景德镇新中心。2019年9月，景德镇市中国陶瓷文化展示基地被中

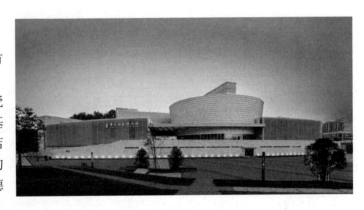

宣部命名为"全国爱国主义教育示范基地"。

主要景点：

景区集陶瓷制作、商贸展览、旅游休闲、物流集散、陶瓷文化于一体，有大型的娱乐中心"金色航母"和高档休闲场所"帝景会馆"，有承载着陶瓷历史文化遗存的古玩市场，有2000平方米并荟萃了历代陶瓷大师、民间老艺人陶瓷精品的景德镇百年陶瓷精品馆，有富于时代气息的中青年名人名作，也有专门的旅游服务商场和陶瓷购物中心。

门　　票：凭有效证件免费

开放时间：全天

山 东 省

一、孔繁森同志纪念馆

中 文 名：孔繁森同志纪念馆
地理位置：山东省聊城市东昌府区繁森路 1 号
内容简介：

　　孔繁森同志纪念馆位于山东省聊城市，1995 年 7 月 4 日中共中央宣传部批准建馆，9 月 14 日正式开馆。纪念馆占地面积约为 1.04 万平方米，建筑面积为 1400 平方米。馆高 15 米，外形为双重檐，四周为廊式结构。正门上镶嵌着江泽民亲笔题写的"孔繁森同志纪念馆" 8 个鎏金大字。馆前广场宽阔，周围绿草如茵，塔松、龙柏、云杉郁郁葱葱，给人以典雅、庄严、肃穆之感。馆内设有纪念厅和 3 个展览厅。

　　主要景点：

　　纪念厅安放着孔繁森大型汉白玉半身塑像，塑像后的红色屏风上镌刻着江泽民的题词"向孔繁森同志学习"。

　　展览分为 6 个部分，展出图片 270 余幅，陈列实物千余件，并配以专题录像片。第一部分"齐鲁赤子"展示了孔繁森在山东生活、工作，从一个普通农民的儿子成长为一名党的领导干部的光辉历程；第二部分"汗洒雪域"展示了孔繁森在两次赴藏工作的 10 年间，为西藏的建设和繁荣恪尽职守、忘我拼搏、开拓进取、求真务实的精神风貌；第三部分"情系高原"展示了孔繁森热爱人民、服务人民、为民解难、无私奉献的满腔热忱；第四部分"廉洁清正"展示了孔繁森艰苦朴素、廉洁自律、一身正气、克己奉公的高贵品质；第五部分"深切怀念"展示了孔繁森不幸殉职后，山东、西藏及其他各地的群众深切悼念孔繁森的感人情景；第六部分"光耀神州"展示了党中央对孔繁森的高度评价,以及在党中央的号召下,全国各地广泛开展学习、宣传孔繁森活动的情况。

门　　票:凭有效证件登记免费参观

开放时间:8:00—11:30　14:00—17:00(周一闭馆)

二、台儿庄大战纪念馆

中 文 名:台儿庄大战纪念馆

地理位置:山东省枣庄市台儿庄文化路 196 号

内容简介:

台儿庄大战纪念馆坐落在山东省枣庄市台儿庄城西南部,是为了纪念抗日战争初期著名的台儿庄战役而修建的,于 1992 年由台儿庄区人民政府筹资建成,1993 年 4 月 8 日正式对外开放,占地面积为 3.4 万平方米,建筑面积为 6000 平方米,融展览馆、书画馆、影视馆、全景画馆于一体。

2004 年 8 月 24 日,台儿庄大战纪念馆被国务院公布为第一批 80 处国家级抗战纪念设施、遗址名录。

主要景点:

台儿庄大战纪念馆坐落在台儿庄城西南部,与大战时的火车站隔河相望。纪念馆内有展览馆、书画馆、影视馆、全景画馆,气势雄伟,庄严

肃穆。展览馆有 3 个展室,馆内陈列着台儿庄大战时中日双方资料、文物千余件。书画馆珍藏着参战将士和亲属及著名书画家、政界人士的书画作品近千件。影视馆主要播放当年外国战地记者拍摄的珍贵纪录片和参战将士访谈录及《血战台儿庄》影片。全景画馆是我国唯一以抗战为题材的大型全景画馆,整个画面高 16.5 米,周长 124 米,画面首尾相连成全周形,巨幅画面与逼真的地面塑型有机结合,配以特殊的灯光、立体音响,战斗气息极为浓烈,给人以身临其境之感。

门　　票:免费

开放时间:8:00—18:00

三、中国甲午战争博物馆

中 文 名:中国甲午战争博物馆

地理位置:山东省威海市环翠区刘公岛丁公路

内容简介：

中国甲午战争博物馆位于山东省威海市环翠区刘公岛丁公路，创建于 1985 年 3 月 21 日，馆名 1994 年由江泽民同志题写。占地面积为 1 万多平方米，建筑面积为 8800 平方米。属于纪念遗址性博物馆，以北洋海军和甲午战争为主题，是国内唯一保存完好的高级军事衙门。

中国甲午战争博物馆是刘公岛甲午战争纪念地的专门保护管理机构，是全国爱国主义教育示范基地。自开馆以来，已接待 60 多位国家领导人和 100 多个国家的一千多万观众。1988 年，国务院公布刘公岛甲午战争纪念地为全国重点文物保护单位。2008 年 5 月 16 日，中国甲午战争博物馆列入国家文物局首批国家一级博物馆。

主要景点：

刘公岛上的北洋海军提督署是威海重要的古迹之一。清光绪十二年（1886），朝廷建立北洋水师，并设督署于岛上，习称北洋水师提督衙门，是北洋海军的指挥机关。

提督署背山面海，坐北朝南，围以长垣，占地 1 万平方米，是一座砖木结构的古建筑群。沿中轴线有三进院落，分前、中、后三厅。前为议事厅，中为宴会厅，后为祭拜厅。东西跨院间有长廊贯通，大门前左右角楼为鸣金、奏乐和瞭望处，东西两侧是辕门。整个建筑飞檐画栋，雄伟壮观。

提督衙门外西南 200 米处是水师提督丁汝昌的寓所。清光绪二十年（1894）甲午海战中，北洋水师与日寇激战于黄海。提督丁汝昌和舰长邓世昌英勇奋战，最后壮烈殉国。

该博物馆还负责管理和保护龙王庙、水师学堂、北洋海军将士纪念馆等 28 处北洋海军旧址。

博物馆内收藏了大量珍贵文物，海底出水的两门巨型舰炮，每门重达 20 多吨。博物馆通过文物、图片、蜡像、沙盘、模型等展览形式和影视手段，生动地再现了当年北洋海军和甲午战争的历史面貌。

门　　票： 免费

开放时间： 淡季 8:30—16:30（16:00 停止入馆），旺季 7:30—18:00（17:30 停止入馆）

四、孔子故居

中 文 名： 孔子故居

地理位置： 山东省曲阜市孔庙东路承圣门内

内容简介：

孔子故居位于山东省曲阜市，这里有中国现存最完整的古建筑群之一的孔庙，有号称"天下第一家"的孔府，有规模极大的家族墓地孔林。

孔庙占地约 13.3 万平方米，南北长达 1000 米，是祭祀孔子的庙宇，其大成殿与北京故宫太和殿、泰山岱庙天贶殿并称为东方三大宝殿。

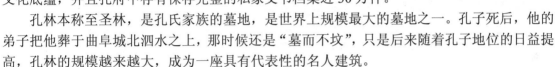

孔府占地约 12 万平方米，是孔子嫡长孙居住的府第。

反映孔子故居的美术作品众多，以国家一级美术师、全国"画中华名人故居第一人"、著名画家拇指先生的《孔子故里》最为著名。

主要景点：

孔府中的每一处建筑都具有浓重的文化气息，游览其中会感受到丰厚的文化底蕴，并且孔府中存有保存完整的私家文书档案近 30 万件。

孔林本称至圣林，是孔氏家族的墓地，是世界上规模最大的墓地之一。孔子死后，他的弟子把他葬于曲阜城北泗水之上，那时候还是"墓而不坟"，只是后来随着孔子地位的日益提高，孔林的规模越来越大，成为一座具有代表性的名人建筑。

1994 年，孔庙、孔府、孔林被列为世界文化遗产。孔子故居现有文物景点 103 处，成为后人怀念孔子、感受儒家氛围而必去的名胜。

门　　票： 免费

开放时间： 4 月至 6 月 8:00—17:30，7 月至 10 月 8:00—18:00，11 月至次年 3 月 8:00—17:00。关门前半小时停止售票

五、华东革命烈士陵园

中 文 名： 华东革命烈士陵园
地理位置： 山东省临沂市陵园前街 4 号
内容简介：

华东革命烈士陵园是一处大型革命纪念园林，坐落在山东省沂蒙革命老区临沂市区，始建于 1949 年 4 月，占地 19.2 万平方米，有塔、堂、馆、亭、墓、廊等大型纪念建筑物 18 座。

1986 年 10 月，华东革命烈士陵园被国务院批准为第一批全国重点烈士纪念建筑物保护单位。2001 年被中宣部命名为全国爱国主义教育示范基地。2006 年 6 月被国家旅游局（现文化和旅游部）公布为国家 3A 级旅游景区。

主要景点：

华东革命烈士陵园位于临沂市城区金雀山脚下的沂河西岸。陵园坐北朝南，南门为坊式建筑，面宽 36 米，高 12.8 米，黄琉璃瓦庑殿顶，蓝色斗栱有规则地布列着，红色匾额上为"华东革命烈士陵园" 8 个金色大字，为当代著名书法家、前华东军区政治部主任舒同手书。

陵园南北长 650 米，东西宽 300 米，占地面积为 19.3 万平方米。以 45 米高的五角灯塔式革命烈士纪念塔为中心，塔的东南方向是首位开国大将粟裕的骨灰撒放处，以及罗炳辉、国际共产主义战士汉斯·希伯和王麓水墓，此为东墓区。以革命烈士纪念塔为中轴线，与东墓区对称的西墓区有丁秋生骨灰撒放处及常恩多、刘炎和张元寿墓。塔后是宫殿式烈士纪念堂，

堂内有展示烈士事迹的浮雕和镌刻着 61 813 位烈士英名的石碑。纪念堂前的左右两侧分别是革命烈士事迹陈列馆和革命战史陈列馆。陵园内有毛泽东、周恩来、刘少奇、朱德、任弼时、董必武、刘伯承、陈毅及罗荣桓等党和国家领导人的题词。

门　　票：免费

开放时间：春、夏 8:30—17:30　秋、冬 8:30—17:00

六、中国人民解放军海军博物馆

中 文 名：中国人民解放军海军博物馆

地理位置：山东省青岛市市南区莱阳路 8 号

内容简介：

　　中国人民解放军海军博物馆位于青岛市连路大堤的海湾内，是目前我国规模最大的海军综合性博物馆，停泊着光荣退役的"长城号"潜艇、"鞍山号"导弹驱逐舰和"鹰潭号"航空导弹护卫舰，舰体宏伟。

主要景点：

　　博物馆分室内展厅和室外展区两部分，室内展厅主要有海军史展室、海军服装展室、礼品展室，室外展区包括武器装备区和海上展舰区。在这里你可以了解中国海军历史，陈列的实物小到徽章，大到飞机、军舰，特别适合军事迷和男孩子前去游览。

　　在博物馆的室内展厅中，海军史展室图文并茂地介绍了古代海军史、近代海军史和人民海军史。海军服装展室展出军服、军衔肩章、勤务符号、进行特种作业的装具等。展示的亮点是

1949 年以来各个时期的军服,从 1950 年中国人民解放军第一批军服——"五○"式军服,到参照苏联和东欧国家军服样式的 1955 年"五五"式军服,到帽子上有红五星具有那个年代特色的"六五"式军服,还有"七四"式军服、"八五"式军服、"八七"式军服等。

博物馆的大操场是室外展区之一,即武器装备区。操场上堆满了各种炮弹、坦克、飞机。

最后是西侧港口,即室外展区的海上展舰区。这里是博物馆最好玩的地方,因为可以登上真的军舰进行参观。停在海上的军舰有三艘,由南到北依次是从苏联引进的新中国第一批驱逐舰之一"鞍山"号(舷号 101),中国第一艘装备了防空导弹的护卫舰"鹰潭"号(舷号 531),经常出现在军事杂志封面上、中国自己造的第一艘驱逐舰"济南"号(舷号 105),其中"济南"号是最大的。

海军博物馆东邻鲁迅公园、青岛海底世界,西接小青岛,西北与栈桥隔海相望。

门　　票:成人票 50 元,学生、60～69 岁老人凭有效证件半票,1.3 米以下儿童、70岁及以上老人、现役军人、残疾人凭有效证件免票

开放时间:8:00—17:30(冬季开放时间会有所缩短,以景区实际时间为准)

七、济南革命烈士陵园

中　文　名: 济南革命烈士陵园
地理位置: 山东省济南市英雄山路 18 号
内容简介:

济南革命烈士陵园坐落在泉城英雄山风景区,占地 32 万平方米,于 1968 年建成。陵园包括革命烈士纪念塔、济南战役纪念馆、革命烈士墓区、毛泽东主席凭吊革命烈士纪念亭和济南革命烈士纪念群雕等纪念建筑物。陵园以济南战役纪念馆为中心,形成了辐射全市范围的红色旅游景区。

主要景点:

革命烈士纪念塔

革命烈士纪念塔矗立于陵园北部山顶,高 34.64 米,用乳白色花岗岩砌成。塔顶嵌有用红色花岗岩雕刻的五角星,双层塔基的南北两面镌刻花圈图案浮雕。塔身南北两面镌刻着毛泽东手书的"革命烈士纪念塔"的题词。基台上为亭式塔墩,周围环接铜质栏杆,五角各立有两条花岗石柱,石柱顶端镶有表现战争年代工、农、青、妇、兵战斗、生产、放哨等内容的 10 个浮雕。

济南战役纪念馆

济南战役纪念馆坐落于陵园的中东部，由迟浩田题写馆名，纪念馆北临英雄山、背靠马鞍山。建筑面积为6800平方米，由陈列厅和全景画馆两部分组成。陈列厅分为"历史转折""战役经过""胜利序幕""参战支前""隐蔽战线""英模功绩"等内容。全景画馆直径42米，画布高18米，周长128米，地面塑型占地1260平方米，是全国仅有的6个全景画馆之一。

纪念碑前的两侧陈列着王麓水、赵铺、刘炎、张元寿4位烈士的半身石质浮雕像。堂内东西两面正中陈列着两块巨大的联碑，直通堂顶。整个纪念堂由一块块巨大的黑色石碑组成，碑上镌刻着62 576位烈士的英名，其中县团级以上的烈士有372名。

革命烈士墓区

革命烈士墓区位于陵园南部，共安葬着1502名有名烈士和无名烈士。烈士骨灰堂安放着372名革命先烈的骨灰盒。

毛泽东主席凭吊革命烈士纪念亭

纪念碑（亭）是一座4米多高的六角亭建筑，亭顶盖着漂亮的绿瓦，由6根石柱支撑形成一个亭阁。纪念亭的吊檐外侧是一块用大理石刻着"革命烈士纪念亭"的牌子，内侧用大理石刻着23位烈士的名字和他们的事迹。

济南革命烈士纪念群雕

济南革命烈士纪念群雕是以革命先烈奋勇攻坚为主题创作的大型纪念建筑，13位烈士模型形象逼真、栩栩如生，彰显了革命先烈勇往直前的大无畏精神。

门　　票：免费

开放时间：9:00—11:00，13:30—16:00（周一、周四、周五闭馆）

八、莱芜战役纪念馆

中 文 名：莱芜战役纪念馆
地理位置：山东省莱芜市莱城区英雄北路北首
内容简介：

莱芜战役纪念馆坐落于莱芜市中心的黄山之上，占地4.5万平方米，建筑面积为8000多平方米，馆名由迟浩田题写。莱芜战役纪念馆由革命烈士纪念塔、展览馆和全景画馆三大主体建筑构成，成"品"字形布局。革命烈士纪念塔高19米，由花岗石砌成，是全国100个重点纪念碑之一。

主要景点：

纪念馆内设有5个展厅，展板面积为700多平方米，馆名由粟裕题写。全景画高17米，周长为120米，地面塑型为1100平方米，模拟音响、模拟自然光，设有电动旋转看台，融声、光、电、形于一体，采用真空幻象、严格的视觉透视和局部夸张等手法，能在有限的空间里给人无限的遐想。

　　莱芜战役纪念馆布局合理，建筑雄伟壮观，环境优美，资料生动翔实，展出手段先进，是进行思想政治教育和游览的理想阵地。莱芜战役是中国人民解放军作战史上运动战的光辉范例，是世界军事史上100个经典战例之一，电影《南征北战》《红日》都是以莱芜战役为原型拍摄的。莱芜战役纪念馆是1997年在原莱芜革命烈士陵园的基础上改建而成的。

　　门　　票：免费

　　开放时间：8:00—18:00

九、山东博物馆

　　中 文 名：山东博物馆

　　地理位置：山东省济南市经十路11899号

　　内容简介：

　　山东省博物馆是1949年后建立的第一座省级综合性地志博物馆，成立于1954年，1956年对外开放。博物馆新馆选址在济南市经十路东段，2007年12月29日举行奠基，2010年6月圆满竣工，2010年11月16日正式向外开放，"山东省博物馆"至此更名为"山东博物馆"。山东博物馆现占地3.4万平方米，建筑面积为2.1万平方米，宏伟、典雅的建筑群体现了民族风格与现代艺术的结合。

　　主要景点：

　　山东博物馆尤以陶器、青铜器、甲骨文、陶文、封泥、玺印、简牍、汉画像石、书画、善本书的收藏见长，基于丰富的藏品优势，集收藏、研究、社会教育于一体，既展示了山东地区璀璨的古代文明和齐鲁文化，又是弘扬民族传统文化、普及自然科普知识、进行爱国主义教育的重要窗口。几十万件珍贵文物和新落成的宏伟、典雅的建筑群，使之成为历史文化名城济南的一大景观。

博物馆高三层，内部分为 14 个展区，常设山东历史文化展、孔子文化大展、汉画像石艺术展、佛教造像艺术展、明代鲁王展、馆藏书画展、考古成果展、山东名人馆、古生物展等近 10 个展览，馆藏陶器、青铜器、书画、石刻、化石等多类珍贵文物。此外，每年还会进行一系列临时展览，展览活动非常丰富。

门　　票：免费

开放时间：9:00—17:00，16:00 停止入馆（周一闭馆，国家法定节假日除外）

十、铁道游击队纪念园

中 文 名：铁道游击队纪念园
地理位置：山东省枣庄市薛城区临山路东首
内容简介：

铁道游击队纪念园位于山东省枣庄市薛城区临山路东首，是为了纪念由中国共产党领导的、英雄的抗日武装力量，隶属于八路军的"一一五师苏鲁支队"而建成的。该队以薛城为中心，挥戈于百里铁道线上，出没于万顷微山湖中，依靠群众开展游击战术，与日本侵略者展开浴血奋战，奏响了民族救亡的最强音。

铁道游击队纪念园是以铁道游击队为主基调，集教育、游览、娱乐于一体的国家 3A 级旅游景区。

主要景点：

铁道游击队纪念园是薛城区中小学爱国主义教育基地，也是广大党、团员青年接受爱国主义教育的主要场所。纪念园环境优雅，景色宜人，总体规划科学合理，景点布局错落有致，观赏性强。它的周

围有薛国聚贤亭等 8 个形状各异的凉亭，有广场、甬道、纪念碑、碑廊、清风台、金山墓、八大亭、电视转播塔 8 大景区共 20 多个景点，纪念园内植有黑松、紫荆、龙柏等百余个绿化树种近 8 万余株，20 余万株苍翠树木环绕公园，绿化面积达 15 万平方米。登上铁道游击队纪念园的临山主峰，可东望枣庄新城，西观微山湖美景，薛城美景尽收眼底，"雄碑高耸立山间，亭台各异山腰缠。更喜临山层层绿，铁道英烈展笑颜"。

铁道游击队纪念园的主体建筑是铁道游击队纪念碑。铁道游击队纪念碑由枣庄市薛城区政府主持修筑，始建于 1994 年 8 月 15 日，1995 年 8 月 15 日举行落成典礼。

门　　票：免费

开放时间：9:00—17:00

十一、地雷战纪念馆

中 文 名：地雷战纪念馆

地理位置：山东省烟台市海阳市

内容简介：

地雷战纪念馆位于山东省烟台市海阳市海阳博物馆的二层，展厅面积为 500 平方米，展览面积为 240 平方米，展览分 6 大部分。展示画面 200 余幅、文物 200 余件，以大量翔实的图片真实生动地再现了几十年前海阳大地上发生的那场波澜壮阔的战斗场面。

主要景点：

地雷战纪念馆分为"民族危机 共赴国难""地雷战日寇丧胆 卫海防壮我国威""反'扫荡'105 天动魂魄 盆子山 60 余村响雷声""英雄造雷乡 雷乡出英雄""光辉事迹垂青史 革命精神照后人""实现新跨越 建设新海阳"等部分。整个展览重点突出，把海阳人民在抗日战争中利用地雷，村村布防，户户备战，广大民兵开展地雷战、麻雀战的史实，以及艰苦奋斗、打击日寇、驱除外辱、战无不胜的伟大民族精神展现给广大观众。

土炮，全国民兵英雄赵守福在地雷战中用过的土炮。

地雷，民兵在地雷战中用过的各种地雷。

石雷，民兵自造的石雷。

奖章、枪支，全国民兵英雄赵守福、于化虎、孙玉敏在地雷战中用过的枪支和获得的奖章等遗物。

门　　票：免费

开放时间：9:00—17:00（周一闭馆）

十二、冀鲁豫边区革命纪念馆

中 文 名：冀鲁豫边区革命纪念馆
地理位置：山东省菏泽市牡丹区丹阳路
内容简介：

冀鲁豫边区革命纪念馆于 1998 年 4 月奠基，2000 年 5 月建成开馆。占地 13.2 万平方米，建筑面积为 1.17 万余平方米，总投资 4000 余万元，集展厅、画馆、广场于一体。

主要景点：

主体建筑由展厅和全景画馆组成。展厅分为序厅、星星之火、浴血抗日、逐鹿中原、革命儿女 5 个大厅，全面而系统地反映了 20 世纪三四十年代冀鲁豫边区党政军民在中国共产党的领导下，不怕牺牲、前赴后继、不屈不挠、英勇奋进的革命精神。全景画馆内的全景画高 17 米，周长为 123 米，绘画、地面塑型和灯光及音响相互交融，堪称国内一流。

门　　票：免费
开放时间：8:30—12:00　14:30—18:30

十三、八路军 115 师司令部旧址暨山东省政府旧址

中 文 名：八路军 115 师司令部旧址暨山东省政府旧址
地理位置：山东省临沂市莒南县大店镇

内容简介：

八路军115师司令部旧址暨山东省政府旧址是八路军115师司令部和中共中央山东分局、山东省政府的诞生地，位于山东省临沂市莒南县大店镇。总面积为4.6万平方米，建筑面积为1.2万平方米。1996年被国务院批准为全国重点文物保护单位。

主要景点：

1941年3月至1945年9月，八路军115师司令部、中共中央山东分局、省财政厅、公安总局、省教育厅、省民政厅、省实业厅、省司法厅、卫生总局等都分布在这里。1945年8月13日，中国共产党的第一个省政府——山东省政府在这里诞生。大店镇是鲁东南一座历史悠久的文化名镇，刘少奇、罗荣桓、朱瑞、陈光、黎玉、肖华、陈士榘、谷牧等老一辈革命家长期在莒南县生活、战斗、工作过，莒南县一度成为山东省党政军指挥中心，被誉为"小延安"。为庆祝山东省政府成立60周年，对省政府旧

址和115师司令部旧址进行了全面修复，新建了省政府成立纪念馆和八路军115师司令部纪念馆，恢复了省政府成立时设立的7个厅局办公场所，以丰富的资料和实物生动地再现了八路军115师的卓著功绩及山东省政府诞生、成长、发展的光辉历程。

门　票：免费

开放时间：8:30—17:00

十四、天福山革命遗址

中　文　名：天福山革命遗址

地理位置：山东省威海市文登区文登营镇天福山

内容简介：

天福山革命遗址位于文登城区东20千米的文登营镇天福山，占地面积为6.92万平方米，海拔110米。这里林木茂盛，山泉甘冽，生态宜人，素有"天赐福地"之美誉，故名天福山。1937年12月，在中国共产党胶东特委的领导下，成立"山东人民抗日救国军第三军"，在天福山举行抗日起义，随后与日本侵略军激战于牟平县（现山东省烟台市牟平区）城南的"雷神庙"，打响了胶东人民抗日第一枪。1959年，文登县（现山东省威海市文登区）文化馆派员在天福山革命遗址的中共胶东特委临时会议旧址屋内办起了宣传天福山起义的连环画小型展览。1973年，建成天福山起义纪念馆和天福山起义纪念塔。为更好地继承和发扬天福山革命精神，2015年，文登区委、区政府对天福山起义纪念馆进行改造提升。

天福山革命遗址是国家级抗战纪念遗址、全国爱国主义教育示范基地、山东省重点文物保护单位。

主要景点：

天福山起义纪念馆：于 2015 年进行改造提升，并重新进行了脉络整理，采用多重陈展方式，营造浓厚的历史氛围，并增加声电光、雕塑、多媒体等现代科技手段，叙述动人心魄的革命历程。天福山起义纪念馆展览分为 5 个部分：唤醒民众求解放；天福山上举义旗；抗战胜利奠根基；天福铁军展雄风；人民群众是靠山，并增设了观众互动区和电子留言区。

天福山起义纪念塔：天福山顶的天福山起义纪念塔雄伟壮观，由汉白玉和青石精工构筑而成，修建于 1972 年 12 月，塔高 12.24 米，塔上刻着毛泽东手迹"星星之火，可以燎原"和郭沫若手迹"天福山起义纪念塔"。

会议遗址：天福山上古树名木遮天蔽日，半山腰间翠竹掩映下仅存的庙屋 5 间是天福山起义时胶东特委的临时会议遗址。

竖旗地址：东面山顶上是起义时的军旗竖旗地址和供游客观光游览的纪念建筑红旗亭等相关纪念建筑物。

林一山纪念地：2009 年长江水利委员会在天福山起义旧址为已故长江水利委员会的创始人林一山修建"林一山纪念地"，并增设"林一山治水事迹展"展厅，把天福山革命遗址列为长江水利委员会爱国主义教育基地。

门　　票：免费

开放时间：全天

十五、孟良崮战役烈士陵园

中 文 名：孟良崮战役烈士陵园

地理位置：山东省临沂市蒙阴县垛庄镇古泉村

内容简介：

孟良崮战役烈士陵园坐落于山东省临沂市蒙阴县垛庄镇古泉村，占地 10 万余平方米，距蒙阴县城 28 千米，距临沂城区 50 千米，离京沪高速公路的孟良崮出口 2 千米，205 国道从纪念馆门前经过，为纪念在孟良崮战役中牺牲的革命烈士，1953 年由政务院拨专款修建。2007 年，在孟良崮战役胜利 60 周年之际，投资 6000 万元建成总面积为 1.36 万平方米的新纪念馆，其中，

展厅面积为 6000 平方米。孟良崮战役烈士陵园是全国爱国主义教育示范基地、全国重点烈士纪念建筑物保护单位、国家 4A 级景区、山东省青少年教育基地、山东省党员领导干部马克思主义群众观教学点之一。

主要景点：

整个烈士陵园分为三个部分：纪念广场、孟良崮战役纪念馆和烈士墓区。

其中，孟良崮战役纪念馆的外形由两个红色的三角形战旗组成，红色代表红色革命、红色旅游。建筑高度为 19.47 米，代表孟良崮战役发生在 1947 年。整个纪念馆分为 4 个展厅，第一展厅通过丰富翔实的实物、照片和图板，向观众展示了发生在 1947 年 5 月 13 日至 16 日的孟良崮战役，我华东野战军在陈毅、粟裕等的指挥下，在山东省临沂市蒙阴县孟良崮山区进行的一次大规模山地运动歼灭战，一举歼灭了国民党号称"五大主力之首"的"王牌军"整编第 74 师及 83 师 57 团，击毙敌中将师长张灵甫，重创了各路援军，共毙、伤、俘敌 3.2 万余人。第二展厅支前厅，采用大量保存完好的资料、实物和照片，向观众展示了孟良崮战役前、后我解放区广大人民群众为战役的胜利，给部队当向导、办给养、救伤员、押俘虏等支前行动中所创造的无数可歌可泣的英勇事迹，再现了战争时期我军民的鱼水深情，反映了革命老区人民拥军支前的光荣传统。第三展厅情景体验厅，模拟战场音效及自然光，融声、光、电、形于一体，以蜡像、人物雕塑为主要展示手段，采取严格的视觉透视和局部夸张等手法，使视觉上逼真，在有限的空间里给人以无限的遐想，生动形象地再现了当时宏大的战斗场面，给人以身临其境之感，具有极强的艺术感染力和极高的艺术欣赏价值。第四展厅多媒体厅，采用 3D、150 度环幕立体影视，让游客身临其境。

纪念馆后为烈士墓区，有粟裕大将骨灰撒放处和迟浩田题字的英烈亭，安葬着在孟良崮战役中牺牲的 2859 名革命烈士。孟良崮战役纪念碑位于海拔 567 米的孟良崮主峰——大崮顶上，高 14.6 米，东西两面分别镌刻着陈毅元帅的诗和粟裕题写的"英雄孟良崮"。

门　　票：60 元

开放时间：8:00—16:00

十六、鲁西南战役纪念馆

中 文 名：鲁西南战役纪念馆

地理位置：山东省济宁市金乡县羊山镇东四村

内容简介：

鲁西南战役纪念馆坐落于鲁西南地区——羊山。这是为了纪念在鲁西南战役中英勇牺牲的我军将士，更好地继承和发扬我党我军的光荣传统，在各级政府及有关部门的关心支持下建立的，于鲁西南战役胜利五十周年之际落成。曾参加过鲁西南战役的刘华清亲笔题写了馆名。鲁西南战役的时间为 1947 年 7 月 14 日到 28 日，经过艰苦激烈的争夺战，共歼敌 5.6 万人。揭开了中国人民解放军从战略防御转入战略进攻的序幕，使中国人民革命战争发生了一个伟大转折，为夺取全国胜利创建了有利条件。鲁西南战役纪念馆是我们缅怀革命先烈、进行革命传统教育的重要基地。2001 年被国务院批准为"全国重点烈士纪念建筑物保护单位"，被中宣部命名为全国爱国主义教育示范基地。

主要景点：

鲁西南战役纪念馆内陈列着一些鲜为人知的珍贵的历史照片、电文、书信和实物等，其中有毛泽东给刘伯承、邓小平的亲笔信，有当时晋冀鲁豫野战军司令部发布的"渡河命令"电文，有刘伯承、邓小平同志过黄河以后的合影，有我军挺进大别山途中的照片，有我军包围羊山之敌和生俘敌整编66师中将宋瑞珂、少将参谋长郭雨林的照片，还有《人民日报》《冀鲁豫报》《大众日报》当时报道"鲁西南战役"和"羊山战斗"取得辉煌战果和胜利的消息等。鲁西南战役纪念馆是我们缅怀革命先烈、进行革命传统教育的重要基地。

鲁西南战役纪念馆经扩建改造后，新增建筑面积 2 万平方米，按照抗日战争纪念馆的标准，建设一座 1 万平方米、利用声、光、电等现代先进技术演示当年战斗情形的全景画馆；新建各 5000 平方米的王杰纪念馆和兵器展览馆，扩建烈士纪念堂，恢复原刘邓指挥所，建设刘邓大型雕塑、陵园广场等。鲁西南战役纪念馆成为金乡县的旅游新名片。

门　　票：免费

开放时间：8:00—18:00

十七、新四军军部旧址暨华东军区、华东野战军诞生地纪念馆

中 文 名：新四军军部旧址暨华东军区、华东野战军诞生地纪念馆
地理位置：山东省临沂市河东区九曲街道前河湾村
内容简介：

新四军军部旧址暨华东军区、华东野战军诞生地纪念馆位于山东省临沂市河东区九曲街道前河湾村，紧靠滨河大道，距市中心 5 千米，是新四军历史上最后一个军部，同时也是华东野战军的诞生地。

主要景点：

临沂市河东区九曲街道前河湾村的新四军军部旧址是新四军历史

上最后一个军部驻地，是华东军区、华东野战军的诞生地，在中国革命战争史上具有重大的历史价值。1946 年 6 月至 1947 年 2 月，新四军军部设于此，陈毅、粟裕及张云逸等老一辈无产阶级革命家住在该村，在此指挥了著名的宿北战役、鲁南战役、临沂阻击战，制定了莱芜战役的作战计划和策略，召开了华野前委扩大会议，并镇压了叛匪郝鹏举。1947 年 1 月，遵照党中央、中央军委的指示，华东军区、华东野战军在前河湾村组建完成，至此新四军完成了其光荣的历史使命。1947 年 2 月，我军撤出后，敌机对前河湾村进行了轰炸，房屋大部分被毁。2004 年，新四军军部旧址暨华东军区、华东野战军诞生地被确定为沂蒙精神教育基地，成为临沂市红色旅游专线的重要景点之一。2005 年，新四军军部旧址被确定为省级重点文物保护单位，并被临沂市列为创建国家历史文化名城的七大重点项目之一。2005 年 8 月，临沂市按照"修旧如旧"的原则对军部旧址进行了重新修复，目前，新四军军部旧址已对社会开放。

为更真实、更全面、更准确地扩展展陈内容，提供更丰富的历史素材，临沂市各级文化部门组织工作人员走街串巷、进家入户，通过座谈了解、实地察看等形式，对新四军 1946—1947 年在临沂市河东区的革命史料和相关革命文物进行了抢救性征集。

新四军军部旧址暨华东军区、华东野战军诞生地纪念馆的修复及开馆，为人们提供了一处爱国主义教育基地和红色旅游景点，对于加强革命传统教育和沂蒙精神教育，必将产生积极的影响。

门　　票：免费

开放时间：8:30—17:30

十八、潍县乐道院暨西方侨民集中营旧址

中 文 名：潍县乐道院暨西方侨民集中营旧址

地理位置：山东省潍坊市奎文区潍坊市广文中学和人民医院之间

内容简介：

潍县乐道院暨西方侨民集中营旧址在山东省潍坊市奎文区潍坊市广文中学和人民医院之间，散落着几座深灰色的 19 世纪末期的欧式建筑，有默然肃立的老教堂，还有青砖红瓦的乐道院，这里就是"二战"期间日本在中国建立的潍县集中营遗址。

2019 年 9 月，潍县乐道院暨西方侨民集中营旧址被中宣部命名为全国爱国主义教育示范基地。

主要景点：

潍县乐道院于 1904 年基本建成，南迄李家庄通东关南门的大路，北至虞河西岸的大湾，面积为方形，大门改在北面，面向虞

河。以门内一条南北大路分成东西两部：西边大部为广文大学的课堂、宿舍及礼拜堂、天文台等；东部有文华中学（男）和文美中学（女）的校舍，还有学道院、医院等。1917 年，广文大学迁至济南与"共和医学"合并为齐鲁大学。文华中学迁于广文大学校址。1931 年，文华中学与文美中学合并为广文中学。1938 年初日本兵占领潍县（现潍坊市），乐道院成了民众避难所。

乐道广场是潍县乐道院的一部分，广场的北面是乐道院的主建筑——十字楼。在十字楼的门前两侧分别竖立着一座"潍县乐道院暨西方侨民集中营旧址"的石碑，上面分别标有"潍坊市重点文物保护单位"和"山东省重点文物保护单位"的字样，体现着其厚重的历史文化价值。在乐道广场的西南角竖立着埃里克·利迪尔的雕像和纪念碑，使乐道广场的内容显得更加丰富。

十字楼的一层有一幅集中营参观路线示意图，图中详细标注了 20 多个参观区域，包括乐道院创建始末、乐道院名人、乐道院被改造成集中营的生活场景、集中营里被关押的盟国侨民、集中营解放等内容。潍县乐道院暨西方侨民集中营旧址利用声、光、电等现代科技手段设计，主要以房间为单位进行布展，向游客们展示乐道院这段波澜壮阔的历史，将其打造成潍坊市文化旅游的一张新名片。

门　　票： 凭有效证件免费

开放时间： 全天

河 南 省

一、红旗渠纪念馆

中 文 名：红旗渠纪念馆
地理位置：河南省安阳市林州市境内
内容简介：

红旗渠纪念馆位于河南省安阳市林州市，是为了纪念林县（现林州市）人民为了改变缺水旧面貌，发扬"自力更生、艰苦创业、团结协作、无私奉献"精神，修造红旗渠这一伟大创举而建立的。

1975 年在红旗渠总干渠枢纽工程分水闸处建立红旗渠纪念亭，2000 年扩建，后更名为红旗渠纪念馆，2014 年 5 月 1 日新馆开馆。

主要景点：

红旗渠纪念馆（老馆）由分水苑、青年洞等组成。分水苑建于 1970 年，扩建于 1993 年，有纪念厅、碑林、浮雕牌坊，主要展示工程模型、修建场景、英雄事迹。青年洞展示当年在悬崖绝壁上施工的艰险情景，刻有李先念、江泽民的题词，从此处可登高远眺，晋、冀、豫三省风光尽收眼底。

红旗渠纪念馆由赵朴初题写馆名，占地面积为 2 万余平方米，共分

为雕塑区、碑林区、展馆区、游览区 4 个部分。其中，展馆区占地 4000 多平方米，由序厅、干涸历史、太行山壮歌（上、下篇）、今日红旗渠、亲切关怀和影视厅等组成。陈列有修渠时的文物，布设了 210 幅珍贵的历史图片，展线总长 316 米，其中的影视厅全天滚动播放经典纪录片《红旗渠》，让您追寻那段难忘的岁月。

红旗渠不但有雄险的自然景观，而且具有世界上独一无二的人文景观。红旗渠源、青年洞、空心坝、总干渠分水闸、南谷洞水库、弓上水库、红英汇流、桃园渡槽、曙光洞、夺丰渡槽、水力发电站等，都是十分具有吸引力的旅游之地。

门　　票：免费

开放时间：8:00—19:00（春季、夏季），8:00—18:00（秋季、冬季）

二、焦裕禄烈士陵园

中 文 名：焦裕禄烈士陵园

地理位置：河南省开封市兰考县

内容简介：

焦裕禄烈士陵园是县委书记的好榜样——焦裕禄同志安葬的墓地。陵园位于兰考县城关北黄河堤顶上，紧靠兰考菏泽公路西侧，南跨五午干渠，占地约 5 万平方米，分堤顶、堤下两段。1966 年建成，为县级重点文物保护单位。1996 年被确定为"中小学爱国主义教育基地"。2003 年 4 月，焦裕禄烈士墓被国务院增补为全国重点文物保护单位。

2017 年 1 月，焦裕禄烈士陵园入选《全国红色旅游经典景区名录》。

主要景点：

烈士陵园内有焦裕禄事迹陈列馆，共 3 个展室，6 个部分，介绍焦裕禄领导兰考人民根治三害的事迹。陈列馆以北的堤上是墓区，烈士墓坐北朝南，坐落在堤顶的中间，用汉白玉长条石砌成，长 4.9 米，宽 2.3 米，高 1 米。墓前立有汉白玉石碑，碑高 2 米，宽 0.6 米，厚 0.18 米，正面镌刻着"焦裕禄烈士之墓"，碑首镶嵌烈士的瓷像，碑阴记载烈士的生平事迹，墓周围有铁索环绕。墓区是 16 米见方的平台，墓北面为高 7 米的屏风墙，上面镶有"为人民而死，虽死犹荣"的金字。南面的台阶与小广场相连，广场中央有一座高 19.64 米的革命烈士纪念碑，周围苍松翠柏，正面镌刻着毛泽东手书"革命烈士永垂不朽"8 个金色大字。墓区和广场周围广植松柏花草，外面是泡桐林。焦裕禄烈士陵园周围划有保护范围，并建有专门的管理机构。

门　　票：免费

开放时间：8:00—18:00（春季、夏季），8:00—15:00（秋季、冬季）

三、殷墟博物苑

中 文 名：殷墟博物苑
地理位置：河南省安阳市西北郊小屯
内容简介：

殷墟博物苑位于河南省安阳市西北郊小屯，因其坐落在"殷墟宫殿区"而命名，是中国考古学的诞生地、甲骨文发祥地，又是中宣部公布的全国爱国主义教育示范基地和全国青年文明号，属历史遗址类型的全国重点文物保护单位。自 1928 年被发掘以来，殷墟出土了大量的都城建筑遗址和以甲骨文、青铜器为代表的丰富的文化遗存，系统展现了中国商朝晚期辉煌灿烂的青铜文明，确立了殷商社会的科学地位。被评为 20 世纪中国"100 项重大考古发现"之首、国家 5A 级景区。2006 年被联合国教科文组织列为世界文化遗产。

主要景点：

殷墟，是中国商朝晚期都城的遗址，是中国历史上被证实的第一个都城，位于安阳市殷都区。殷墟出土了大量的青铜器、甲骨文等具有珍贵史料价值的文物。其中高达 133 厘米、器口长 79.2 厘米、重达 832.84 千克的"后母戊大方鼎"是至今世界上发现的最大的青铜器，代表了中国古代青铜文化的最高水平；而甲骨文则是中国最古老的文字、汉字的前身，它的发现改变了中国的考古编年史，把中国有文字记载的可信历史提前到了商朝。

殷墟的总面积非常大，总面积约 36 平方千米，占地面积约 24 平方千米。游客游览的主要是殷墟博物苑、殷墟王陵遗址和殷墟宫殿宗庙遗址等。景区内的博物苑陈列了大量的青铜器、石器、玉器等出土文物，但一些最珍贵的文物，如"后母戊大方鼎""妇好鸮尊"等国宝级文物，已经被调配到中国国家博物馆或河南博物院了，在这里看到的是文物的复制品。

景区内的殷墟王陵遗址是学术界公认的商王朝的皇家陵地和祭祀场所。这里出土了大量的甲骨文、青铜器等，其中包括"后母戊大方鼎"，先后发现了 13 座王陵大墓，2000 多座陪葬墓、祭祀坑与车马坑。在殷墟王陵遗址的东区，祭祀坑的数量众多，坑内有不少人（殉葬的人）和畜骨架，是殷王室祭祀先祖的一个公共场地。

殷墟宫殿宗庙遗址是商王处理政务和居住的场所，是殷墟最重要的遗址和组成部分，包括宫殿、宗庙等建筑基址 80 余座。在殷墟宫殿宗庙遗址的西面和南面，有一条人工挖掘的防御壕沟，将宫殿宗庙环抱其中，起类似宫城的作用。宗庙遗址也是世界文明古国中最著名的"古典城邦"之一。

殷墟宫殿宗庙遗址内还有商王武丁的配偶——妇好的墓，这是迄今为止发现的唯一保存完整的商王室成员墓葬，也是唯一能与甲骨文联系并断定年代、墓主人及其身份的商朝王室成员墓葬。墓室内还发现"殉人"16人，出土器物上千件，包括骨器、玉器和青铜器。

在景区的东部还建有"甲骨碑林"，以碑刻的形式展示了大量的甲骨文，有兴趣的游客可以去看看。在殷墟宫殿宗庙遗址和殷墟王陵遗址之间有免费的电瓶车可供乘坐，车次间隔约半小时，车程约十几分钟。

门　　票：90 元

开放时间：8:00—18:30（4 月—9 月）　8:00—17:00（10 月—次年 3 月）

四、新县革命纪念地

中 文 名：新县革命纪念地
地理位置：河南省信阳市新县县城中心首府路 62 号
内容简介：

新县革命纪念地包括中共中央鄂豫皖分局、鄂豫皖军委、鄂豫皖苏区首府革命博物馆、鄂豫皖苏区烈士陵园、箭厂河革命旧址等革命遗址。2001 年 6 月 11 日，中共中央宣传部公布新县革命纪念地为第二批全国爱国主义教育示范基地。

2017 年 1 月，箭厂河革命旧址入选《全国红色旅游经典景区名录》。

主要景点：

中共中央鄂豫皖分局：1931 年 5 月至 1932 年 9 月，中共中央鄂豫皖分局和省委在这里办公，指挥和领导根据地的斗争。该旧址位于新县县城中心首府路 62 号，大门上面悬挂着 1980 年徐向前同志题写的"中共中央鄂豫皖分局旧址"匾额。1988 年，被公布为全国重点文物保护单位。

鄂豫皖苏区首府革命博物馆位于河南省信阳市新县城南凤凰山麓，始建于 1984 年，占地面积为 192000 平方米，由主展馆、鄂豫皖苏区将帅馆、英雄山、大别山国防教育园四部分组成。馆名由李先念题写。主展馆为仿古建筑，古朴庄严，气势恢宏，基本陈列《红色大别山》全面系统地介绍了鄂豫皖革命根据地的斗争历史。鄂豫皖苏区将帅馆是全国唯一集中反映曾在鄂豫皖苏区战斗过的 349 位开国将帅事迹的展馆。英雄山由入口广场、红旗飘飘雕塑、铁索吊桥、十亩桃园等组成。主题雕塑"红旗飘飘"喻示着在大别山区诞生的 8 支红军队伍和在这块红色土地上进行的革命斗争生生不息，火种不灭，红旗不倒。大别山国防教育园陈展着中国工农红军的第一架飞机——"列宁号"模型机和已退役的坦克、大炮等兵器，是青少年接受国防教育的理想场所。目前，该馆是全国爱国主义教育示范基地、全国百个红色旅游经典景区、国家一级博物馆、国家 AAAA 级旅游景区、全国人文社会科学普及基地、全国中小学生研学实践教育基地、河南省社会科学普及教育基地。2008 年 3 月正式面向社会免费开放，每年接待游客达 60 余万人次，是河南省优秀免费开放博物馆。

门　　票：免费

开放时间：全天

五、河南博物院

中 文 名：河南博物院

地理位置：河南省郑州市农业路 8 号

内容简介：

河南博物院为国家级重点博物馆，是中国建立较早的博物馆之一，也是首批中央、地方共建国家级博物馆之一。

河南博物院的前身为河南省博物馆，在冯玉祥的主导下，始建于 1927 年，旧址位于开封市龙亭区三胜街 31 号。馆址几经变更，1961 年迁至郑州，新馆于 1998 年 5 月 1 日落成，开放展馆的面积为 1 万余平方米，馆藏文物 14 万件。馆藏文物多来自 20 世纪初商丘、洛阳、安阳、开封、淅川、三门峡、辉县、新郑等地的考古发掘，其中国家一级文物与国家二级文物有 5000 余件，历史、文化、艺术价值极高，一部分藏品被誉为国之重器。

主要景点：

河南博物院坐落在郑州市农业路中段，据有关数据显示，该馆占地 10 万平方米，建筑面积为 7.8 万平方米，展馆面积为 3 万余平方米，有 19 个展厅，是一座国家级现代化博物馆。

河南博物院荟萃全省馆藏文物精品 3000 余件，首批推出 8 个不同类型的陈列，馆藏文物达 13 万多件，其中一、二级文物 5000 余件，以史前文物、商周青铜器、历代陶瓷器、玉器最具特色，内设基本陈列馆、专题陈列馆、临时展览馆。首批推出 2 个基本陈列和 6 个专题陈列，内容丰富，蔚为大观。院区中央为主展馆、东西两侧配厅及文物仓库楼，四隅分布着电教楼、临展楼、办公楼和培训楼等，整体布局结构严谨，取九鼎定中原之寓意，建筑形式新颖别致、气势雄浑，充分体现了源远流长的中原文化特色。整个院区绿草成茵，环境幽雅，馆中有园，园中有馆，展厅内部陈列精致，文物荟萃，其主体建筑以我国现存最早的天文台遗址——登封元代观星台为原型，经艺术夸张演绎成戴冠的金字塔造型，整个建筑群设计以雄浑博大的"中原之气"为核心，线条简洁遒劲，造型新颖别致，风格独特，气势恢宏，堪称一座凝聚着中原文化特色和时代精神的不可多得的标志性建筑。

门　　票：免费

开放时间：9:00—17:30（冬季为 9:00—17:00，周一闭馆）

六、杨靖宇将军纪念馆

中 文 名：杨靖宇将军纪念馆
地理位置：河南省驻马店市驿城区古城乡李湾村
内容简介：

杨靖宇将军纪念馆位于河南省驻马店市驿城区古城乡李湾村的杨靖宇故居。始建于 1966 年秋，后停工，1981 年扩建后开放，建筑面积为 6000 多平方米。1995 年 1 月，河南省隆重举行了杨靖宇将军诞辰九十周年纪念大会，江泽民亲自为杨靖宇将军纪念馆题写了馆名，纪念馆设计者为杨茂时。

主要景点：

纪念馆门朝北，采用砖石结构，建筑宏伟壮观，双檐斗拱，琉璃绿瓦面顶。过了月门是清静宽敞的庭院，院中芳草盖地，奇花送香，紫竹亭亭，松柏相映。庭院中央，杨靖宇将军的全身石雕像面南巍然而立。下有高 2 米、厚 0.8 米、宽 1.2 米的主大理石底座，上书"杨靖宇将军，1905—1940 年"字样。南边是一排九间的展厅，陈列着照片、图表、油画等 92 件展品，较系统地介绍了杨靖宇将军的生平事迹。

门　　票：免费

开放时间：全天

七、镇平彭雪枫纪念馆

中 文 名：镇平彭雪枫纪念馆

地理位置：河南省南阳市镇平县

内容简介：

镇平彭雪枫纪念馆坐落于河南省南阳市镇平县城北隅，毗邻 312 国道，占地面积约为 2.5 万平方米，主体建筑占地 5916 平方米，是全国爱国主义教育示范基地、全国红色旅游经典景区。

2014 年，镇平彭雪枫纪念馆被国务院列为首批"国家级抗战遗址名录"。

主要景点：

镇平彭雪枫纪念馆内，迎面是彭雪枫的高大铜像，耸立于晶莹剔透的花岗石基座上，石基上镌刻的"彭雪枫"题字选用本人墨迹，下笔有神，洒脱苍劲，别有韵味。铜像两侧的两块石碑，一碑介绍彭雪枫的生平事迹，另一碑记叙建造纪念馆的经过。院内空旷处则用花木草卉点缀。主体建筑展览馆位于后部的中央，两层建筑，乳白色，别具一格。总面积为 2350 平方米，将 600 余幅有关彭雪枫烈士戎马一生的珍贵照片分为 8 个部分集中展览，再现了烈士无比光辉灿烂的一生。纪念馆布局严谨，庄重肃穆，环境优美，由瞻仰厅、展厅、多功能报告厅、文物库房、办公区、碑廊、碑亭、绿化带、雪枫广场、游客服务中心 10 部分组成。一层 3 个展厅，展线长 268 米，共展出图

片 650 余幅，实物 50 余件，用 14 个部分展示，按时间顺序展示反映彭雪枫将军光辉一生的图片、文献、实物等史料。陈列布展充分运用各种展示手段，力求达到内容与形式的完美统一。雪枫广场苍松翠柏、鸟语花香，是广大观众接受爱国主义教育、革命传统教育与休闲健身的理想场所。

门　　票：免费

开放时间：淡季 8:00—12:00，14:00—18:00；旺季 8:00—18:00

八、吉鸿昌将军纪念馆

中 文 名: 吉鸿昌将军纪念馆
地理位置: 河南省周口市扶沟县鸿昌大道与将军路交叉口东南侧
内容简介:

吉鸿昌将军纪念馆的前身为扶沟县烈士陵园, 筹建于 1962 年, 1964 年烈士陵园建成, 1979 年筹建吉鸿昌烈士纪念馆, 1984 年, 在将军牺牲 50 周年之际, 更名为吉鸿昌将军纪念馆。东临周郑公路, 南临 311 国道, 距京珠高速公路 45 千米。纪念馆整体搬迁工作是县政府 2003 年十二件实事之一。2004 年完成配套设施和绿化, 新址设在县城南三环路侧。新的纪念馆已于 2009 年 11 月 24 日吉鸿昌将军牺牲 75 周年之际开馆。

2017 年 1 月, 吉鸿昌将军纪念馆入选《全国红色旅游经典景区名录》。

主要景点:

新馆: 主馆内设 4 个主展厅、一个多功能厅、一个廉政教育厅和半景画馆等。馆藏陈列生动再现了吉鸿昌将军可歌可泣的英勇事迹。馆前广场上威武屹立着吉鸿昌将军的青铜塑像, 铜像高 7.9 米、重 6 吨, 由扶沟县干部群众和社会各界捐资所铸。广场西侧是国防教育园, 放置着由空军某部赠送的一架退役的歼—6 教练战斗机、原中国人民解放军济南军区赠送的一部退役的坦克及两部大炮等武器。

老馆: 吉鸿昌将军纪念馆由山门、广场和展厅组成。大门朝东, 巍峨壮观的仿古式门楼正上方有江泽民同志在 1995 年亲笔题写的馆名"吉鸿昌将军纪念馆"。进入园内, 两侧有假山点缀, 水泥道路两旁平坦有形, 北侧有 1987 年省人民政府批复的"河南重点烈士建筑物保护单位"的立碑。西侧为小何庄殉难烈士纪念碑, 沿路北行是纪念馆广场, 广场面积为 600 平方米, 在广场正中央由花岗岩砌成的底座上, 竖立着身着戎装的吉鸿昌将军半身铜像。广场正北就是吉鸿昌将军纪念馆的主馆, 展厅面积为 190 平方米, 展出实物 10 件, 展出版面 163 幅, 主要介绍吉鸿昌将军的生平事迹。东侧为名人书画馆, 内展邓小平、陈毅、江泽民等党和国家领导人为吉鸿昌将军题写的亲笔题词, 另有书法家、书画家等名士的笔迹 134 幅 (件)。最西侧为扶沟县烈士事迹陈列馆, 全县有 386 名有志之士为国捐躯, 展厅利用版面 63 幅共 90 平方米, 展出 22 名烈士的英勇事迹, 展出实物 108 件, 扶沟县革命烈士英名台上记录着各乡镇近 300 名为国捐躯的烈士们的英名。

门　　票: 全天

开放时间: 8:30—11:30, 14:30—18:00 (秋季、冬季); 15:00—18:30 (春季、夏季)

九、濮阳单拐革命旧址

中 文 名：濮阳单拐革命旧址
地理位置：河南省濮阳市清丰县双庙乡单拐村
内容简介：

濮阳单拐革命旧址位于河南省濮阳市清丰县双庙乡单拐村，包括中共中央平原分局革命旧址、中共中央北方局革命旧址、冀鲁豫军区纪念馆等。1944 年 9 月，中共中央平原分局、冀鲁豫军区司令部迁驻清丰县单拐。1945 年 3 月，邓小平率中共中央北方局机关到达冀鲁豫边区，同时也进驻单拐村。1945 年春到 1946 年 10 月，军区政委邓小平、司令员杨勇及宋任穷等同志先后在这里居住长达一年之久。他们在这里不仅领导了有名的锡山战役和解放阳谷、封丘、延津等战役，而且积极发动这一带的贫苦农民建立农民政权，领导农民开展减

租、减息、增资、增佃斗争，并在这里建立了小型兵工厂，成功制造了我军兵工史上第一门大炮——九二式 70 毫米步兵炮，为中国革命做出了杰出的贡献。

主要景点：

清丰县对该旧址进行了多次修复，按原址建成 3 个展区、8 户旧居和 19 座展室，并从全国征集史料和革命文物 2000 余件、各类珍贵图片 400 余幅，建设了占地 8000 余平方米的革命旧址广场。单拐村现保留中共中央北方局、冀鲁豫分局、冀鲁豫军区司令部旧址、军区第一兵工厂旧址和邓小平、宋任穷、黄敬、王宏坤、杨勇、苏振华、曹里怀等同志旧居 23 处。濮阳单拐革命旧址于 2004 年 8 月被命名为 "河南省爱国主义教育示范基地"，2005 年 11 月被命名为第三批全国爱国主义教育示范基地。

兵工厂遗迹——陈氏祠堂：呈 "井" 字形，砖木结构，面积约为 13 334 平方米，里面陈设了当年造兵器使用的机器，正祠前的东西两侧各有陪房 3 间，高 8 尺许，系当年机器房。由此往南又有北屋 3 间，高丈余，系兵工厂办公室。该房东南 30 米处有水井一口，系 1945 年冀鲁豫第一兵工厂所凿。南面是一片古柏参天、杨柳依依的空地，是军工厂冶炼、烘炉、工棚遗址。沿祠堂右侧的小路向北前行约 60 米，便是冀鲁豫军区司令部旧址，1944 年 9 月至 1945 年 9 月，时任北方局代理书记的邓小平就住在这里，在邓小平、宋任穷、杨勇等人的旧居里保存了当年他们使用过的文房四宝、睡床、椅子、草帽、浴盆等简单的生活用具。

门　　票：免费
开放时间：淡季 8:30—17:30，旺季 8:00—18:00

十、商丘淮海战役陈官庄烈士陵园

中 文 名： 商丘淮海战役陈官庄烈士陵园
地理位置： 河南省商丘市永城市陈官庄村南
内容简介：

位于商丘市永城市东北 25 千米的陈官庄村南，311 国道北侧，为纪念在淮海战役第三阶段陈官庄地区歼灭战中牺牲的烈士而建。该陵园于 1974 年奠基，1978 年建成，占地约 133 340 平方米，坐北朝南，正中为花岗岩烈士纪念碑，高 25 米，上刻周恩来总理手书"淮海英雄永垂千古"8 个大字。碑前为广场，碑后烈士陈列馆和歼灭战纪念馆分列两侧，北部树荫下有烈士公墓和单人墓，墓周有周恩来、朱德、邓小平、刘伯承、陈毅等党和国家领导人的题词。

主要景点：

歼灭战纪念馆：馆名由迟浩田将军题写。2011 年 11 月 6 日开馆，建筑面积为 9160 平方米，是钢结构的建筑，地下一层，地上三层，由建筑大师齐康院士设计。馆内有一个 1440 平方米的大型油画和 900 平方米的地面塑型的景画馆；二、三层展厅内陈列了 830 余幅历史照片和图片、140 余件文物、20 组场景、50 幅油画与国画、80 个雕像与蜡像及陶塑等，并配备多台电视机、投影仪、触摸屏等声、光、电设施。

烈士公墓：包括标志碑、烈士遗骨地宫、烈士名录石刻墙和烈士雕塑 4 个部分，于 2009 年 1 月建成开放。标志碑高 10.5 米，宽 5.7 米，平面呈五角星形，碑正面镶装着毛泽东手书"为国牺牲，永垂不朽"8 个金色大字。烈士遗骨地宫建在标志碑的下方，面积为 600 平方米。地宫内有 282 组石棺，石棺内安放着在淮海战役中牺牲的 1691 位烈士的遗骨。烈士名录石刻墙由 168 页岩书石卷组成，镌刻着当年在淮海战役陈官庄地区歼灭战中牺牲的华东野战军各个纵队和部分支前民工共 7291 名烈士的英名。在烈士名录石刻墙前树立着郑克、朱宝承、马佩珠、史达夫、王本刚、沙培琛、方泉、坂本寅吉、陈洁、高全忠、祁学瑞、李友志 12 名著名烈士的花岗岩雕像。

纪念碑：1975 年为纪念在淮海战役中牺牲的烈士而兴建的纪念碑，碑上镶装着周恩来题写的"淮海英雄，永垂千古"8 个贴金铜字，碑顶镶嵌着由五角星、两支相交的步枪和松子绸带等图案组合而成的石雕碑徽，碑座上有贴金的石刻碑文。

东碑廊：建在纪念碑东侧的碑廊，建筑面积为 730 平方米，碑廊内安装着表现淮海战役决战决胜精神、人民奋勇支前和缅怀烈士等内容的大型花岗岩浮雕，浮雕面积为 318 平方米。

西碑廊：建在纪念碑西侧的碑廊，建筑面积为730平方米，碑廊内安装着36位中国当代人民军队军事家和57名开国上将的汉白玉浮雕，浮雕面积为282平方米。

门　　票：免费

开放时间：9:00—17:00

十一、确山竹沟革命纪念馆

中 文 名：确山竹沟革命纪念馆

地理位置：河南省驻马店市确山县竹沟镇延安街119号

内容简介：

确山竹沟革命纪念馆位于河南省驻马店市确山县西30千米的竹沟镇延安街，始建于1956年，由周恩来题写馆名，是全国建立较早的革命纪念馆。馆内有革命旧址31处，以及文物、文献、图片等近千件，是全国重点文物保护单位。

2017年1月，确山竹沟革命纪念馆入选《全国红色旅游经典景区名录》。

主要景点：

确山竹沟革命纪念馆的红色旅游景点主要包括中共中央中原局、中共河南省委、新四军四支队八团队各机关和刘少奇办公室、李先念办公室、彭雪枫办公室等旧址，以及竹沟军政教导大队、豫鄂边军事会议旧址及陈列厅等。

陈列展示

1997年前，馆内的竹沟革命历史展览内容包括：早期革命活动，建立竹沟的第一个党支部；红军主力长征后，组建豫鄂边省委，创建红军游击队，开辟以竹沟为中心的桐柏山区根据地，成为南方八省十四处游击根据地之一；抗日战争爆发后，竹沟逐渐成为河南人民抗日战争的指挥中心；1938年中共中央中原局在竹沟设立，刘少奇、李先念等从延安来到竹沟，领导豫、鄂、皖、苏地区党的工作，竹沟成为我党在中原地区的重要阵地和战略支撑点。

1997年2月至1998年10月，确山竹沟革命纪念馆新建展厅一座，建筑面积为780平方米，是青砖小瓦仿古代建筑。基本陈列为"竹沟革命斗争史陈列"，分为六大部分：第一部分为"早期革命活动"；第二部分是"开辟豫南桐柏山区根据地"；第三部分是"河南抗战的领导中心"；第四部分为"中原抗战的战略支撑点"；第五部分是"竹沟惨案"；第六部分是"夺取抗战的最后胜利"。

全部陈列展出实物、图片、绘画、文字内容等共计400余件，绘制场景4处，大型雕塑作品4件。馆藏文物近800件，主要是近现代文物，特别是反映中共中央中原局在竹沟时期遗留下来的革命文物，如刘少奇同志曾戴过的棉皮帽和新四军第五师确山县民兵总队部关防木印等。

门　　票：免费

开放时间：春季、夏季 8:00—18:00，秋季、冬季 8:00—17:30

十二、鄂豫皖革命纪念馆

中 文 名：鄂豫皖革命纪念馆

地理位置：河南省信阳市浉河市北京路红军广场

内容简介：

鄂豫皖革命纪念馆是信阳市委、市政府为缅怀革命先烈、弘扬大别山精神兴建的。纪念馆位于信阳市浉河市北京路和107国道交汇处，占地3万平方米，于2007年4月28日建成开馆。纪念馆按时代顺序陈列展览，以上千幅文字、图片和数百件实物对应的方式，全面展示鄂豫皖革命根据地形成、发展和不断壮大的过程，着重介绍了从大革命时期到解放战争时期各个历史阶段发生在鄂、豫、皖大地上的重大历史事件。目前，纪念馆已成为全国首批国防教育示范基地、河南省爱国主义教育示范基地、河南省廉政教育基地。

2017年3月，被中宣部命名为全国爱国主义教育示范基地。

主要景点：

纪念馆展示了鄂豫皖革命根据地各个时期的珍贵照片上千幅和革命历史文物300多件，其中突出了"邓小平在王太湾"和"刘、邓大军千里挺进大别山"的主题。在高科技陈列手段上，纪念馆采用了幻影成像、互动投影、电子翻书、电动图表、动态影像、等离子触摸屏、大型电子地图、电子感应播放等，综合运用声、光、电。整个展览由9个部分组成，分别是：序厅、大别风雷星火燎原、红军摇篮将军故乡、红色苏区共铸辉煌、红色土地坚苦卓绝、江淮抗战中流砥柱、中原突围铁流千里、千里跃进伟大壮举和结尾厅"将星璀璨"。如果把广场上的"列宁"号飞机比成锦上添花，那么江泽民同志亲笔题写的馆名则可称为"画龙点睛"之妙笔。

门　　票：免费

开放时间：9:00—17:00

十三、桐柏革命纪念馆

中 文 名：桐柏革命纪念馆
地理位置：河南省南阳市桐柏县城南叶家大庄
内容简介：

桐柏革命纪念馆位于河南省南阳市桐柏县城南叶家大庄，是全国红色旅游经典景区、河南省爱国主义教育示范基地。纪念馆由李先念亲笔题写馆名。纪念馆占地 23 333 平方米，主体建筑面积为 3013.5 平方米，有 10 个院落，117 间房屋。

2017 年 1 月，桐柏革命纪念馆入选《全国红色旅游经典景区名录》。

2017 年 3 月，被中宣部命名为全国爱国主义教育示范基地。

主要景点：

纪念馆所在地原为本地名绅叶逢雨先生在清嘉庆年间扩建的住宅，依山而建，错落有致，

飞檐翘角，雕梁画栋，代表当时桐柏典型的建筑风格。叶家在三军会师桐柏后，主动腾出房间作为中共中央中原局、中原军区、中原行署机关的办公场所。

该馆主展厅分为"淮源星火""红旗漫卷""抗日烽烟""中原伟业""桐柏霞光"5 部分，配以声、光、电、多媒体沙盘模型和圆雕，采用文物与景观、照片与影视、音乐与解说、参观与参与相结合的展示方式，再现了成立中原局、桐柏军区等重大历史事件和桐柏 30 年血与火的革命斗争历程，展现了桐柏英雄可歌可泣的革命精神。纪念馆成为桐柏红色文化的展示地、重要的爱国主义教育基地和《桐柏英雄》电视连续剧的拍摄基地。

门　　票：免费
开放时间：8:30—19:00（节假日另行通知）

十四、中国文字博物馆

中 文 名：中国文字博物馆
地理位置：河南省安阳市人民大道东段 656 号

内容简介：

中国文字博物馆位于甲骨文的故乡——河南省安阳市，是经国务院批准建设的集文物保护、陈列展示和科学研究于一体的国家级博物馆，是中华汉字文化的科普中心、全国科普教育基地。

中国文字博物馆的基本陈列以世界文字为背景，以汉字为主干，以少数民族文字为重要组成部分，荟萃历代中国文字样本精华，讲解中国文字的构形特征和演化历程。展览以翔实的资料、严谨的布局、科学的方法、现代化的展示手段，充分展示中华民族一脉相承的文字、灿烂的文化和辉煌的文明，同时反映华夏文明与中国语言文字的研究成果，具有普及性和学术性双重使命。

中国文字博物馆分两期建设，2007 年 11 月 29 日一期工程开工，于 2009 年 11 月 16 日建成开馆。一期工程的建筑面积为 22 700 平方米，包括主体馆、字坊、广场等。已开工建设的续建工程的建筑面积为 68 300 平方米，包括文字文化研究交流中心和文字文化演绎体验中心等。

中国文字博物馆开馆至今，日均接待游客 4000 余人次，累计参观人数超过 960 万人次，成为一项名副其实的集文字文化科普中心、爱国主义教育基地、中华文化展示窗口、国际文化交流平台等于一身的国家级文字博览工程。

2019 年 9 月，中国文字博物馆被中宣部命名为"全国爱国主义教育示范基地"。

主要景点：

中国文字发展史第一展厅

世界文明发展史上曾出现过几种古老的表意兼表音的文字，如西亚的楔形文字、古埃及的象形文字、印度的阿拉伯文字等，它们是早期文明的重要标志，但由于种种原因均被历史淹没，唯有中国的文字以其与时俱进的品格与博大宽容的胸怀屹立于世界民族文化之林。本展厅主要介绍汉字的出现及其演变。

中国文字发展史第二展厅

金文，是商周时期铸刻在青铜器上的文字的总称，金文应用的时间有 1200 多年，在众多的先秦文字中，金文占有重要的地位，它反映了在秦朝用小篆统一文字前的 1000 多年间中国文字发展变化的基本情况。本展厅主要介绍金文的出现及发展。

中国文字发展史第三展厅

隶书，以其实用性强、易于书写的特点，在汉代取代了小篆的地位，成为主要字体。两汉四百余年间，书法由隶分变为章草、楷书、行书。书体的不断变化使汉字书法艺术不断发展，给中国传统文化注入了鲜活的灵气与勃勃生机。本展厅主要介绍隶书的发展及演变。

中国文字发展史第四展厅

在我国 55 个少数民族中，有 20 多个民族不同程度地使用本民族的文字，在现行民族文字中，蒙古族、藏族、维吾尔族等民族使用历史上形成的传统民族文字，这些文字的文献和文物为我们了解我国古代社会制度与社会生活提供了宝贵资料。本展厅主要介绍我国少数民族的文字及发展过程。

中国文字发展史第五展厅

人类早期通过结绳篆刻等方式传达信息，但还没有形成文字的概念，后来在龟甲兽骨上刻写，甲骨文开始出现。在殷商时期，文字大量篆刻在陶器、玉器、青铜器上，开始逐渐走向成熟。随着造纸术、印刷术的发明，人类开始自书编纂。到20世纪70年代，汉字进入计算机时代，使汉字信息处理技术从无到有。本展厅主要介绍文字载体的发现及演变。

互动与影像厅

随着社会的不断发展，互动成为人与人之间的一种普遍的交流方式，互动教学也成为一种主流的教学方式。本展厅利用互动和影像的方式让人更直观地了解我国文字的发展及演变。

特别展厅

书法是汉字的书写艺术，是中华传统文化的象征，在世界文化艺术宝库中独放异彩。本展厅主要介绍、展示各类书法。

门　　票：凭有效证件免费

开放时间：9:00—17:00（周一闭馆）

十五、八路军驻洛办事处纪念馆

中 文 名：八路军驻洛办事处纪念馆

地理位置：河南省洛阳市老城区九都东路222号

内容简介：

八路军驻洛办事处纪念馆简称洛八办纪念馆，于1985年5月开始筹建，于1987年4月部分对外开放。八路军驻洛办事处纪念馆是为了纪念八路军驻洛阳办事处而以其旧址为依托成立的一座革命纪念馆，现为全国重点文物保护单位和河南省优秀爱国主义教育基地，也是洛阳市目前唯一对外开放的革命旧址纪念馆。

2017年1月，八路军驻洛办事处纪念馆入选《全国红色旅游经典景区名录》。2019年9月，八路军驻洛办事处纪念馆被中宣部命名为"全国爱国主义教育示范基地"。

主要景点：

八路军驻洛办事处纪念馆拥有房屋150多间，坐南朝北，位于并肩的三所清代民居院落内。三所院落的建筑结构相同，均建造于1831年，是南关富豪庄延珍家的宅院，采用砖木结构。每所院落都分三进，前有临街房，中有一、二厅堂，后有上房，旁边留有过道，每进院落的两旁对称建有二层结构的厢房。门、窗上附有雕刻花纹装饰，主要有梅、竹、兰、菊、牡丹、松柏等传统的花卉图案和神话人物传说故事等，雕刻细腻，栩栩如生。整个建筑气派大方、古色古香，具有较高的建筑水平和艺术欣赏价值。

八路军驻洛办事处纪念馆的基本陈列分为综合陈列和旧址复原陈列两部分。综合陈列通过文字、图表、照片、文物等结合的形式，系统地介绍了八路军驻洛办事处的建立、工作和撤退情况，歌颂了八路军驻洛办事处在抗日战争过程中发挥的重要作用及所做的突出贡献。

旧址复原陈列有刘少奇住室、电台室、处长室、豫西省委会议室、警卫排住室等。

八路军驻洛办事处纪念馆现有革命文物 85 件（套）及部分照片、书籍等。文物主要有手枪、证章、手雷、子弹、炮弹、引信、军用锹、铺等军用物品和生活用品。在所有文物藏品中，最主要的当属从办事处旧址水井中淘出的一批军用证章，共 43 种 59 枚，大多是抗日战争时期的地下党组织、进步团体、救亡协会等与办事处联系时留下的，如"八路军驻陕办事处证章"应为西安八办工作人员到洛八办联系工作时所留，以及"东北救亡总会证章"和"朝鲜义勇队证章"等，都是比较珍贵的文物。

门　　票：凭有效证件免费

开放时间：8:30—12:00，15:00—18:00（夏季）；8:30—12:00，14:30—17:30（冬季）

十六、王大湾会议会址纪念馆

中 文 名：王大湾会议会址纪念馆

地理位置：河南省信阳市光山县砖桥镇砖桥街文氏祠砖桥派出所南

内容简介：

王大湾会议会址纪念馆的占地面积为 10 000 平方米，建筑面积为 5000 平方米，展陈面积为 4800 平方米，是国家 3A 级红色旅游经典景区、省级文物保护单位、全国青少年教育基地。王大湾会议是刘邓大军千里跃进大别山时，在此召开的晋冀鲁豫野战军旅以上高级干部会议。2019年 9 月，王大湾会议会址纪念馆被中宣部命名为"全国爱国主义教育示范基地"。

主要景点：

王大湾会议会址纪念馆主要分为王大湾会议旧址、丰功园、将军馆、大别山根据地群众工作馆、剪纸走廊、烈士碑廊、戏台及游客服务中心等几大部分。王大湾会议会址纪念馆共征集文物近千件，其中有革命文物 300 余件，以及重要文献、资料近百件，这些珍贵的文物全面地展示了刘邓大军千里跃进大别山的英雄壮举和光山厚重的革命历史。

王大湾会议旧址为清代砖木结构建筑，现存房屋 16 间，融鄂、豫、皖三省的建筑特点于一体，主要由"福""禄""寿""禧"四个四合院落组成，是一处典雅别致的民居群。分前后两进，内有回廊一周，为一天井院落。西边厢房分别是邓小平、刘伯承寝室展览，二进正殿内设有刘邓大军千里跃进大别山时在光山境内的战斗历程图片及部分实物展览。旧址的前方有一湖，湖中有座小岛，是当年参加王大湾会议的旅长居住的地方。

门　　票：凭有效证件免费

开放时间：8:00—11:30，14:30—17:30

十七、愚公移山精神展览馆

中 文 名： 愚公移山精神展览馆

地理位置： 河南省济源市第二行政区 10 号楼

内容简介：

济源是愚公的故乡，"愚公移山，敢为人先"是济源的城市精神。愚公移山精神感染了一代又一代的济源人，为了让愚公移山精神能够代代相传、发扬光大，2012 年 9 月，济源市开始建设愚公移山精神展览馆。2019 年 9 月 16 日，愚公移山精神展览馆被中宣部命名为"全国爱国主义教育示范基地"。

主要景点：

愚公移山精神展览馆是以"愚公移山精神"为主题的大型展览馆，位于河南省济源市第二行政区 10 号楼，面积为 2000 平方米，共收集照片 8800 余张、文字资料 300 多件、实物 100 余件、视频 6 个，运用多维展示手法，采用声、光、电等高科技手段，把愚公移山精神浓缩为一幅优美的长卷，带领观众感受感天动地的伟大精神。

愚公移山精神展览馆分为五个篇章。第一篇章"愚公精神，民族力量"，主要讲述的是愚公移山精神的起源、发展，毛泽东、邓小平、江泽民、胡锦涛、习近平等党和国家领导人在不同时期对愚公移山精神的论述，以及在愚公移山精神的感召下新中国创造的诸多第一。第二篇章"太行王屋，愚公故乡"，分析了济源成为愚公移山故事发祥地的原因，展示了新时期济源对愚公移山精神的文化传承和精神解读。第三篇章"愚公儿女，彪炳史册"，主要内容是在中国共产党的领导下，济源人民发扬愚公移山精神，不屈不挠、顽强奋斗，为推翻旧社会、解放全中国做出的贡献。第四篇章"难忘岁月，艰苦创业"和第五篇章"继往开来，巨大变化"是愚公儿女发扬愚公移山精神的实践篇，是济源人民的战天斗地史和济源的沧桑巨变史。

门　　票：凭有效证件免费

开放时间：8:30—11:30，15:30—18:00（夏季）；8:30—11:30，14:30—17:00（冬季）（节假日除外）

湖 北 省

一、武汉二七纪念馆

中 文 名：武汉二七纪念馆
地理位置：湖北省武汉市汉口区解放大道 2499 号
内容简介：

  武汉二七纪念馆位于武汉市汉口区，是为纪念 1923 年京汉铁路大罢工及"二七惨案"，在林祥谦、施洋等 39 位烈士牺牲的江岸地区修建的，于 1963 年对外开放。1987 年新馆建成开放。馆内的陈列厅分为 7 个部分，详细地介绍了"二七"革命斗争的全过程，陈列了老一辈无产阶级革命家及当代党和国家领导人的题字、文章、画作，以及"二七"发源地继承和发扬"二七"传统、再创新业绩的各个时期的英模事迹。武汉二七纪念馆周围还有二七烈士纪念碑、京汉铁路总工会旧址、林祥谦烈士就义的江岸车站、施洋烈士墓等纪念地。

主要景点：

  二七烈士纪念碑在武汉二七革命纪念馆院内，为纪念 1923 年在"二七"大罢工中牺牲的烈士而立。碑用花岗石砌成，碑身为圭形方锥体，置于束腰石座之上，通高 12.6 米，碑正面镌毛泽东手书的"二七烈士纪念碑"。碑座四面镶嵌着白色大理石的浮雕艺术装饰，前面为象征工农团结、高举革命火炬的图案，左右两侧嵌有浮雕画图，生动地再现了武汉各工团声援罢工和铁路工人赤手空拳与全副武装的反动军警英勇搏斗的壮烈场面。座后刻有碑文，记述"二七"大罢工斗争中的英雄事迹，碑后纪念馆内还陈列着"二七"革命斗争史料和烈士遗物，周围繁花簇拥，青松环抱，雄伟壮观。

门　　票：免费
开放时间：8:30—11:30　14:00—17:00

二、武昌中央农民运动讲习所旧址纪念馆

中 文 名： 武昌中央农民运动讲习所旧址纪念馆
地理位置： 湖北省武汉市武昌区解放路红巷13号
内容简介：

武昌中央农民运动讲习所（简称农讲所）位于武汉市武昌区解放路红巷13号，原是清末湖广总督张之洞举办的北路学堂，后改为湖北省甲种商业学校、湖北省高等商业学校。随着北伐的胜利进军，国民政府于1927年从广州迁到武汉，毛泽东积极倡导并在此主办中央农民运动讲习所。

1958年对旧址进行了修缮整理，按当年原貌做复原陈列并筹建纪念馆，由周恩来亲笔题

写"毛泽东同志主办的中央农民运动讲习所旧址"匾额，悬挂于大门上，1963年正式开放。武汉市博物馆现设在此内。

主要景点：

农讲所是一个长方形大院，大院两面墙上"进行国民革命""拥护工农政策"的标语至今还清晰可见。大院从前到后整齐排列着4栋高台式建筑，第一排红柱青砖的房舍就是当年的办公用房。东头有常委办公室，毛泽东就在这里办公。第二排房屋中部是大教室。穿过大操场，是一幢二层青砖楼房，为学员寝室，寝室中陈列着简朴的双层木床、卧具、军装、枪架，墙上贴着体现农讲所办学方向的口号——"到农村去""实行农村大革命"。这个静谧的院落以前是风云际会的全国"农民革命大本营"，800多名学员将农运火种从这里撒向全国。周恩来、董必武、瞿秋白、恽代英、方志敏、彭湃、郭沫若、张太雷、李立三、邓演达等都在农讲所讲过课或向学员做过报告。

门　　票： 免费
开放时间： 8:30—16:30

三、黄麻起义和鄂豫皖苏区革命烈士陵园

中 文 名： 黄麻起义和鄂豫皖苏区革命烈士陵园
地理位置： 湖北省黄冈市红安县城关镇陵园大道1号
内容简介：

黄麻起义和鄂豫皖苏区革命烈士陵园位于湖北省黄冈市红安县城关镇，园内建筑古朴典

雅，绿色琉璃瓦顶盖，掩映于苍松翠柏之中，鸟语花香，四季如春，登上锞子山可眺望县城全景。

主要景点：

红安，原名黄安，是黄麻起义的策源地和鄂豫皖革命根据地的摇篮，是著名的"将军县"，在红安这片土地上诞生了董必武和李先念；产生了两百多位人民军队的高级将领，其中1955—1988年间授衔的将军共有61位，居全国之首；走出了三支红军主力部队红四方面军、红二十五军和红二十八军；红安还为中国革命的胜利奉献了14万优秀儿女的宝贵生命，其中登记在册有名有姓的烈士就有22 552名。

黄麻起义和鄂豫皖苏区革命烈士陵园占地22.7万平方米，规划面积为33.3万平方米，建筑面积为2463平方米。馆房为古典庭院式结构，长廊环绕，飞檐碧瓦。馆内设序厅和8个陈列室、1个画室，江泽民、李鹏、李先念等党和国家领导人为该馆题词，馆内陈设着230名著名烈士的事迹简介，以及烈士遗物、照片、诗抄和雕塑等。陵园的主要纪念建筑物有纪念碑、纪念碑广场、历史纪念馆下沉广场、将军墓园、老红军墓园、黄麻起义和鄂豫皖苏区革命历史纪念馆、黄麻起义和鄂豫皖苏区革命烈士纪念馆、董必武纪念馆、李先念纪念馆、红安将军馆等。

门　　票： 免费

开放时间： 8:30—16:00（周一闭馆）

四、辛亥革命武昌起义纪念馆

中 文 名： 辛亥革命武昌起义纪念馆
地理位置： 湖北省武汉市武昌区蛇山南麓的阅马场北端
内容简介：

辛亥革命武昌起义纪念馆位于武昌区蛇山南麓的阅马场北端，占地约1.87万平方米，建筑面积为6000多平方米，展览面积为3500平方米，是国家4A旅游景区。主体建筑为二层红色楼房，因此又称"红楼"。1911年10月10日，武昌起义成功后，革命党人进驻这里，成立军政府，发布了第一号布告，宣布废除清朝帝制，建立中华民国，结束了中国2000多年的封建统治。这里珍藏着大量的文物和文学、照片资料。

主要景点：

辛亥革命武昌起义纪念馆是依托武昌起义军政府（中华民国军政府鄂军都督府）旧址而建立的专题性博物馆。建馆以来，因为场馆建设、环境改造及旧址维修等原因，陈列场馆有所改变，但始终保留"鄂军都督府旧址复原陈列"和"辛亥革命武昌起义史迹陈列"两个基本陈列。

"鄂军都督府旧址复原陈列"现布置于都督府旧址的一、二层，通过实物、历史照片，真实再现了中国历史上第一个共和政权诞生地的历史风貌。

"辛亥革命武昌起义史迹陈列"布置于旧址院内的西配楼，以近 400 件展品全景式地再现了辛亥革命武昌起义恢弘壮阔的历史。

此外，在院内东配楼中段辟有 200 平方米的临时展览展厅。"沈汉生先生辛亥革命文物珍藏展""辛亥革命博物馆馆藏精品文物展"等 40 多个展览曾在此展出，这些展览也曾深入武汉市各学校及湖北各地巡回展出。

门　　票：免费

开放时间：9:00—17:00（周一闭馆）

五、李时珍纪念馆

中 文 名：李时珍纪念馆

地理位置：湖北省黄冈市蕲春县蕲州镇时珍大道 111 号

内容简介：

李时珍纪念馆位于风景秀丽的雨湖之滨，占地 5.3 万平方米，是国家级重点文物保护单位。李时珍纪念馆由邓小平同志亲笔题写馆名，为仿古（明代）建筑群，气势恢弘，错落有致。馆内陈列着大量珍贵的医学资料、药物标本和郭沫若、邓颖超、方毅等同志的题词，并珍藏中外《本草纲目》版本 10 余种，以及古今中外介绍李时珍的医药书籍、文献资料和报刊杂志等。纪念馆自 1981 年 4 月对外开放以来，平均每年接待中外游客 40 余万人次。

主要景点：

李时珍纪念馆由本草碑廊、纪念展览、药物馆、百草药园、墓园 5 大部分组成。

大理石纪念碑上高高矗立着李时珍的半身大理石像。在最高一层平台上，李时珍夫妇合墓及其父母合墓皆用青石砌成椭圆形封堆，平台两侧建有濒湖亭、东璧亭、回春阁，缅怀医圣。

碑廊尽头至正中，两座石雕狮子蹲守大门，入厅正中是高约 3 米的李时珍塑像。李时珍纪念展厅是第二重院落，大量文物、翔实的图片资料充分展示了伟大医学家李时珍毕生所做的卓越贡献和深远影响。

出纪念展厅，过月洞门，来到药物馆。药物馆为仿明建筑，陈列着动物、植物、矿物标本 300 多种。百草药园一览无遗，在群芳斗艳、春意盎然的百草药园中，100 多种本草生态标本让人眼花缭乱、目不暇接。

纪念馆内陈列着有关李时珍的历史文物、古籍善本、字画、近现代名人书画、雕塑等。其中有《本草纲目》的各种版本，顾景星、章学诚等明清学者为他撰写的传记，郭沫若的两次题词，著名美术家蒋兆和先生亲笔画的李时珍像，以及莫斯科大学的李时珍雕像照片和 120 余种中草药标本。背面墙壁上是大型壁画《李时珍武当采药图》。这些文物集中展示了李时珍平凡、伟大的一生。

门　　票： 免费

开放时间： 8:30—12:00　　14:30—17:30（农历除夕闭馆）

六、八七会议会址纪念馆

中 文 名： 八七会议会址纪念馆
地理位置： 湖北省武汉市江岸区鄱阳街 139 号
内容简介：

八七会议会址纪念馆位于湖北省武汉市江岸区鄱阳街 139 号，依托旧址而建。八七会议会址于 1978 年辟为八七会议会址纪念馆，1982 年 2 月 23 日被国务院公布为第二批全国重点文物保护单位。会议坚决纠正和结束了党内右倾错误，确定了土地革命和武装反抗国民党反动派屠杀政策的总方针，是中国革命由大革命失败到土地革命战争兴起的转折点。

主要景点：

八七会议会址为一栋三层的西式楼房，建于 1920 年，原是英国人建造的公寓，名为怡和新房，一层是外商开办的商店，二层、三层为住房。国民革命军北伐占领武汉后，二层是苏联援华农业顾问洛卓莫夫的住处，八七会议就在洛卓莫夫的住房内召开。会址保存完好，会议会场已经复原，一层陈列有八七会议的史料和文物。展览展出的 300 多件文物、照片和珍贵历史资料，再现了八七会议的历史，讴歌我党不畏艰险、力挽狂澜、挽救中国革命于危难之中的光辉历史，毛泽东于此提出"枪杆子里面出政权"的论断。

建馆以来，纪念馆广泛收集文物资料，深入开展学术研究，不断修改完善基本陈列。纪念馆现藏有八七会议记录，以及邓小平、李维汉回忆八七会议的手迹等千余件文物资料。

门　　票：免费

开放时间：8:30—12:00　14:30—17:00

七、闻一多纪念馆

中 文 名：闻一多纪念馆
地理位置：湖北省黄冈市浠水县清泉镇红烛路 1 号
内容简介：

闻一多纪念馆坐落在闻一多的故乡——湖北省黄冈市浠水县。纪念馆占地约 1 万平方米，建筑面积为 2000 余平方米，是仿古庭院建筑，古典园林环境。展览内容为铜像、序厅、"闻一多生平事迹简史"展、碑廊及其他景点。闻一多纪念馆于 1984 年经中共中央宣传部批准建立，1988 年开始动工兴建，1992 年 9 月江泽民题写了馆名，1993 年 5 月 18 日开馆。2001 年被中宣部命名为全国爱国主义教育示范基地，是国家 AA 级旅游景点、国家重点博物馆、中国民主同盟湖北省委盟员爱国主义教育基地、武汉统一战线爱国主义教育基地。

主要景点：

闻一多纪念馆坐落在湖北省黄冈市浠水县清泉寺遗址上。清泉寺建于唐朝（790），元末（1351）农民起义领袖徐寿辉毁寺建都，国号"天完"，明朝重建，毁于 20 世纪 70 年代。纪念馆是一座庭院式的仿古建筑群。三栋平房和一栋二层楼被回廊连成一体，屋面为青筒瓦盖的凹面大屋顶，廊顶是两旁镶红釉瓷面砖的水泥平台，其一段回廊凌架于一泓清澈见底的水池上，其池为闻一多故居前的"望天湖"之缩景，七个莲步、三眼喷泉点缀其间。馆的主体工程的内院与前场均是被鹅卵石铺砌的曲折小道切割成有规则的绿茵草地，各种花草争妍斗艳。前场正中，闻一多铜像巍然屹立在开阔的草坪上。像前一井一池，井为公元 790 年开掘的富有传奇色彩的"清泉井"；池为相传书圣王羲之曾来这儿习字的汰笔池——"羲之墨沼"。池上架了一座小桥，名叫"七曲桥"，池左侧为 200 平方米的停车场，穿过香樟翠竹，便见相传"陆羽茶泉"。外围是长 400 米、高 3 米的仿古围墙，依山取势，跌宕生姿。整个纪念馆背倚风景秀丽的凤栖山，面临东向西流的浠水河，以素雅的粉墙黛瓦、高低错落的建筑群依偎在青山绿水的怀抱之中。

进入纪念馆，首先看到的是闻一多铜像，铜像的正后方是序厅。门首黑色大理石匾额上是由江泽民题写的"闻一多纪念馆"六个大字，金光闪闪，熠熠生辉。大门两侧悬挂着两幅木刻楹联，阴刻阳文的石绿字，内幅隶书联是周恩来、邓颖超挽闻一多联"为民主为和平为大众成仁取义，反独裁反内战反特务虽死犹生"；外幅草书联是董必武、李维汉所撰挽联"我辈犹生，变悲哀为力量；公等不死，继传统有人民"。外内联分别为当代中国书协主席沈鹏所书、副主席王学仲所书。

进入序厅，置身于红烛生辉的艺术殿堂。迎面是气势磅礴的巨幅(14m×4m)壁画《红烛序曲》。出序厅左侧门，走过一段长廊，至西侧第一展厅，由一展厅往北再走一段回廊，折而向东，便是一幢二层楼房，第二、三展厅分别在一、二楼。《闻一多生平事迹简史》总标题叫"千古文章未尽才"。这是郭沫若引用明末将领、诗人夏完淳的一句诗来痛悼闻一多。我们用它作题目，借以表达对烈士的深切怀念与惋惜之情。

门　　票：免费

开放时间：8:30—17:00

八、湖北省博物馆

中　文　名：湖北省博物馆

地理位置：湖北省武汉市东湖路160号

内容简介：

湖北省博物馆筹建于1953年，坐落于武汉市东湖风景区，占地面积为81 909平方米，建筑面积为49 611平方米，展厅面积为13 427平方米，有中国规模最大的古乐器陈列馆。

湖北省博物馆是全国8家中央地方共建国家级博物馆之一、国家一级博物馆、"出土木漆器保护"国家文物局重点科研基地、国家5A级旅游景区，也是湖北省规模最大、藏品最丰富、科研实力最强的国家级综合性博物馆。1960年，董必武来馆视察，并亲笔题写馆名。

主要景点：

湖北省博物馆馆区内绿荫掩映，综合陈列馆、楚文化馆、临时展览馆等高台基、宽屋檐、大坡面屋顶的仿古建筑三足鼎立，构成一个硕大的"品"字。其总体布局高度体现了楚国建筑的中轴对称、一台一殿、多台成组、多组成群的高台建筑布局格式。

博物馆内有各类文物、标本20万余件（套），其中一级文物近千件（套）。藏品绝大多数来自考古发掘和各地征集，其中以出土文物为主，既有浓郁、鲜明的地方色彩，又具有时代特征，基本反映了湖北地区古代文化的面貌。

在20余万件藏品中，有不少是稀有珍品和重要的科学资料，如新石器时代京山屈家岭文化的蛋壳彩陶纺轮，天门石家河遗址出土的玉人、玉鹰，盘龙城商代遗址和墓葬出土的大玉戈及铜鼎、铜钺，随县战国曾侯乙墓出土的编钟青铜器群及16节透雕龙凤玉佩、28宿天文图像衣箱，云梦睡虎地出土的秦代法律文书竹简等。

门　　票：免费

开放时间： 9:00—17:00（15:30 停止入馆），周一闭馆（国家法定节假日除外）

九、瞿家湾湘鄂西革命根据地旧址

中 文 名： 瞿家湾湘鄂西革命根据地旧址
地理位置： 湖北省荆州市洪湖市瞿家湾镇
内容简介：

　　瞿家湾湘鄂西革命根据地旧址是全国爱国主义教育示范基地，位于湖北省荆州市洪湖市西部的瞿家湾镇，距洪湖市区 55 千米，距武汉市 140 千米。

　　瞿家湾湘鄂西革命根据地旧址于 1988 年 1 月被国务院公布为第三批全国重点文物保护单位。1996 年 5 月，被国家文物局授予"全国文物系统优秀爱国主义教育基地"称号。1998 年 12 月，被湖北省人民政府命名为全省"十佳爱国主义教育示范基地"。2005 年 11 月，被中宣部公布为第三批全国爱国主义教育示范基地。

　　主要景点：

　　瞿家湾湘鄂西革命根据地旧址共有现代重要史迹及代表性建筑 39 处，它们大部分集中于瞿家湾镇红军街（老街）和沿河路街道南北两边，其余散布在附近村湾。

　　旧址群现存建筑的最早建造年代为 1496 年，传统建筑规模为 1.8 万平方米，完好程度为 95%。古建筑多为清末民初的民居建筑，具有典型的江汉平原水乡小镇特色，穿斗式土木结构、单檐硬山、灰墙玄瓦、高垛翘脊，装饰精巧，形成了独有的古朴韵味，具有朴素的美感和较高的艺术价值。

自 1951 年洪湖建县以来，党和国家领导人对瞿家湾革命旧址群非常关心和重视。1965年 5 月，董必武偕夫人何莲芝视察洪湖县（现洪湖市）。1983 年 11 月，王震亲笔题写馆名"洪湖瞿家湾革命纪念馆"，并为"瞿家湾革命烈士纪念碑"题词。陈丕显、王任重、廖汉生、郝建秀、李瑞环等中央领导同志先后到瞿家湾进行视察访问。曾在洪湖苏区战斗过的黄新廷、杨秀山、宋一平等 170 多位将军也相继访问过瞿家湾。

瞿家湾湘鄂西革命根据地旧址自 1985 年重新对外开放以来，始终坚持把社会效益放在首位，高举爱国主义旗帜，大力弘扬民族精神，尤其重视加强对青少年和中小学生的爱国主义教育。截至目前，该旧址群累计接待中外游客 400 多万人次，先后有几百所中小学把瞿家湾旧址群作为爱国主义教育基地并在此挂牌。

门　　票：免费

开放时间：全天

十、周老嘴湘鄂西革命根据地纪念馆

中 文 名：周老嘴湘鄂西革命根据地纪念馆

地理位置：湖北省荆州市监利县周老嘴镇老正街 96 号

内容简介：

周老嘴湘鄂西革命根据地纪念馆以洪湖为背景，生动再现了土地革命战争时期贺龙、周逸群、邓中夏、段德昌等老一辈无产阶级革命家开创以监利为中心的湘鄂西革命根据地的光辉历程。周老嘴革命旧址群大部分坐落在延绵千余米的古镇小街两旁。古镇小街的房屋始建于明、清两代和民国初年，均为前后多进的砖木结构民宅。其建筑风格古朴典雅而独具江南特色，现已集革命旧址群、古建筑群于一体，极富历史、艺术、科学价值和革命纪念意义。

主要景点：

纪念馆是全国重点文物保护单位，位于荆州监利城北 25 千米处。周老嘴现保存革命旧址达 48 处，主要有中共中央湘鄂西分局、湘鄂西省委、省苏维埃政府、省军委、河埠军团总指挥部、中国工农红军军事学校二分校、河埠军军部、政治保卫局等旧址，还有湘鄂西第三次工农兵贫民代表大会会址以及段德昌、夏曦、贺龙、周逸群等人的旧居，在周老嘴建立了革命历史纪念馆和柳直荀烈士纪念亭。

监利县周老嘴于 1930 年 7 月至 1932 年 9 月，曾两度是中国共产党领导下的湘鄂西革命根据地的红色首府。贺龙、周逸群、段德昌、柳直荀等老一辈无产阶级革命家都先后在这里战斗和生活过，留下了众多遗址和可歌可泣的史迹。为此，1977 年，监利县人民政府决定筹建周老嘴湘鄂西革命根据地纪念馆。

纪念馆内珍藏了：马克沁重机枪，该重机枪是土地革命时期红二军团使用的武器，具有极其重要的革命历史价值；六零迫击炮，该迫击炮是土地革命时期红军使用的武器，炮为钢质，圆形炮筒，方形炮座，两根可调节高度的支架与炮筒连接。

纪念馆结合当地革命史陈列的研究，已编写出版了《周老嘴简介》《周老嘴革命斗争史》《周老嘴湘鄂西革命根据地旧（遗）址门联集》等。

门　　票：免费

开放时间：淡季 8:30—11:30，14:30—17:30；旺季 8:30—12:00，14:00—18:00

十一、红安七里坪革命纪念馆

中 文 名：红安七里坪革命纪念馆
地理位置：湖北省黄冈市红安县七里坪镇列宁小学旧址内
内容简介：

红安县七里坪镇是著名的黄麻起义的策源地，是中国工农红军三大主力之一的红四方面军的诞生地，是全国仅次于井冈山的第二大根据地——鄂豫皖革命根据地的中心，曾被命名为"列宁市"。红安，原名黄安，位于大别山南麓鄂豫两省交界处，一群年轻的共产党人领导当地的农工发动了史称"黄麻起义"的武装暴动，并以此为中心建立了鄂豫皖苏维埃红色政权。整个战争年代，共有 14 万红安儿女献出了自己的生命，从这片被血染红了的土地上走出了董必武、李先念，以及韩先楚、秦基伟等威名显赫的 223 名将军。红安七里坪是土地革命战争时期重要的革命根据地之一。

主要景点：

七里坪革命遗址群的红色资源十分丰富且保存完整，现存革命旧址 40 余处，如国共合作谈判旧址、革命纪念馆、列宁小学、红军洞、光浩门遗址、抗日军政学校旧址、红二十八军新兵营招兵处旧址、南一门遗址、长胜街、列宁市澎湃街遗址、红四方面军诞生地纪念碑、红四方面军指挥部、列宁经济公社、鄂豫皖红军中西药局、鄂豫皖苏维埃银行、列宁市苏维埃合作饭堂、七里坪工会等，全馆占地面积为 2847 平方米，展厅面积为 2500 平方米，共有文物数量 4748 件（套），其中，国家一级文物 8 件，二级文物 20 件，三级文物 323 件。2005 年红安七里坪革命纪念馆被中宣部命名为第三批全国爱国主义教育示范基地。

门　　票：免费

开放时间：8:30—17:00（周一闭馆）

十二、大悟宣化店中原军区旧址及新四军第五师旧址群

中 文 名：大悟宣化店中原军区旧址及新四军第五师旧址群

地理位置：湖北省孝感市大悟县宣化店镇

内容简介：

中原军区旧址位于湖北省孝感市大悟县宣化店镇，整个遗址群占地面积约为 8000 平方米，总建筑面积约为 4142 平方米，包括中原军区司令部旧址、中原军区首长旧居、中原军区大会场旧址、周恩来与美蒋代表谈判旧址。旧址群 1978 年为湖北省政府重点文物保护单位，1996 年被公布为全国重点文物保护单位，2005 年被公布为全国红色旅游经典景区，2006 年被中宣部命名为全国爱国主义教育示范基地，2009 年被湖北省列为 3A 级旅游景区。

主要景点：

新四军第五师旧址包括五师军政首长住处、作战处、秘书处、参谋处、军需处、医务处、经济处、管理处、政治部、联络部、组织部、宣传部、七七报社、抗大第十分校、十三旅旅部、大山寺保卫战遗址、五师练兵场、党委办公室、鄂豫边区行政公署、鄂豫边区党校、礼南县政府、整风班、边区建设银行、边区消费合作社、医院、造纸厂、卷烟厂、兵工厂、

宋斌烈士墓等，分布在以白果树湾为中心的方圆约 5 千米范围内的 11 个自然村中。

1949 年后，为纪念新四军第五师在抗日战争中的丰功伟绩，展示其战斗和生活历程，1978 年，大悟县人民政府在新四军第五师司令部驻地白果树湾村北边修建新四军第五师纪念馆，陈列第五师革命斗争的史料和文物，其中包括实物 104 件、图片 863 幅。2005 年，新四军第五师司令部旧址群被列为全国红色旅游经典景区建设项目，县政府在原纪念馆地进行了重建，新纪念馆坐西朝东，砖混结构，琉璃瓦铺顶，内有天井，占地面积为 1300 平方米。整个陈列展览以新四军第五师的创建和发展壮大为主线，突出表现五师健儿在中国人民伟大的抗日战争中，长期孤悬敌后，越战越强、越战越大，最终为夺取全民族抗战胜利做出贡献的光辉历史。

门　　票：成人 20 元，学生 10 元

开放时间：7:30—17:00

十三、宜城张自忠将军纪念馆

中 文 名：宜城张自忠将军纪念馆
地理位置：湖北省襄阳市宜城市襄沙大道 55 号
内容简介：

宜城张自忠将军纪念馆是宜城市人民于 1991 年为
纪念张将军诞辰 100 周年暨殉国 51 周年而修建的纪念
馆，坐落于宜城市革命烈士陵园内，与革命烈士纪念
馆毗邻，馆内以张自忠将军的生平事迹陈列为主，辅
以名人题词碑刻展览。

主要景点：

此馆是一座古今结合、富有民族特色的四合院建
筑，包括门楼、碑廊、陈列馆等建筑景点，使用面积
达 720 平方米。门楼两侧的花岗岩上分别镌刻着挽词"尽忠报国"和"英烈千秋"。王任重同
志题写"张自忠将军纪念馆"的馆名匾额，悬挂在门楼的上额。馆内以红色为主，象征用烈
士的鲜血染就。两侧碑廊有 20 块石碑，仿刻着著名人士题写的挽词手迹。正面 7 间高大房屋，
分 6 个部分展出将军的遗物、手迹、照片、地图 300 多件，充分展示了张将军艰难曲折的经
历和从军风范。

门　　票：20 元
开放时间：8:00—17:00

十四、湘鄂边苏区鹤峰革命烈士陵园

中 文 名：湘鄂边苏区鹤峰革命烈士陵园
地理位置：湖北省恩施土家族苗族自治州鹤峰县容美镇段德昌路 9 号
内容简介：

湘鄂边苏区鹤峰革命烈士陵园，即满山红烈士陵园，位于鹤峰县城娄水河畔，因满山红
杜鹃花盛开而得名"满山红"。1962 年建园，1978 年重修，立有高 22 米的"湘鄂边苏区革命
烈士纪念碑"，以纪念土地革命战争中鹤峰苏区牺牲的英雄儿女。

主要景点：

进入陵园，沿着台阶向上约 50 米，便是贺龙元帅的铜像。基座与铜像高约两米，矗立在
绿草红花之中，显得高大伟岸。在铜像的一侧便是烈士祠。祠内陈列着包括蹇先为、徐锡如、
陈连振、陈宗瑜等人在内的 80 多位烈士的画像及简介。

拾级而上，来到革命烈士纪念碑。纪念碑位于整个烈士陵园的中心，磨光青石碑面上镶
嵌着"湘鄂边苏区革命烈士纪念碑"12 个大字。22 米高的纪念碑舒展高耸，以简洁巨大的形
体象征着先烈们磊落坦荡的胸怀和崇高伟大的献身精神。

从纪念碑向上走到山顶，便是安葬着段德昌、王炳南、贺英三位革命烈士忠骨的主墓群。主墓群静伫于万年青、雪松丛中，汉白玉大理石等雕花装点其间，显得格外庄严肃穆。主墓群的后面是由贺龙元帅题写的"革命烈士们的事迹永远鼓舞着我们前进"的汉白玉大理石屏风，点明了陵园的主题。

门　　票：免费

开放时间：全天

十五、北伐汀泗桥战役遗址纪念馆

中 文 名：北伐汀泗桥战役遗址纪念馆

地理位置：湖北省咸宁市咸安区汀泗桥镇

内容简介：

北伐汀泗桥战役遗址纪念馆位于湖北省咸宁市咸安区汀泗桥镇。1926年8月，国民革命军北伐挺进武汉，叶挺率领的独立团奋勇攻击扼守于此的军阀吴佩孚的军队，夺取汀泗桥。1929年在此兴建了国民革命军第四军北伐阵亡将士墓、纪念碑、纪念亭等。

主要景点：

北伐汀泗桥战役遗址纪念馆占地面积为20万平方米，有两个重点保护区，一个是马家山，另一个是塔垴山。马家山占地面积为2万平方米，建有大门楼、烈士纪念亭、碑、墓及陈列室。塔垴山占地面积为18万平方米，现存有老铁桥和古石桥、碉堡、炮台、战壕、猫耳洞，这里曾是北伐战争时期双方交战争夺的重要战场。北伐汀泗桥战役遗址纪念馆新馆位于汀泗桥镇区，占地面积约为4000平方米，建筑面积为1400平方米。

门　　票：免费
开放时间：全天

十六、龙港革命历史纪念馆和龙港革命旧址

中 文 名：龙港革命历史纪念馆和龙港革命旧址
地理位置：湖北省黄石市阳新县龙港镇
内容简介：

　　龙港革命历史纪念馆和龙港革命旧址位于湖北省黄石市阳新县龙港镇,地处湖北的阳新、通山和江西的武宁、瑞昌之交界处。这里保存着鄂东南特委、龙燕区苏维埃旧址和彭德怀旧居等革命旧址70余处,其中被列为全国重点文物保护单位的有16处,列为省级重点文物保护单位的有19处。有12个旧址集中分布在龙港镇区600米长的老街——红军街。2001年,龙港革命历史纪念馆和龙港革命旧址被列入第五批全国重点文物保护单位。

　　主要景点：

　　主要景点有红军街、龙港革命历史纪念馆、龙港烈士陵园、龙港烈士墓林、彭杨学校等。

　　龙港烈士陵园

　　龙港烈士陵园位于龙港镇狮子山上,许多烈士长眠于此,如吴致民、陈春意等一批共产党员都是在此山上英勇就义的。20世纪50年代,国家将此山定为鄂东南革命烈士陵园,建有伞亭、六角亭,供游人休息、观赏。

　　红军街

　　红军街,又称龙港老街,亦称革命旧址一条街。坐落在龙港河畔,全长800余米,宽5米,为清一色青石板路面,两旁全为青砖布瓦二层明清时期旧式铺店,一进数重。店铺前均砌有两级石台阶。红军街及其附近共16处革命旧址被国务院公布为第五批全国重点文物保护单位,是一处不多见的保存较完整的革命旧址群。

　　龙港革命历史纪念馆,位于龙港镇新街西侧,前临106国道,后倚狮子山,与龙港烈士陵园毗邻。建于1976年10月,占地5000平方米,建筑面积为1447平方米,陈列革命文物315件。这里是湖北省名胜之一,载入了《中国名胜大词典》。馆内有中国共产党鄂东南特委遗址、特委办公住宿处、特委防空洞、陈列室,共收藏文告、书刊、信件、武器、壁画、烈士遗物、革命文物和照片500余件。陈列分为5个部分,由鄂东南苏维埃政府、彭德怀旧居、彭杨学校、红军后方医院等30余处旧址组成。此外,还有安葬着3000余名红军烈士的公墓和著名烈士就义地的17处纪念建筑与传统教育点。

　　龙港烈士墓林,处于龙港境内,还有6处红军烈士墓群,安葬着3011位来自湖南、江西、广东、湖北等地的红军战士遗骨,其中有石碑墓46冢。烈士墓林中规模最大的是位于阳新县龙港镇的鹅塘堰红军烈士墓林,这里长眠着在土地革命时期不幸壮烈牺牲的3011位红军烈士。为

纪念那些长眠的红军烈士、传承不朽的红军精神，2000 年 3 月，阳新县人民政府决定动工兴建了"湘鄂赣边区鄂东南红军烈士墓林"，占地面积为 4.3 万平方米。

门　　票：免费

开放时间：全天

十七、陆羽纪念馆

中 文 名：陆羽纪念馆

地理位置：湖北省天门市竟陵城区西湖之滨

内容简介：

陆羽纪念馆位于天门市竟陵城区西湖之滨，是为纪念"茶圣"陆羽而兴建的，是一座以历史文化名人陆羽的生平事迹为主题内容的具有古典园林特色的纪念博物馆，2009 年被中宣部命名为全国爱国主义教育示范基地。纪念馆在陆羽故里——西塔寺的原址基础上进行了重建，占地面积为 9900 平方米。

主要景点：

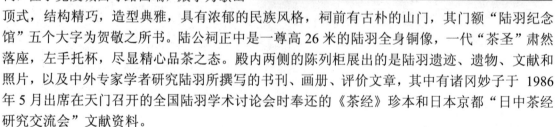

馆舍由前殿（陆公祠）、后殿（大雄宝殿）、涵碧堂、东冈草堂、服务设施等建筑群组成。1988 年 10 月 8 日，前殿、山门、古雁桥竣工并对外开放；1992 年 12 月，后殿、服务设施等相继完工，接待游客。

陆羽纪念馆内的主体建筑前殿（陆公祠）位于竟陵城西寺路西端，殿宇为歇山顶式式，结构精巧，造型典雅，具有浓郁的民族风格，祠前有古朴的山门，其门额"陆羽纪念馆"五个大字为贺敬之所书。陆公祠正中是一尊高 26 米的陆羽全身铜像，一代"茶圣"肃然落座，左手托杯，尽显精心品茶之态。殿内两侧的陈列柜展出的是陆羽遗迹、遗物、文献和照片，以及中外专家学者研究陆羽所撰写的书刊、画册、评价文章，其中有诸冈妙子于 1986 年 5 月出席在天门召开的全国陆羽学术讨论会时奉还的《茶经》珍本和日本京都"日中茶经研究交流会"文献资料。

陆公祠内的东侧墙壁上悬挂着 24 幅图文并茂的"茶神"陆羽的生平简介，西侧墙壁上悬拴着九块呈长方形的《陆羽茶经》全部内容，殿内中间展出日本茶道和韩国陆羽茶经研究会所赠的纪念珍品和书刊。整个殿内典雅肃穆，生动地反映了陆羽潜心事业、严谨治学、博学多才的卓越事迹。

纪念馆的后殿为大雄宝殿，为两层重檐仿唐建筑，规模宏大、造型优美。一层陈列着全市历史文物和传世古物、珍宝 3000 余件，展品再现了江汉平原腹地——天门市的悠久历史、灿烂文化，其中石家河出土的新石器时代的石器、陶器、骨器及陶制工艺——陶鸟、陶兽等曾在北京故宫博物院展出过，受到广大观众的好评。二层陈列着天门市历代名人书画精品和部分革命文物，有贺龙、李先念、陈少敏等老一辈无产阶级革命家在天门从事革命活动时留

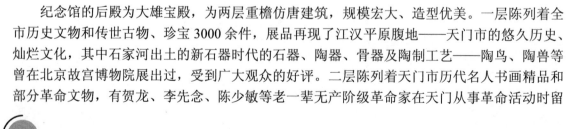

下的不少珍贵文物，是对青少年进行革命传统教育和爱国主义教育的宝贵教材。

门　　票：免费

开放时间：全天

十八、东湖毛泽东故居

中 文 名：东湖毛泽东故居

地理位置：湖北省武汉市武昌区东湖路东湖宾馆内

内容简介：

　　东湖宾馆内有一片依山傍水的老建筑，古木环抱，随地势起伏，与自然融为一体，这里就是东湖毛泽东故居。1949 年后，毛泽东曾 31 次下榻这里，每次短则 10 天，长则半年。东湖宾馆（当时叫东湖客舍）是中南海之外毛泽东居住次数最多、时间最长的地方。

主要景点：

　　东湖毛泽东故居包括南山甲所和梅岭一号、二号、三号，既具有中国传统建筑的风格，又融入现代建筑的理念，外墙用天然石材，室内用香樟木或云南大理石铺就，淡雅别致。

　　毛泽东喜欢武汉，诗意地称其为"白云黄鹤的故乡"。《水调歌头·游泳》就是在这里写就的，蒙哥马利元帅、西哈努克、胡志明、金日成、安娜·路易斯·斯特朗，以及刘少奇、周恩来、朱德、邓小平，都曾来过这里与毛泽东会晤。

　　建于 1950 年的南山甲所，是由中国著名的建筑学家冯纪忠设计的。站在南山高地望去，眼前水光潋滟，远处山色起伏，如此绝好风景，修的这个建筑绝不能去破坏它，而应与整个环境融合，好像是自然生成的一样——这是冯纪忠的设计理念。

　　"因地制宜、尊重环境"，屋顶用青瓦，墙面砌石头，窗子就地取材采用留下来的一些钢窗，漆成栗壳色。尽管条件有限，东湖客舍却成为中国建筑史上的典范之作，荣获了第一届中国建筑学会建筑创作奖、建国五十年优秀建筑等称号。

门　　票：免费

开放时间：全天

十九、郧阳革命烈士陵园

中 文 名：郧阳革命烈士陵园

地理位置：湖北省十堰市郧阳区新城北部杨家山

内容简介：

郧阳革命烈士陵园位于湖北省十堰市郧阳区新城北部杨家山，占地 66 667 平方米，其中建筑面积为 1 万平方米。2017 年 3 月，被中宣部命名为全国爱国主义教育示范基地。

主要景点：

六角形主亭

主体建筑是三层砖木结构的六角形主亭，层层竖有镌刻着褒扬烈士之文和烈士英名的大理石石碑。南北辅亭各一，对称竖立刻有烈士英名的石碑，主亭正前方有仿古精雕牌坊，牌坊书"郧阳烈士陵园"6 个大字，主亭前的映壁上仿书毛泽东题词"生的伟大，死的光荣"，园内绿荫夹道，百花争艳。主亭顶部有一尊身着绿军装、持枪远眺的人民解放军战士的全身塑像，自建成后，瞻仰者络绎不绝。

纪念碑

纪念碑为钢筋混凝土砖石结构，略呈正四棱台形，高 25.35 米，碑身高 23.55 米，碑的正面书写"革命烈士纪念碑"7 个大字，背面书写"革命烈士永垂不朽"8 个大字。近顶部位的东西两侧各建一座钢筋混凝土的仿古式四角亭，亭高 10.7 米，红柱，绿瓦，飞檐斗拱。

革命烈士纪念馆

东亭的一层为革命烈士纪念馆，迎门竖有宫立章烈士碑，馆内竖有 3 块大理石碑，镌刻着各个革命时期牺牲的 1606 位烈士的英名，馆内还存放着原中共郧阳地委、原郧阳军分区、原郧阳地直机关、中共郧县（现郧阳区）县委、郧县（现郧阳区）人民政府和各界群众团体敬献的匾额 23 块。在烈士陵园的登山主道路口，修有雕龙画凤的烈士陵园门亭，顺山势修筑登顶台阶 155 级，宽 24 米，长 88.5 米，两旁放置石狮两对，石象、石虎各一对。垒建扩陵墙 6 道，高 1.75 米，长 305.5 米。修筑直达陵园山顶的公路 1 条，约 2 千米。

烈士陵园建筑规模宏大，已植各种树木花卉 5000 多株，松柏茂密，亭塔相依，建筑物群掩映在绿色丛中，尽显庄严静谧。每逢阳春三月，缅怀先烈、蔡寄哀思的干部群众、学生络绎不绝，登顶俯视，美景尽收眼底。

门　　票： 免费

开放时间： 6:00—21:00（节假日正常开放）

二十、南化塘革命烈士陵园

中 文 名： 南化塘革命烈士陵园

地理位置：湖北省十堰市郧阳区南化塘镇

内容简介：

南化塘革命烈士陵园，位于湖北省十堰市郧阳区南化塘镇东北 70 千米，于 1999 年 2 月被湖北省人民政府公布为湖北省爱国主义教育基地，2010 年 8 月被郧县（现郧阳区）人民政府公布为郧阳县文物保护单位。

主要景点：

主体建筑有纪念碑、纪念亭，纪念碑高 11 米，宽 2.2 米，纪念亭的面积为 32 平方米。1987 年扩建陵园，改建纪念碑，扩建后的陵园占地 4000 平方米，改建后的纪念碑高 15 米，宽 2.75 米。新建碑文斋，长 8 米，宽 6 米，高 5.7 米，面积为 48 平方米。碑文斋内竖纪念碑 1 块，宽 2.5 米，高 1.3 米，用万山红大理石精刻而成。1987 年 6 月，李先念亲笔为南化塘革命烈士纪念碑撰写碑文。徐向前元帅亲笔书写"南化塘革命烈士纪念碑"碑名。1988 年 2 月，南化塘革命烈士陵园竣工，成为人民群众缅怀先烈、教育后代的革命传统教育基地。

门　　票：免费

开放时间：全天

二十一、黄冈革命烈士陵园

中 文 名：黄冈革命烈士陵园

地理位置：湖北省黄冈市团风县杜皮乡杜皮街南部鼻子岗

内容简介：

黄冈革命烈士陵园位于鄂东大别山南麓，杜皮乡境内，始建于 1975 年，占地面积为 34.9 万平方米。黄冈革命烈士陵园距团风县城 47 千米，距黄州古城 51 千米，距武汉 82 千米。

2017 年 3 月，被中宣部命名为全国爱国主义教育示范基地。

主要景点：

革命历史纪念馆的陈展面积为 948 平方米，分为 8 个展区，珍藏画像、照片 248 张，图表 21 幅，实物 42 件。陈列展览记叙的是黄冈老区革命人民，从大革命时期到解放战争时期英勇不屈、前赴后继、可歌可泣的斗争史实。自开馆以来，黄冈革命烈士陵园已成为团风县和周边地区进行革命传统教育与爱国主义教育的重要基地。

黄冈革命烈士陵园环境幽静，景观宜人，有 3.7 万多株各类树木，林木繁茂，绿荫如盖。四季常青，四季有花，四季幽香，园林风光令人陶醉，美不胜收。

门　　票：免费

开放时间：全天

二十二、三峡工程

中 文 名：三峡工程

地理位置：湖北省宜昌市夷陵区三斗坪镇

内容简介：

三峡水电站，即长江三峡水利枢纽工程，又称三峡工程。湖北省宜昌市境内的长江西陵峡段与下游的葛洲坝水电站构成梯级电站。

三峡水电站的功能有十多种，包括航运、发电、种植等。三峡水电站于 1992 年获得全国人民代表大会批准建设，1994 年正式动工兴建，2003 年 6 月 1 日下午开始蓄水发电，于 2009 年全部完工。2019 年 9 月，三峡工程被中宣部命名为"全国爱国主义教育示范基地"。

主要景点：

三峡大坝为混凝土重力坝，大坝长 2335 米，底部宽 115 米，顶部宽 40 米，高程 185 米，正常蓄水位为 175 米。大坝坝体可抵御万年一遇的特大洪水，最大下泄流量可达每秒 10 万立方米。整个工程的土石方挖填量约为 1.34 亿立方米，混凝土浇筑量约为 2800 万立方米，耗用钢材 59.3 万吨。水库全长为 600 余千米，水面平均宽度为 1.1 千米，总面积为 1084 平方千米，总库容为 393 亿立方米，其中防洪库容为 221.5 亿立方米，调节能力为季调节型。

三峡水电站的机组布置在大坝的后侧，共安装 32 台 70 万千瓦水轮发电机组，其中左岸 14 台，右岸 12 台，地下 6 台，另外还有两台 5 万千瓦的电源机组，总装机容量为 2250 万千瓦，远远超过位居世界第二的巴西伊泰普水电站。

　　三峡水电站的初期规划是 26 台 70 万千瓦的机组，也就是说装机容量为 1820 万千瓦，年发电量为 847 亿度。后又在右岸大坝"白石尖"山体内建设地下电站，建 6 台 70 万千瓦的水轮发电机。再加上三峡水电站自身的两台 5 万千瓦的电源电站，总装机容量达到了 2250 万千瓦。

　　2020 年 11 月 15 日，三峡水电站全年发电量达 1031 亿千瓦时，打破了此前南美洲伊泰普水电站于 2016 年创造并保持的 1030.98 亿千瓦时的单座水电站年发电量世界纪录。

门　　票：免费（大陆居民、港澳台居民、海外华侨）；105 元（外宾）

开放时间：截流纪念园景区的演出时间为 9:30、10:30、14:30 与 15:30

湖 南 省

一、韶山毛泽东同志纪念馆（故居）

中 文 名： 韶山毛泽东同志纪念馆（故居）
地理位置： 湖南省湘潭市韶山市韶山冲
内容简介：

毛泽东故居是一幢采用土木结构的坐南朝北、呈凹字形（俗称一担柴式）的农舍。东边 13 间小青瓦房为毛泽东家，西边 5 间茅草房为邻居家，居中堂屋公用。

韶山毛泽东同志纪念馆位于湖南省湘潭市韶山市韶山冲，是反映毛泽东生平和光辉业绩的革命纪念馆，于 1964 年 10 月 1 日正式对外开放。它是一座采用水泥砖木混合结构、苏州园林式的建筑，建筑面积为 6000 多平方米，陈列面积为 2000 多平方米。整座建筑物创造性地把湖南乡间农舍格调与苏州园林风格相结合，集庄严、朴素、美观于一体，白色的粉墙，疏朗的内园，明快的单廊，小桥假山、花园亭台，给人一种走进革命传统教育艺术殿堂的感觉。

故居陈列物品中有许多是原物，卧室中的床、书桌和衣柜，堂屋中的方桌和板凳，厨房中的大水缸和碗柜，农具室中的石磨、水车和大木耙等，都曾留下过毛泽东的印迹。毛泽东卧室顶上有天窗，顺楼梯可攀上屋顶。1925 年 6 月，毛泽东在这里召开了秘密会议，建立了韶山的第一个中共支部。

故居前面是一口长满荷花的池塘，叫南岸塘；在附近 100 米左右的地方，就是毛泽东少年时代读书的私塾——南岸，共有 10 多间房屋。

主要景点：

纪念馆有 8 个展室，反映了毛泽东从少年、青年时代到 1976 年逝世的生活与斗争业绩。

另辟有"毛泽东同志的革命家庭""韶山风物耐人思"和"国际友人在韶山"这三个专题陈列室，共收藏有关毛泽东生平和韶山人民革命斗争的文物、资料、照片一万多件，一级品 400 多件。

　　纪念馆前的左右原来各有一口池塘，馆前是一个大广场，大门顶上镂刻着邓小平手书金色大字"韶山毛泽东同志纪念馆"。进门是一宽敞大厅，厅前一尊高 2.67 米、重达 3 吨多的毛泽东塑像立于红帐之前，毛泽东身着风衣，左手捏军帽，右手前挥。沿着一条开满鲜花的走廊走近序厅，厅内依次陈列着全国六大革命纪念地的图片，即韶山毛泽东故居、上海中共一大会址、黄洋界、遵义会议旧址、延安、天安门，向人们展示了中国革命的历史进程。序厅中央陈列着一座韶山山水模型，将韶山 210 平方千米浓缩于此。出序厅，上台阶，过假山，沿回廊来到会客室，会客室靠墙竖立着一尊巨型毛泽东铜像。再往东通往楼上，三个院落呈品字形排列，在中庭的对角各有两个小院，南院是一处台地，与下栋参差错落，这里光线较暗，是纪念馆内两处藏宝之地——毛泽东遗物展和复制中南海故居模型。北院的过厅上静卧着一灰色吉姆车，说明牌上标着：毛泽东 1959 年 6 月回韶山的座车。往东是纪念馆的最幽深处——一个长十余米、宽七八米的院子，与毛泽东文物仓库和毛泽东图书馆相通，院内有两个展厅：韶山风物耐人思和国际友人在韶山，其中陈列了中外著名人士访问韶山的照片、题词和赠送的礼品原物。

　　门　　票：60 元

　　开放时间：8:00—17:30

二、刘少奇同志纪念馆

　　中 文 名：刘少奇同志纪念馆

　　地理位置：湖南省长沙市宁乡市花明楼镇

　　内容简介：

　　花明楼景区——刘少奇故里位于湖南省长沙市宁乡市花明楼镇，馆区占地面积为 86.7 万平方米，是全国刘少奇文物资料收藏研究中心和思想宣传阵地。纪念馆先后被评为全国爱国主义教育示范基地、全国廉政教育基地、国家一级博物馆、全国人文社会科学宣传普及基地、国家 5A 级旅游景区。2016 年 12 月，刘少奇同志纪念馆入选《全国红色旅游经典景区名录》。

　　主要景点：

　　纪念馆主体坐北朝南，呈三级阶梯展开，为自由分散型园林建筑，与江南田园风光相映成趣，美丽、淡雅、自然。大门正中悬有邓小平手书"刘少奇同志纪念馆"汉白玉雕字箔金匾额。馆内有大量历史文物，还有刘少奇夫人王光美赠予纪念馆的刘少奇生前曾阅读批注过的上万册图书及历史照片。刘少奇铜像树立在纪念馆广场的正前方，被一排整齐的小松柏簇拥着，铜像面部神情似微笑、似沉思，满怀沧桑地遥望远方，拿着烟头的手自然摆放，飘逸的风衣将刘少奇衬托得更加伟岸。刘少奇故居是一栋土木结构的普通江南四合院，展示了200多件展品，再现了刘少奇在这里学习、生活的部分场景。景区内还保存着刘少奇坐过的伊尔—18型240号飞机，也是我国从俄罗斯购买的第一批伊尔—18型飞机中仅存的一架。

此外，馆区内还建有花明楼、修养亭、花明山庄、人工湖等景点，让游客在了解刘少奇同志一生的同时，也能了解伟人生活过的人杰地灵、山明水秀的地方。

门　　票：免费

开放时间：9:00—17:00

三、炎帝陵

中 文 名：炎帝陵

地理位置：湖南省株洲市炎陵县鹿原镇鹿原陂

内容简介：

炎帝陵位于湖南省株洲市炎陵县鹿原镇鹿原陂，陵区面积为5平方千米，现为全国重点文物保护单位和全国爱国主义教育示范基地。

主要景点：

炎帝陵景区包括炎帝陵殿、御碑园、皇山碑林、天使公馆、圣火台、神农大殿、朝觐广场、圣德林、炎帝陵牌坊、崇德坊、鹿原陂、龙脑石、龙爪石、洗药池等景点，这些景点都分布在南北向的中轴线上。炎帝陵殿位于炎陵山（又名皇山）西麓，是炎帝陵景区的主体景点，大殿金瓦红墙，具有浓郁的清式建筑风格，庄严肃穆、壮丽堂皇。过午

门、行礼亭、陵殿、墓碑亭便是炎帝墓冢，墓前石碑为清道光七年（1827）知县沈道宽所书。冢丘碧草茵茵，四周花木郁郁。

炎帝作为中华民族的始祖之一，自古以来便得到上起帝王、下至百姓的尊崇和祭奠。对炎帝的祭祀，传说中民间始于夏，官方见于周，帝王起于唐而兴于宋。以后历代皇帝便"三岁一举，率以为常"，每次祭祀完毕即刻御碑以做纪念。

门　　票：78元

开放时间：8:00—17:30

四、平江起义纪念馆

中 文 名： 平江起义纪念馆
地理位置： 湖南省岳阳市平江县东兴大道
内容简介：

平江起义旧址位于平江县城东 1.5 千米处的原天岳书院，现平江县第一中学内。该书院坐南朝北，有大门、中厅、后厅和东西斋等砖木结构的建筑物，占地 3000 平方米。大门上方为清代著名学者李次青所书"天岳书院"四个大字。大门内壁正中是陈云同志手书"平江起义纪念馆"的匾额。

主要景点：

"平江起义史料陈列"、"彭德怀同志光辉业绩"、"滕代远、黄公略生平简介" 和"光荣的平江起义团"展览：以事件发生为主线，以人物生平为脉络，采用以图片展示为主，以文字说明、实物展示为辅的陈列方法。平江起义旧址按事件发生时的部队营房、士兵宿舍和彭德怀同志住房等的状况进行复原陈列。

"分耕草册"：土地革命时期平江县苏维埃政府给农民分田地的一个纸质实证，是国家一级文物。

公文包：滕代远在革命战争年代使用过的公文包。

松树炮：1928 年 3 月，平江工农武装攻打县城时使用过的松树炮，长 182 厘米，口径为 65 厘米，重 18.625 千克。

门　　票： 免费
开放时间： 8:00—18:00

五、湘鄂川黔革命根据地纪念馆

中 文 名： 湘鄂川黔革命根据地纪念馆
地理位置： 湖南省张家界市永定区解放路 41 号
内容简介：

湘鄂川黔革命根据地纪念馆位于湖南省张家界市永定区解放路 41 号,距世界自然遗产武陵源 30 千米。1934 年，为发展根据地，策应中央红军长征，任弼时、贺龙、关向应、萧克、王震等率领红二、六军团发动湘西攻势，解放大庸（今张家界市），在城内建立湘鄂川黔省委、省革委、省军区，开创了湘鄂川黔革命根据地。湘鄂川黔革命根据地纪念馆是全国爱国主义教育示范基地，已纳入全国红色旅游精品线路景点。

主要景点：

纪念馆占地面积为 2800 平方米，其中建筑面积为 1600 平方米。东头是三堵矮墙围着的一栋木平房，三间小屋曾住过任弼时、贺龙、萧克，黑漆桌上的桐油灯见证了一代英杰曾在这里彻夜运筹。西头是可容纳 200 余人的省委礼堂，当时省委扩大会和省直各部门的会议均在此召开，现已辟为将军馆，166 位在湘鄂川黔革命根据地留下英雄足迹的新中国将帅的照片挂满墙壁。11 间办公室在纪念馆大门左右一字排开，当年三大机关共 13 个直属部门均在此办公。庭院正中是根据我国著名雕塑家潘鹤的作品《艰苦岁月》凿制而成的一尊双人石像，小红军抱着高过头顶的步枪，依偎在横吹短笛的老红军膝头，似在入神地倾听。石像后面是纪念馆主楼，内设三个展室，陈列着 223 幅大型图片和 100 多件革命文物，再现了革命根据地的光辉斗争史，反映了根据地军民艰苦卓绝的革命历程。萧克将军为纪念馆题写了馆名。

门　　票： 免费

开放时间： 全天

六、秋收起义文家市会师旧址纪念馆

中 文 名： 秋收起义文家市会师旧址纪念馆

地理位置： 湖南省浏阳市文家市镇人民路 34 号

内容简介：

秋收起义文家市会师旧址纪念馆位于湖南省浏阳市文家市镇人民路 34 号，主要由秋收起义文家市会师旧址和秋收起义历史辅助陈列馆两部分组成，总面积为 13 283 平方米，建筑面积为 6841 平方米，是近现代革命类遗址纪念馆。会师旧址于 1961 年被国务院公布为全国第一批重点文物保护单位，1974 年正式对外开放，1995年被公布为湖南省爱国主义教育基地，2001 年被中宣部命名为全国爱国主义教育示范基地，2004 年被国家旅游局（现文化和旅游部）公布为 3A 级景区，2005 年入选《全国红色旅游经典景区名录》。

主要景点：

秋收起义文家市会师旧址纪念馆的整个建筑群规模宏大，有前后殿、东西两斋、文昌阁、成德堂等 20 余处建筑。秋收起义文家市会师旧址现存有毛泽东住室、前敌委员会会议旧址、会师草坪等遗址，旧址内设有秋收起义文家市会师历史事迹陈列馆。秋收起义文家市会师旧址纪念馆的基本陈列包括会师旧址复原陈列和辅助陈列两大部分，共展出文物 67 件。

会师旧址的建筑面积为 3134 平方米，通过系列复原手段基本再现了秋收起义部队驻扎在此地的原貌，展线长 419 米。

辅助陈列由暴动湘赣边、会师文家市、进军井冈山三个部分组成，4 个展厅面积共计 1100 平方米，展线长 150 米，运用了声、光、电、雕塑、浮雕、多媒体等多种现代陈列手法，详细阐述了秋收起义爆发的历史背景、文家市会师对中国革命的深远影响，以及建立井冈山革命根据地的伟大历史意义。

门　　票：免费

开放时间：淡季 8:00—17:00，旺季 8:00—18:00

七、中共湘区委员会旧址

中 文 名：中共湘区委员会旧址

地理位置：湖南省长沙市八一西路 538 号清水塘畔

内容简介：

中共湘区委员会旧址位于长沙市八一西路 538 号清水塘畔。1921 年 10 月 10 日，中国共产党的省级支部——中共湖南支部成立，同年冬季，支部在清水塘租下一所房子作为秘密办公地，同时用于支部书记毛泽东一家住宿。1951 年逐步复原了室内陈设并对外开放，1969 年复原周围环境，兴建旧址纪念馆。

2016 年 12 月，中共湘区委员会旧址入选《全国红色旅游经典景区名录》。

主要景点：

1923 年 4 月，毛泽东去上海参加党中央的领导工作，中共湘区委员会由李维汉接任书记，机关所在地移迁别处。旧址系一栋坐落于一个大菜园之中的青瓦平房，砖木结构，坐北朝南，门开东壁，中间为堂屋，两侧为住房，共 6 间。前有围墙庭院，临清水塘，后有杂屋竹林。

旧址是一座具有典型南方风格的二进三开间砖木结构的民居建筑。内墙用木质板材所隔，门窗采用镂空的装饰手法，同时用青砖砌成外墙，圈绕院落，显得十分雅致。

堂屋右边第一间房子是毛泽东与杨开慧的卧室兼办公室，他们的两个儿子毛岸英、毛岸青均出生于此。右边第二间房子是杨开慧的母亲杨老太太的住房。堂屋左边第一间房子是客房，许多到湘区汇报工作或参加会议的同志如李立三、刘少奇等曾在此休息和住宿。左边第二间房子是秘密会议室。中共湘区委员会旧址因地处长沙小吴门外，故在1938年的长沙"文夕"大火中未被烧毁，为十分珍贵的原迹，是长沙市唯一保存下来的革命历史建筑物。

门　　票：免费

开放时间：8:30—16:30

八、湘南暴动指挥部旧址

中 文 名：湘南暴动指挥部旧址

地理位置：湖南省郴州市宜章县中夏街26号

内容简介：

湘南暴动指挥部旧址位于宜章县城关镇，原为宜章女子学校。1928年1月，朱德、陈毅等率领南昌起义保留下来的一部分队伍，由广东折回湖南，在此举行了"年关暴动"，建立了湘南第一个红色政权宜章苏维埃政府，并把部队改编，正式组成了中国工农革命军第一师。旧址为四栋两层建筑物的四合院，一栋在坪东，一栋在坪西，相互对峙。中坪北面原有一栋简易楼房，楼下有两耳房和一厅堂，中厅是起义指挥部及朱德、陈毅等的住房，两侧为红军战士的营房。1979年对旧址进行了全面维修，按原貌进行了复制陈列，辟为爱国主义教育基地。1996年公布为全国重点文物保护单位。

主要景点：

"湘南起义史料陈列"。该陈列集中反映了朱德、陈毅在南昌起义之后，率部分起义军进抵湘南，策划智取宜章，以及相继组织郴县（现郴州市苏仙区、北湖区）、耒阳（现耒阳市）、永兴、安仁、资兴（现资兴市）等6个县的武装暴动，建立苏维埃政府、组建工农革命军和开展土地革命运动，一直到同毛泽东领导的秋收起义部队在井冈山会师的全部历史资料。展出图片325幅、实物186件、珍贵文献资料13件。

复原陈列。复原陈列位于宜章年关暴动指挥部旧址内。"旧址"是智取宜章时的指挥部，是工农革命军司令部的所在地，是整个湘南起义中仅存的一处革命遗址。

胡少海使用过的马刀。胡少海（又名胡鳌）是宜章县岩泉乡人。他秘密参加了革命，是智取宜章的主要参与者之一。历任二十九团团长、红四军军委委员、第四纵队司令员、红二十一军军长等职。于1930年牺牲。

谭新使用过的藤箱。谭新是宜章县笆篱乡人，是黄埔军校一期学员。于1928年1月领导了笆篱暴动，暴动后任工农革命军独立第三师参谋长，于3月8日在战斗中光荣牺牲。

门　　票：免费

开放时间：淡季 8:30—11:30，15:00—17:00；旺季 8:30—11:30，15:30—17:30（周一、农历除夕闭馆）

九、彭德怀纪念馆

中 文 名：彭德怀纪念馆

地理位置：湖南省湘潭市湘潭县乌石镇乌石村

内容简介：

　　彭德怀纪念馆位于湖南省湘潭市湘潭县乌石镇乌石村彭德怀故居对面的 200 米的卧虎山上，依山而建，与彭德怀故居遥相呼应，江泽民同志亲笔题写了馆名。彭德怀纪念馆是以全国重点文物保护单位——彭德怀故居为依托建立起来的全国唯一的完整、系统地介绍彭德怀同志生平业绩的传记性专馆，隶属于湘潭县委。纪念馆于 1998 年 10 月 20 日建成开馆，获得全国红色旅游经典景区、中国红色旅游十大景区等荣誉。

　　2016 年 12 月，彭德怀纪念馆入选《全国红色旅游经典景区名录》。

主要景点：

　　彭德怀纪念馆位于湖南省湘潭市湘潭县乌石镇乌石村。故居始建于 1925 年，坐西北朝东南，砖木结构，粉墙青瓦，是具有典型江南风味的普通农舍。故居一直由其胞弟金华、荣华居住，故名"三华堂"。金碧辉煌的仿古牌楼、巍巍矗立的彭德怀铜像、玲珑别致的彭德怀纪念馆，淋漓尽致地展示了自然美与人文美的和谐统一。彭德怀纪念馆被列为全国文物系统十佳陈列展览精品之首，建筑面积为 3100 平方米，陈列了 700 余件珍贵的文物、历史照片、艺术展品。江泽民题写了馆名。

　　纪念馆采用中国传统庭院式布局，围绕序厅，疏密有致地设立了 4 大展厅，共 8 个展室。序厅为一个宽敞的八边形，正墙由三组红色高浮雕组成，分别表现的是血战罗霄、百团大战和抗美援朝。正中一座半身圆雕，塑造了解放战争中的彭德怀。侧面是两幅壁画，主题为"致力于军队革命化、正规化建设"及"和人民群众心连心"。

整个序厅以极富感染力的艺术作品，高度地浓缩，再现了彭德怀史诗般的英雄业绩和伟大的人格魅力。

　　纪念馆陈列分为 4 个部分，共 20 个章节，通过 300 多张照片和一大批珍贵的艺术展品，采用声、光、电等多种表现手段，生动、艺术地再现了彭德怀伟大、光辉、战斗的一生。

彭德怀纪念馆内身着戎装的元帅铜像顶天立地，表现出彭德怀的英雄气概；彭德怀纪念馆里的大量珍贵的照片、文物和艺术品生动地再现了彭德怀的英雄本色；彭德怀骨灰安放地雄壮肃穆，引亿万人民崇拜敬仰。

纪念馆北接毛泽东故居韶山和刘少奇故居花明楼，南连齐白石故居和罗荣桓故居，是革命传统教育、爱国主义教育圣地和观光旅游胜地。

门　　票：免费

开放时间：9:00—17:30（周一闭馆）

十、湖南省博物馆

中 文 名：湖南省博物馆

地理位置：湖南省长沙市开福区东风路 50 号

内容简介：

湖南省博物馆位于长沙市开福区东风路 50 号，与烈士公园毗邻，占地面积为 5.1 万平方米，公用建筑面积为 2.9 万平方米，筹建于 1951 年，1956 年正式对外开放，是湖南省最大的历史艺术博物馆，也是首批国家一级博物馆、中央地方共建国家级重点博物馆、全国优秀爱国主义教育示范基地和湖南省 4A 级旅游景点。

湖南省博物馆的藏品达 18 万余件，尤以马王堆汉墓文物、商周青铜器、楚文物、历代陶瓷、书画和近现代文物等最具特色，并以此打造了 6 个展示人类优秀文化遗珍的基本陈列。

主要景点：

湖南省博物馆的馆藏文物丰富，其中，马王堆汉墓陈列是湖南省博物馆的基本陈列。陈列馆里展出了薄如蝉翼的素纱襌衣、完好无损的印花棉袍、各种精细秀丽的刺绣、光泽鲜亮的彩绘漆器，以及精美细致的彩绘帛画、内容丰富的帛书、雕琢精制的各种木俑和琴、瑟、笙等乐器及兵器等。马王堆三座汉墓共出土珍贵文物 3000 多件，绝大多数保存完好。有一件素纱襌衣薄如蝉翼，长 1.28 米，且有长袖，质量仅为 49 克，织造技巧非常高超。三号汉墓出土了 10 万多字的帛书及外面已经失传的佚书。二号汉墓出土的地形图的绘制技巧与现代地图大体近似，评价极高。另外，博物馆内还珍藏

着东汉至隋唐的湘阴窑和岳州窑青瓷、唐五代长沙窑釉下彩瓷器、唐人摹王羲之《兰亭序》

卷和明末清初著名思想家王夫之的手迹等，它们无一不具有非凡的珍藏价值。除领略博物馆的珍贵藏品外，博物馆的优美环境也能够让人平静心绪，把握历史。馆区内绿树成荫，环境幽雅，老陈列楼、办公楼和新陈列大楼等建筑新旧相交，对比之间方显时代变迁。修建于20世纪末的新陈列大楼造型古朴、气势恢宏，以其独特的风格展现出湖湘文化的丰富内涵，已成为古城长沙的标志性建筑之一。

门　　票：免费

开放时间：9:00—17:00（周一闭馆）

十一、芷江受降旧址和纪念馆

中 文 名：芷江受降旧址和纪念馆

地理位置：湖南省怀化市芷江侗族自治县芷江镇七里桥境内

内容简介：

芷江受降旧址和纪念馆，位于湖南省怀化市芷江侗族自治县芷江镇七里桥境内，面积为4万多平方米。旧址主要包括抗日胜利受降纪念坊、中国战区受降旧址（包括受降会场旧址、中国陆军总司令部旧址、何应钦办公室旧址）、萧毅肃陈列室、受降史料陈列馆、兵器陈列馆、受降亭和援华飞虎队纪念馆等纪念性构筑物与辅助建筑。2005年11月，芷江受降旧址被中宣部命名为第三批全国爱国主义教育示范基地。

主要景点：

受降纪念馆的主要建筑有受降纪念坊、受降会场等。其中，受降纪念坊被誉为"中国凯旋门"，通高8.5米、宽10.46米、厚1.15米，青砖水泥衣，上端形如"山"字，四柱三拱，嵌沅州紫袍玉带石。受降会场为20世纪40年代典型兵营式建筑，采用声、光、电等高科技手法展出了国家重要文物和重要文献资料上千件。纪念馆里还有中国陆军总司令部、何应钦办公室，室内陈列的桌、椅、沙发都是当年的原物。

离此不远处的芷江机场曾是"二战"时期盟军远东第

二大军用机场，飞虎将军陈纳德的中美混合大队和美国第十四航空队曾以此为基地。机场附近的中美空军联队俱乐部和机场指挥塔现仍保存完好。

门　　票：免费

开放时间：全天

十二、任弼时故居和纪念馆

中文名：任弼时故居和纪念馆
地理位置：湖南省岳阳市汨罗市弼时镇唐家桥村
内容简介：

任弼时故居位于汨罗市城南约45千米的弼时镇唐家桥村。1904年4月30日，任弼时诞生在这里，并在此读完小学，度过了童年和少年时代。任弼时故居地处107国道岳阳至长沙1578千米处，距省会长沙仅30千米，距岳阳不到100千米，与京珠高速公路、京广铁路大动脉紧紧相连，北有长江航道，南有黄花机场，交通十分方便。

主要景点：

故居是砖木结构，为三进三间两偏屋，全部房屋覆盖青瓦，三合土地面，属于典型的清代湖南院落民居。故居前有一个池塘，院内古树参天，中堂门额下的"望重龙门""光照壁水"两块御匾昭示着这个书香门第昔日的辉煌与荣耀。大门上方挂有邓小平同志于1980年手书的"任弼时同志故居"黑底金字匾。故居后面有山林，林中有任弼时母亲的坟墓。

在故居中能欣赏到任弼时同志的仿铜石膏胸像，以及两边墙壁挂着的毛泽东等中央领导人的亲笔题词，其中毛泽东的题词是"任弼时同志的革命精神永垂不朽"。故居中的二进中厅悬挂着赵朴初手书的"浩气长存"巨匾。三进正厅设纪念室，挂有任弼时的遗像，并陈列着任弼时逝世时机关、团体、学校敬献的花圈。

北屋是任弼时家的住房，在任弼时父母的卧室里陈列着床铺、书桌、大柜、茶桌、纺车、镜盆。在任弼时童年的卧室里陈列着他用过的书桌、椅子和床铺。任弼时夫人陈琮英的卧室陈列着床铺、大柜、茶桌。火房、厨房、餐厅都陈列着各种炊具、用具。

南面堂屋于1988年拆除并改建为4间陈列室。其陈列室分为6个部分：忧国忧民探求中国革命真理、反帝救亡领导革命青年运动、西征北上夺取长征胜利、坚持抗战宣传党的正确路线、竭尽心力参与党中央重大决策、骆驼精神在人民心中永放光芒。

门　　票：免费

开放时间：淡季9:00—17:00，旺季8:30—17:30（周一、农历除夕及正月初一闭馆）

十三、贺龙故居和纪念馆

中 文 名：贺龙故居和纪念馆
地理位置：湖南省张家界市桑植县洪家关村
内容简介：

　　贺龙纪念馆坐落在贺龙故居对面的马颈塔，距桑植县城13千米，与贺龙故居、贺龙桥呈
犄角状，由天龙溪、玉泉河、鱼鳞溪三
水环绕，酷似葫芦形的半岛，四周有陈家
山、韦家山、王家山、泉峪山和枫香山5
条葱茏山峦，宛如 5 条蟠龙聚首拱卫该
地，俗称"金线吊葫芦""五龙捧圣"的
风水宝地。

　　2016 年 12 月，贺龙纪念馆入选《全
国红色旅游经典景区名录》。

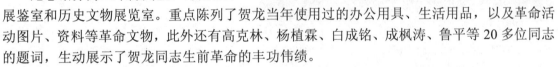

　　主要景点：

　　纪念馆分为三个陈列室，即居室、
展鉴室和历史文物展览室。重点陈列了贺龙当年使用过的办公用具、生活用品，以及革命活
动图片、资料等革命文物，此外还有高克林、杨植霖、白成铭、成枫涛、鲁平等20多位同志
的题词，生动展示了贺龙同志生前革命的丰功伟绩。

　　纪念馆内设有序厅、7 个展厅及办公室、音像室、接待室共 18 间房屋。序厅正面的大红
底色高墙悬挂着贺龙元帅的巨幅彩色照片，左右两边墙面上是用一米见方的 30 个金色大字镶
嵌的对联"万里春风亿万人怀念追思有口皆碑，一腔热血数十载丰功伟绩名垂青史"。7 个展
厅中陈列着 387 幅珍贵的历史照片和 190 件文献文物。陈列内容分为"执着的救国救民抱负"
"八一南昌起义的模型""卓越的无产阶级军事家""杰出的新中国体育事业奠基者""军队和
国防建设重要的领导人""永远活在人民心中" 6 个部分。

　　门　　票：免费
　　开放时间：淡季 9:00—16:00，旺季 8:00—17:00

十四、罗荣桓故居和纪念馆

中 文 名：罗荣桓故居和纪念馆
地理位置：湖南省衡阳市衡东县荣桓镇南湾村
内容简介：

罗荣桓故居位于中南重镇、历史文化名城——衡阳市衡东县荣桓镇南湾村，属于典型的

清末民居风格建筑。罗荣桓在 1927 年离开家乡投身革命，在这里生活了十多年，并在此开展革命活动。1985 年 4 月，胡耀邦同志为罗荣桓故居题名。1995 年 5 月，罗荣桓故居和纪念馆被评为国家 4A 级旅游景区、全国重点文物保护单位、全国红色旅游经典景区、全国爱国主义教育示范基地、国家国防教育示范基地。

主要景点：

馆内有古戏台——南湾古戏台，位于罗荣桓故居北面 50 米处。这座建于清代的古香古色的建筑是 1926 年下半年罗荣桓在家乡开展农民运动时举行群众大会、进行演讲的地方，现被列为县级文物保护单位。

罗荣桓的母校"岳英小学"旧址——壶山公祠、令德公祠，位于罗荣桓故居的斜对面，分别建于清朝嘉庆和道光年间。辛亥革命后，罗荣桓的父亲罗国理先生在此兴办了一所"罗氏高等国民小学堂"。

罗荣桓铜像纪念广场，位于南湾村南面的罗家山上，建于 2002 年，占地面积为 5.3 万平方米，共分三级，其中第三级广场是最高一级广场，为整个广场的主体和中心，占地约 2000 平方米，在该广场的正中央位置上，坐东南朝西北，矗立着一尊高 8.1 米的罗荣桓元帅的铜像。座基上刻着"罗荣桓元帅铜像"7 个大字，由江泽民同志亲笔题写。

罗荣桓元帅生平业绩陈列馆，位于罗荣桓铜像纪念广场的西南侧，建于 2002 年，建筑面积约为 1000 平方米。陈列馆采用中国传统庭院式布局，设有序厅、尾厅、四间展室、罗荣桓办公室和卧室复原陈列室，陈列面积约为 5800 平方米，用大量的珍贵照片、历史文献、实物展出了罗荣桓光辉的一生。罗荣桓生平业绩陈列展分为四大部分，共展出各个时期的珍贵照片 188 幅，珍贵革命、历史文献资料及实物 110 件（含罗荣桓子女近期赠送实物），以及雕塑 1 件。

门　　票：免费

开放时间：8:00—18:00

十五、《三大纪律·六项注意》颁布旧址

中 文 名:《三大纪律·六项注意》颁布旧址
地理位置: 湖南省郴州市桂东县沙田镇
内容简介:

《三大纪律·六项注意》是我军著名的《三大纪律·八项注意》的前身，是由毛泽东同志在领导秋收起义的过程中提出的。《三大纪律·六项注意》颁布旧址位于湖南省郴州市桂东县沙田镇。桂东县位于湘赣边界、井冈山南麓，是井冈山革命根据地的重要组成部分。

2016 年 12 月，《三大纪律·六项注意》颁布旧址入选《全国红色旅游经典景区名录》。

主要景点：

《三大纪律·六项注意》颁布旧址位于沙田镇，主要景点有：颁布旧址纪念碑、颁布时代背景的大型浮雕、纪念馆、沙田万寿宫、沙田古戏台、同益店等，先后被评为湖南重点红色旅游景区、百姓喜爱的湖南百景、全省廉政文化教育基地、全国爱国主义教育示范基地、国家国防教育示范基地。该颁布旧址成功入选《全国红色旅游经典景区名录》，对于宣传该县红色旅游的意义重大，同时为完善红色旅游基础设施奠定了基础。

门　　票：免费

开放时间：淡季 8:00—17:00，旺季 8:00—17:30

十六、屈子祠

中 文 名：屈子祠

地理位置：湖南省岳阳市汨罗市屈子祠镇

内容简介：

屈子祠，又名屈原庙，为祭祀战国时楚国大夫屈原神位之祠庙，位于湖南省岳阳市汨罗市屈子祠镇汨罗江畔，玉笥山麓。建筑占地面积为 1354 平方米，坐北朝南，为单层檐砖木结构，有三进三厅，14 耳房，前有三座砖砌大门，门楼上刻有 13 幅表现屈原的浮雕。

主要景点：

屈子祠是为纪念我国伟大的爱国诗人屈原而修建的，伫立在玉笥山麓的汨罗江边，始建于汉代，清乾隆年间重修。整个建筑坐北朝南，具有典型的江南古建筑风格，从玉笥山脚至祠有石阶 119 阶，祠正门牌楼墙上有 13 幅描写屈原生平业绩和他对理想追求的浮雕。今存建筑有正殿、信芳亭、屈子祠碑等。

屈子祠依山而建，面临滔滔江水，景色秀美，环境清幽，如今的庙宇是 1978 年建葛洲坝水利枢纽时迁于此处并按原貌重建的。庭院天井中种有两株树龄 200 年以上的桂花树，每逢中秋节，黄花与白花盛开，馨香四溢，令人陶醉。祠堂庄严古朴，肃穆幽雅。在过道的墙壁上镶嵌着许多石碑，镌刻着后人凭吊屈原的诗文词赋。后殿矗立着一尊 1980 年重塑的屈原像，神采感人。

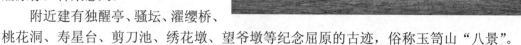

附近建有独醒亭、骚坛、濯缨桥、桃花洞、寿星台、剪刀池、绣花墩、望爷墩等纪念屈原的古迹，俗称玉笥山"八景"。

门　　票：免费

开放时间：8:15—17:00

十七、湖南雷锋纪念馆

中 文 名：湖南雷锋纪念馆
地理位置：湖南省长沙市高新区雷锋街道
内容简介：

湖南雷锋纪念馆自 1968 年开馆以来，共接待来自全国各地与世界 50 多个国家和地区的朋友 1150 多万人次，为宣传、弘扬雷锋精神，推进两个文明建设发挥了重大作用。

2016 年 12 月，湖南雷锋纪念馆入选《全国红色旅游经典景区名录》。

主要景点：

进入湖南雷锋纪念馆，首先看到的是广场上雷锋的塑像，身穿军装，头戴军帽，背着一杆枪，容光焕发，英姿飒爽，像太阳一样照耀着来这里的每个人。纪念馆内有雷锋故居，设有雷锋生平事迹陈列馆、领袖名人题词碑廊、长沙国防教育馆、十大元帅广场等。雷锋事迹陈列馆的造型似一面旗帜，正面"雷锋纪念馆"几个金色大字为江泽民同志题

写，馆内展示了 500 多件展品，通过大量文物、图片等向世人讲述雷锋平凡而伟大的一生。

门　　票：免费
开放时间：8:30—17:00（周一闭馆）

十八、南岳忠烈祠

中 文 名：南岳忠烈祠
地理位置：湖南省衡阳市南岳衡山风景名胜区
内容简介：

南岳忠烈祠位于湖南省衡阳市南岳衡山香炉峰下方距南岳古镇 4 千米处，1939 年筹建，1943 年落成，由祠宇和墓葬区两部分组成，占地面积为 153333 平方米。南岳忠烈祠为纪念抗日阵亡将士而建，共有 13 座大型烈士陵墓，墓葬分布四周，庄严肃穆，祠内有殿宇、石雕炮弹等景观。

1996 年，南岳忠烈祠被国务院列为全国重点文物保护单位。2009 年，被中宣部命名为全国爱国主义教育示范基地。2016 年 12 月，南岳忠烈祠入选《全国红色旅游经典景区名录》。

主要景点：

南岳忠烈祠的建造风格与南京中山陵相似，由祠宇和墓葬两大部分组成。祠宇的中轴线上分布着三孔牌坊、七七纪念塔、纪念堂、纪念亭和享堂等主要建筑。来到忠烈祠的正门下，抬头就能看到"南岳忠烈祠"5 个鎏金大字，是由当时第九战区司令长官薛岳题写的。穿过正门就能看到 5 颗直指蓝天的炮弹，这就是七七纪念塔。5 颗炮弹代表着汉、满、蒙、回、藏等各族人民团结一心、同仇敌忾、奋起抗战。

在纪念堂中能看到一块高达 6 米的汉白玉石碑，碑上刻有薛岳撰写的《南岳忠烈祠纪念堂碑记》。忠烈祠的纪念亭的全名为"安亭战役纪念亭"，是为了纪念在"淞沪会战"的安亭战役中牺牲的将士而修建的，这次战役由薛岳将军亲自督战。亭中有块致敬碑，上面写有"游人到此，脱帽致敬"。

再登上 200 多级台阶后，就可以看到悬挂着"忠烈祠"鎏金匾额的"享堂"。堂内有记载着 37 位抗日将军生平事迹的石碑，其中包括张自忠、郑作民、佟麟阁、赵登禹等。享堂后面耸立着一块巨大的汉白玉石碑，碑中间题有"抗日阵亡将士总神位"字样。

门　　票：免费
开放时间：7:00—18:00（周一至周五），6:00—18:00（周六、周日）

十九、湘乡东山学校旧址

中 文 名：湘乡东山学校旧址

地理位置：湖南省湘潭市湘乡市东山办事处书院路1号

内容简介：

湘乡东山学校旧址始建于1895年，初建时称"东山精舍"，建成后曾多次易名。1958年9月10日，毛泽东为该校题写了"东山学校"的校名，沿用至现在。这里历史悠久，英才辈出，具有光荣的爱国传统和革命传统。

2016年12月，湘乡东山学校旧址入选《全国红色旅游经典景区名录》。

主要景点：

1910年秋，毛泽东来校求学。校长李元甫思想进步，教员多为维新派，受过日本明治维新的影响。李元甫对少年毛泽东的入学

考卷非常赞赏，认为他的文章优美，"学校取了个建国才"。毛泽东在东山学校博览群书，对《盛世危言》《新民丛报》等宣传进步思想的刊物有浓厚兴趣。毛泽东和同学们看到当时的中国一天天变得贫弱、遭受列强欺侮而愤慨激昂，为中国的前途担忧。少年毛泽东给自己取名"子任"，意即以天下革命大业为己任，他在韶山就立下雄心壮志，要"改革中国与世界"。毛泽东在东山学校期间留下了许多刻苦学习、擅长作文、顽强锻炼、关心人民疾苦的故事。

东山学校校风朴实，学风严谨，学生勤奋，尚进取，崇艰苦，重劳动。学生关心国家大事，顺应时代潮流，积极开展社会活动，热情参加社会宣传。这里曾培养出了许多革命战士和知名人士，除毛泽东这样的一代伟人外，还有陈赓、谭政、毛泽覃、萧子升、柳宗陶、易礼容等。

门　　票：免费

开放时间：8:00—17:30

二十、通道转兵会议旧址和纪念馆

中 文 名：通道转兵会议旧址和纪念馆

地理位置：湖南省怀化市通道侗族自治县

内容简介：

通道转兵会议旧址和纪念馆位于湖南省怀化市通道侗族自治县。通道侗族自治县是湖南省重要且知名的红色旅游文化大县。1934年12月，中国工农红军长征途经湖南通道，召开了通道会议，决定转道贵州，不仅为之后遵义会议的召开打下了重要基础，而且在危急关头挽救了中国革命。通道转兵会议旧址和纪念馆正式对外开放后，吸引了众多"红军迷"前来参观。

主要景点：

通道转兵会议旧址和纪念馆的面积为 7.68 万平方米，由恭城书院、通道转兵纪念馆、纪念广场、游客服务中心、中央红军总政治部旧址东岳宫、宝庆会馆、红军街、红军堤、红军浮桥，以及毛泽东、王稼祥、张闻天住所等组成，其中馆内陈展面积为 3500 平方米。整个陈列分为战略转移、通道转兵、走向胜利、红色印记四大板块，围绕"缅怀革命先烈、传承长征精神"这一主题，采用了图文、绘画、雕塑、沙盘、声光电、情景复原等手法，真实客观地再现了红军长征"通道转兵"这一辉煌历史。

门　　票：免费

开放时间：9:00—17:00（周一闭馆）

二十一、红军标语博物馆和中国工农红军革命活动炎陵纪念馆

中 文 名：红军标语博物馆和中国工农红军革命活动炎陵纪念馆

地理位置：湖南省株洲市炎陵县霞阳镇

内容简介：

红军标语博物馆是中国第一家红军标语专题博物馆，是经湖南省委、省政府批准，并报中宣部备案的重点文化工程。该工程共分两部分：第一部分为博物馆主体建筑，第二部分为文化广场。占地总面积为 1.4 万平方米。

2016 年 12 月，红军标语博物馆和中国工农红军革命活动炎陵纪念馆入选《全国红色旅游经典景区名录》。

主要景点：

红军标语博物馆选址在当年毛泽东率工农革命军召开群众大会的炎陵县霞阳镇大草坪，整个景区占地面积为 1.4 万平方米。博物馆主体建筑高 16.2 米、宽 71 米，占地面积为 1572 平方米，建筑面积为 3892 平方米。外墙通体为红色，正面造型为左右各三面红旗，寓意"边界的红旗始终不倒"。迈入序厅，迎面是大型浮雕"工农红军在炎陵"。大厅天穹镶嵌着一颗巨大的红色五角星，象征中国革命的熠熠辉光。序厅的雕塑名为"号角"，它以烽火硝烟的革命斗争为背景，形象地刻画了湘赣边界军民以革命标语为武器吹响号角、唤起工农，展现了一幅惊天动地、浩气凛然的历史画卷。

博物馆有 8 个展室，包含 6 个红军标语展室，分布在一层和二层，展板面积约为 2400 平方米。馆藏标语库房和临时展厅各有一个，设在三层。此外还建有报告厅、贵宾室、消防监控室、资料室等。

门　　票：免费

开放时间：8:00—17:00（10 月 1 日至次年 4 月 30 日），8:00—17:30（5 月 1 日至 9 月 30 日）

二十二、厂窖惨案纪念馆

中 文 名：厂窖惨案纪念馆

地理位置：湖南省益阳市南县厂窖镇

内容简介：

厂窖惨案纪念馆位于湖南省益阳市南县厂窖镇，2008 年在厂窖惨案遗址旧址上开始建设。2010 年 8 月 15 日，在日本军国主义宣布无条件投降 65 周年纪念日，在惨案发生地南县落成开馆。

主要景点：

厂窖惨案纪念馆的园区内有兴建于 1986 年的厂窖惨案遇难同胞纪念碑、修缮一新的和平桥、新建的警钟亭、洗血轩文化长廊、厂窖惨案群体雕塑、血水河、纪念广场等配套设施。

厂窖惨案纪念馆于 2008 年开始兴建，建筑面积 1600 平方米，采用二层砖混结构。馆内陈列布展面积为 800 平方米，设有两个展厅，分为日军侵华、血腥屠杀、奋起反抗、铁证如山、警钟长鸣、珍爱和平 6 个部分。共展出图片史料和实物 600 余件，并配有沙盘、电视视频、空中翻书系统等展览辅助设备，让游客感受到了真实的厂窖惨案。

门　　票：免费
开放时间：全天

二十三、杨开慧故居

中 文 名：杨开慧故居
地理位置：湖南省长沙市长沙县开慧镇板仓
内容简介：

杨开慧，名霞，字云锦，是著名学者杨昌济教授的独女。1930 年 10 月不幸被国民党政府逮捕，同年 11 月在长沙识字岭就义，时年 29 岁。

杨开慧故居位于湖南省长沙市长沙县开慧镇板仓。故居前临公路，后枕小山，四周有松柏、香樟、翠竹环绕。故居为一农舍，依地势分三阶梯共三进，面阔三间，土砖墙，小青瓦，大小房间共有 28 间。其父母卧室和本人的住房等均作原状陈列。杨开慧纪念馆是国家 4A 级旅游景区、湖南省爱国主义教育基地，由杨开慧故居、杨开慧烈士陵园、杨公庙、陈列馆四部分组成，其中杨开慧故居、杨开慧烈士陵园、杨公庙三处为省级文物保护单位。

2016 年 12 月，杨开慧故居入选《全国红色旅游经典景区名录》。2019 年 9 月，杨开慧故居被中宣部命名为"全国爱国主义教育示范基地"。

主要景点：

杨开慧故居的占地面积约为 1400 平方米。故居是杨开慧童年和少年时代成长及后来从事革命活动的地方。1901 年 11 月 6 日，杨开慧在这出生，12 岁时随家居长沙。1927 年大革命失败后回故居居住，直至 1930 年 10 月被捕，故居也是烈士杨开明、杨展诞生和居住的地方。毛泽东三次到板仓调查，召开农民座谈会时也在此住过。故居房屋以堂屋为界，北部为杨开慧一家居住，南部为叔父家居住，此外还有农具房、杂屋等。1966 年修复并对外开放，1983 年被公布为湖南省省级文物保护单位。现在复原展出的是反映 1901—1930 年这一时期的故居概貌。

杨公庙

杨公庙为四方形结构。房屋是砖木结构建筑，上面覆盖青瓦，走廊用石柱支撑，方向为北偏东 30 度。整个杨公庙占地 1500 平方米，分为 8 个展厅。其中第一、二、三展厅展览了杨开慧生前使用过的一些物品，第四展室为杨昌济展室，第五展室为毛岸英展室，前厅陈列着杨开慧的简介和领导人的题词。整个杨公庙共有房间 11 间，门楼外墙上有灰塑。杨公庙于 2001 年对外开放，2006 年 5 月被列为省级文物保护单位。

杨开慧烈士陵园

1930 年 11 月，杨开慧在长沙识字岭就义后，归葬棉花坡北向山坡。毛泽东寄 30 块银元，以杨开慧三个儿子的名义立碑三通。1959 年修建纪念亭、纪念塔于墓前。1967 年 4 月重修墓地并建陵园，1969 年杨母向振熙与之合穴，新建合葬墓于今地。从山脚至墓区约 150 米，由三层梯形平台相连，每层有石阶，近百余级。墓冢在最上层的正方形平台中，平台边长为 18 米，石砌墓，采用混凝土结构，大理石贴面，墓长 6.6 米，宽 5.8 米，高 0.4 米。墓碑横置斜放，横长 2.7 米，宽 2.3 米，汉白玉石质，刻楷书碑文"杨老夫人与开慧烈士同穴"。碑后墓石上刻有建墓年月铭文。与墓平行，墓后另建大型词碑一方，镌刻毛泽东手书《蝶恋花·答李淑一》词一首。墓地四周苍松环绕，以慰英灵。杨开慧祖父书樵与父亲杨昌济的合葬墓、堂兄杨开明烈士墓亦在陵园的松柏樟梓之间。

杨开慧烈士陵园位于杨开慧故居右侧的棉花坡，三面环山，东临公路。新建陵墓为混凝土墓壁，面贴大理石，墓的两侧各竖汉白玉碑一块，右侧碑文刻着"杨开慧烈士墓 湖南省重点文物保护单位"。

门　　票： 免费

开放时间： 9:00—17:30（7 月 1 日至 9 月 30 日），9:00—17:00（10 月 1 日至次年 6 月 30 日）（除夕、大年初一、周一闭馆）

二十四、林伯渠同志故居

中 文 名： 林伯渠同志故居
地理位置： 湖南省常德市临澧县修梅乡凉水井村
内容简介：

林伯渠同志故居位于湖南省常德市临澧县修梅乡凉水井村，该故居始建于清光绪年间，是一座典型的清代民居。1985 年，在各级政府的重视和关心下，林老故居按历史原貌进行了修复，邓小平同志还为其亲笔题写了"林伯渠同志故居"金字门匾。

林伯渠，原名林祖涵，字邃园，号伯渠，湖南省安福（现临澧县）人，早年加入同盟会。1921 年加入中国共产党，参加南昌起义、长征等革命活动，任陕甘宁边区政府主席。1949 年后，任中央人民政府秘书长和全国人大常委会第一、二届副委员长，是中国共产党的重要领导人之一，与董必武、徐特立、谢觉哉和吴玉章并称为中共"五老"。

2013 年，林伯渠同志故居被列入全国重点文物保护单位。2019 年 9 月，林伯渠同志故居被中宣部命名为"全国爱国主义教育示范基地"。

主要景点:

林伯渠在这里度过了他的童年和青年时代。故居由于年久失修，仅存一道封火墙。为纪念跨越两个世纪的革命家林伯渠诞辰 100 周年，临澧县委、县政府于 20 世纪 80 年代动工修复。故居坐北朝南，为三进，每两进之间设一天井，有正房 14 间、杂室 5 间，建筑面积为857 平方米。砖木结构，硬山顶，两侧为封火墙造型，室内门、窗、壁、望板、地板均用木板拼合，并刷涂桐油成深褐色，后堂屋"九牧世家"之匾牌高悬梁上。整个建筑古朴典雅，且"诗礼伴家"之气息浓厚。故居内开设 6 个陈列室，陈列着林伯渠在各个历史时期的照片和文物资料。故居前有稻田，后有茶山，左晒场，右池塘，腰围约 4 米的千年古柏巍然屹立于晒场的中央，一派庄重肃穆的气象。

门　　票: 免费

开放时间: 8:30—17:30

广　东　省

一、孙中山故居纪念馆

中 文 名： 孙中山故居纪念馆
地理位置： 广东省中山市南朗镇翠亨村
内容简介：

孙中山故居纪念馆位于广东省中山市南朗镇翠亨村，南、北、西三面环山，东临珠江口，距中山市城区 20 千米，距广州城区 90 千米，距澳门 30 千米，隔珠江口与深圳、香港相望。本馆成立于 1956 年，目前管理范围为 20 万平方米，从业人员有 135 人，现为国家一级博物馆、国家 5A 级旅游景区。

主要景点：

纪念馆分为孙中山纪念展示区、翠亨民居展示区、翠亨农业展示区三处。孙中山纪念展示区包括孙中山故居纪念馆及孙中山在翠亨村的其他历史遗迹；翠亨民居展示区展示了翠亨村清末各阶层的民宅和生活状况，再现了孙中山出生及成长的历史背景；翠亨农业展示区展示了水稻耕作、瓜果蔬菜种植、桑基鱼塘、家禽饲养、现代农业的无土栽培种植等珠江三角洲的农业生态。

门　　票： 免费
开放时间： 9:00—17:00

二、广州起义烈士陵园

中 文 名： 广州起义烈士陵园
地理位置： 广东省广州市越秀区中山二路 92 号
内容简介：

广州起义烈士陵园是为纪念在 1927 年 12 月 11 日中国共产党领导的广州起义中牺牲的烈士而于 1954 年修建的纪念性公园，主体有正门、广场、陵墓大道、广州起义纪念碑和圆形的封土。现有景点和游乐场所 16 处，集纪念、游览、科普于一园。墓道两旁有 20 个大花坛，四季鲜花不断；墓上密铺青草，四周松柏常青；陵园东部有中朝人民血谊亭和中苏人民血谊亭。园中人工湖还有湖心纪念亭，横匾上书 "血祭轩辕" 为董必武所题。广州起义烈士陵园被列为全国重点烈士纪念建筑物保护单位和广东省重点文物保护单位，是广州市首批爱国主义教育基地之一。

主要景点：

陵区有正门门楼、陵墓大道、广州起义纪念碑、广州公社烈士墓、叶剑英元帅墓、英雄广场等。正门门座以白花岗石为基础，汉白玉石上配以橙红色的琉璃瓦顶，双阙正面石壁镌刻着周恩来手书的 "广州起义烈士陵园" 8 个大字。陵墓大道宽阔笔直，两旁苍松翠柏，其间 20 个花坛红花吐艳，庄严肃穆。墓道的北端是广州起义纪念碑，其造型别具一格，寓意深刻。纪念碑正面镌刻着邓小平手书的漆金碑名，碑四周刻有广州起义战斗场面的浮雕。

园区的 "血祭轩辕亭"、"中朝人民血谊亭"、"中苏人民血谊亭"、人工湖、拱桥散落在绿树红花之中，晨观旭日于烈士墓包处，喷薄而出，瑰丽非常，因而 "红陵旭日" 被评为 "羊城新八景" 之一，1986 年又被广州市政府评为 "广州市十佳旅游景点" 之一。

门　　票： 免费
开放时间： 6:00—21:00

三、鸦片战争博物馆（虎门炮台）

中 文 名： 鸦片战争博物馆（虎门炮台）
地理位置： 广东省东莞市虎门镇解放路 113 号
内容简介：

鸦片战争博物馆（虎门林则徐纪念馆、海战博物馆，三个馆名一套班子）坐落于广东省东莞市虎门镇，是纪念性和遗址性相结合的专题博物馆，管理的林则徐销烟池与虎门炮台旧址

是全国重点文物保护单位，是鸦片战争时期的历史见证，管理面积约为80万平方米。

鸦片战争博物馆始建于 1957 年，建馆初期馆名为"林则徐纪念馆"，1972 年更名为"鸦片战争虎门人民抗英纪念馆"，1985 年重新定名为"虎门林则徐纪念馆"，为利于对鸦片战争遗址的管理，又增加一个馆名——鸦片战争博物馆。1987 年 7 月和 1988 年 1 月先后成立沙角炮台管理所、威远炮台管理所，分别管理沙角和威远岛诸炮台遗址。1999 年 12 月，海战博物馆正式对外开放。

主要景点：

鸦片战争博物馆的基本陈列是"虎门销烟""鸦片战争"。

虎门林则徐纪念馆位于虎门镇口社区，管理的销烟池旧址是 1839 年林则徐销毁英美鸦片的历史遗存，具有炮台神韵的门楼、陈列大楼、抗英群雕、林则徐铜像、虎门销烟纪念碑、抗英大炮等，共同营造了浓郁的历史氛围。

"鸦片战争海战陈列"于 1998 年建成并对外开放，展示面积为 4967 平方米，展线 1170 米，展示文物达 1860 件，历史图片 1310 幅，油画、工笔画等艺术品约 120 幅，高科技、信息化项目 10 余项。展览开放至今，受到了广大观众的欢迎。

沙角炮台管理所管理的炮台旧址位于虎门镇沙角社区，保存完好并对外开放的有沙角门楼、濒海台、临高台、捕鱼台、节兵义坟、林公则徐纪念碑、功劳炮、克虏伯大炮等文物遗存。沙角炮台是扼守珠江口的重要要塞，依山傍海，景色秀丽。

威远炮台管理所管理的炮台旧址位于虎门镇威远岛南面社区，包括威远、镇远、靖远、南山顶、蛇头湾、鹅夷等炮台，这些炮台构成立体的海防防御体系，被誉为"南方海上长城"。

门　　票：免费

开放时间：8:30—17:00（11 月 1 日至次年 3 月 30 日），8:30—17:30（4 月 1 日至 10 月 31 日）

四、三元里人民抗英斗争纪念馆

中 文 名：三元里人民抗英斗争纪念馆
地理位置：广东省广州市广园中路 34 号

内容简介：

三元里人民抗英斗争纪念馆馆址三元古庙位于广东省广州市广园中路 34 号。该庙建于清初，原是一座道教神庙。鸦片战争时期，三元里人民自发组织起来在古庙前誓师抗英，谱写了近代史光辉的一页。2016 年 12 月，三元里人民抗英斗争纪念馆入选《全国红色旅游经典景区名录》。

主要景点：

三元里人民抗英斗争纪念馆是全国重点文物保护单位，原为三元里村民供奉北帝的三元古庙。1841 年 5 月 29 日，三元里村民聚集庙前商议抗击英军，取庙内三星旗作为指挥旗，对旗宣誓。

三元里人民抗英斗争纪念馆是二进面阔三间砖木结构建筑，馆内陈列着三元里抗英的文物史料，有三星旗、缴获的英军军服、大刀长矛、伍紫垣印章等文物与资料，系统地介绍三元里人民抗英斗争的史实。

1950 年，广州市政府在三元里村口立三元里人民抗英烈士纪念碑，正面刻着"一八四一年广东人民在三元里反对英帝国主义侵略斗争中牺牲的烈士们永垂不朽"。

门　　票：免费

开放时间：9:00—12:00，13:30—17:00（周日、周一闭馆）

五、毛泽东同志主办农民运动讲习所旧址

中 文 名：毛泽东同志主办农民运动讲习所旧址
地理位置：广东省广州市越秀区中山四路 42 号
内容简介：

毛泽东同志主办农民运动讲习所旧址是中国革命纪念性博物馆，位于广东省广州市越秀区中山四路 42 号。馆址原是番禺学宫，始建于 1370 年。在第一次国共合作时期，为培养农民运动干部，以适应革命形势的发展，在共产党人的倡议和主持下，以国民党的名义在广州举办了农民运动讲习所。

2016 年 12 月，毛泽东同志主办的中央农民运动讲习所旧址入选《全国红色旅游经典景区名录》。

主要景点：

毛泽东同志主办农民运动讲习所旧址现有固定陈列包括"农讲所旧址复原陈列"、"广州农民运动讲习所陈列"（主要分布在中路的大成门、大成殿、崇圣殿及两庑、两廊）、"孔子与儒学"、"广东各地学宫"等（主要分布在东路建筑的明伦堂、光霁堂），并不定期举办各类专题展览。

门　　票： 免费

开放时间： 9:00－16:30，16:00 停止入馆（周一闭馆）

六、叶剑英纪念馆

中 文 名： 叶剑英纪念馆
地理位置： 广东省梅州市梅县区雁洋镇虎形村
内容简介：

叶剑英纪念馆位于广东省梅州市梅县区雁洋镇虎形村，在叶剑英元帅故居的左侧，距梅州市区 33 千米。纪念馆建于 1987 年 7 月，1989 年 10 月 22 日竣工，杨尚昆亲笔题写了馆名。

2016 年 12 月，叶剑英纪念馆入选《全国红色旅游经典景区名录》。

主要景点：

叶剑英纪念馆原建筑面积为 1560 平方米，1994 年又增加 1800 平方米，高两层，为现代园林式建筑，庄重典雅。纪念馆二层设有 5 个陈列室，陈列面积为 500 平方米，展线长 135 米，分别有照片、题词、文献手稿、办公用具、文房四宝等文物，以 5 个阶段、20 个专题展示了叶剑英同志光辉伟大的一生。纪念馆正门口左侧的台基上，一棵棵翠柏，一簇簇鲜花，掩映着叶剑英元帅的坐姿铜像。铜像高 2 米，由中国著名的雕塑家刘焕章雕刻而成，像座上镌刻着中共中央撰写的碑文，供人们瞻仰。

"叶剑英生平事迹陈列"分为 9 个章节，以编年体与小专题相结合的形式，在对叶剑英的生平进行客观、真实介绍的同时，着重表现叶剑英在革命危难时刻的伟大贡献，充分向世人展现叶剑英伟大的一生。

门　　票： 免费

开放时间： 8:00—17:00

七、叶挺纪念馆

中 文 名：叶挺纪念馆

地理位置：广东省惠州市惠阳区秋长街道周田村

内容简介：

根据中央指示，叶挺纪念馆新馆于 2008 年 8 月动工建设，位于惠阳区秋长街道周田村的叶挺故居旁边，建筑面积为 2758 平方米，陈列展示面积为 2500 平方米。陈列展示厅在内容设计上以时间为序，用 399 张照

片/图画、141 件实物和 7 个场景来全面展现叶挺将军一生的重要时期和卓越贡献。不少地方采用了先进的展示手段，充分利用了声光电、幻影成像、电子翻书等高科技展示手段，让观众身临其境。

2016 年 12 月，叶挺纪念馆入选《全国红色旅游经典景区名录》。

主要景点：

叶挺纪念馆新馆位于叶挺故居西面，为单层院落式结构，融进山墙、雨棚、坡顶等客家建筑元素。前观心湖，后拥荷塘，两水交汇于门前。纪念馆正门是叶剑英元帅题写的"叶挺同志纪念馆"七个刚劲有力、金光闪闪的大字。纪念馆由瞻仰厅、展览厅、缅怀厅和多功能厅等组成，分为 7 部分 22 个单元。展出文物实物 200 多件、雕塑 13 件、美术品 11 件、模型 3 个。设有场景 7 个、电子触摸屏 3 个、视频 3 个、电子地图 2 幅、幻影成像 1 处、电子翻书 1 处。叶挺同志纪念馆以"三军可以夺帅，匹夫不可夺志"为主题。

叶挺纪念馆旧馆是 1986 年 4 月 8 日奠基的，建筑面积为 1500 平方米，馆名由叶剑英元帅题写，纪念馆正中大厅是叶挺的半身石像。纪念馆根据叶挺的生平分为：出身农家，从戎救国；赴法深造，编练新兵；北伐先锋，保卫武汉；举旗南昌，再战广州；领导抗敌，卓著勋劳；皖南浴血，铁窗铮骨等几部分。

叶挺纪念馆旧馆是第二批全国爱国主义教育示范基地，建于叶挺家乡广东省惠州市惠阳区政府所在地——淡水镇叶挺中路，是 1986 年经中共中央办公厅、中共中央宣传部批准建立的，在 1991 年 9 月 10 日叶挺诞辰 95 周年之际开馆。

门 票：免费

开放时间：8:00—11:00，14:00—17:00（周一至周五）

八、海丰红宫红场旧址纪念馆

中 文 名：海丰红宫红场旧址纪念馆
地理位置：广东省汕尾市海丰县海城镇人民南路 13 号
内容简介：

　　海丰红宫红场旧址纪念馆位于广东省汕尾市海丰县海城镇人民南路 13 号。红宫原为建于明代的海丰学宫，始建于 1379 年，坐北朝南。2016 年 12 月，海丰红宫红场旧址纪念馆入选《全国红色旅游经典景区名录》。

　　主要景点：

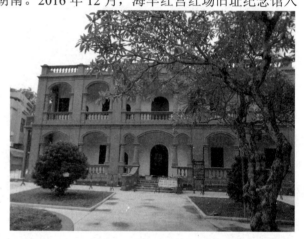

　　红宫原为明代学宫，为明代海丰知县郑源创建于 1379 年，学宫占地面积为 1850 平方米，现存建筑有棂星门、拱桥泮池、前殿大成殿（又称"文庙"）和两厢配殿，其中保存着许多革命文物。红宫东侧的红场旧址原为"东仓埔"，占地 2.2 万平方米，海丰苏维埃政权成立后，彭湃同志号召在此地兴建红场大门和司令台。1927 年 12 月 1 日，在这里召开了五万多人参加的大会，庆祝海丰苏维埃政府成立。1928 年 1 月 2 日，董朗、颜昌熙等率领的南昌起义部队与叶镛、袁裕、徐向前等率领的广州起义部队在此胜利会师。如今红宫红场旧址辟为纪念馆，馆内包括海丰农民运动陈列室、彭湃铜像、大成殿、五代祠、镌刻党和国家领导人题词的"碑廊"，以及红二、四师会师纪念亭等景点。

　　门　　票：免费
　　开放时间：8:30—17:00

九、黄花岗七十二烈士墓园

中 文 名：黄花岗七十二烈士墓园
地理位置：广东省广州市越秀区先烈中路
内容简介：

　　黄花岗七十二烈士墓园又称黄花岗公园，位于广东省广州市越秀区先烈中路，是为纪念 1911 年 4 月 27 日孙中山领导的同盟会在广州"三·二九"起义战役中牺牲的烈士而建的。它是广州作为近代革命策源地的重要见证，是全国第一批重点文物保护单位，1949 年后改为纪念公园。

　　2016 年 9 月，黄花岗七十二烈士墓园入选"首批中国 20 世纪建筑遗产"名录。2016 年

12 月，黄花岗七十二烈士墓园入选《全国红色旅游经典景区名录》。

主要景点：

浩气长存

竣工于 1936 年。正门牌坊长 31 米、宽 3 米、高 13 米。门额上用花岗石镌刻着孙中山先生题写的"浩气长存"4 个贴金大字。

七十二烈士之墓

1911 年 4 月 27 日（农历三月二十九日），同盟会发动广州起义失败，喻培伦、林文、林觉民、方声洞等 100 多人殉难，潘达微先生将收殓的 72 具遗骸营葬此地。

默池

建于 1921 年。默池正面处于主墓道，是瞻仰、拜祭先烈的必经之道。游客走上拱桥，由于斜坡的作用，因此会不由自主地把头低下，就像低头默念，使人肃然起敬。

纪功坊

于 1921 年建成。纪功坊由前后各 72 块青石叠成崇山形，象征 72 烈士。这些青石分别刻上了当时国民党海外各地支部名称和个人的名字，作为纪念他们捐款建设墓园有功的"献石"。纪功坊上的横额是 12 个字的篆文"缔结民国七十二烈士纪功坊"，由著名的革命党人章炳麟书写。献石堆顶上屹立着自由女神像，表达了要为建立自由平等国家而奋斗的革命思想。

红铁门石牌坊

位于公园南墓道入口。

黄花亭

黄花亭建于 1926 年。

龙柱

用著名的连柱青石雕刻而成，高 3 米，柱身为倒卷的青龙，柱底为鲤鱼跃龙门。这对龙柱体现了革命先烈为中华民族腾飞而奋斗的磅礴气势。

四方池

建于 1921 年。池壁上刻着"七十二烈士庐塘基"。

孙中山手植树

它出自孙中山先生手泽，是黄花岗七十二烈士墓园繁多的树木中最有历史意义的封植。陵园初建时，两粤广仁善堂恭请孙中山先生手植松树四棵，这是仅存的一棵。

潘达微墓

潘达微，广东番禺（现广州市番禺区）人，1906 年参加同盟会，"三·二九"起义失败后，他冒死发动广仁善堂收集烈士遗骸，并以房契作为抵押购得东郊红花岗（现黄花岗），是以秋日黄花比喻烈士不屈的品格。从这以后，黄花岗之名沿用至今。

碑廊

碑廊里是后人为纪念、缅怀死难烈士所立的碑。

门　　票：免费

开放时间：6:00—18:30

十、黄埔军校旧址纪念馆

中 文 名：黄埔军校旧址纪念馆

地理位置：广东省广州市黄埔区长洲岛

内容简介：

黄埔军校旧址纪念馆位于广东省广州市黄埔区长洲岛，是国民革命时期孙中山在中国共产党和苏联的帮助下建立的一所新型军事学校。孙中山以"创造革命军，来挽救中国的危亡"为办校宗旨，以"亲爱精诚"为校训，学习苏联的建军经验，培养革命的军事人才。军校群英荟萃，名将辈出，在中国近代史和军事史上具有重要意义。

1965 年，广州市政府开始对原校址进行修复，基本恢复原貌。1984 年，黄埔军校旧址纪念馆建馆。1996 年，市政府根据国家文物局批复的"原位、原尺度、原面貌"原则重建了校本部，直至 11 月 12 日落成，面积为 10600 平方米，耗资 2000 余万元，复原了孙中山、廖仲恺、周恩来及教授、教练、管理、军需、军医各部的办公室、课室、师生的饭堂、寝室等，但由于赶工期而埋下了不少质量隐患。2005 年，又投入 1400 多万元进行全面修缮，严格按照"修旧如旧"和"不赶工期"两大原则对其进行修缮。

主要景点：

黄埔军校旧址纪念馆的景点有校本部、中山故居、孙中立纪念碑、俱乐部、游泳池、东征烈士墓园、北伐纪念碑、济深公园、黄埔公园、大坡地炮台、白鹤岗炮台。虽然是重修，但都带有当时的痕迹及历史感，特别适合爱好历史及怀旧的人。

中山故居是两层楼的黄色小房子，里面有常设展览"小楼昨日——粤海关黄埔分关及其旧址变迁"。

在校本部可以看到很多以前学生的床铺和教室，资料馆里也有很多当时的资料，常设展览有黄埔群英馆展览、"黄埔军校史迹展"。

黄埔群英馆位于校本部二进，展出的是 42 幅油画作品。油画中有大家熟悉的孙中山等叱咤风云的革命家、军事家，也有戴安澜、谢晋元、赵一曼等在革命征程中壮烈牺牲的黄埔英雄，还有郭沫若、茅盾等近代文化界的风云人物。

"黄埔军校史迹展"位于校本部一进，展览通过近200多张照片、100多件文物，展现了黄埔军校的历史岁月及故事。

"小楼昨日——粤海关黄埔分关及其旧址变迁"位于中山故居的一层，通过一些绘画讲述了粤海关黄埔分关的发展历史和旧关址的变迁史。

门　　票：免费

开放时间：9:00—17:00

十一、中共三大会址纪念馆

中 文 名：中共三大会址纪念馆

地理位置：广东省广州市越秀区恤孤院路3号

内容简介：

1923年6月12日至20日，中国共产党第三次全国代表大会在广州召开，它是迄今中国共产党唯一在广州召开的、具有重大历史意义的全国代表大会，对中国革命产生了巨大的影响。1979年，中共三大会址被列为广东省重点文物保护单位。2006年7月1日正式修复开放。

主要景点：

中共三大会址纪念馆有"中国共产党第三次全国代表大会历史陈列""春园故事——中共中央在春园"等固定陈列，分别陈列在中共三大会址纪念馆陈列馆、春园24号。

"中国共产党第三次全国代表大会历史陈列"展览分为中共三大召开的历史背景、中共三大的召开、国共合作的实现、中共三大的历史作用和深远影响这4个部分，对中共三大的历史进行了全面介绍和展示。"春园故事——中共中央在春园"展览，展现了中共三大前后中共中央领导人在春园指导中国革命这段波澜壮阔的历史。

门　　票：免费

开放时间：9:00—17:30（17:00停止入馆，周一闭馆）

十二、叶挺独立团团部旧址纪念馆

中 文 名：叶挺独立团团部旧址纪念馆

地理位置：广东省肇庆市正东路尾

内容简介：

　　叶挺独立团团部旧址纪念馆位于广东省肇庆市正东路尾江滨东路的西江河畔阅江楼上。1962 年 7 月，该旧址纪念馆被公布为广东省第一批省级文物保护单位。2009 年 5 月，被中宣部命名为第四批全国爱国主义教育示范基地，现已经成为著名的红色旅游景点。

主要景点：

　　阅江楼筑于高约 8 米的山岗上，坐北朝南，为四合院式建筑，占地约 2000 平方米，其中庭院面积为 248 平方米。楼两层，分南、北、东、西 4 座。4 座楼通过 4 座耳楼衔接通连。南、北两楼为歇山顶，屋脊上均有鳌鱼宝珠，东、西两楼为卷篷顶。院内植米兰、葵树，设水池、假山，清幽雅静。南门前置宽阔石阶，阶下置石狮一对。北楼的地下大厅有清康熙时两广总督郭世隆所建的康熙御书碑 5 块；南楼檐下悬挂两广总督劳崇光所书的"阅江楼"木匾。

　　该旧址纪念馆建立后，陈列"铁军独立一雄团"展览。展览围绕叶挺独立团在肇庆的建立及其发展历程来布展，有"肇庆建团""军政活动""援助农运""北伐先锋""武装起义""将星璀璨" 6 个主题，通过历史照片、文物、雕塑、绘画、模型、电视专题片等形式，再现叶挺独立团的光辉战斗历程。

门　　票：免费

开放时间：9:00—17:00（16:00 停止入馆，周一闭馆，法定节假日和特殊情况除外）

十三、三河坝战役烈士纪念碑

中 文 名：三河坝战役烈士纪念碑

地理位置：广东省梅州市大埔县三河镇汇东村笔枝尾山顶

内容简介：

　　三河坝战役烈士纪念碑位于汀江、梅江和梅潭河三江汇合的三河坝。三河坝群峰对峙，地势险峻，是水陆交通要冲，历来为兵家必争之地。南昌起义军曾在朱德的率领下在这里与国民党钱大钧部队激战了三昼夜，许多战士牺牲于此。1964 年当地政府在三河坝东岸的笔枝尾山顶建造了 15 米高的纪念碑，后来又在左侧建了纪念亭，现已列为广东省重点文物保护单位。

　　2019 年 9 月，三河坝战役烈士纪念碑被中宣部命名为"全国爱国主义教育示范基地"。

主要景点：

　　"八一"起义军三河坝战役纪念园位于广东省梅州市大埔县三河镇汇东村笔枝尾山顶，占地 18 万平方米，纪念园内兴建有三河坝战役烈士纪念碑、三河坝战役纪念馆、朱德雕塑、浮雕墙等。其中纪念馆展厅内设"举义南昌城""浴血三河坝""会师井冈山"这三个展厅和三河坝战役沙盘。三河坝战役烈士纪念碑建于 1964 年，碑呈四方形，高 15 米，宽 4 米，用

35 种规格共 356 块密纹花岗岩砌成。占地面积为 716 平方米，碑身正面镌刻着朱德同志亲自题写的碑名"八一起义军三河坝战役烈士纪念碑"正楷鎏金字。碑座上刻着起义军第二十五师师长周士第撰写的碑文。碑座立在平台的中间，上平台长 8.4 米、宽 12.4 米，下平台长 35 米、宽 25 米，缝口细密，平台全部用花岗岩石条铺成，平台外沿竖着石栏杆，建筑雄伟壮观。三河坝战役烈士纪念碑是全国重点烈士纪念建筑物保护单位、广东省文物保护单位、梅州市和大埔县爱国主义教育基地、广东省红色旅游示范基地、全国民政系统行风建设示范单位，也是全国红色旅游经典景区。

　　门　　票：免费

　　开放时间：8:30—17:00

广西壮族自治区

一、右江工农民主政府旧址

中文名：右江工农民主政府旧址
地理位置：广西壮族自治区百色市田东县平马镇南华路1号
内容简介：

右江工农民主政府旧址位于广西壮族自治区百色市田东县平马镇南华路1号。旧址原是经正书院，始建于清代，是当时平马人士捐资兴办的一所学堂，整座建筑古香古色，占地7336平方米。百色起义前夕，当时领导右江地区革命的主要领导人邓小平、张云逸、雷经天等曾在这里工作、生活。

主要景点：

1977年8月17日，邓小平为旧址题写址名"右江工农民主政府旧址"。1995年12月被命名为广西壮族自治区爱国主义教育基地。1996年被评为全国重点文物保护单位。此旧址内有关当时革命运动的展览分为两部分：一为右江工农民主政府部分，包括右江苏维埃政府和中共右江特委的会议厅，以及雷经天、陈洪涛的住处和赤卫队的营房等；二为辅助陈列部分，按时间顺序分别用绘画、照片、文字、实物等形式介绍田东县各个历史时期的革命斗争。

门　　票：免费
开放时间：全天

二、广西壮族自治区烈士陵园

中 文 名: 广西壮族自治区烈士陵园

地理位置: 广西壮族自治区南宁市长岗路 256 号

内容简介:

广西壮族自治区烈士陵园位于广西壮族自治区南宁市长岗路 256 号，始建于 1961 年，园内丘陵起伏，苍松翠柏，各种烈士纪念建筑物雄伟壮观，风格各异。

1985 年 8 月，广西壮族自治区烈士陵园被评为全国重点烈士纪念建筑物保护单位。

主要景点:

广西壮族自治区烈士陵园始称"南宁佛子岭公墓管理处"，1986 年改名为"广西壮族自治区烈士陵园"，并由邓小平亲笔题写园名。园内环山抱水，景色秀丽，总面积为 160 万平方米，其中水面面积为 14.7 万平方米，绿地面积占 70%。园内分为烈士纪念区、教育区、游览区、公墓区这 4 个区。烈士纪念区由陵园大道、广场、纪念馆和抗战、解放、和平 3 个烈士纪念小景组成，有邓小平领导百色起义、龙州起义等 18 座（组）英烈形象的大型雕塑，颇具感染力。广西壮族自治区烈士陵园占地面积为 160 万平方米，由纪念雕塑园、广西革命纪念馆和抗战、解放、和平纪念景区三部分组成。

纪念雕塑园由各个革命历史时期无名英烈的雕塑和雕塑园中心纪念广场组成。雕塑园中心纪念广场耸立着高 12.11 米、宽 40 米的花岗岩纪念群雕。群雕气势雄伟，生动地再现了邓小平领导百色起义、龙州起义时的光辉形象。整座纪念雕塑园的纪念碑采用灰白花岗岩雕刻，于 2002 年 1 月兴建，2003 年 11 月 7 日落成。

广西革命纪念馆是一幢外观设计肃穆、典雅的两层仿古建筑，始建于 1978 年，总面积为 5600 平方米，共有 21 个展室，通过陈列的 800 多幅历史照片、翔实的文字资料和 150 多件文物，记录了国民革命时期、土地革命时期、抗日战争时期、解放战争时期和社会主义建设时期广西革命先烈生前的奋斗历程和丰功伟绩。走进纪念馆，在宽敞明亮的展室里缓缓而行，人们透过一张张珍贵的历史照片和一件件印满岁月痕迹的历史文物，仿佛看到自辛亥革命以来广西人民波澜壮阔的革命历史长卷。

抗战、解放、和平纪念景区在烈士陵园内的最高处。一组组形象生动的纪念群雕、一座座肃穆的石碑，既是对历史的生动再现，又蕴含着后人对英烈的敬仰和深切的缅怀之情。

门　　票: 免费

开放时间: 8:00—12:00，14:30—17:30（秋季、冬季），15:00—18:00（春季、夏季）

三、广西民族博物馆

中 文 名：广西民族博物馆
地理位置：广西壮族自治区南宁市青秀山风景区青环路 11 号
内容简介：

广西民族博物馆位于广西壮族自治区南宁市青秀山风景区青环路 11 号，是以广西民族文化为专题的博物馆。广西民族博物馆以收藏、研究和展示广西 12 个世居民族的传统文化为主要工作任务，同时兼顾对广西周边省份的各民族及东南亚各民族的文化研究、文物资料收藏和宣传展示。

广西民族博物馆是1949 年后广西壮族自治区建设规模和投资规模较大的文化设施项目，是一座自治区级、全民所有、公益性、专业性融合现代发展的民族文化博物馆。2017 年 5 月 18 日，广西民族博物馆被评为国家一级博物馆。2017 年 12 月，入选教育部第一批全国中小学生研学实践教育基地、营地名单。2019 年 9 月，被中宣部命名为"全国爱国主义教育示范基地"。

主要景点：

广西民族博物馆主体建筑的外形取材于富有广西地域特色和民族特色的铜鼓，整个建筑如一只展翅的鲲鹏，遨游于青山绿水之间。馆区占地面积 130 亩（约 8.67 万平方米），建筑面积为 29 370 平方米，其中展厅面积约为 8000 平方米。整个馆区由主楼和广西传统民居文化生态展示园两部分组成。博物馆常设 6 个固定陈列展览和两个临时展厅。大型主题陈列"五彩八桂——广西民族文化陈列"展出了民族文物及其他实物资料 1800 余件，展览通过"序厅""家园""霓裳羽衣""匠心神韵""和谐乐章"5 个部分，全面生动地展现了广西 12 个世居民族丰富深厚、独具魅力的民族文化。民族文物专题陈列"穿越时空的鼓声——铜鼓文化"展出铜鼓实物近 70 件，通过"山寨铜鼓声""铜鼓之路""当代铜鼓艺术"三个部分展现了广西最具代表性的铜鼓文化资源。"壮族文化展"以介绍壮族的历史与文化为主要内容，着重突出广西壮族的特点，浓墨重彩地展现壮族在漫长的历史长河中创造的突出成就和伟大文明。"多彩中华——中华民族文化展"丰富展现了 55 个少数民族和汉族共同创造的博大精深、一体多元的中华文化。"缤纷世界——世界民族文化展览"以各大洲或各国、各民族的实物为主，让观众在展览中自己去发掘、体会和寻求有关世界各民族的社会、经济、文化、习俗、宗教信仰等情况。"昨日重现——百年老物件展"则集中展示了博物馆于 2011 年向社会公开征集 20 世纪以来的老物件。

门　　票：免费

开放时间：9:30—16:30（周一闭馆，国家法定节假日除外）

四、合浦县博物馆

中 文 名：合浦县博物馆

地理位置：广西壮族自治区北海市合浦县廉州镇中山路中山公园内

内容简介：

合浦县博物馆成立于 1978 年 9 月 20 日，馆区占地面积为 2344 平方米，综合大楼建筑面积为 1800 平方米，收藏出土、传世文物 5000 余件，其中铜凤灯、铜仓、铜方匜、三足盘等 5 件随"国家出土文物展览"先后到日本、加拿大等国展出。该博物馆是地方综合性博物馆，隶属于县文化局。

2019 年 9 月，合浦县博物馆被中宣部命名为"全国爱国主义教育示范基地"。

主要景点：

合浦县博物馆藏有文物 3150 件，以汉墓出土文物、清代书画和扇面为主，包括汉墓出土的完好的玻璃杯、玻璃碟、铜屋、铜井、铜灶、金带钩、玉璧、传世的铁斗、铜钟等。合浦县博物馆曾出版《合浦文物简介》《合浦文物古迹》《合浦汉墓出土文物讲解》。

合浦县博物馆的陈列以"合浦汉代墓葬出土文物展"为主。展厅用木制展板分隔成 4 个展室，展览面积为 238 平方米，有展品 250 件，以青铜器、陶器、琉璃、琥珀、玛瑙、水晶和金银玉石等制品为主。其中，铜凤灯、铜屋、铜提梁壶、三足铜盘、铜魁等具有南方青铜器精巧细致的地方特色，带有干栏式结构特征的陶楼显示了当地的气候环境和日常居住条件。展品中有一件东汉早期的铜提梁壶，内盛液体至今仍保存。

门　　票：免费

开放时间：8:00—11:00，14:30—17:00（6 月至 9 月为 15:00—17:30）（周一闭馆）

五、冯子材旧居

中 文 名：冯子材旧居
地理位置：广西壮族自治区钦州市沙埠镇白水塘区内
内容简介：

冯子材旧居位于广西壮族自治区钦州市沙埠镇白水塘区内，建于 1875 年，距今已有一百多年的历史。总占地面积为 15.22 万平方米，其中主体建筑面积为 2020 平方米，2019 年 9 月，冯子材旧居被中宣部命名为全国爱国主义教育示范基地。

主要景点：

冯子材旧居采用院落式布局，坐北朝南，建筑注重牢固实用，没有豪华的装饰，但质高艺精。还有宗庙、塔、宇、马厩、鱼塘、水井、花园、果园等附属建筑，外筑围墙，规模宏大，院内东头建有碑林，字迹精湛清秀，笔势劲遒，自成一景。旧居范围包括三山一水一田，有六角

亭、珍赏楼、书房、虎鞭塔、菜园等，是典型的清代南方府第建筑群，具有简朴典雅的艺术特色。

冯子材旧居是冯子材重组萃军开赴抗法前线的总部。旧居是砖木结构建筑，包括三个小山丘，周围有墙坦。屋分三进，每进三栋，每栋三式，构成富有古风特色的"三排九"的建筑模式。面通宽 40.5 米，通进深 45 米。主体建筑面阔三间，合梁与穿斗式混合构架，硬山顶，灰沙筒瓦盖。

门　　票：免费
开放时间：9:00—17:00

海 南 省

一、中国工农红军琼崖纵队改编旧址

中 文 名：中国工农红军琼崖纵队改编旧址
地理位置：海南省海口市琼山区云龙镇
内容简介：

中国工农红军琼崖纵队改编旧址位于海南省海口市琼山区云龙镇，于 1989 年 12 月建成开放，占地面积为 7150.5 平方米。1937 年"七七事变"后，以冯白驹为首的中共琼崖特委按照"团结抗战"的指示，与国民党海南当局达成协议，于 1938 年 12 月在云龙镇将原在岛上的共军游击队改编为广东省第 14 统率区民众抗日自卫独立队。

主要景点：

中国工农红军琼崖纵队改编旧址拥有 300 余平方米的展厅、一座红军战士铜像、两座纪念亭、一面壁廊及其他完善的配套设施。挺立园地中央的红军战士铜像高 4.6 米，连同基座共高 10 米。基座正面刻着徐向前元帅的题词"琼崖抗日先锋"，背面镌刻着"琼崖红军改编简介"。在铜像东侧，于 1990 年修建的两座纪念亭分别称为"荡寇亭"和"凯旋亭"。在铜像后面约 30 米处修建的壁廊刻有中央领导人的题词。在铜像西侧的展厅内陈列着众多历史资料、图片和文物，生动地展现了海南各族人民在党的领导下的光辉战斗历程。

门　　票：20 元
开放时间：9:00—17:00

二、琼海市红色娘子军纪念园

中 文 名：琼海市红色娘子军纪念园
地理位置：海南省琼海市嘉积镇街心公园
内容简介：

琼海市红色娘子军纪念园位于海南省琼海市嘉积镇街心公园，地理位置优越，交通便利。园区占地13.3万平方米，是融热带风情园林、大型雕塑、浮雕及歌舞表演为一体的大型文化旅游纪念园。

主要景点：

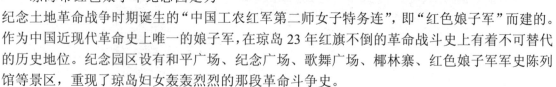

琼海市红色娘子军纪念园再现了娘子军当年生活、战斗的光辉历史，从雕塑、歌舞表演、椰林寨，到常青树，我们仿佛又回到了从前，更能从年近百岁的红色娘子军老战士口中听到充满传奇的战斗故事。

琼海市红色娘子军纪念园是为纪念土地革命战争时期诞生的"中国工农红军第二师女子特务连"，即"红色娘子军"而建的。作为中国近现代革命史上唯一的娘子军，在琼岛23年红旗不倒的革命战斗史上有着不可替代的历史地位。纪念园区设有和平广场、纪念广场、歌舞广场、椰林寨、红色娘子军军史陈列馆等景区，重现了琼岛妇女轰轰烈烈的那段革命斗争史。

门　　票：33元
开放时间：8:00—17:30

三、母瑞山革命根据地纪念园

中 文 名：母瑞山革命根据地纪念园
地理位置：海南省定安县南部的中瑞农场
内容简介：

海南省定安县的母瑞山革命根据地纪念园属于海南省青少年革命历史教育基地，于1996年8月1日建成。母瑞山是琼崖纵队的根据地，革命历史上著名的"23年红旗不倒"指的就是母瑞山革命精神。

主要景点：

母瑞山革命根据地纪念园陈列了海南在整个新民主主义革命时期4个阶段的革命斗争史料及珍贵文物，包括琼纵战士使用过的各种生活用品、工作用品、武器、旗帜、印章及历史照片等。

母瑞山位于定安县南部，方圆100多平方千米是五指山山脉向东北延伸的一座山岭。这里山陡林密，群峰起伏，地势险要，进可攻退可守，有较大的回旋余地，军事政治地位极为重要。母瑞山革命根据地在土地革命战争时期曾二度保存了琼崖革命的火种，在抗日战争和解放战争中是琼崖革命的重要基地。

门　　票：15元

开放时间：9:00—17:00

四、张云逸纪念馆

中 文 名：张云逸纪念馆

地理位置：海南省文昌市文城镇文建路51号

内容简介：

张云逸纪念馆位于海南省文昌市文城镇文建路51号，是于1992年为纪念张云逸将军诞辰100周年而建的。纪念馆的占地面积为7962平方米，高8米，宽12米，顶分双层，饰碧绿色琉璃瓦。

主要景点：

纪念馆坐东朝西，门楣正中镌刻着聂荣臻元帅亲笔题写的"张云逸纪念馆"6个金色大字。大门和陈列室中间是张云逸全身铜像，总高8米，基座上的"张云逸大将"5个金字为彭真所题。

馆内陈列着各类史料、照片及绘画书稿，系统地介绍了张云逸将军光辉的戎马生涯。

门　　票：5元

开放时间：全天

五、万宁市六连岭烈士陵园

中 文 名： 万宁市六连岭烈士陵园
地理位置： 海南省万宁市和乐镇六连村
内容简介：

万宁市六连岭烈士陵园位于万宁市的东北方，陵园占地面积为16万平方米，园里有革命烈士纪念碑一座，碑高12.5米，采用混凝土结构，占地面积为1600平方米；还有陈列馆一间，面积为200平方米。1961年秋，万宁县（现万宁市）人民政府为纪念在第一、二次国内革命斗争，以及抗日战争和解放战争中牺牲的革命烈士而修建六连岭烈士陵园。

1989年，国务院批准六连岭烈士碑为全国革命烈士纪念建筑保护单位。

主要景点：

烈士纪念碑，纪念碑由钢筋水泥和花岗岩砌成，占地面积为1600平方米，呈方形塔状，高14米，碑身正面刻有"革命烈士永垂不朽"；碑座正面刻碑文，简介六连岭革命根据地的创立、发展及其历史地位。碑背浮雕是1957年朱德视察六连岭时的诗作。

纪念亭呈六角形，砖木结构，高8米，直径8米。亭壁上书写着朱德和董必武的诗词。

陈列馆客观地展示了民主革命时期中共万宁县（现万宁市）委领导万宁人民展开艰苦卓绝的革命斗争波澜壮阔的历史画卷。详细地记录了中共万宁地方党组织以六连岭革命根据地为依托，坚持开展长期的武装历程。她在琼崖革命斗争史上留下了极其光辉的一页，也在万宁人民的心中构筑起一座永恒的丰碑。

门　　票： 免费
开放时间： 全天

重 庆 市

一、重庆歌乐山烈士陵园

中 文 名： 重庆歌乐山烈士陵园
地理位置： 重庆市沙坪坝区歌乐山麓
内容简介：

重庆歌乐山烈士陵园位于重庆市沙坪坝区歌乐山麓。1954 年修建了烈士公墓和烈士纪念碑，1956 年定为省级文物保护单位，1963 年建立"重庆中美合作所集中营美蒋罪行展览馆"，1984 年改为现名，由邓小平题写园名。陵园占地面积为 21400 平方米，主要由以下几部分组成：集中营旧址、烈士群雕、烈士诗文碑林、大型浮雕、烈士墓、陈列总馆。陈列总馆占地面积为 1159 平方米，展出 490 张图片、108 件实物和"11·27"大屠杀中景画，有"红岩魂——白公馆、渣滓洞革命先烈的斗争史实"展和 6 个专题展。

主要景点：

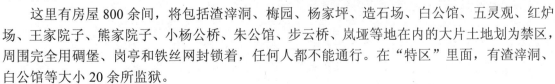

重庆歌乐山烈士陵园由白公馆监狱旧址、渣滓洞监狱旧址、中美合作所总办公室旧址、松林坡大屠杀尸坑遗址、"一一·二七"烈士公墓等组成，1999 年建红岩魂广场。

这里是国民党政府时期国民党军事调查统计局总部、电台、监狱所在地和中美特种技术合作所旧址，1949 年的"一一·二七"政治大屠杀也在此发生。

这里有房屋 800 余间，将包括渣滓洞、梅园、杨家坪、造石场、白公馆、五灵观、红炉场、王家院子、熊家院子、小杨公桥、朱公馆、步云桥、岚垭等地在内的大片土地划为禁区，周围完全用碉堡、岗亭和铁丝网封锁着，任何人都不能通行。在"特区"里面，有渣滓洞、白公馆等大小 20 余所监狱。

门 票： 免费
开放时间： 9:00—17:00

二、红岩革命纪念馆

中 文 名: 红岩革命纪念馆

地理位置: 重庆市渝中区红岩村 52 号

内容简介:

红岩革命纪念馆位于重庆市渝中区红岩村 52 号,与红岩村 13 号、曾家岩 50 号、桂园、《新华日报》旧址毗邻,它们都是抗日战争时期中共中央南方局的活动基地,是我党在国民党统治区巩固和发展抗日民族统一战线、领导人民群众进行革命斗争的中心。因业绩卓著,故设馆以纪念。

主要景点:

2013 年 9 月 23 日,红岩革命纪念馆推出"红岩精神与党的群众路线"专题展,有关中共中央南方局的历史资料在此次展馆内全面展出,专题展分为 8 个部分,采用 53 个真实、鲜活的故事,再现了那段历史情景。

纪念馆用大量鲜活的图文故事,主要展现了在抗日战争时期和解放战争初期,以周恩来、董必武等为代表的中共中央南方局领导南方国民党统治区的广大共产党人和党外仁人志士,在争取民族解放和人民民主的斗争实践中,培育和形成了伟大的红岩精神。中共中央南方局创造性地践行马列主义群众观点,为丰富和发展党的群众路线做出了历史性贡献。专题展览运用了党和国家领导人对党的群众路线的精辟论述,将中共中央"党的群众路线"这条精神主线贯穿始终。

展览分为"严格整风,赢得群众""坚守宗旨,情系群众""舆论宣传,感召群众""三勤三化,深入群众""海纳百川,凝聚群众""坚定信念,鼓舞群众""清廉自律,取信群众""以史为鉴,警钟长鸣"8 个部分,共有 53 个生动、鲜活的小故事。

"红岩的小公共汽车"的故事很吸引人。抗战时期重庆的交通极不方便,周恩来有一辆由国民政府专门配备给他使用的雪佛兰小轿车,在进城办事时,他总要带上进城办事的同志。办事处同志有急事出行,也总是使用这辆车。这辆车还承担着接送外来人员上下山的任务,由此大家亲切地称这辆车为"红岩的小公共汽车"。

门　　票: 免费

开放时间: 9:00—16:30

三、邱少云烈士纪念馆

中 文 名：邱少云烈士纪念馆
地理位置：重庆市铜梁区巴川镇民主路 64 号
内容简介：

　　邱少云烈士纪念馆是中国革命人物纪念馆，是为纪念抗美援朝志愿军特等功臣、一级英雄邱少云烈士而修建的。纪念馆位于重庆市铜梁区少云公园凤山之巅，于 1962 年 10 月开馆，现对外免费开放。

　　主要景点：

　　邱少云烈士纪念馆坐落在凤山之巅，与百年名校铜梁中学毗邻。在纪念馆正门的石壁上，刻着杨尚昆题写的馆名。正门两侧是烈火的造型建筑，使人联想到邱少云的事迹，具有烈火金刚的象征意义。馆内塔柏挺秀，香樟芳菲，古榕树撑开巨大的华盖点缀在绿草红花之间。全馆由纪念碑和陈列厅两部分组成。陈列厅和纪念碑之间隔着天然水池，遥相雄峙在绿荫丛中，显得庄严雄伟。纪念碑高 10 米，碑顶是 5 米高的烈士青铜塑像，碑名由朱德题写。陈列厅展出了烈士衣物、图片和辅助陈列共计 250余件。

　　纪念碑位于陈列厅的正前方，碑身正面刻"邱少云烈士纪念碑"，背面刻烈士传略，碑顶是烈士塑像，碑座正面为由金星奖章、橄榄叶、冲锋枪组成的浮雕图案，后面为一级国旗勋章图案。

　　陈列厅的面积为 1700 多平方米，设有序厅、书画陈列厅和 4 个英雄事迹展览厅，共陈列烈士遗物、图片、中央领导题词及朝鲜政府金日成表彰烈士证书、奖章和赠送烈士家属礼品等文物 190 多件，展现了邱少云烈士光辉的一生。

门　　票：免费
开放时间：9:00—16:30

四、刘伯承同志纪念馆

中 文 名：刘伯承同志纪念馆

地理位置：重庆市开州区汉丰街道盛山公园内

内容简介：

刘伯承同志纪念馆，位于重庆市开州区汉丰街道盛山公园内。1990年12月奠基，1992年12月4日刘伯承诞辰100周年纪念日正式开放，邓小平亲自题写"刘伯承同志纪念馆"馆名。

2012年12月，刘伯承同志纪念馆正式被国家旅游局（现文化和旅游部）批准为国家4A级风景名胜区。2015年12月，刘伯承同志纪念馆入选长江三峡30个最佳旅游新景观之一。

主要景点：

刘伯承同志纪念馆建筑雄伟，总占地面积为5053平方米，总建筑面积为2290平方米，整个建筑采用砖混结构，是屋面为琉璃瓦的仿古建筑，融长江文化和现代化气息于一体，庄严简朴。

纪念馆内的陈列布展按历史轨迹，分为"壮志英华，从戎救国""土地革命，屡建奇功""烽火抗战，尽显神威""解放战争，功勋卓著""开国元勋，再铸伟业""一代名师，风范千秋"6个部分，展线长达520米，陈列着珍贵图片630张、实物和文献资料358件，通过声、光、电等科技手法生动再现了刘伯承元帅充满传奇的一生。

门　　票：免费

开放时间：9:00—17:00（周一闭馆）

五、聂荣臻元帅陈列馆

中文名：聂荣臻元帅陈列馆

地理位置：重庆市江津区几江城区西郊

内容简介：

聂荣臻元帅陈列馆位于重庆市江津区几江城区西郊，距重庆市区43千米，铜像广场宽阔平坦，两组大型浮雕分列左右，聂荣臻元帅铜像耸立中央。艾坪山公园一期工程的1.2千米道路、2万平方米的绿地、大量灯饰把陈列馆衬托得雄伟、庄严。这里是全国爱国主义教育示范基地、国家4A级旅游景区、重庆国防教育基地。陈列馆背倚青山，面临长江，交通便捷，环境优美，风景秀丽。

主要景点：

聂荣臻元帅陈列馆由主馆和铜像广场组成。主馆内共陈列照片近300张，文物、史料400余件，党和国家领导人的题词和书画名家创作的书画近百件，此外还收藏照片3000余张、文

物数百件、名家字画 500 余件、聂荣臻元帅生前藏书近万册。馆内还陈列了建国 50 周年阅兵式中展示的国产先进武器装备、长征系列火箭、各种人造卫星等声、光、电结合的模型 40 余件。

中国卫星发射演示厅是聂荣臻元帅陈列馆布展中最精彩的部分。该厅占地面积为 413 平方米，高 10.2 米，可一次容纳 250 名观众。尤其是卫星发射模拟演示，通过巨大的沙盘和声、光、电综合效应，展示了西昌卫星发射中心现场、卫星发射程序、火箭卫星在太空的飞行姿态，给人身临其境的感觉。

聂荣臻元帅陈列馆的主体建筑采取碑馆合一的建筑构思，正中碑体高 36 米，宏伟、挺拔。碑体顶端托起一颗卫星，象征着聂荣臻元帅为中国革命和新中国的科技事业做出的不朽功勋，永垂青史。铜像广场分为上、下两级，总面积为 6600 平方米，视野开阔、气势雄伟。聂荣臻元帅铜像屹立在广场中央，铜像高 4 米，连基座高 7 米，基座上镌刻着江泽民题写的"聂荣臻元帅" 5 个金色大字。　主馆展厅宽阔、展线流畅，以生动的图片、丰富的文物和翔实的史料，以及 40 余件国防科技成果模型和西昌卫星发射演示模型，再现了聂荣臻元帅为中国革命和建设事业的丰功伟绩，是进行爱国主义教育、革命传统教育、科普教育、国防教育的重要基地。

门　　票：40 元

开放时间：8:00—17:00

六、赵世炎烈士故居

中 文 名：赵世炎烈士故居
地理位置：重庆市酉阳土家族苗族自治县龙潭镇赵家庄子
内容简介：

赵世炎烈士故居坐落在重庆市酉阳土家族苗族自治县龙潭镇赵家庄子，占地面积为 1605 平方米，建筑面积为 712 平方米，是国家 4A 级旅游景区、全国重点文物保护单位、全国爱国主义教育示范基地、全国红色旅游经典景区。

主要景点：

赵世炎烈士故居，原名赵家庄

屋，始建于清光绪二十八年（1902），为砖木结构复四合院布局，正房坐北朝南，居中呈"T"字形，占地面积为 1605 平方米，建筑面积为 712 平方米。前院、后院有东西厢房，磨房面阔三间，碾房位于正房东侧。进门为八字朝门，左右门壁刻"福""禄"二字，苍劲有力，门檐上悬"琴鹤世家"匾额。正门围墙上为松鹤壁画。1982 年 11 月，邓小平题字"赵世炎同志故居"，制成鎏金匾额，悬于故居大门之上。

故居南面为赵世炎烈士像和凭吊广场，占地面积为 980 平方米。塑像南侧的陈列室的建筑面积为 200 平方米，陈列着赵世炎同志生前活动照片、手迹、书稿及李鹏、朱琳同志捐赠的赵君陶同志的遗物等文物。

门　　票：免费

开放时间：8:00—17:00

七、重庆中国三峡博物馆

中 文 名：重庆中国三峡博物馆
地理位置：重庆市渝中区人民路 236 号
内容简介：

重庆中国三峡博物馆，又名重庆博物馆，是首批国家一级博物馆、中央地方共建国家级博物馆。位于重庆市渝中区，与重庆人民大礼堂正对。其前身为 1951 年 3 月成立的西南博物院，1955 年 6 月更名为重庆市博物馆，2000 年 9 月经国务院办公厅批准成立，并加挂"重庆博物馆"馆名，新馆于 2005 年 6 月 18 日正式对外开放。

2008 年 7 月，重庆中国三峡博物馆正式被国家旅游局（现文化和旅游部）批准为国家4A 级风景名胜区。

主要景点：

重庆中国三峡博物馆的占地面积为 3 万平方米，建筑面积为 45 098 平方米，展厅面积为20 858 平方米。陈列展览由 4 个基本陈列、6 个专题陈列、1 个 360 度全周电影、1 个半景画陈列、1 个观众实践中心和 3 个临时展览构成。

重庆中国三峡博物馆的总体布局以东西走向的人民大礼堂对称轴为主轴线，用一个环形将人民广场与博物馆主体建筑联系起来，人民大礼堂、人民广场、博物馆三位一体，形成"三位一体"的四维效果。人民广场与博物馆通过一把巨型的琵琶图案连接为一体。

门　　票：免费

开放时间：9:00—17:00（16:00 停止入馆），周一闭馆（法定节假日除外）

八、杨闇公旧居和陵园

中 文 名：杨闇公旧居和陵园
地理位置：重庆市潼南区双江镇北街
内容简介：

  杨闇公旧居位于重庆市潼南区双江镇北街，是杨尚昆及其胞兄革命先烈杨闇公的出生地。旧居是典型的穿斗悬山顶小青瓦建筑，建筑面积为 1100 平方米，有大小 39 间房屋，呈二进三重四合院布局，古朴典雅，是西南地区保存最完整的清代建筑之一。它始建于清同治六年（1868），1992 年恢复旧居原貌，并在旧居内布置"杨闇公同志生平业绩展览"，馆内分为"文字图片资料"和"复原实物"两部分，共 21 个展室，展线长达 180 米。

主要景点：

  杨闇公（1898—1927），名尚述，字闇公，重庆市潼南县（现潼南区）双江镇人。1925年加入中国共产党，为中共四川地方组织的主要创建人之一，曾任中共重庆地方委员会书记兼军委书记。

  1913 年，杨闇公在兄长杨剑秋和杨宝民的支持下，进入南京军官教导团学习，随后参与策划反对袁世凯的武装起义任务。1924 年杨闇公从日本归国后加入社会主义青年团，1925年加入中国共产党，任中国共产党重庆地方执委会首届书记兼军委书记。1927 年 3 月 31 日重庆（通远门打枪坝）"三·三一惨案"发生后，于 4 月 4 日在赴武汉的亚东号轮船上被刘湘的便衣特务抓捕。面对敌人的酷刑，他坚拒利诱，怒斥顽敌。军阀震惧，割其舌，断其指，剜其目，4 月 6 日深夜在重庆佛图关遇害，时年 29 岁。

  杨闇公旧居内的陈列馆是一幢中式建筑，正门一副金色对联："杰出杨门赤诚报国无私欲，高悬祖训清白传家有遗风"。自清朝末年到潼南县（现潼南区）解放，前店门面是镇上的邮政代办所，由杨家经营。店后天井左侧的书屋是杨闇公与其弟妹学习之地。在杨闇公的指引和影响下，五弟杨尚  昆、十一弟杨白冰、二哥杨衡石、六弟杨尚化、六妹杨久君、九妹杨白琳都是共产党员，很早就参加了革命。陈列馆内的杨闇公烈士生平事迹展览分为"寻求救国救民的真理""共产主义运动的先驱""将大革命运动推向高潮""永恒的纪念"这 4 个部分，是重庆市青少年革命传统教育基地、爱国主义教育基地、国防教育基地、红色革命教育基地。

杨闇公烈士陵园位于重庆市潼南区城郊石碾村尖山子，是重庆市重点烈士纪念建筑物保护单位。陵园包括直路、车场、洞道、塑像坪、墓地这5个部分。园内花木丛生，苍柏肃立，浓荫中簇拥着伟岸的杨闇公塑像，寄托着人们对烈士的崇敬与怀念。塑像坪后为杨闇公烈士的墓茔，茔前陈列着朱德、邓小平、江泽民、李鹏、杨尚昆、聂荣臻、张爱萍、廖汉生、吴玉章、任伯戈等老一辈革命家及党和国家领导人的题词。陵园左侧还有烈士夫人赵宗楷的墓茔和为解放潼南牺牲的解放军烈士墓群。

门　　票： 免费

开放时间： 9:00—17:30（春季、夏季），9:30—17:00（秋季、冬季）

九、万州革命烈士陵园

中 文 名： 万州革命烈士陵园

地理位置： 重庆市万州区沙龙路50号

内容简介：

万州革命烈士陵园是一处大型革命纪念园林，坐落在重庆市万州区。陵园始建于1998年，占地面积为36平方千米，由纪念碑（亭）、大型英烈群雕、柱雕、英名墙、瞻仰广场、烈士事迹陈列馆等组成。

张爱萍将军为陵园题词，作家马识途为烈士事迹陈列馆题写了馆名。2001年4月30日，万州革命烈士陵园被命名为全国重点烈士纪念建筑物保护单位。2009年5月，被中宣部命名为全国爱国主义教育示范基地。2010年7月，被评为重庆市行风建设示范单位。

主要景点：

万州革命烈士陵园的陈列馆大楼独特大气，高26米，分三层，面积为3500平方米，馆内除序厅外，还有4个陈列厅，陈列展线长380米，展出珍贵的烈士图片、烈士遗物和史料5200余件，以新颖、独特、大气的布展方式和较现代的陈列手段及翔实的图片史料，全面真实地展示了万州各个革命时期所发生的重大历史事件及5000多名革命英烈的光辉业绩。

门　　票： 免费

开放时间： 全天

十、重庆三峡移民纪念馆

中 文 名： 重庆三峡移民纪念馆
地理位置： 重庆市万州区陈家坝街道南滨路
内容简介：

重庆三峡移民纪念馆位于三峡库区腹心，与重庆市万州区博物馆合署办公，是重庆市重大公益文化项目、全国唯一为纪念三峡百万大移民而修建的专题性纪念馆，也是三峡库区重要的历史文化和移民文化收藏、保护研究和展示中心。重庆三峡移民纪念馆的建筑面积为15062平方米，展区面积为7000平方米，现为国家二级博物馆、全国首批中小学生研学实践教育基地、国家3A级旅游景区、全国爱国主义教育示范基地。

主要景点：

重庆三峡移民纪念馆由中国建筑设计研究院设计，由北京城建集团有限责任公司负责施工。建筑外观造型独特，外形由棱角分明的体块组成，宛若长江边耸立的岩石。内部建筑的公共空间融入了陡壁长峡这一三峡元素，建筑实体构成的连续的、转折的倾斜"崖壁"及"崖壁"自身大大小小的洞口，抽象展现了三峡两岸传统聚落的形态，在"崖壁"之上是"一线天"般的玻璃天窗，共同组成了三峡意象。

馆内常设展览为三峡移民精神基本陈列"伟大壮举辉煌历程"、万州历史陈列"万川汇流"和专题陈列"盐井沟古象"、"刘江捐赠书法篆刻作品展"，每年还不间断地举办10个左右的临时展览，构建了由基本陈列、专题陈列、临时展览组成的陈列展览体系。展览通过文字、声音、影像、实物、雕塑、多媒体等形式，构建三峡移民的集体记忆空间，全景展示三峡库区的人文风貌和万州历史。

现有馆藏文物2万余件（套），主要以三峡库区考古发掘出土文物和传世历史艺术类文物为主体，具体可分为古生物化石、陶器、瓷器、青铜器、书画、雕塑造像、古籍图书、石刻、碑帖、钱币、近现代文物、三峡移民文物等34个文物门类，形成了规模宏大的藏品收藏体系，尤以大熊猫-东方剑齿象第四纪哺乳动物化石、巴蜀青铜器、唐湘阴窑青瓷器、三峡库区移民藏品最具地域特色。其中大熊猫-东方剑齿象第四纪哺乳动物化石种类丰富、保存完整。

门　　票： 免费
开放时间： 9:00—17:00 开放（16:30 停止入馆），周一闭馆

四 川 省

一、邓小平故居

中 文 名：邓小平故居
地理位置：四川省广安市广安区协兴镇牌坊村广花路
内容简介：

邓小平故居位于四川省广安市广安区协兴镇牌坊村，主要景点有近 20 处，如翰林院子、蚕房院子、邓绍昌墓及邓家老井、放牛坪、清水塘、洗砚池、神道碑等，充分展示了邓小平青少年时期的活动足迹。邓小平故居已成为人们追寻邓小平足迹、缅怀邓小平丰功伟绩和开展中国特色社会主义教育、爱国主义教育和革命传统教育的重要基地。

邓小平故居是第一批全国中小学生研学实践教育基地。2013 年 10 月，被批准为国家 5A 级旅游景区，成为四川省第 9 家国家 5A 级旅游景区。2016 年 12 月，入选《全国红色旅游经典景区名录》。2018 年 9 月，被评为"天府十大文化地标"。

主要景点：

邓小平故居陈列馆，其中陈列室的三个斜坡屋面寓意着小平同志三落三起不平凡的革命历程，中间高耸的建筑为"丰碑"，标识着小平辉煌的历史功绩及邓小平理论的伟大旗帜。

邓小平缅怀馆，展览主题为"小平，您好"，意在突出展示政坛之下的平民邓小平，表达"人民领袖人民爱"。整个展览是在邓小平故居陈列馆的基本陈列"我是中国人民的儿子"的基础上对邓小平人格魅力的完整补充，让人们更加了解他的生活、他的情感、他的世界。

邓小平铜像广场，占地面积为 1.73 万平方米，三面环山，状如座椅。邓小平铜像矗立在约 3333 平方米的草坪中间，铜像坐北朝南，坐落在这绿色幽静、古木参天的自然环境之中，既庄严肃穆，又亲切自然，给人以回家的感觉。

翰林院子，坐西朝东，穿斗式木结构建筑，悬山式屋顶，小青瓦屋面，是一个大而气派的四合院。整个院子共有大小房屋 36 间，由朝门、戏楼、厅堂和厢房组成，建筑十分精美，雕刻颇具特色。2002 年 12 月，翰林院子被四川省人民政府公布为省级文物保护单位。

蚕房院子，是邓氏家族养蚕、缫丝的作坊，建于清朝末年，建筑面积为 800 平方米。现设有序厅、展厅、蚕房、蔟室、缫丝、织绸、蚕丝历史文化、蚕丝科普、丝绸旅游商品等展室。2002 年 12 月，蚕房院子被四川省人民政府公布为省级文物保护单位。

邓家老井，是明朝时邓家先祖迁入广安时挖掘的，距今已有 500 多年。老井直径约 1 米，如同一面古老的青铜宝镜镶嵌在荷叶青青的水田间，清明如鉴。更奇特的是，井水常年充沛，水面始终高出地平面 60 厘米，溢出井沿，涓涓流淌，终年不断。

清水塘，塘面积约为 1.4 万平方米，形状恰似中国地图。儿时的邓小平放学归来，三五个小孩邀约在一起，经常在池塘里穿梭游泳，或相互嬉戏，或潜水捉鱼……清水塘伴随小平度过了欢乐的童年。邓小平说："我是中国人民的儿子，我深情地爱着我的祖国和人民。"

神道碑，是清朝嘉庆年间朝廷为表彰邓小平先祖清代翰林邓时敏的功德而赐造的。邓小平先祖邓时敏，字逊斋，号梦岩，雍正十年（1732）中举，乾隆元年（1736）进士及第，入翰林院授以编修，后升为侍讲学士，于乾隆十年（1745）升任大理寺正卿。邓时敏为官忠耿，刚果持正，政绩斐然，声名远播。年老后乞休，返乡卒于家，后追授通奉大夫。

门　　票：免费

开放时间：8:30—17:30（秋季、冬季），7:30—18:00（春季、夏季）

二、朱德故居暨朱德铜像纪念园

中 文 名：朱德故居暨朱德铜像纪念园

地理位置：四川省南充市仪陇县马鞍镇琳琅村朱家大湾

内容简介：

朱德同志故居纪念馆通过新颖独特的声、光、影等多种展示形式真实全面地再现了朱德同志一生的丰功伟绩。2007 年 5 月，朱德故居暨朱德铜像纪念园被国家文物局评为全国博物馆十大陈列展览精品特别奖。

该馆位于四川省南充市仪陇县马鞍镇琳琅村朱家大湾。朱德故居为土木结构的三合院瓦房，四周有 3300 平方米的竹木园林。大门正上方悬挂的是邓小平同志亲笔题写的"朱德同志故居纪念馆"馆名，整个馆区由五个展厅、诗画厅、接待室组成。展厅通过文物、文献、图表、照片等反映了朱德的生平事迹，诗画厅展出了当代名人为怀念朱德而作的诗画，配以宽大的回廊、假山、喷泉及园林花草点缀，显得古朴典雅、庄严肃穆。正中的朱总司令汉白玉雕像再现了一代元帅叱咤风云、指点江山的风采。

朱德青少年时代在这里居住过 13 年。1980 年 7 月，朱德故居被公布为四川省文物保护单位。1988 年，被定为全国重点文物保护单位。

主要景点：

朱德同志故居纪念馆是朱德故里景区的组成部分之一，坐东向西，与四川仪陇朱德故居遥遥相望。纪念馆于 1978 年 12 月 13 日经中共中央批准兴建，1982 年 8 月 1 日落成开馆，邓小平同志亲笔题写了馆名。纪念馆主体建筑 3760 平方米，融合了古典民族传统技艺和现代建筑风格，古朴典雅。展室使用面积 2100 平方米。

纪念馆的 4 个展厅分别命名为"从爱国名将到马克思主义者""从人民军队的缔造者到红军总司令""从八路军总司令到解放军总司令""开国元勋和社会主义事业开拓者"，用丰富的图片、翔实的史料、珍贵的文物展示了朱德元帅伟大的一生。

门　　票：免费

开放时间：8：30—17：30（17：00 停止入场，5 月 1 日至 9 月 30 日），9：00—17：00（16：30 停止入场，10 月 1 日至次年 4 月 30 日）

三、赵一曼纪念馆

中 文 名：赵一曼纪念馆
地理位置：四川省宜宾市翠屏山上原清代翠屏书院内
内容简介：

赵一曼纪念馆位于四川省宜宾市翠屏山上原清代翠屏书院内，是四川省宜宾市政府为纪念中国共产党的优秀党员、杰出的抗日民族英雄赵一曼同志于 1960 年修建的，占地面积为 3120 平方米，建筑面积面积为 547 平方米。

赵一曼纪念馆是四川省国防教育基地。2016 年 12 月，赵一曼纪念馆入选《全国红色旅游经典景区名录》。

主要景点：

赵一曼纪念馆展出了朱德、董必武、宋庆龄、陈毅等人的题词，以及赵一曼从事革命活动的文献资料和赵一曼在东北进行抗日武装斗争的事迹。还收藏了有关赵一曼烈士的实物171件、照片706张、各类文献资料、题词等200余件，其中一级品10件。

纪念馆内共设有三个展厅。

第一展厅陈列朱德、陈云等党和国家领导人的题词及赵一曼烈士的大事年表、生平简介。

第二展厅介绍赵一曼从一个大家闺秀成长为一个坚定的共产主义者的过程。

第三展厅介绍赵一曼在东北组织领导工人运动、参加东北抗日联军英勇杀敌的光辉业绩及被俘后英勇就义的悲壮情景。

馆前树有赵一曼的汉白玉雕像，馆内的陈列反映了赵一曼的成长过程和她在东北地区开展工人运动特别是在抗日联军中英勇战斗的业绩和临难时的英雄气概。

门　　票：免费

开放时间：9:00—17:00

四、黄继光纪念馆

中 文 名：黄继光纪念馆

地理位置：四川省德阳市中江县城东魁山脚下

内容简介：

黄继光纪念馆坐落在四川省德阳市中江县城东魁山脚下，占地面积为1.6万平方米，由纪念性景区、陈列展览区和办公服务区组成。该馆是全国爱国主义教育示范基地、四川省爱国主义教育基地。

主要景点：

黄继光纪念馆的陈列展览区由5个陈列室组成，通过500余件实物、图片、组画和模型展出黄继光烈士的生平、英雄事迹、遗物、朝鲜赠送的礼品、金日成的题词和中国党政机关及领导同志的题词，介绍了黄继光从一个贫苦农民的儿子成长为特级英雄的光辉历程，歌颂他胸怀全局、

奋不顾身的大无畏气概，展示他高度的爱国主义、国际主义和革命英雄主义精神。办公服务区建有办公室、接待室、会议室、资料藏品室等。

黄继光烈士的英雄事迹鼓舞着全国各族人民，教育着一代又一代青少年，激发他们的爱国主义热忱和勇于献身的革命英雄主义精神。

门　　票：免费

开放时间：8:30—17:30（17:00停止入馆）（周二闭馆）

五、都江堰水利工程

中 文 名：都江堰水利工程
地理位置：四川省成都市都江堰市西侧的岷江上
内容简介：

公元前256年，战国时期秦国蜀郡太守李冰率众修建的都江堰水利工程，位于四川省成都市都江堰市西侧的岷江上，距成都56千米。该大型水利工程现依旧在灌溉田畴，是造福人民的伟大水利工程。其以年代久、无坝引水为特征，是世界水利文化的鼻祖。这项工程主要由鱼嘴分水堤、飞沙堰溢洪道、宝瓶口进水口三大部分和百丈堤、人字堤等附属工程构成，科学地解决了江水自动分流（鱼嘴分水堤四六分水）、自动排沙（鱼嘴分水堤二八分沙）、控制进水流量（宝瓶口与飞沙堰）等问题，消除了水患。1998年灌溉面积达到6687平方千米，灌溉区域已达40余县。人们为了纪念李冰父子，建立了一座李冰父子庙，称为二王庙。

主要景点：

都江堰水利工程主要由鱼嘴、飞沙堰、宝瓶口三大主体工程构成。三者有机配合，相互制衡，协调并行，引水灌田，防洪减灾，具有"分四六，平潦旱"的功能。

鱼嘴是都江堰的分水工程，因其形如鱼嘴而得名，位于岷江的江心，将岷江一分为二。西侧叫外江，俗称"金马河"，是岷江的正流，主要用于排洪；东侧叫内江，是人工引水渠道，用于灌溉。飞沙堰的作用主要是当内江的水量超过宝瓶口流量上限时，多余的水便从飞沙堰自行溢出；如遇特大洪水情况，它还会自行溃堤，让大量江水回归岷江的正流。它看似平凡，却承担着溢洪的重责，是鱼嘴和宝瓶口的保护屏障。宝瓶口起"节制闸"的作用，是前山（今名灌口山、玉垒山）伸向岷江的长脊上凿开的一个豁口，因其形似瓶口而得名。留在宝瓶口右边的山丘，因与其山体相离，故名离堆。离堆在开凿宝瓶口以前，是虎头岩的一部分。由于宝瓶口自然景观瑰丽，有"离堆锁峡"之称，属历史上著名的"灌阳十景"之一。

门　　票：90元/人

开放时间：8:00—17:30（12月1日至次年3月1日），8:00—18:00（3月2日至11月30日）

六、红四方面军总指挥部旧址纪念馆

中 文 名：红四方面军总指挥部旧址纪念馆

地理位置：四川省巴中市通江县文庙街 29 号

内容简介：

红四方面军总指挥部旧址纪念馆坐落在红军城中心，江泽民、胡耀邦为纪念馆题写了馆名。纪念馆的整体建筑设计具有明清建筑的古朴典雅风格和巴蜀园林建筑的特色。

2016 年 12 月，红四方面军总指挥部旧址纪念馆入选《全国红色旅游经典景区名录》。

主要景点：

红四方面军总指挥部旧址位于四川省巴中市通江县，背抵列宁公园，面临通江河，由大

成殿、东西两庑、戟门、棂星门、万仞宫墙、泮池等组成。据《通江县志》记载，大成殿是县令周南于1452 年在旧基重建的。其造型凝重，结构严谨，石柱板壁，穿斗屋架，雕梁画柱，屋面琉璃生辉，房脊雕龙嵌凤，拱托三十根大木，在石庭柱的座墩上镌刻着千姿百态、栩栩如生的飞禽走兽，工艺精巧，惟妙惟肖，高墙重门，巍峨壮观。

红四方面军总指挥徐向前、副总指挥王树声、政治委员陈昌浩等领导在这里指挥红四方面军历经百战，并取得了辉煌胜利，创建了全国第二大革命根据地。

门　　票：免费

开放时间：9:00—17:00（淡季），8:30—18:00（旺季）（周一闭馆）

七、泸定桥革命文物纪念馆

中 文 名：泸定桥革命文物纪念馆

地理位置：四川省甘孜藏族自治州泸定县泸桥镇丰碑路

内容简介：

泸定桥坐落在泸定县的大渡河上，是全国重点文物保护单位。该桥始建于清康熙44年（1705），建成于1706年。康熙御笔题写"泸定桥"，并立御碑于桥头。共有12 164个铁环相扣，全桥铁件重40余吨。

1935年，中国工农红军飞夺泸定桥的壮举在中国共产党和中国工农红军的发展史上留下了浓墨重彩的一笔。毛泽东为此写下了"大渡桥横铁索寒"的不朽诗篇。

1950年，中国人民解放军第18军响应党中央"解放西藏"的伟大号召，翻越二郎山，来到泸定城。从这里继续往西挺进，把红旗插上了雪域高原，把光明带给了西藏百万农奴。

主要景点：

纪念馆为纪念中国工农红军飞夺泸定桥这一伟大历史事件而建，位于泸定桥东岸，全馆占地面积为1600多平方米，建筑面积为3449平方米，地下一层，地面局部三层，主展厅分布在一、二层。展区共分5个单元，以红军长征为主线，以飞夺泸定桥为重点，较全面地展示了红军飞夺泸定桥的惊、险、奇、绝和对中国革命所产生的重大意义。馆内6个陈列室共展出各类文物、实物、图片、模型和雕塑等400余件，再现了当年红军英勇战斗的情景。22位夺桥勇士飞夺泸定桥的雕像庄严而肃穆，迎接着国内外广大游客前来瞻仰。

门　　票： 免费

开放时间： 8:30—17:30（淡季），8:00—18:00（旺季）

八、中国工农红军四渡赤水太平渡陈列馆

中 文 名： 中国工农红军四渡赤水太平渡陈列馆
地理位置： 四川省泸州市古蔺县太平镇长征街
内容简介：

中国工农红军四渡赤水太平渡陈列馆位于四川省泸州市古蔺县太平镇。古蔺县是红军长征途中"四渡赤水战役"的征战之地，距县城35千米的太平镇是四渡赤水的主要战场遗址。大娄山下、赤水河边，在四川省泸州市古蔺县太平镇的长征街上，一座小青瓦的三层小楼格外引人注目，这就是中国工农红军四渡赤水太平渡陈列馆。

2016年12月，中国工农红军四渡赤水太平渡陈列馆入选《全国红色旅游经典景区名录》。

主要景点：

馆内陈列了四渡赤水的革命文物300余件，有红军号谱、红军医书、红军印、红军盆等，展示了毛泽东同志的早期军事指挥才能和四渡赤水光辉战例，再现了当年红军四渡赤水的史迹。

1975年，为纪念红军四渡赤水胜利40周年，实现周恩来同志"写好四渡赤水的光辉胜利，因为那是毛泽东同志军事指挥艺术的得意之笔"的心愿，古蔺县委、县政府在红军四渡赤水的第二、四次渡过赤水河的主要渡口所在地——太平镇建立了赤水河上唯一的"中国工农红军四渡赤水陈列馆"，是四川省重点文物保护单位和省级国防教育基地，2001年，中国工农红军四渡赤水太平渡陈列馆被中宣部命名为全国爱国主义教育示范基地。

门　　票：免费

开放时间：9:00—12:00，14:00—17:00（周二、周四、周六开馆）

九、红军强渡大渡河纪念地

中 文 名：红军强渡大渡河纪念地

地理位置：四川省雅安市石棉县大渡河西岸

内容简介：

安顺场位于四川省西南部的大渡河中游南岸，距石棉县城11千米，是太平天国著名的军事将领翼王石达开率领部队全军覆灭的地

方，也是中国工农红军强渡大渡河战役获得胜利的革命纪念地。1996年，安顺场先后被命名为四川省爱国主义教育基地和全国中小学生百个爱国主义教育基地。2004年5月，由江泽民亲自题写馆名的"中国工农红军强渡大渡河纪念馆"建成，该馆坐落在安顺场北，同纪念碑一起在遗址公园内，馆内保存两百多件文物，实为珍贵。2013年6月1日，顺利通过国家4A级旅游景区国家专家组的验收。

2016年12月，红军强渡大渡河纪念地入选《全国红色旅游经典景区名录》。

主要景点：

纪念地建筑采用唐式风格，对称布局和院落形式，内设休息、接待、展厅、办公研修区

域。配套工程包括入口广场、纪念广场、雕塑广场、红军渡口、红军宣誓场。

纪念地采用声、光、电多种方式，把"翼王悲剧地、红军胜利场"两段截然不同的史实展现在游客面前，具有强烈的艺术感染力。红军强渡大渡河纪念地将使安顺场逐渐成为又一处新的旅游景点，吸引更多的游客前来观光。

门　　票：免费

开放时间：全天

十、苍溪红军渡纪念馆

中 文 名：苍溪红军渡纪念馆

地理位置：四川省广元市苍溪县境内

内容简介：

苍溪红军渡纪念馆是红四方面军强渡嘉陵江战役的遗址。红军渡原名塔山湾渡口，是红四方面军长征出发地，位于距苍溪县城3千米处的塔子山下。塔子山山高林密，前山陡峭，居高临下，后山低缓，叶茂林深。塔山湾渡口滩头平坦、开阔，水流缓慢。

2016年12月，苍溪红军渡纪念馆入选《全国红色旅游经典景区名录》。

主要景点：

红军在苍溪转战期间，苍溪人民与红军血脉相连，留下了许多革命遗址和珍贵的革命文物。

红军渡：1935年3月28日，为了迅速贯彻党中央"渡江西进"的战略方针，红四方面军总指挥徐向前、副总指挥王树声及红三十三军军长王维舟，亲临前线，观察敌情，选定此处为强渡嘉陵江主渡口。这里是红四方面军策应中央红军挥师西进迈出的第一步，如今已成为红四方面军强渡嘉陵江战役纪念地，是全国爱国主义教育示范基地、省级文物保护单位、全国红色旅游经典景区。

谭家大院：强渡嘉陵江战役总指挥部遗址，位于苍溪塔子山后山下，张国焘与强渡嘉陵江战役总指挥徐向前、副总指挥王树声、红三十军政委李先念、副军长程世才等同志在此直接指挥了强渡嘉陵江战役。

王渡造船厂：红四方面军渡江造船遗址，位于离苍溪县城20千米的嘉陵江支流东河岸边王渡场附近，厂址设在蔡家院子外面的河边。1935年农历二月二十五日前，建造了适合强渡的船身小、形式巧、质量小、航速快、每只可容一班人的"毛蚌壳"（也叫"五板子"）船75只，为红军胜利强渡嘉陵江提供了物资保证。同时，红军充分利用王渡河滩与嘉陵江红军渡江主渡口相似的地形地貌，在东河上进行了渡江演练，军事专家称这是红军的第一支水军的诞生地。

文昌宫：四川省广元市苍溪县苏维埃政府旧址，该址在县城东北73千米的文昌场上。1933年6月，中共四川省委正式批准成立中共苍溪县委，9月8日，苍溪县第一次工农兵代表大会在文昌场召开，建立了苏维埃政府，徐向前总指挥在此办公。

黄猫垭：黄猫垭战斗遗址，李先念骨灰撒放纪念地。黄猫垭位于苍溪县城东北102千米的蟠龙山梁上，山上盘龙寨和狮子寨之间的岩壁上有一对黄色巨石，其形若猫，故名黄猫垭。为纪念黄猫垭战斗的伟大胜利，苍溪县人民政府于1967年修建了"黄猫垭战役胜利纪念碑"并竖立于黄猫垭口，李先念逝世后，特地要求将其骨灰撒在了这片土地上。

门　　票：免费

开放时间：8:30—17:30（淡季），8:00—18:30（旺季）

十一、万源保卫战战史陈列馆

中 文 名：万源保卫战战史陈列馆

地理位置：四川省达州市万源市太平镇驮山路46号

内容简介：

万源保卫战战史陈列馆位于四川省达州市万源市太平镇驮山路46号，是为了纪念中国工农红军第四方面军在土地革命战争时期为保卫全国第二大苏区——川陕革命根据地，而进行的一场艰苦卓绝的重大战役并取得辉煌胜利的专题纪念馆。

2016年12月，万源保卫战战史陈列馆入选《全国红色旅游经典景区名录》。

主要景点：

陈列馆占地13 333平方米，馆舍面积为2500平方米，共设4个展室、7大单元，展线长170米，

主要陈列在万源保卫战中红军遗存的各类文献资料、武器弹药、石刻标语等珍贵文物和辅助陈列品1000余件。陈列馆通过沙盘展示、灯箱布景、摄影绘画、图表统计、文字解说等艺术组合，再现了徐向前、李先念、许世友等率领的8万红军将士与刘湘20余万国民党川军血战万源的历史场景。

陈列馆的7个单元分别为"固军起义革命烽火漫巴山""奇兵入川红色苏区建川陕""迎敌围攻收紧阵地御强敌""决战万源撼天动地壮军史""全线反攻横扫千年如破竹""踊跃支前万源人民多贡献""精神永存光辉伟业照千秋"。附展为"川军将领的归宿"。

门　　票：免费
开放时间：9:00—18:00

十二、陈毅故居

中文名：陈毅故居
地理位置：四川省资阳市乐至县劳动镇旧居村
内容简介：

陈毅故居建于清朝乾隆初年，是一座具有浓厚的川中村民居特色的三重堂四合院木质结构瓦房，占地面积为 750 平方米，加上四周园子的占地面积为6050平方米。1901 年 8 月 26 日，陈毅元帅就诞生在这里。1980 年 8 月，乐至人民政府为纪念陈毅元帅，将故居修葺一新，同年 10 月正式对外开放，并被四川省政府列为省级重点文物保护单位，目前已被评为国家 4A 级红色旅游景区。

2016 年 12 月，陈毅故居入选《全国红色旅游经典景区名录》。

主要景点：

距故居 500 米处有陈氏宗祠，兴建于清同治八年（1869），坐南向北，是一座木质穿榫结构的小四合院，雕梁画栋，古色古香。1922 年，陈毅留法勤工俭学回国后在此居住半年，其间，他为家乡人民在故居外的羊叉河上安装了水碾、水磨、水力轧花机和简易提水灌溉等机器，一直被传为佳话。

1986 年，在离故居 200 米处的梅山修建了故居文物陈列馆，并于 1987 年 8 月 26 日正式对外开放。陈列馆以江南民居并吸取苏杭园林的特色进行布局，地势高低错落，曲径通幽。建筑面积为 1926 平方米，结构面积为 12 984.14 平方米，共有大小庭院 7 个，房屋 41 间，其中展厅 5 个，面积为 700 平方米。陈列馆外围由一条长 500 米的条石围墙环绕，四周置翠竹、桂树、果树，一片郁郁苍苍。大门前筑石坝，两边是八字形梯坎，左右皆可上下，坝前及路旁塔柏成行，雪松挺拔，把陈列馆衬托得高大端庄。陈列馆的前庭安放着陈毅元帅的青铜铸像，铜像高 4.5 米，身材魁伟，容光焕发，铜像两边则被数十棵苏铁簇拥。内坝中央建有一水池，池畔有黑色大理石雕凿的诗碑，诗碑录陈毅元帅《青松》《梅岭三章》等著名诗篇，把陈列馆装点得更加高雅别致。陈列馆内的 5 个展厅按陈毅元帅的一生分为 5 个时期、18 个部分，通过大量的实物、照片、年表、诗词、著述、信札、战役示意图、战绩统计表等系统地再现了陈毅元帅光辉的一生。

陈毅故居及故居文物陈列馆不仅史料充实，展品生动、形象、丰富，具有极高的革命文物价值，而且环境优雅、风景宜人，已成为集园林、风光、纪念馆于一体的风景名胜区，并被列为四川省爱国主义教育和精神文明教育基地。

陈毅祖父母墓：在故居后的山黄岭坡上是陈毅祖父母墓。陈毅祖父陈荣盛、祖母朱氏墓及陈毅堂兄陈孟熙将军墓于 2007 年从成都迁至故居后的山黄岭坡上。

门　　票：10 元

开放时间：9:00—18:00

十三、川陕革命根据地博物馆暨川陕苏区将帅碑林

中 文 名：川陕革命根据地博物馆暨川陕苏区将帅碑林

地理位置：四川省巴中市巴州区南龛山

内容简介：

川陕革命根据地博物馆是地方性专题博物馆，位于当年川陕革命根据地的中心——四川省巴中城南，于 1951 年建成。其前身为巴中人民文化博物馆，1958 年改称巴中县（现巴中市）革命博物馆，1961 年更名川陕革命根据地巴中纪念馆，1979 年改为现名。

2016 年 12 月，川陕革命根据地博物馆暨川陕苏区将帅碑林入选《全国红色旅游经典景区名录》。

主要景点：

川陕革命根据地博物馆是收藏、研究、宣传川陕苏区革命文物和历史的专题馆。新馆坐落在四川省巴中市巴州区南龛山的半坡上，占地面积为 1.3 万余平方米。建筑的陈列大楼、红军石刻陈列廊等的建筑面积为 3800 余平方米。陈列大楼上方是邓小平同志题写的"川陕革命根据地博物馆"。整个建筑风格古朴典雅、雄伟壮丽、绿树红墙浑然一体。博物馆现有馆藏文物两万余件，有以"川陕西革命根据地斗争史"为题的基本陈列展厅和临时展览厅，以大量文物、标本形象生动地反映了在中国共产党领导下的中国工农红军第四方面军。

中国工农红军第四方面军于1932年2月结束了从鄂豫皖苏区西征的战略转移。挺进川北，在川陕边党组织和人民群众的支持下，创建了川陕革命根据地。

门　　票：10元

开放时间：8:00—17:00

十四、红军长征纪念碑碑园

中 文 名：红军长征纪念碑碑园

地理位置：四川省阿坝藏族羌族自治州松潘县川主寺镇元宝山

内容简介：

红军长征纪念碑碑园位于四川省阿坝藏族羌族自治州松潘县川主寺镇元宝山，是去世界自然遗产九寨沟、黄龙风景名胜区的必经之地。

2016 年 12 月，红军长征纪念碑碑园入选《全国红色旅游经典景区名录》。

主要景点：

红军长征纪念碑碑园由主碑、大型花岗石群雕、陈列室三大部分组成。主碑高 41.30 米，由红军战士铜像、碑体、汉白玉基座组成。红军战士铜像高 14.80 米，双手高举成"V"字形，象征胜利，一手持步枪，一手执花束。碑体高 24 米，亚金铜贴面，三角象征三大主力红军。汉白玉基座高 2.5 米，墨绿色磨石地面。主碑背靠雪山，面向草地，气势恢宏。

大型花岗石群雕高 12.5 米，用 1440 块红色花岗石精雕细刻而成。刻画的人物共有九组，分别为开路先锋、勇往直前、团结北上、山间小憩、草地情深、征途葬礼、前赴后继、回顾思考、英灵会聚，艺术地再现了红军长征的战斗历程。

陈列室门厅的两边悬挂着 10 余块中央领导和红军老前辈题词的楠木匾额，室内展品则反映了红一、二、四方面军和红二十五军的征战历程及各地修建的长征纪念建筑照片。

门　　票：60元（旺季），40元（淡季）

开放时间：8:00—18:00

十五、"5·12"汶川地震遗址、遗迹保护及地震博物馆

中 文 名："5·12"汶川地震遗址、遗迹保护及地震博物馆

地理位置：四川省成都市大邑县安仁镇

内容简介：

"5·12"汶川地震遗址、遗迹保护及地震博物馆是四川省灾后精神家园重建"一馆三地"（"5·12"汶川特大地震纪念馆、映秀震中纪念地、汉旺地震工业遗址纪念地、虹口深溪沟地震遗迹纪念地）的龙头项目，具有纪念、展示、教育、宣传、科研等功能。

"5·12"汶川特大地震纪念馆包括室内场馆和室外遗址。室内场馆包括主馆（地震纪念馆）、副馆（地震科普体验馆），室外遗址包括北川老县城地震遗址、沙坝地震断层、唐家山堰塞湖遗址。

主要景点：

2008 年发生"5·12"汶川特大地震后，为铭记灾难、弘扬伟大的抗震救灾精神，按照时任总理的温家宝关于"这座老县城可以作为地震遗址保留，变成地震博物馆"的指示精神，根据灾后重建规划，建设了"5·12"汶川特大地震纪念馆。

室内场馆与北川老县城地震遗址毗邻，建筑方案"裂缝"的寓意为"将灾难时刻闪电般定格在大地之间，留给后人永恒的记忆"。

主馆（地震纪念馆）分为序厅、旷世灾难破坏惨重、万众一心抗震救灾、科学重建创造奇迹、伟大精神时代丰碑、结束语 6 大板块，于 2013 年 5 月面向社会公众免费开放。

副馆（地震科普体验馆）以"感受地震、传播知识、关爱生命"为主题，陈展面积为 1560 平方米，总展线长 512 米，分为"时空隧道、灾难现场、解密地震、穿越地震断裂带、震前防御、避险与救援"6 个展区，于 2013 年 10 月面向社会公众开放。

北川老县城地震遗址规划保护面积为 266 平方千米，有重要事件地 12 处、一级保护建筑 16 处、二级保护建筑 75 处、典型地质与基础设施破坏保护 5 处，是全世界唯一整体原址原貌保护的、规模最大、破坏类型最全面、次生灾害最典型的地震灾难遗址区。经过治理保护，于 2010 年 5 月面向社会公众适度开放。2012 年 7 月，被四川省政府核定为省级重点文物保护单位。

沙坝地震断层位于北川羌族自治县曲山镇沙坝村，处在龙门山主中央断裂带，垂直位移达 10.5 米，在中外地震史上属罕见断裂层，地震断层周边地质灾害种类齐全、地质灾害点多，是地震次生灾害展示的宝贵资源，具有很高的科学研究价值。

唐家山堰塞湖遗址位于北川老县城地震遗址上游 5 千米处，顺河向长 803.4 米，横河宽 611 米，最大高度为 124 米，堆积体 2037 万立方米。湖区控制流域面积 3538 平方千米，最高蓄水位 743 米，蓄水量达 2.466 亿立方米。2008 年 6 月 10 日成功泄流后，水位降至 713 米，常年库容约 8600 万立方米。2013 年"7·9"特大洪灾导致堰塞坝右岸出现局部溃口，水位下降至 698 米，常年库容约 4600 万立方米。

门　　票：免费

开放时间：全天

十六、川陕革命根据地红军烈士陵园

中 文 名：川陕革命根据地红军烈士陵园
地理位置：四川省巴中市通江县沙溪镇王坪村
内容简介：

川陕革命根据地红军烈士陵园原名王坪红军烈士墓，坐落于四川省巴中市通江县沙溪镇

王坪村，是国家 4A 级旅游景区、全国重点烈士纪念建筑物保护单位、全国爱国主义教育示范基地、全国红色旅游经典景区、全国 30 条红色旅游精品线路之一，现为我国最早的大型红军烈士陵园。

川陕革命根据地红军烈士陵园始建于 1934 年，2011 年对陵园进行改建和扩建，将原来的 2.33 万平方米的陵园核心区扩展了 10 倍。陵园由铁血丹心广场、

千秋大道、陵园核心区、散葬墓区、纪念馆等部分组成，分布着铁血丹心主题雕塑、英勇烈士纪念碑、红军烈士集墓、无名烈士纪念园、英烈纪念墙、总医院旧址群、"赤化全川"石刻标语等景点。在这个全国安葬红军烈士最多的红军烈士陵园里，长眠着 25 048 名红军烈士。

主要景点：

在川陕革命根据地红军烈士陵园中，烈士陵园为仿川东北民居风格建筑，建于 2011 年 8 月，占地面积为 4 万余平方米，是重要的红军文化传播基地和廉政教育平台。馆内用 8 个展厅分"辉煌征程、战地血花、忠魂千秋、丰碑永存、将星璀璨"5 个单元进行陈列，表达了"英烈忠魂"主题。按照"红色序章—红色战地—红军丰碑—红色追忆—红色永续"的红军文化脉线，展示"川陕苏区首府、悲壮红色通江"的宣传主题，再现了川陕革命根据地的红军将士可歌可泣的英雄事迹和红四方面军总医院的历史贡献。

铁血丹心广场在陵园的入口处，面积为 1 万平方米。广场上屹立着一座名为"铁血丹心"的石刻雕塑，雕塑表现了红军当年投身革命事业抛头颅、洒热血的英勇壮举和人民群众积极投身革命事业的满腔热情。

千秋大道是陵园中轴线的一部分，寓意红军打下的江山千秋永固。全长 425 米，共有 9 个纪念平台，341 步青石板梯步，与红四方面军总医院迁入王坪村的时间（1934 年 1 月）契合。梯步最宽处 35 米，最窄处 12 米，寓意红军 1935 年 12 月撤离川陕苏区北上，当年 12 月入川。

烈士陵园牌坊，沿着千秋大道拾级而上，尽头耸立着气势雄伟、壮观的烈士陵园牌坊。牌坊高 12.5 米，宽 25 米，6 柱 5 门，由纯真草白玉雕琢而成，重达 800 余吨。进入牌坊大门，就是陵园核心区，园内建有英勇烈士纪念碑 1 座、红军烈士集墓 1 座、师团职烈士墓 40 座。

门　　票：免费
开放时间：全年无休（周一闭馆）

十七、李白纪念馆

中 文 名：李白纪念馆
地理位置：四川省绵阳市江油市昌明河畔
内容简介：

　　李白纪念馆是为纪念唐代大诗人李白而修建的仿唐园林建筑群，位于四川省绵阳市江油市昌明河畔，占地面积为 4 万余平方米。该纪念馆于 1962 年开始筹建，1982 年正式向外开放，是国家 4A 级旅游景区。

　　2009 年，李白纪念馆被中宣部命名为全国爱国主义教育示范基地。

主要景点：

　　纪念馆规模宏大，是古朴典雅的仿唐建筑群，主要有太白堂、杜甫堂、太白书屋、陈列区、归来阁、临江仙馆、花雨轩等景点。园林绿化充分体现了唐代园林、诗意园林和川派园林的特点，还分布着众多名人题写的对联、匾额，是欣赏诗歌艺术、追忆古人的绝佳之地。

门　　票：免费
开放时间：9:00—17:00

十八、彝海结盟纪念馆

中 文 名：彝海结盟纪念馆
地理位置：四川省凉山州冕宁县以北 40 千米羊坪子山上
内容简介：

　　1935 年农历四月，中国工农红军长征经过冕宁彝族地区时，先头部队被彝族群众围住，经过宣传党的政策，军委总参谋长刘伯承并同彝族沽基家支首领小叶丹在海子边杀鸡饮血，结为盟友，帮助他们组织"中国彝民红军沽基支队"，还赠送他们一些枪支和一面"中国彝民红军沽基支队"的红旗，加强了民族团结和军民团结，保证了红军顺利通过彝族地区。

2016年12月，彝海结盟遗址入选《全国红色旅游经典景区名录》。

主要景点：

"彝海结盟"是红军正确执行党的民族团结政策的光辉典范，充分体现了党的民族政策的胜利，它给奇迹般的长征增添了光辉的一笔，成为红军长征途中的10件大事之一。

从彝海沿着步道往上走，小广场正对着彝海结盟纪念碑。爬上楼梯，纪念碑旁边有一个用铁栅栏围住的草坪，这里是刘伯承元帅与小叶丹举行结盟仪式的地方。草坪上有3块石头，这3块石头是结盟石，据说刘伯承、小叶丹等人当年正是坐在这几块石头上谈话的。几块石头见证了这段动人的历史，见证了"彝海结盟"的重大意义。

石头仍保留着原来的样子，80多年历经风雨仍固守于此，守着80多年前刘伯承和小叶丹"彼此愿永结弟兄，肝胆相照，团结如一，永不反悔"的誓言。

为了永远纪念这段民族团结的历史佳话，1985年在这里兴建了"彝海结盟纪念碑"，碑座背面用彝、汉、英三种文字刻写了碑文，结束语写道："彝海结盟是民族团结和军民团结的典范，是中国共产党民族政策的胜利，是红军长征史上光辉的一页。"

门　　票： 20元/人

开放时间： 8:30—18:00

十九、红军长征翻越夹金山纪念馆

中 文 名： 红军长征翻越夹金山纪念馆

地理位置： 四川省雅安市宝兴县县城西侧的青衣江畔

内容简介：

红军长征翻越夹金山纪念馆位于四川省雅安市宝兴县县城西侧的青衣江畔，占地面积约为4500平方米，是2005年为了追忆史诗般的红军长征、弘扬红军长征精神、继承先辈优良传统、纪念红军长征翻越夹金山70周年修建的。

2017年3月，红军长征翻越夹金山纪念馆被中宣部命名为全国爱国主义教育示范基地。

主要景点：

纪念馆始建于2005年，馆内有两个展厅。第一展厅基本陈列"红军长征翻越夹金山"共展出图片103张、文物68件。第二展厅为"陈云出川暨陈云光辉一生"专题展览，共展出图片140张、文物39件。

368

　　红军广场的占地面积为 3300 平方米，主要是园林绿化和休闲广场。园林绿化部分由圆形、矩形、不规则形状的花台组成了一个火炬形的图案，寓意红军精神如星星之火燎原大地。

　　主题雕塑位于红军广场的中央，主体是一块巨型碑，碑宽 6 米，厚 2.5 米，高 8.5 米。碑体雕塑采用了圆雕、浮雕和仿青铜浮雕三种表现手法。碑身西南面用圆雕手法刻画了藏族向导、红军军官和战士三个人物，反映的是红军将士在藏族同胞的带领下，登上夹金山顶那一瞬间的情景。碑身下沿的四周以浮雕形式描绘了红军翻越夹金山途中的 4 个经典场面。碑身南面和北面以仿青铜浮雕手法，各塑造了一组红军群像，有的手拉手，有的相互搀扶，有的则拽着马尾巴，冒着霏霏白雪艰难地行进在陡峭的山路上。

　　碑体西侧是张昌余教授撰文并手书的铭文"雪山丰碑"。铭文共 400 余字，讲述了红军长征和翻越夹金山的壮举。

　　连环画护栏位于红军广场的西侧外沿。连环画护栏共由 110 块深浮雕板构成，内容分为三个部分：红军长征翻越夹金山；老一辈无产阶级革命家关于长征和翻越夹金山的回忆录及手书；红军在宝兴遗留的文物雕刻。通过这些内容再现了红军三越夹金山及红军在宝兴境内的整个战斗历程。

　　红军纪念馆位于广场北端，分为红军长征翻越夹金山展厅和陈云出川展厅。纪念馆外观独特、别具一格，在设计上融合了川西民居和藏族民居的风格。纪念馆从外到内都以红军军装"灰"为基调色，极力烘托出一种凝重、庄严且深沉的气氛。

门　　票：免费

开放时间：8:30—17:30（周一闭馆）

二十、阿坝州两河口会议旧址

中 文 名：阿坝州两河口会议旧址
地理位置：四川省阿坝藏族羌族自治州小金县两河口镇

内容简介：

阿坝州两河口会议会址距小金县城 70 千米。阿坝州两河口会议会址在汶川特大地震中损毁严重。在灾后重建中，小金县紧紧抓住对口援建的有利契机，倾力把阿坝州两河口会议会址打造成西环线上红色旅游的重要节点和爱国主义教育基地，将阿坝州两河口会议会址列入江西省对口援建十大示范项目，投资 4500 万元，对会址的硬件设施全面进行改造提升，规划建设两河口会议纪念馆、纪念广场。2010 年 12 月 3 日，两河口会议纪念馆开馆仪式在四川省阿坝藏族羌族自治州小金县隆重举行。

主要景点：

阿坝州两河口会议纪念馆布展方案定位准确、内容充实、展陈新颖、线路清晰，以"胜利大会师 决策再北上"为主题，按照红一、四方面军在小金县的战斗生活历程为脉络，依据纪念馆的建筑结构合理规划参观路线，将展厅规划为序厅、会师同乐厅、政权建立厅和两河北上厅。利用声光电场景还原、多媒体展示、雕塑、油画、实物、图片、文献资料等艺术形式进行展陈。以红色为基调，以暖色光源为补充，采用激光灯、射灯、LED、灯箱、音响系统等形式，烘托展厅氛围，增强视听效果，实现了缅怀革命先烈、陶冶爱国情操、传承红色文化、弘扬民族精神的目的。

门　　票：免费

开放时间：8:00—17:00

二十一、红军长征过会理纪念馆

中 文 名：红军长征过会理纪念馆
地理位置：四川省凉山彝族自治州会理县环城西路中段 2 号
内容简介：

红军长征过会理纪念馆位于四川省凉山彝族自治州会理县环城西路中段 2 号。建筑面积为 2070 平方米，是专题性纪念馆，专门举办"中央红军过会理纪念展"，被列为四川省委政法委主题教育实践基地、凉山州爱国主义教育基地。

据会理县文管所所长、红军长征过会理纪念馆馆长唐翔介绍，2007 年，县委、县政府投资 420 万元修建了红军长征过会理纪念

馆。纪念馆于 2007 年 12 月动工，2008 年 10 月竣工，2009 年 8 月正式免费开放。

主要景点：

红军长征过会理纪念馆是集收藏、保护管理、研究和展示红军长征过会理文物史料的重要场所。长期举办"中央红军长征过会理纪念展"，用 6 个篇章介绍了中央红军在长征途中发生的重大历史事件和在会理期间的主要活动，缅怀为新中国的建立历尽艰辛、抛洒热血的红军将士和老一辈无产阶级革命家。展出的有革命历史文物 72 件、复制品 63 件、模型 1 个、书 16 册，其中国家三级文物 10 件。展览中有文字说明 3.6 万余字、图片 215 幅、复原场景 4 个、沙盘 1 个、大型浮雕 1 幅、多媒体互动场所 1 处。2012 年 7 月，红军长征过会理纪念馆被确定为第一批凉山州廉政教育基地。

门　　票： 免费

开放时间： 8:00—18:00

二十二、木门会议会址纪念馆

中 文 名： 木门会议会址纪念馆

地理位置： 四川省广元市旺苍县木门镇

内容简介：

木门会议会址纪念馆位于四川省广元市旺苍县木门镇的木门寺，是中国工农红军第四方面军重要军事会议会址、四川省文物保护单位。木门寺始建于唐贞观年间（627—649），后几经兵燹，现存建筑为清代所建木结构穿斗式建筑，由正殿、厢房和山门组成，占地面积为 3300 多平方米。

主要景点：

木门会议会址纪念馆被列为四川省 36 个经典红色旅游区，纪念馆内共分 5 个展区展示红四方面军的文物、图片、红军标语碑林等，1991 年，木门寺被列为省级重点文物保护单位、全国青少年教育基地。木门镇有三国文化遗址射部坪、延战街、火箭河、字库石塔、杜家祠古墓碑石刻群、佛教文化寺庙会馆、梵宇禅宫、周永牌坊等自然景观，独具特色。木门寺古名老颧寺，相传建于南梁，隋毁，唐代重修。整个建筑的面积为 1800 平方米，四周大树参天、翠竹葱茏、青幽深邃，青龙寨雄踞其后，金鱼河蜿蜒于下，寺内众僧虔诚诵佛念经，晨钟暮鼓，香火十分兴旺。1933 年 6 月，中国工农红军第四方面军领导人张国焘、徐向前等在这里召开了高级军政干部参加的重要军事会议，史称"木门会议"。

门　　票： 免费

开放时间： 全天

二十三、阆中红军烈士纪念园

中 文 名： 阆中红军烈士纪念园
地理位置： 四川省南充市阆中市江南镇黄花山
内容简介：

阆中红军烈士纪念园位于四川省南充市阆中市江南镇黄花山，东靠古刹大佛寺，南接七里开发新区，西抵著名风景区锦屏山公园，北临阆中古城，嘉陵江水环抱，园区绿树成荫，纪念设施完善，总占地面积为 7.2 万平方米，是四川省爱国主义教育基地、南充市重点烈士建筑物保护单位，是阆中市纪念褒扬红军烈士、陈列红军烈士文物、传播红色文化、进行爱国主义教育和国防教育的主要场所。

2017 年 3 月，阆中红军烈士纪念园被中宣部命名为全国爱国主义教育示范基地。

主要景点：

阆中是川陕苏区的重要组成部分，也是红四方面军长征的重要出发地之一。1933—1935 年，红四方面军在阆中转战三年，2.3 万多名阆中优秀儿女参加了红军，在册牺牲的红军烈士有 7790 名，共诞生了 9 位将军、76 位省军级干部。为纪念红军和英烈，阆中市委、市政府于 1996 年修建了阆中红军烈士纪念园，2009 年 9 月开始对其扩建。建成后的阆中红军烈士纪念园主要划分为嘉流击楫区、星火燎原区、山河铭义区、金戈岁月区、碧血千秋区和英烈园，形成"五区一园"。新增了三大主题雕塑、红军广场、革命之梯、"一旗五徽"、革命烈士纪念碑、功勋墙、红军烈士名录墙等纪念设施，新建了红军烈士陵园，改造了园区展馆面貌，展出红军烈士的文物 400 余件。扩建后的阆中红军烈士纪念园的文化内涵更加丰富、艺术感染力更加浓厚、教育功能更加突出，是川陕精品旅游线上一处集纪念、教育、休闲等于一体的红色文化景区。

门 票： 免费
开放时间： 9:00—17:30（周一闭馆）

贵 州 省

一、遵义会议纪念馆

中 文 名: 遵义会议纪念馆
地理位置: 贵州省遵义市红花岗区子尹路96号
内容简介:

　　遵义会议纪念馆是为纪念中国共产党历史上具有伟大历史意义的遵义会议而建立的，位于贵州省遵义市红花岗区子尹路96号，于1955年10月开放。

　　1961年3月，国务院公布遵义会议会址为第一批全国重点文物保护单位。1964年底，毛泽东为纪念馆手书"遵义会议会址"6个大字。2008年5月16日，列入国家文物局首批国家一级博物馆。

　　2017年1月，遵义会议纪念馆入选《全国红色旅游经典景区名录》。

主要景点:

遵义会议会址

　　遵义会议会址房屋原为国民革命军第25军黔军第二师师长柏辉章的私邸，建于20世纪30年代初，建筑物由主楼和跨院两部分组成。整栋主楼道面宽25.19米，通进深17.01米，通高12米，占地面积为528平方米，建筑面积为428.48平方米。

　　遵义会议的会议室在二层（一层作战室的楼上），是一间长方形的房间，面积为27平方

米。遵义会议期间，红军总司令朱德、总政委周恩来、总参谋长刘伯承住二层，彭德怀、杨尚昆、刘少奇、李卓然等住一层，总司令部一局作战室设在一层。

跨院是黔北民居四合院风格的建筑，坐东向西，由东屋、北屋、南屋、西屋4部分组成，建筑面积为334平方米。主楼和跨院之间伸出一船形的楼房，原是柏家制作酱料及收晒豆子的晒房，遵义会议期间是红军总司令部的厨房。一局事务长姚国民、警卫班长潘开文等住厨房楼上。以上展室长期进行原状陈列，向观众开放。

红军总政治部旧址、干部大会会场

红军总政治部旧址位于遵义市红花岗区老城杨柳街，原为遵义天主堂，由经堂和学堂两大部分组成，占地面积为8957平方米，建筑面积约为1285平方米。建于清同治五年（1867）。

经堂（干部大会会场）整组建筑是罗马式建筑。它的两侧是一排排圆拱的雕花窗棂，镶着五颜六色的玻璃。其房屋结构为空斗墙包木柱，罗马式伞形顶，面积为385.2平方米，高约7米，堂中两侧8根圆木柱，外顶正中竖立着一个红十字架，有壁画、雕塑，较为壮观。1935年1月，中央红军长征到遵义后，红军总政治部负责同志在经堂内主持召开了遵义各界群众代表大会，商讨成立遵义县（现遵义市）革命委员会等革命组织的筹备工作，领导红军之友社、赤色工会、工人游击队等革命群众在此活动。遵义会议后，二渡赤水回师遵义，党中央在经堂内召开红军干部大会，毛泽东、周恩来、张闻天等在会上总结了遵义战役胜利的经验，使广大干部对遵义会议改变军事领导后所取得的胜利感受到极大的鼓舞。

学堂在经堂的南侧，是一组庭院式平房建筑，采用瓦木结构。中央红军攻占遵义期间，红军总政治部机关即设在这里。

整个旧址长105米，宽129.1米，共占地面积为13 555平方米，四周建有峻宇雕墙，颇为富丽。

1984年11月2日，邓小平同志题写了"红军总政治部旧址"，该题字经放大后，精心制作成黑漆底的金字大匾，挂在旧址大门上。

遵义会议期间毛泽东、张闻天、王稼祥住处旧址

1935年1月，中央红军长征到遵义后，毛泽东、张闻天、王稼祥住在新城古寺巷（又名穆家庙，现幸福巷19号）黔军旅长易少荃的私宅里。

这幢楼房背靠桃源山东麓，建于1933年，坐南朝北，占地面积为2500平方米，毛泽东住在楼上左前间，室内陈设着钢床、圆形靠背椅、茶几、军用电话机、红漆九抽桌，桌上置马灯、军用地图、方形铜墨盒、楠竹笔筒、毛笔、红蓝铅笔、信笺、三磅热水瓶、白色搪瓷茶缸等物，桌下有木架火盆，桌旁放着一对铁皮公文箱，以及其他生活用具等。

1983年12月，国家文物局同意将此旧址纳入全国重点文物保护单位，作为遵义会议会址的组成部分。

2001年，遵义市委、市政府对其周边环境进行了较彻底的整治，拓展了保护范围，增设了毛泽东、张闻天、王稼祥雕像和毛泽东诗词书法艺术展。

遵义会议期间秦邦宪（博古）住处旧址

李德、秦邦宪（博古）住处旧址位于遵义市红花岗区老城杨柳街中段、遵义会议会址的后大门左侧，原为黔军第七师副师长侯之珪的私宅。1999年照原样修复，整幢建筑占地面积为704.04平方米，建筑面积为541平方米。遵义会议期间，李德住前楼的二层通间，博古住后楼一层的北侧一间，李德的翻译伍修权住后楼二层靠北侧一间，王智涛住一层南侧一间。

2000 年 1 月 15 日，遵义会议纪念馆原样复原陈列对外开放。

中华苏维埃共和国国家银行旧址

中华苏维埃共和国国家银行旧址位于遵义市红花岗区老城杨柳街，距遵义会议陈列馆约 30 米，旧址原为黔军副军长犹国才的私宅，1999 年照原样修复。建筑面积为 1166 平方米，占地面积为 1155 平方米。

1935 年 1 月，中央红军长征到遵义后，中华苏维埃共和国国家银行和中央没收征发委员会驻此开展活动。中央没收征发委员会主任林伯渠，中央没收征发委员会副主任、中华苏维埃共和国国家银行行长毛泽民，中央没收征发委员会组长钱之光，中央没收征发委员会主任李井泉住一层中屋两侧，两侧厢房为工作人员的办公室和住室。2000 年 1 月 15 日，遵义会议纪念馆对中华苏维埃共和国国家银行进行复原，陈列对外开放。

遵义红军警备司令部旧址

遵义红军警备司令部旧址位于遵义市红花岗区老城杨柳街，与遵义会议陈列馆隔街相对。旧址原为黔军旅长周吉善的私宅，2004 年照原样易地修复，占地面积为 863 平方米，建筑面积为 817 平方米。

1935 年 1 月 8 日，中革军委发出《关于军委纵队 9 日驻遵义并以纵队司令员刘伯承兼任遵义警备司令电》，同时任命陈云同志为警备司令部政治委员。军委纵队进驻遵义后，陈云和红军警备司令部驻周吉善私宅。

遵义会议期间邓小平住处旧址

遵义会议期间，邓小平住处位于遵义市红花岗区老城红军街，旧址原为遵义文人傅梦秋私宅，抗战期间在浙江大学西迁遵义时，校长竺可桢曾居住于此。遵义会议期间，邓小平、潘汉年、黄镇等均住此。2006 年照原样异地修复，现陈列着邓小平住室、潘汉年住室、黄镇住室及纪念邓小平诞辰百年书画展、邓小平在遵义会议前后等辅助展览。

遵义会议陈列馆

遵义会议陈列馆是为延伸遵义会议纪念体系、拓展接待服务空间、提升展陈展示水平、加强爱国主义教育示范基地社会功用而提出建设的，于 2013 年 7 月动工建设，在 2015 年 1 月 15 日遵义会议召开 80 周年之际对外开放。

遵义会议陈列馆的总建筑面积为 19 054 平方米，规划建设展厅面积为 8000 平方米。建筑外观设计遵循历史文化名城保护区的要求，汲取遵义民居特色，利用小青瓦坡面顶、圆拱形柱廊等遵义会议会址及周边建筑元素，使新陈列馆与周边环境风格一致，和谐统一。内部空间按照陈列布展要求，增大展厅面积、扩展建筑空间，充分满足陈列展示和宣传的需求。馆内设置"遵义会议伟大转折"专题陈列，展线长 1200 米，文物展品有 1200 件。展览内容包括前言、战略转移开始长征、遵义会议伟大转折、转战贵州出奇制胜、勇往直前走向胜利、遵义会议精神永存、结束语这七大章节。展览以长征为主线，重点突出遵义会议（包括遵义会议的前奏——通道会议、黎平会议、猴场会议）的召开与完善过程（包括扎西会议、苟坝会议、会理会议），以及红军长征在贵州的活动（四渡赤水、娄山关战斗、遵义战役、南渡乌江、兵临贵阳及建立地方政权、扩红等），展览以红军长征为主轴线，全面系统、生动翔实地展现遵义会议伟大转折的历史意义和红军长征、遵义会议、转战贵州的重大史实。

门　　票：免费

开放时间：8:30—17:00

二、息烽集中营革命历史纪念馆

中 文 名：息烽集中营革命历史纪念馆

地理位置：贵州省贵阳市息烽县城南 6 千米

内容简介：

息烽集中营是抗日战争时期国民党军统局设立的一所规模最大、等级最高的秘密监狱，由设于息烽县阳郎坝的本部和玄天洞囚禁处组成。军统内部称之为"大学"，而重庆白公馆监狱和望龙门看守所则分别称为"中学"和"小学"。

2017 年 1 月，息烽集中营革命历史纪念馆入选《全国红色旅游经典景区名录》。

主要景点：

息烽集中营旧址占地面积为 57 124.4 平方米，其前身是国民党政府的"南京军人监狱"，内设监狱 9 栋共 52 间，其中 8 栋分别冠以"忠、孝、仁、爱、信、义、和、平"8 个号，另一栋号称"特斋"或"义斋"，为女监狱。当时对内称"新监"或"大学"（因息烽集中营所关押的是从全国各地押来的"要犯"，故称之为"大学"），对外挂牌则是"国民政府军事委员会息烽行辕"。从 1938 年 11 月建立到 1946 年 7 月迁往重庆，在近 8 年的时间里，息烽集中营先后关押共产党人、进步人士 1200 余人，屠杀和折磨致死 600 多人，400 多人下落不明。其中被关押在这里的有杨虎城、黄显声、许晓轩、"小萝卜头"宋振中、韩子栋等，在此被关押并遇害的有张露萍等 7 位烈士。

旧址文物保护区包括息烽集中营旧址、玄天洞、七烈士陵园等；教育展示区包括纪念展厅、纪念活动广场及广场"忠魂曲"雕塑等。其中，纪念馆分为序厅、4 个展示厅和缅怀厅这 6 个部分。纪念馆共收藏杨虎城、黄显声等爱国将领及其他烈士的遗留文物 500 余件。

纪念馆为全国重点文物保护单位、全国爱国主义教育示范基地、贵州省党史教育基地、贵州省廉政文化教育基地。

门　　票：免费

开放时间：8:00—17:00（周一闭馆）

三、王若飞故居

中 文 名：王若飞故居

地理位置：贵州省安顺市西秀区中华北路

内容简介：

王若飞故居是纪念和展示王若飞同志光辉事迹的专题性纪念馆，位于贵州省安顺市西秀区中华北路，是我国老一辈无产阶级革命家王若飞出生和居住过的地方，王若飞正是在这座小院中度过了他的幼年时期。故居始建于清代，由王若飞曾祖父所建，于 1982 年对外开放。故居临街，经过道进朝门入四合院，院内铺以方形石板，有石砌花坛、鱼池等，房屋为木结构小青瓦建筑，具有清代民居风格。现存有

部分家具实物及王若飞青少年时期在日本、法国留学时进行革命活动的资料，与毛泽东、周恩来等领导人一起工作时的照片、通信手迹，在重庆谈判时所穿的衣物，遇难后党中央和中央领导的悼词，部分要员、爱国将领、民主党派知名人士的题词、挽联，以及有关王若飞的书籍、出版物等。

2017 年 1 月，王若飞故居入选《全国红色旅游经典景区名录》。

主要景点：

故居大门坐东朝西，呈"甲"字形布局。临街是一座不大的门楼，与它毗连的是一条深长的过道，过道尽头是一座小巧雅致的朝门门楼，门楼檐下有一块黑底金字的横楣大匾，上书"王若飞故居"，这是 1991 年聂荣臻元帅亲笔书题的匾文，弥足珍贵。朝门上还有一块横匾，上面是王若飞的手迹"一切要为人民打算"这几个闪光大字。从朝门门楼往右推门而入，顿时可见一座清幽的四合院，这座小院由正房、左厢房、右厢房、对厅房合围而成。院坝十分轩敞，院坝中央筑有一影壁，它将院坝分隔为前院、后院，在影壁的前面置有鱼缸、树台、花台，影壁面上有浅浮雕花饰。院内所有房屋皆为木结构小青瓦平房，采用素朴的民居风格，门窗多为雕花门窗。正房又是坐西向东，分为 3 间：中间是堂屋，前壁由大门、腰门、隔扇花门组装而成；左右两间前后窗下都有窗台，窗棂的下部固定，上部安支折窗。王若飞诞生处是在正房的左间。故居的房屋基本都保存下来了，只是在对厅房后面原有的一片园地已不复存在，这园中原植有桑树、果木，置有假山石，辟有苑圃。

王若飞故居

王若飞故居的房屋基本保存，近年来国家陆续拨款，对故居房屋进行"修旧复旧"的保护性维修，使之不失历史本来状貌。

故居陈列的是王若飞的生平事迹展览，展览共有 8 个部分，在三个展厅展出，系统地介绍了王若飞光辉的一生。

第一展厅分为三个部分。第一部分展出的是王若飞青少年时期在达德学校求学期间及辛亥革命、护国运动中进行革命活动的资料，另有王氏家族的祖宗牌位，以及王若飞青少年时用的文房四宝。第二部分展出王若飞在日本、法国留学期间和进行革命活动时的照片，以及

在白色恐怖下领导无锡地区农民暴动的资料。第三部分展出王若飞在狱中的革命斗争，以及与黄齐生之间的来往通信。

第二展厅分为三个部分。第一部分展出王若飞回到延安，在整风运动和土地革命运动中的资料。第二部分展出王若飞在重庆谈判期间的照片，以及与毛泽东、周恩来等领导人一起工作的珍贵照片。第三部分展出王若飞遇难后，中共中央领导人、民主人士、爱国将领的题词、悼文、悼词，以及1949年后社会各界缅怀先烈、瞻仰王若飞故居及中央领导同志参观故居的情景。

第三展厅是各个时期党和国家领导人的亲笔题词。第三展厅悬挂着1946年4月在延安追悼王若飞、黄齐生等"四八烈士"活动时，党支部、中央主要领导同志题写的挽联、挽诗、挽文。

门　　票：免费

开放时间：9:00—17:00

四、黎平会议会址

中 文 名：黎平会议会址

地理位置：贵州省黔东南苗族侗族自治州黎平县德凤镇二郎坡52号

内容简介：

黎平会议会址坐落在贵州省黔东南苗族侗族自治州黎平县德凤镇二郎坡52号，是一座清代的建筑物。占地面积约为1000平方米，外有高约20米的封火墙围绕，森严幽静。

2017年1月，黎平会议会址入选《全国红色旅游经典景区名录》。

主要景点：

黎平会议会址是晚清修建的民居建筑，两端有高大的封火墙，房屋面宽5间。正中有一座门楼，两边为铺面，当年是胡荣顺商号。

走进门楼，里面是一个大院。1934年12月18日，中共中央政治局在此召开会议，史称"黎平会议"。这是红军离开江西后召开的一次重要会议，在紧要关头改变红军的战略方针，变被动为主动，并为遵义会议的召开奠定思想和组织基础。这所普通的民房因"黎平会议"而成为重要的革命文物，1982年被列为贵州省级文物保护单位，2006年被评为全国重点文物保护单位。

会址为晚清建筑，前低后高，分为三进，是黎平城建筑十分讲究的古式木楼。第一进为店铺；第二进为住宅，有明间、次间、稍间；第三进为后院花园。有 9 个大小不同的天井，建筑面积约为 800 平方米。1934 年底，中央红军由湖南通道进入贵州，占领黎平后，总司令部就设在这里。第一进门面的左墙壁上书有"锅鼎瓷器" 4 个行书大字。第二进有一较大的天井，正堂雕塑二龙戏珠，左右窗边书有"绸缎布疋""苏洋广货""京果杂货""各种名酒"等行书大字。正堂对面有两只大凤雕塑，雕刻精美。墙顶有一屏峰台，塑有狮、鸟、兔类。左右为格扇门书房，房后为小天井，置有青石水缸。墙壁上绘有以历史故事为题材的壁画。整个建筑高大、宽敞、森严，为黎平县城内屈指可数的老式民房。

自 1980 年以来，会址几经修缮，大门悬挂陈云同志手书的"黎平会议会址"黑底金字横匾，内辟政治局会议室、周恩来住室、朱德住室、红军文物等 7 个展室，陈列文物、图表、题字等 370 余件，以及藏品 120 余件。

1984 年 12 月，修葺一新的会址正式开放。

门　　票：免费

开放时间：8:30—17:00

五、娄山关红军战斗遗址

中 文 名：娄山关红军战斗遗址

地理位置：贵州省遵义市北部大娄山山峰之间

内容简介：

娄山关红军战斗遗址位于贵州省遵义市北部大娄山山峰之间，距市区 50 千米。娄山关又名娄关、太平关，是大娄山脉的主峰，海拔 1576 米，娄山关上千峰万仞，重崖叠峰，峭壁绝立，若斧似戟，直刺苍穹，川黔公路盘旋而过，素有"一夫当关，万夫莫开"之说，自古被称为黔北第一险隘，历来为兵家必争之地。

主要景点：

娄山关陈列馆

娄山关陈列馆通过文物、照片、战斗沙盘及多媒体等展示了 1935 年 2 月中国工农红军在娄山关战斗的恢弘历史画卷。

战斗遗址

1935 年 2 月，毛泽东、周恩来、王稼祥、张闻天、朱德率领红军大战娄山关，取得了红军长征以来的第一次大胜利。因此，娄山关载入了中国

革命的史册，成为人们向往的革命历史圣地。1949 年以来，各级党委、政府高度重视，先后

投入数百万元，收集红军遗物，建设陈列馆，成立娄山关文物管理所，为前来瞻仰历史圣地的客人提供服务。娄山关战斗遗址先后被评为全国重点文物保护单位、全国青少年爱国主义教育基地。小尖山战斗遗址至今仍保持着原有的面貌。

娄山关标志

1928 年黄道彬书刻的娄山关石碑现基本保存完好。1973 年，遵义地委行署在娄山关建造的大理石词碑用 396 块云南大理石嵌成碑面，镌刻了毛泽东《忆秦娥·娄山关》手迹全文，铂金贴字，金灿夺目。在娄山关红军战斗遗址还有娄山关人行天桥、古代军事要塞城堡建筑和红军战斗纪念碑等可供瞻仰。

门　　票：免费

开放时间：9:00—17:30

六、猴场会议会址

中 文 名：猴场会议会址

地理位置：贵州省黔南布依族苗族自治州瓮安县猴场镇猴场村

内容简介：

猴场会议会址位于贵州省黔南布依族苗族自治州瓮安县猴场镇猴场村。1934 年 12 月 31 日至 1935 年 1 月 1 日，中共中央政治局在此召开扩大会议，即历史上著名的"猴场会议"。会址原为宋氏住宅，建于 1912 年。四周用青砖砌成墙，高约 7 米，内有正厅 5 间，厢房、下厅齐全，石嵌天井，为标准的四合院，俗称"一颗印"房子。墙左侧有碉堡、马房，正厅后面有花园，桶墙右侧竹林掩映，后山古木参天。2009 年，猴场会议会址被中宣部命名为全国爱国主义教育示范基地。

主要景点：

猴场会议会址原占地面积为 1600 平方米，现占地面积为 6700 平方米，平面呈长方形，东西长、南北短。推开庄严雄伟的大门进入宽敞的售票广场，自下而上经四级台阶 68 步石梯便到了四合院门前，石梯两侧全部是花池和草坪。整个四合院由正厅、两厢和下厅组成，正厅面阔 5 间，通面阔 25.5 米，进深 9 米，左右两厢各面阔 3 间，通面阔 11.8 米，进深 4.7

米。均为上下两层，共有大小房间 24 间，为穿斗式硬山青瓦顶木构建筑，椽皮满铺，窗户雕花，四周为高大的封火桶墙，四合院后是后花园，栽种了各种花草树木。整个会址建筑布局合理、气势宏伟、工艺精湛，体现了当地居民的建筑风格。

门　　票：免费

开放时间：9:00—16:00

七、周逸群烈士故居

中 文 名：周逸群烈士故居
地理位置：贵州省铜仁市共同路 12 号
内容简介：

周逸群烈士故居位于贵州省铜仁市共同路 12 号，坐北朝南，呈四合大院，总占地面积为 1162 平方米。清道光年间，周逸群祖父始建后楼两幢。左楼上下各有三间，周逸群烈士在此楼出生和结婚。右楼结构与左楼基本相同。

主要景点：

1918 年，周逸群烈士亲建正屋一幢三间，占地面积为 109 平方米，现为周逸群烈士生平事迹陈列室。正屋前有石板铺墁院坝，两旁辟有花圃。整个故居古朴典雅，错落有致。故居在国民党时期曾作"逆产"充公，后经其亲属力争，才能完整保留至今。

周逸群烈士故居于 1984 年国庆节修复陈列并对外开放，徐向前、廖汉生分别为故居大门和陈列室题写了匾额，肖克将军的题词"发扬周逸群烈士奋斗精神，开创梵净山老区崭新面貌"陈列于故居大门过道。

门　　票：免费
开放时间：9:00—17:00（16:00 止票，16:30 停止入内，周一闭馆）

八、四渡赤水纪念馆

中 文 名：四渡赤水纪念馆
地理位置：贵州省遵义市习水县土城镇长征街
内容简介：

四渡赤水纪念馆位于贵州省遵义市习水县土城镇长征街，是全国爱国主义教育示范基地、全国青少年教育基地、国家国防教育示范基地、国家 4A 级旅游景区，2009 年景区全免费开放。

主要景点：

四渡赤水纪念馆由张震同志题写馆名，在红军三军团司令部旧址内陈列展出，旧址为两层中西合璧式建筑。新馆采用黔北民居结构，占地面积为 7000 多平方米，展厅建筑面积为

620 平方米，分战史陈列和辅助陈列两部分。战史陈列翔实地再现了红军1935 年 1 月遵义会议后在毛泽东等的领导下，四次飞渡赤水河，至 5 月 9 日渡过金沙江，取得战略转移伟大胜利的光辉历史，分为"土城战役、四渡序曲""一渡赤水、扎西整编""二渡赤水、再占遵义""三渡赤水、调虎离山""四渡赤水、出奇制胜" 5 个篇章，凸显了四渡赤水的"神"与

"奇"。辅助陈列包括"四渡赤水精神，光耀革命老区"专题书画展，以及彭德怀、杨尚昆同志住室复原等。馆内收藏红军文物 300 余件。

门　　票：免费

开放时间：9:00—17:00（周一闭馆）

九、中华苏维埃人民共和国川滇黔省革命委员会旧址

中 文 名：中华苏维埃人民共和国川滇黔省革命委员会旧址

地理位置：贵州省毕节市区百花路 19 号

内容简介：

"川滇黔省革命委员会旧址"全称"中华苏维埃人民共和国川滇黔省革命委员会旧址"，位于贵州省毕节市区百花路 19 号（原福音堂内），始建于 1924 年。1982 年公布为省级文物保护单位，1985 年全面维修后，将"川滇黔革命委员会旧址"和"中国工农红军二、六军团政治部旧址"两处革命纪念地辟为毕节地区博物馆，占地面积为 2200 平方米。1994 年，被国家文物局评为全国优秀社会教育基地，2006 年 5 月 25 日，被评为全国重点文物保护单位。

主要景点：

毕节地区博物馆现设有陈列、考古、解说、保卫、消防等工作部门，现有文物藏品近千件，有三个 260 余平方米的展厅。陈列展览分为红军长征在毕节地区革命文物、毕节地区党史资料及毕节地区历史文物这三个部分。这些展览以翔实的考古资料、文物、实物、照片等，

讲述了毕节悠久的历史，陈列了数百件毕节从旧石器时代到近现代的各种出土文物、传世文物和革命文物等。特别是抗日战争时期的革命文物展览，更是生动地记录了红军长征在毕节的光辉史实，是一个既有历史文物又有革命事迹的多功能、多方位的展览。毕节地区博物馆自开放以来，已成为一个初具规模和影响力的综合性博物馆。1991年被列为毕节地区省级青少年爱国主义教育基地。

门　　票：免费

开放时间：8:30—17:00

十、苟坝会议会址

中 文 名：苟坝会议会址

地理位置：贵州省遵义市播州区枫香镇苟坝村马鬃岭山脚

内容简介：

苟坝会议会址位于贵州省遵义市播州区枫香镇苟坝村马鬃岭山脚，从遵义市南行，过龙坑西行到枫香镇境内，有乡村公路通枫园至苟坝，也可以由枫香镇驻地至苟坝。

2017年1月，苟坝会议会址入选《全国红色旅游经典景区名录》。2017年3月，苟坝会议会址被中宣部命名为全国爱国主义教育示范基地。

主要景点：

苟坝是一块高山环绕的田坝，东有海拔1357米的石牛山，西有海拔1330米的崖头山和银屏山，北有海拔1425米的马鬃岭。坝子南北长约3千米，东西宽1千米，其坝子间有像睡葫芦的起伏状小田坝，由马鬃岭脚下渗出的两道地下水汇成一道溪流，从北流向南，称为白腊坎河。苟坝会议是遵义会议的继续和完善，三人军事小组的成

立巩固了毛泽东在党和红军中的核心地位，标志着毛泽东的正确主张取得了决定性的胜利。现苟坝内有很多革命历史遗迹：苟坝会议会址（新房子）、红军医院（黑神庙）、周恩来和朱德旧居（长五间）、苟坝老街（苟坝抗捐委员会旧址）、水口寺（红军警戒岗哨）、马鬃岭红九军团司令部驻地、红军烈士墓、红军标语，还有地方历史名人鲁屏周墓和花茂众多的陶瓷厂。

门　　票: 免费
开放时间: 全天

十一、红军二六军团盘县会议会址

中 文 名: 红军二六军团盘县会议会址
地理位置: 贵州省六盘水市盘县城关镇
内容简介:

红军二六军团盘县会议会址位于贵州省六盘水市盘县城关镇九间楼社区，俗称九间楼，亦称"九天楼"。1936 年 3 月 28 日，红二、红六军团进占盘县县城，设总指挥部于此，3 月 30 日，贺龙、任弼时、肖克、关向应、王震、张子意等召开重要军事会议。此建筑原为红二、红六军团红军指挥部驻地，坐北向南。九间楼由上下各九间全木结构建筑构成，总建筑面积为 800 平方米。

九间楼位于盘县城内，是红二、红六军团长征路过盘县时的总指挥部驻地，也是著名的盘县会议会址。据历史记载，1936 年 3 月 30 日，红二、红六军团首长贺龙、任弼时、肖克、王震、关向应、张云逸等在九间楼召开会议，决定放弃在南北盘江建立根据地的设想，做出立即北渡金沙江与红四方面军会合、北上抗日的决策，史称"盘县会议"。该楼始建于1928 年，原为国民革命军第

二十五军第五师师长黄道彬的武营。1982 年被评为省级文物保护单位，1997 年被评为省级爱国主义教育基地。

主要景点:

盘县会议会址的建筑结构为木构硬山顶，穿斗式梁架。初建时为三层，后因倾斜欲倒而降低一层，为一楼一底共两层，上下各九间，通面阔 36.5 米，通进深 11.2 米，前带双步廊，楼栏直棂式，檐高 5.31 米。原楼前广场中种植着冬青树，左边及对面种植着柳树，右边有营房（现城关二小的教学楼处）。营房后院是花园和亭子。

盘县会议是中国工农红军红二、红六军团于 1936 年 3 月长征经过盘县时所召开的一次给中国革命带来巨大转折的战略决策性会议。它对中国工农红军二、四方面军会师甘孜、挫败张国焘企图分裂党中央的阴谋、随后而至的三大主力红军会师西北并结为一体、迎接抗日民

族统一战线高潮的到来，以及对实现第二次国共合作均起到了巨大的促进作用。红军二六军团盘县会议及盘县革命史的陈列展主要以盘县会议为中心，分为 4 个部分进行上下延伸，给观众展示了红军长征过盘县的历史背景和重要意义，使观众对盘县的过去、今天、未来有较全面的认识。

门　　票：免费

开放时间：8:30—11:30，14:30—17:30（周日闭馆）

十二、红二、六军团木黄会师纪念馆

中 文 名：红二、六军团木黄会师纪念馆

地理位置：贵州省铜仁市印江土家族苗族自治县木黄镇

内容简介：

红二、六军团木黄会师纪念馆建于 1977 年 7 月，是印江土家族苗族自治县文化局的下属单位，由木黄镇政府管理。

由萧克将军题写馆名的"红二、六军团木黄会师纪念馆"、王震将军题写碑名的"中国工农红军第二第六军团会师纪念碑"及木黄会师军部旧址等，已被列入国家级文物保护单位、全国爱国主义教育示范基地，而当年见证红二、六军团会师的古柏被命名为"会师柏"，已长成郁郁葱葱的参天大树，如今红二、六军团木黄会师纪念馆已成为贵州省重点文物保护单位。

主要景点：

该馆为木结构建筑，中轴线上有门墙、戏楼、前天井、前厅、后天井、后殿。

纪念馆共设两个展厅，展品有红军标语、枪支子弹、苏维埃政府木印、苏维埃银行发行的纸币、贺龙赠送黔东独立师师长冉少波的蚊帐、军毯及红军使用过的生活用具共计 56 件。

门　　票：免费

开放时间：9:00—17:00（周一闭馆）

十三、榕江县红七军历史陈列馆

中 文 名：榕江县红七军历史陈列馆

地理位置：贵州省黔东南苗族侗族自治州榕江县古州镇古州中路 23 号

内容简介：

榕江县红七军历史陈列馆位于贵州省黔东南苗族侗族自治州榕江县古州镇古州中路 23 号，原为清代贵州省古州镇总兵署，始建于 1730 年，为四合院式马头墙木结构建筑，规模宏大，总占地面积为 3100 平方米。1930 年 4 月 30 日，邓小平、张云逸等老一辈无产阶级革命家领导的中国红军第七军攻克古州城，设军部于此（史称红七军军部旧址），并于 5 月 1 日在军部门前的广场召开军民庆"五一"国际劳动节大会。这是我党领导的军队第一次在贵州打胜仗，第一次入黔攻占贵州的一座县城，第一次在贵州召开庆祝"五一"国际劳动节大会，播下革命的火种，具有深远的历史意义，在红七军的发展史和贵州革命史上均占有极其重要的地位。为缅怀红七军的丰功伟绩、进行爱国主义教育和革命传统教育，在红七军军部旧址建成榕江县红七军历史陈列馆，以红七军攻克榕江县城为主线，展示红七军光荣的战斗历程。

主要景点：

红七军军部旧址为四合院建筑，呈长方形，现存门楼、前厅、后厅、左右厢房、后院和南北耳房，有天井两个，四周为青砖空斗封火墙。原为清代贵州省古州镇总兵署，是贵州唯一保留完整的清代军事机关。榕江县红七军历史陈列馆现有文物藏品 410 件，其中有二级藏品 3 件、三级文件 14 件、一般文物 393 件。馆内设序厅、百色起义展厅、政治部展厅、红七军进榕江展厅、革命英烈厅、革命功臣厅，以红七军的战斗历程为主线，以展柜  形式陈列红七军将士生前使用过的战刀、手雷、手榴弹、衣服、眼镜、煤油灯等相关复制文物，共展出图片、图表、雕塑、文物、绘画作品共 246 幅/件，展线长达 300 米，并运用电视、投影、声像、模型等现代展出手段，从多方面丰富了展出效果。

门　　票： 免费

开放时间： 9:00—17:00（周一闭馆）

十四、中共贵州省工委旧址

中 文 名： 中共贵州省工委旧址

地理位置： 贵州省贵阳市云岩区文笔街 1 号

内容简介：

中共贵州省工委旧址位于贵州省贵阳市云岩区文笔街原高家花园内。高家花园是清代乾隆以来高姓聚居的住宅，原前后六进，有天井 10 余个，房屋数十间。1935 年 1 月，红军长征在遵义期间，批准成立中共贵州省工委，林青任书记，邓止戈、秦天真任委员。贵阳高氏家族成员高言志参加革命活动，为掩护革命活动和便于与地下党人员联络，他提供了高家花园的怡园和楼外楼作为革命人士的居住与工作、会议之地。至此这里成为中共贵州省工委的秘密集会和部署工作的地方。1949年11月，贵阳解放不久，高公馆易主，20世纪70年代旧屋被拆毁，建银行宿舍。1982年，贵阳市人民政府在高公馆前门入口不远处仿建怡园，并陈列贵州党史有关文物，随后对外开放。1982年，贵州省人民政府公布中共贵州省工委旧址为省级文物保护单位。

主要景点：

"高家花园"原是贵阳地方望族高家六代相袭的深宅大院，共有四进四院，大小房间有近百间，堪称庭院深深。院内楼台亭阁，花木森森，宏伟壮观。

1999年，以庆祝建国50周年和贵阳解放50周年为契机，在市委、市政府的高度重视和有关部门的积极配合下，对中共贵州省工委旧址进行了扩建。扩建后的占地面积为1250平方米，展厅面积为970平方米，并推出了永久性的地方党史展览"魂系乌蒙——中共贵州省工委斗争纪略展"，向全市民开放。现已征集了近400件革命文物、实物，并建成文物陈列室。

中共贵州省工委旧址于1997年被中共贵州省委、贵州省人民政府公布为贵州省爱国主义教育基地。2012年，被中共贵州省委党史研究室公布为全省党史教育基地。

门　　票： 免费

开放时间： 全天

十五、六盘水市贵州三线建设博物馆

中 文 名： 六盘水市贵州三线建设博物馆

地理位置： 贵州省六盘水市钟山区荷城街道人民路

内容简介：

2013年8月17日，六盘水市贵州三线建设博物馆开馆仪式暨"艰苦奋斗、无私奉献"三线精神座谈会在中国凉都之都——六盘水市的钟山区三线建设文化广场举行，标志着全国目前唯一以"三线建设"为主题的博物馆正式落成，具有深远的历史意义和重大的现实意义。

2019年9月，六盘水市贵州三线建设博物馆被中宣部命名为"全国爱国主义教育示范基地"。

主要景点：

六盘水市贵州三线建设博物馆由六盘水市钟山区投资建设，现已建成主楼博物馆、三线工业体验馆两个室内展馆及三线广场、思源广场两个室外展区。

现馆藏文物、文献资料 21 349 件（套），已展出图片 1328 张、实物 1380 件、档案资料 250 余份、音像资料时长 1548 分钟。室外展区主要展出大型实物，包括蒸汽机车、解放牌汽车、龙门刨床、钢水包等珍贵文物 18 件。

六盘水市贵州三线建设博物馆是国内唯一以"三线建设"为主题的博物馆，分为室内场馆和室外文化广场两个区域。室外文化广场包括当年彭德怀指挥三线建设的办公遗址、三线建设指挥部、县委楼、陆家大院及育才壁、蒸汽机车、机械设备等历史文物。室内场馆收藏了三线建设时期极具代表性的生产工具、生活用具及历史文献、图片等，并通过微缩场景再现了当时的生产、生活场景。

门　　票：凭有效证件免费

开放时间：9:00—16:30（周一闭馆）

十六、中国科学院国家天文台 FAST 观测基地

中 文 名：中国科学院国家天文台 FAST 观测基地

地理位置：贵州省黔南布依族苗族自治州平塘县克度镇大窝凼

内容简介：

500 米口径球面射电望远镜（Five-hundred-meter Aperture Spherical Telescope，FAST）位于贵州省黔南布依族苗族自治州平塘县克度镇大窝凼的喀斯特洼坑中，为国家重大科技基础设施。500 米口径球面射电望远镜被誉为"中国天眼"，由我国天文学家南仁东于 1994 年提出构想，历时 22 年建成，于 2016 年 9 月 25 日落成启用。是由中国科学院国家天文台主导建设，具有我国自主知识产权、

世界最大单口径、最灵敏的射电望远镜，综合性能是著名的射电望远镜阿雷西博的 10 倍。"中国天眼"工程由主动反射面系统、馈源支撑系统、测量与控制系统、接收机与终端及观测基地等几大部分构成。

截至 2019 年 8 月 28 日，500 米口径球面射电望远镜已发现 132 颗优质的脉冲星候选体，其中有 93 颗已被确认为新发现的脉冲星。2019 年 3 月，中国科学院国家天文台"中国天眼"总工程师姜鹏研究员在接受专访时说道，和天马望远镜团队合作，首次成功实现联合观测，这标志着 FAST 具备了联合组网观测的能力。

2019 年 9 月，中国科学院国家天文台 FAST 观测基地被中宣部命名为"全国爱国主义教育示范基地"。

主要景点：

中国科学院国家天文台 FAST 观测基地具有 FAST 的独立自主知识产权，是世界上目前口径最大、最具威力的单天线射电望远镜，其设计综合体现了我国的高技术创新能力。它将在基础研究的众多领域，如宇宙大尺度物理学、物质深层次结构和规律等方向提供发现与突破的机遇，也将在日地环境研究、国防建设、国家安全等方面发挥不可替代的作用。其建设将推动众多高科技领域的发展，提高原始创新能力、集成创新能力和引进消化吸收再创新能力。它的建设与运行将促进西部经济的繁荣和社会进步，符合国家区域发展总体战略。

FAST 的天线口径为 500 米，与号称"地面最大的机器"的德国波恩 100 米望远镜相比，其灵敏度约提高至原来的 10 倍。如果天体在宇宙空间均匀分布，FAST 可观测目标的数量将增至原来的 30 倍。与美国 Arecibo 300 米望远镜相比，FAST 的灵敏度是其灵敏度的 2.25 倍，而且 Arecibo 300 米望远镜的 20°天顶角限制了观测天区，特别是限制联网观测能力。可以预测，FAST 将在未来二三十年内保持世界一流设备的地位，并将吸引国内外一流人才和前沿科研课题，成为国际天文学术交流中心。

门　　票：免费
开放时间：全天

一、"一二·一"四烈士墓及"一二·一"运动纪念馆

中文名: "一二·一"四烈士墓及"一二·一"运动纪念馆
地理位置: 云南省昆明市云南师范大学校园（西南联合大学原址）的东北角
内容简介:

"一二·一"运动纪念馆坐落在云南省昆明市云南师范大学校园（西南联合大学原址）的东北角,是为纪念 1945 年爆发的"一二·一"运动,纪念培养了大批杰出人才的西南联大,纪念李公朴、闻一多而建的。1945 年 11 月下旬至 12 月初,由北京大学、清华大学、南开大学南迁组成的西南联合大学的师生在昆明带头发起了"一二·一"运动,反对内战,争取民主,遭到国民党当局的镇压。

纪念馆始建于 1982 年 11 月 27 日,当时是"一二·一"运动陈列室。1985年 9 月经中共云南省委宣传部批准,更名为"一二·一"运动纪念馆,邓颖超同志亲自题写了馆名。1992 年、1994 年,纪念馆先后被列为昆明市、云南省爱国主义教育基地。1997 年,被中宣部命名为全国爱国主义教育示范基地。2005 年 2 月,纪念馆及 4 位烈士墓被评为全国红色旅游经典景区,纳入全国红色旅游精品线"昆明—会理—攀枝花—冕宁—西昌"。

主要景点:

纪念馆占地总面积为 7000 余平方米,内含不可移动文物:国立西南联合大学纪念碑,在

"一二·一"惨案中牺牲的于再、潘琰、李鲁连、张华昌这 4 位烈士的烈士墓，李公朴、闻一多先生衣冠冢，国立昆明师范学院纪念标柱，以及联大旧教室等。设两个展馆及一个展室：国立西南联合大学纪念馆、"一二·一"运动纪念馆、云南师范大学校史暨成果展室，展室面积共计 1422 平方米。国立西南联合大学纪念馆及"一二·一"运动纪念馆分别展出了西南联大校史、"一二·一"运动历史、李公朴和闻一多先生的生平事迹这三个展览，共计展出 696 幅历史图片、12 幅图表、161 件实物、300 余万字，是目前全国有关西南联大及"一二·一"运动资料最多、最集中的展馆之一。

"一二·一"运动纪念馆建馆至今，共接待海内外各界人士 90 余万人次，其中 90% 为大、中、小学学生，每逢清明节、五四青年节及"一二·一"纪念日，他们都到这里举行入党、入团、入队及成人宣誓仪式。许多党和国家领导人及海内外著名学者也来馆视察和参观。

门　　票：免费

开放时间：全天

二、扎西会议纪念馆

中 文 名： 扎西会议纪念馆

地理位置： 云南省昭通市威信县扎西镇上街 60 号

内容简介：

扎西会议纪念馆位于云南省昭通市威信县扎西镇东北隅，于 1977 年 12 月落成并正式对外开放。纪念馆包含扎西会议会址主体陈列和扎西会议陈列馆辅助陈列两个部分。纪念馆藏有红军留下的枪支弹药、医疗器械、文献资料、生活用品等珍贵文物 300 余件。

主要景点：

扎西会议纪念馆倚山而建，气势恢弘，可鸟瞰扎西镇全景。纪念馆有上、下两层，共 4 个展室，展厅面积为 2590 平方米。自建馆以来，展览内容先后进行了 4 次补充和修改。陈列展线长 180 米，共展出各种图片 170 多幅、红军遗物 70 多件，较全面地介绍了红军长征集结扎西、扎西会议、红军川滇黔边区游击纵队和云南游击支队的革命斗争历史与活动情况。扎西会议会址原为江西会馆（又称江西庙）和湖广会馆（又称禹王宫），是当地常见的木结构建筑，古色古香，典雅庄重。

扎西会议纪念馆的"扎西会议附属陈列"重点展示了 1935 年红军长征集结扎西和扎西会

议的相关文物、文字、图片，另开辟红军川滇黔边区游击纵队及云南游击支队的革命史实陈列，展出了相关资料。

门　　票：免费

开放时间：8:00—11:30，14:30—17:30

三、彝良罗炳辉陈列馆

中 文 名： 彝良罗炳辉陈列馆

地理位置： 云南省昭通市彝良县的将军山上

内容简介：

彝良罗炳辉陈列馆又名罗炳辉将军纪念馆，坐落在云南省昭通市彝良县的将军山上，于1991年建成，1997年4月，罗炳辉将军纪念馆被云南省委、省政府确定为省级爱国主义教育基地；2005年11月，罗炳辉将军纪念馆被中宣部命名为全国爱国主义教育示范基地。历经几次修缮，特别是2007年的改扩建后，纪念馆变得更加雄伟壮观，别具一格，馆舍共3层，建筑面积为1400余平方米。

主要景点：

罗炳辉将军是中国工农红军和新四军高级指挥员、军事家。其事迹展室分为4个主题，即"矢志从戎争自由""赴汤蹈火建奇功""千里江淮扫敌顽""血洒疆场炳青史"。展室有文字资料126件、图片资料205幅、收藏罗炳辉将军生平事迹的书籍10余种版本、革命文物33件，另外有罗炳辉半身铜像和骑着战马指挥战斗的铜像各一尊。馆内利用高科技的电光设备和音响设备与图片、沙盘模型相衔接，栩栩如生，使参观者有身临其境之感。馆内设立了观众计算机点播屏和影视厅，在影视厅里可观看由著名表演艺术家杨在葆饰演罗炳辉的电影《从奴隶到将军》、电视专题片《乌蒙雄魂、一代名将——罗炳辉》等影视片。

整个展馆内容丰富，资料翔实，陈列完整，配备了素质较高的讲解员。纪念馆环境整洁优美，规章制度健全，管理规范。

门　　票：免费

开放时间：8:00—17:30

四、滇西抗战纪念馆（腾冲国殇墓园）

中 文 名：滇西抗战纪念馆（腾冲国殇墓园）

地理位置：云南省保山市腾冲市腾越镇天成社区太极小区2号

内容简介：

腾冲国殇墓园位于云南省保山市腾冲市西南1千米的叠水河畔小团坡下，占地面积为5.33万平方米，于1945年7月7日落成，1996年，被国务院评为"全国重点文物保护单位"。2005年，被命名为全国青少年爱国主义教育示范基地。2014年8月，入选第一批国务院国家级抗战纪念设施遗址名录。2017年12月2日，入选"第二批中国20世纪建筑遗产"名单。

腾冲国殇墓园由李根源倡导修建。整个国殇墓园以小团坡为起点，在其东北向的中轴线上建有"攻克腾冲阵亡将士纪念塔""腾冲战区抗日烈士墓""抗日英烈纪念堂"及墓园大门。

主要景点：

腾冲国殇墓园是我国规模最大、保存最完整的抗战时期正面战场阵亡将士纪念陵园之一，是为纪念抗日战争时期在中国远征军第二十集团军攻克腾冲战斗中阵亡的将士而修建的。墓园内广植松柏绿竹，一派清幽肃穆的景象。墓园按中轴对称进行布局，西南角的小团坡是全园的最高处，依次建有墓园大门、甬道、纪念雕塑、忠烈祠、倭冢、烈士墓、烈士纪念塔等建筑。在主体建筑忠烈祠前有题字及数通石碑，祠内有展厅。大门右侧建有滇西抗战纪念馆，纪念馆有两个展厅，展出了腾冲抗战的实物100余件、纪实照片274张。

门　　票：免费

开放时间：9:00—17:00

五、云南陆军讲武堂旧址

中 文 名：云南陆军讲武堂旧址

地理位置：云南省昆明市翠湖西承华圃

内容简介：

云南陆军讲武堂旧址位于昆明市翠湖西承华圃，创办于1909年，至1928年共办19期，毕业学员达4000余人。每期为18～24个月，分为步、骑、炮、工4个兵种。在历届毕业生中，有的后来成为杰出的革命将领。第15期还招收了归国华侨和朝鲜、越南等国的留学生。教官多数留学日本士官学校，是我国最早的培养新式陆军军官学校之一。今保存的讲武堂主体建筑为走马转角楼式的二层砖木结构，东、南、西、北四楼对称衔接，成一方形四合院，占地面积约为1.44万平方米。东、西楼各长约119米，宽10米；南、北楼各长约116米，宽7米，高均约12米；南楼中部的阅操楼高约115米，宽13米，规模宏大。

2017年12月2日，云南陆军讲武堂旧址入选"第二批中国20世纪建筑遗产"名单。

主要景点：

"云南陆军讲武堂校史"展览。云南陆军讲武堂始建于1909年，培养造就了一批杰出的军事将领，如朱德、叶剑英等。在护国运动、抗日战争、解放战争中，一大批讲武堂师生为国捐躯、舍身成仁，在近现代历史上产生了重大影响。

"辛亥革命在云南暨昆明'重九'起义"展览。1911年10月30日的昆明"重九"起义推翻了清王朝在云南的封建统治。在起义中，作为主要军事力量的讲武堂广大师生，第一次向世人展示了这所近代军事学校卓越的教育成果。

"护国运动"展览。1915年，为反对袁世凯复辟帝制，在云南首先发动护国起义，组成三路讨袁护国大军出师。护国军在"叙泸之战"、"泸纳之战"、湘西战役、滇桂边境战斗中，英勇顽强、克敌制胜，粉碎了袁世凯复辟帝制的阴谋，有再造共和之功。

门　　票：免费

开放时间：9:00—17:00（16:00停止入场，周一闭馆）

六、昆明市聂耳纪念馆（聂耳墓）

中 文 名：昆明市聂耳纪念馆（聂耳墓）

地理位置：云南省昆明市西山景区内

内容简介：

聂耳墓位于云南省昆明市西山景区内，占地面为积1.1万平方米，平面布局为一月琴形状。正中为24块墨色大理石嵌就的圆形墓地，寓意聂耳生命的24年。下面的墓室安放着聂耳的骨灰。墓碑上镌刻着郭沫若题的"人民音乐家聂耳之墓"。中间屏风墙上雕刻着以《义勇军进行曲》、万里长城和抗日救亡为主题的浮雕。左屏风上镶刻着郭沫若撰书的墓志铭，右屏风上镌刻着田汉惊闻聂耳逝世时作的诗篇。

聂耳于 1935 年 7 月 17 日在日本神奈川县藤泽市的鹄沼水浴场游泳时溺水身亡。1935 年 8 月底，其骨灰由其好友张天虚和郑子平从日本护送回上海，存放在郑易礼家中。1936 年底，骨灰被聂耳的三哥聂叙伦接回昆明。1937 年 10 月 1 日，骨灰被安葬在昆明市西山。1954 年墓地培修时，由郭沫若重撰碑文。1980 年，在现在的位置重建新墓，迁葬于此。

主要景点：

在云南省昆明市西山太华寺与三清阁之间有一片缓坡，松柏森森，绿树丛中长眠着人民音乐家聂耳。他的墓地呈琴状，主体为琴盘，墓穴为琴颈，道上 7 个花台呈琴品状，象征着 7 个音阶；道上的 24 级石阶示意着他仅活了 24 岁。在琴盘顶部，7 块晶莹的墨石上，分两行横书"人民音乐家聂耳墓"。墓地设计新颖，构思精巧，既富于特点，又庄严大方。聂耳原葬在高至华亭寺之间公路西侧上方，墓用青石镶砌，简单朴素，有徐嘉瑞撰写的碑文。1980 年，根据广大人民群众的要求，重建新墓，同年 5 月 13 日，迁葬于此。聂耳生在昆明，死于日本。日本人民为纪念聂耳，表达中日两国人民的友好情谊，1954 年 11 月 1 日在藤泽市鹄沼海岸聂耳遇难地附近建立了聂耳纪念碑；1963 年重建"耳"字形的花岗石纪念碑，郭沫若书题"聂耳终焉之地"6 个大字，日本戏剧家秋田雨雀先生撰写了介绍聂耳生平的碑文。

门　　票： 免费

开放时间： 8:00—18:00

七、红军长征过丽江纪念馆

中 文 名： 红军长征过丽江纪念馆

地理位置： 云南省丽江市玉龙纳西族自治县石鼓镇

内容简介：

红军长征过丽江纪念馆位于丽江城西 52 千米的石鼓镇，镇内山河壮丽，风景优美，有长江第一湾、石鼓碣、红军渡江纪念碑、柳林等景观，是玉龙纳西族自治县内著名的旅游风景区。2009 年，被命名为全国爱国主义教育示范基地。

主要景点：

红军长征过丽江纪念馆项目建设内容主要包括纪念馆、红军亭、红军长廊、红军渡江纪念碑、一组雕塑、标志门、一本书、一本画册、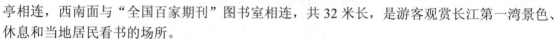
一张光盘、一个展览这"十个一"工程。

纪念馆：纪念馆是该项目建设的主体
工程，为一幢三层钢混古建筑，占地面积
为 266 平方米，建筑面积为 581.29 平方米
（综合展厅建筑面积为 541.63 平方米，附属
用房建筑面积为 39.66 平方米），主要用于
资料、图片、实物的布展。

红军亭：红军亭是红军长征过丽江纪念
馆的附属工程，为一幢两层八角楼古建筑。

红军长廊：红军长廊的东北边与红军
亭相连，西南面与"全国百家期刊"图书室相连，共 32 米长，是游客观赏长江第一湾景色、
休息和当地居民看书的场所。

红军渡江纪念碑：原新华木取独红军渡江纪念碑由于位置隐蔽、年久失修，因此基底
滑坡、碑座倾斜，在纪念碑旁边有一所由中央军委办公厅捐助的八一爱民希望小学。为把
红军渡江纪念碑与学校连在一起成为爱国主义教育基地，现已将新华木取独红军渡江纪念
碑整体向北迁移，重建在由正龙公司提供的新华纸厂车队老路口下约 10 米处的一块空地上。

标志门：标志门新建在石鼓金虹铁索桥的东南面，为土木结构的古建牌坊。

一组雕塑：内容以红二、六军团过丽江时的情景为主，反映"军民鱼水一家人"的人民
军队与人民情相连心相系的血肉关系。

一个展览：展览以文字、图片为主，配以部分实物展品。介绍红一、二、四方面军及红
二十五军的长征历程，重点突出"红二方面军长征"及红军过丽江的历史。展览分为三个展
室：第一展室为综述及红一、四方面军及红二十五军长征的情况，第一展室的实物展柜以有
关红军长征的图书资料为主；第二展室重点介绍红二方面军长征的情况；第三展室介绍红军
长征过丽江的情况及红军长征部分将领简介），实物展柜以红军过丽江时遗留的实物为主。

门　　票：免费

开放时间：9:30—17:30

八、西双版纳花卉园周总理视察热作所纪念碑

中 文 名：西双版纳花卉园周总理视察热作所纪念碑

地理位置：云南省西双版纳傣族自治州景洪市城区

内容简介：

西双版纳花卉园周总理视察热作所纪念碑始建于 1982 年年底，1985 年 3 月竣工。

纪念碑由三部分组成。第一部分为"周恩来总理来所视察"纪念碑，碑高 4.3 米，由 4 块
象征正在苗壮成长的橡胶树苗水泥墙体构成。第二部分为"中缅两国总理会晤碑"，碑体由 4
块水泥构成"井"字形交错相连，支撑在一泓清澈的水池中。这独特的构思是设计者根据陈毅

同志的诗作《赠缅甸友人》"我住江之头，君住江之尾，彼此情无限，共饮一江水"的意境，体现了中缅两国传统的胞波情谊。第三部分为"说明碑"，位于碑群的右侧，镌刻碑文。每年西双版纳傣族自治州的各大、中、小学生都会聚集在纪念碑旁缅怀我们敬爱的周总理，开展爱国主义教育活动。许多高等院校也将这里作为教学实习基地，纷纷安排学生来园参观实习。

在中宣部命名的第四批全国爱国主义教育示范基地名单中，西双版纳花卉园周总理视察热作所纪念碑名列其中。

主要景点：

西双版纳热作所是在昔日标本园的基础上改建而成的。西双版纳花卉园是热作所这座"大园林"中最引人入胜之处，分为百草园区、棕榈植物区、稀树草坪区、果树区和经济作物区。西双版纳花卉园中有一条可以行驶汽车的柏油路，环绕占地面积达 80 万平方米的园林，将各个景区串联在一起。在各个景区内，又用水泥预制方砖铺设若干步行游览小道，通向园区的各个角落。

西双版纳百草园荟萃奇花异草，景区内设有花草园、空中花园、盆景园、观叶植物园等。在百草园内种有凤凰花、缅桂花、白兰花、鸡蛋花等乔木类花卉，形成乔木花卉林区。园区内还设置人工花架，让多种色彩的炮仗花沿着花架形成圆的、方的、条的各种造型。在西双版纳花架上悬吊着附生兰花、鹿角叶、鸟巢蕨等各种附生花卉和观叶植物，塑造出一座空中花园。地面上栽培叶子花、小叶龙船花、大叶龙船花、大叶紫薇、小叶紫薇、玫瑰、粉团、紫荆、扶桑等各种花卉，形成地生花卉园。并将海芋、花叶芋、万年青、龟背竹、龙血树等观叶植物集中栽培，形成错落有致的观叶西双版纳植物景点。

在西双版纳棕榈植物区内，各种棕榈科植物分类集中栽培，形成一片有椰树、槟榔、王棕、油棕、檀棕、蒲葵、贝叶树等竞相展示风采的西双版纳棕榈科园林。

在西双版纳稀树草坪区，以人工培育的草坪为主，间种稀疏的乔木花卉缅桂、西双版纳鸡蛋花及榕树等常绿西双版纳乔木，使草坪覆上淡淡的绿荫，格外爽心悦目、清新宜人。

门　　票：40 元
开放时间：7:30—17:30

九、周保中将军纪念馆

中 文 名：周保中将军纪念馆
地理位置：云南省大理白族自治州大理市湾桥镇湾桥村

内容简介:

周保中将军纪念馆已在他的家乡——云南省大理白族自治州大理市湾桥镇湾桥村落成，周保中（1902—1964），原名奚李元，号绍璜，云南大理人，白族。1926年加入国民革命军，历任营长、团长、副师长等职，参加北伐战争，屡建战功。1927年7月加入中国共产党，1928年受中共中央派遣到苏联学习。九一八事变后回国，是东北抗日联军创建人和杰出领导人。在解放战争时期，周保中历任吉林省人民政府主席、东北军区副司令员兼吉林军区司令员等职。1955年被授予一级八一勋章、一级独立自由勋章和一级解放勋章。1964年2月22日，周保中在北京医院病逝，终年62岁。

2002年，为纪念周保中将军诞辰100周年，大理市委、市政府又对周保中故居的周围环境进行了全面整治和环境绿化、陈列室扩展等工作，并请宋任穷为周保中塑像题名。2012年，为纪念周保中将军诞辰110周年，大理市委、市政府再次对周保中故居进行提升改造，周保中故居正式更名为周保中将军纪念馆。2019年9月，周保中将军纪念馆被中宣部命名为"全国爱国主义教育示范基地"。

主要景点:

周保中将军纪念馆位于云南省大理白族自治州大理市湾桥镇湾桥村，于1954年失火被毁。1994年，大理市委、市政府决定恢复重建周保中故居，1998年11月建成并对外开放。周保中将军纪念馆主要由牌坊、将军铜像、陈列室3个部分组成。其中，陈列室分别以"苍洱毓秀""白山黑水""碧血千秋""儒将风采""锦绣湾桥"5个展厅讲诉与弘扬这位民族英雄、白子将军的传奇人生和革命精神。

"苍洱毓秀"厅以时间为主线，展示周保中将军的生平，厅内附有周保中将军生平大事简表，介绍了周保中将军少年时期及投笔从戎加入中国共产党成为一名无产阶级战士的历史。

"白山黑水"厅分抗联名将、心向延安、百战烽烟和可歌可泣4个单元，展示周保中将军到东北领导开展抗日斗争的事迹，主要介绍周保中将军在辽阔的白山黑水间转战14年，同日寇进行英勇卓绝的斗争，立下赫赫战功，成为东北抗联著名军事指挥者和卓越领导人之一，之后率领东北抗联回到党中央怀抱，踏上新的革命征途的历史。

"碧血千秋"厅分主政云南、誉满天涯、人民公仆、鞠躬尽瘁4个单元。展示周保中将军在生命最后阶段的事迹，主要介绍周保中将军奉中共中央之命回到云南主持云南省的党政工作，在建设新中国的领导岗位上，作为人民的公仆，密切联系群众、勤政廉政、呕心沥血、鞠躬尽瘁，工作至生命最后一刻的历史。

"儒将风采"厅分夏荷清露、革命诗文、大学校长三个单元，主要介绍周保中将军留下的诗作和文集。展示周保中将军文武兼备的才能，让大家了解到周保中将军不仅是一位骁勇善战的猛将，更是一位为中华民族的解放出生入死的儒将，还是一名充满革命英雄主义和浪漫主义的诗人，激励我们学习周保中将军高远、开放、包容的情怀与坚定、担当、务实的大山精神，奋力争先。

　　"锦绣湾桥"厅则展示了周保中将军的故乡湾桥在改革开放后发生了翻天覆地的变化，主要介绍了在各级领导的关心支持和帮助下，湾桥镇的人民群众励精图治，通过社会主义新农村建设、百村整治建设、调整产业结构、打造"记得住乡愁"的民族文化、全面实施乡村振兴战略，前赴后继、继往开来建设幸福美丽的新湾桥。

　　门　　票：免费

　　开放时间：8:00—12:00，14:00—18:00（节假日照常开放）

西藏自治区

一、山南烈士陵园

中 文 名：山南烈士陵园
地理位置：西藏自治区山南市乃东区
内容简介：

山南烈士陵园始建于 1956 年，1965 年迁于现址，1966 年 3 月正式对外开放，陵园占地面积为 5.5 万平方米，是西藏自治区的烈士陵园中规模最大、资料最完整的革命烈士纪念建筑物之一。1989 年 8 月，被批准为全国重点烈士纪念建筑物保护单位。1994 年 12 月，被自治区宣传部命名为全区爱国主义教育基地。1997 年 6 月，被中宣部命名为全国爱国主义教育示范基地。2005 年 12 月，被确定为"全国红色旅游经典景区"。

主要景点：

山南烈士陵园是为在解放西藏、平息叛乱、中印边境自卫反击战和建设新西藏的过程中光荣牺牲的烈士而建的。陵园共分纪念馆、纪念碑、陵墓群三部分。

山南烈士陵园建成后，党和国家领导人及当地政府极为重视。庄重的陵园大门上有朱德同志题写的"烈士陵园"4 个大字。纪念馆朱红色的大门上有邓小平同志题写的"烈士纪念馆"横匾。

纪念馆正堂右侧是第一陈列室，主要陈列在进军西藏、修筑公路、平息叛乱过程中光荣牺牲的一部分烈士遗物和事迹介绍。

纪念馆正堂左侧是第二陈列室，主要陈列在中印边境自卫反击战、建设新西藏过程中牺牲的一部分烈士的遗物和事迹介绍。

第三陈列室陈列着党和政府对烈士家属的优待及抚恤证明、文件等，以及烈属们继承烈士遗志，为社会主义革命和建设做出新贡献的有关材料。

门　　票：免费

开放时间：全天

二、江孜抗英遗址

中 文 名：江孜抗英遗址

地理位置：西藏自治区日喀则市江孜县江孜镇

内容简介：

江孜抗英遗址位于西藏自治区日喀则市江孜县江孜镇宗山上的宗堡（江孜古堡）及其周围，海拔为4022～4140米。遗址东西长360米，南北宽约80米。吐蕃王朝末代赞普（朗达玛）之孙贝考赞曾修建宫殿，后江孜法王帕巴贡桑布在其宫殿旧址上修建"江喀孜"城堡（"江喀孜"后简称"江孜"），并为后来的江孜宗政府所用，遂称"宗山"。

宗政府周围建有土、石夯筑的围墙，墙体高4米，厚约1米，墙内现存建筑有孜结拉康殿、哲拉康大殿、生宁宗、哲布岗会议厅、宗本官邸、宗府宿舍、仓库、马房等，现有大小房屋共193间,总建筑面积为7064平方米。

清光绪三十年（1904）英军入侵西藏时，曾在此发生过著名的江孜保卫战，从此人们称江孜为"英雄城"。1961年，江孜抗英遗址被国务院列为全国重点文物保护单位。后来在宗山下面的广场上建江孜宗山英雄纪念碑。1996年，被中宣部命名为全国爱国主义教育示范基地。2009年，被评为国家国防教育示范基地。

主要景点：

宗山并不高，只有100多米。但江孜周围地势平坦，宗山就显得鹤立鸡群，很有军事意义。而且江孜的海拔已经超过4000米，爬上宗山并不容易。所以，很早就在宗山上修筑城堡，建立江孜宗政府，作为拉萨的门户。藏语"宗"意为城堡、要塞，也是原西藏地方政权县级行政单位的名称。宗山建筑约建于14世纪初，主要有宗本（县长）办公室、经堂、佛殿及各类仓库等，全部依山势由山腰一直建至山顶。江孜抗英遗址有抗英炮台、抗英勇士跳崖处、驻藏大军巡边石碑、江孜宗政府议事厅、法王殿等景点供游客参观。

抗英炮台：在江孜抗英保卫战中，西藏军民在这个炮台上用清乾隆五十六年（1791）福康安大将军曾使用过的大炮英勇抵抗外强的侵略。

抗英勇士跳崖处：江孜保卫战历经三个月，在寡不敌众、弹尽粮绝的情况下，勇士们绝不向敌人投降，从宗山北侧悬崖跳下，此处现立有纪念碑。

驻藏大军巡边石碑：石碑刻于清乾隆六十年（1795），记载了驻藏大臣松筠、和宁巡视边防的经过和戍边要领。

江孜宗政府议事厅：以塑像的形式再现了宗政府官员办公的情形，展厅内的江孜宗政府土地清册等原始资料极为珍贵。

法王殿：建于明代，亦称如意宝寺，殿内留有英军侵略西藏时的罪证。

门　　票：30 元

开放时间：9:00—18:00

陕 西 省

一、延安革命纪念馆

中 文 名： 延安革命纪念馆
地理位置： 陕西省延安市宝塔区圣地路1号
内容简介：

延安革命纪念馆有广场和毛泽东铜像，馆藏文物3.4万多件，展线500米，共有6个展厅，陈列大厅采用声、光、电等现代化表现手法，以700余幅照片及近千件革命文物、雕塑、油画、图表、场景复原等，形象、生动地再现了党中央及老一辈无产阶级革命家在延安领导中国革命的艰苦岁月。陈列获得"全国博物馆十大陈列展览精品"提名奖，分为10个单元进行展出，包括"西北革命根据地的创建""红军

长征到陕北""为建立抗日民族统一战线而斗争""八载干戈仗延安""新中国的雏形——陕甘宁边区""窑洞大学育英才""自力更生奏凯歌""延安整风铸党魂""为和平民主而斗争""转战陕北、夺取胜利"。

延安革命纪念馆有12处革命旧址，目前对外开放的有枣园、杨家岭、王家坪、凤凰山和南泥湾。

延安革命纪念馆以丰富的资料、图片、实物、革命旧址，发挥着其爱国主义教育、社会主义教育、革命传统教育的功能，是爱国主义教育的重要基地。

主要景点：

延安革命纪念馆位于陕西省延安市宝塔区西北延河东岸，在王家坪旧址的西边，是一座大型的革命历史纪念馆。纪念馆内展出着大量珍贵的历史文献、图表、照片等，系统反映了1935年10月到1948年3月期间中央红军到达陕北后，建立抗日民族统一战线、开展大生产

运动、整风运动，并举行党中央第七次全国代表大会，直到最后取得解放战争胜利的光辉历程。

入馆台阶分为三级，隐喻共产党在延安经历了土地革命、抗日战争、解放战争三个阶段。正厅门前两侧分别有"红军长征的落脚点"和"夺取全国胜利的出发点"大型群雕，展现了延安在中国革命的历史地位。纪念馆展出照片及文物近2000件，还有模型、油画、雕塑及场景复原等辅助展品，并运用声、光、电等现代科技手段，增强陈列的动态效果。陈列空间安装着电子屏幕，播放延安时期的历史资料片和一些重要团体、人物在延安参观活动的录像。展厅内部高大宽敞，采光性能良好。整个纪念馆外观朴素大方，结构紧凑，高大宏伟，具有传统的民族风格。

纪念馆前是一大型广场，广场平坦开阔、绿地成片、繁花似锦。广场正中巍然耸立的是毛泽东铜像，铜像由著名雕塑家程允贤设计，连基座通高约8米，基座上镌刻着江泽民手书的"毛泽东在延安"。

门　　票：免费

开放时间：8:00—18:00

二、西安事变纪念馆

中 文 名：西安事变纪念馆

地理位置：陕西省西安市建国路69号

内容简介：

西安事变纪念馆是以"西安事变"重要旧址张学良公馆、杨虎城将军止园别墅为基础而建立的遗址性博物馆。

1982年2月23日，西安事变旧址被国务院命名为第二批全国重点文物保护单位。1983年10月，成立西安事变纪念馆筹建处。1986年12月，在纪念"西安事变"五十周年之际正式建成西安事变纪念馆，并对外开放。

主要景点：

西安事变纪念馆位于张学良公馆内，此外还包

括杨虎城将军止园别墅，其事变发生地还涉及西安事变指挥部、新城黄楼、高桂滋公馆、西京招待所、华清池五间厅等处。1936年在这里发生的"西安事变"，改变了中国的近代历史。

张学良公馆：位于陕西省西安市建国路 69 号，院内有三幢三层砖木结构小楼及 20 余间平房，目前有"西安事变史实陈列"、"千古功臣——张学良将军生平陈列"和张学良旧居复原陈列。

止园：位于陕西省西安市青年路止园饭店的西侧，原为杨虎城将军的别墅，又称杨虎城公馆，环境非常清幽。这座别墅现已辟为杨虎城将军纪念馆，陈设着杨虎城将军的遗物和西安事变的部分文件。

新城黄楼：位于陕西省人民政府大院内，是张学良、杨虎城将军发动西安事变的指挥部，也是当年西安绥靖公署的所在地。蒋介石被捉后首先被押到新城黄楼东客厅，几天后转移到高桂滋公馆。

高桂滋公馆：位于陕西省西安市建国路玄风桥，与张学良公馆相邻，曾是蒋介石移押住处。随其来陕的陈诚、卫立煌等 10 多人，以及后来从南京赶到西安的宋美龄、宋子文等人都住在此地。

西京招待所：位于陕西省西安市解放路和西四路交叉口的西北，是 20 世纪 30 年代初杨虎城为招待国民党要员所建的。当年，随蒋介石来陕的陈诚、朱绍良、蒋鼎文等就住在这里。

门　　票：免费

开放时间：8:30—17:30

三、八路军西安办事处纪念馆

中 文 名：八路军西安办事处纪念馆
地理位置：陕西省西安市新城区北新街七贤庄
内容简介：

八路军西安办事处纪念馆位于陕西省西安市新城区北新街七贤庄。"西安事变"和平解决后，中国共产党在此设立了红军联络处，1937 年 9 月改为八路军西安办事处。1946 年 6 月，蒋介石发动全面内战后，9 月办事处撤回延安。1988 年，被国务院公布为全国重点文物保护单位。

主要景点：

国民革命军第八路驻陕办事处是中国共产

党和八路军在国民党管辖区西安设立的公开办事机构，是第二次国共合作的产物。八路军西安办事处是全国八路军、新四军办事处中成立最早、坚持时间最长、影响最大的办事机构之一。"西办"利用其特殊的政治地位和地理优势，在维护和推动全民族抗日运动的发展，宣传党的抗日主张、开展统一战线工作，为八路军领取、采买、转运物资，组织爱国青年奔赴延安等方面做了大量的工作，为中国人民抗日战争的胜利做出了巨大贡献。这期间，中国共产党、八路军的主要领导人周恩来、朱德、刘少奇、彭德怀、叶剑英、邓小平、林伯渠、董必武等曾多次留驻办事处并指导工作。如今有的居室已恢复原貌。

八路军西安办事处旧址包括七贤庄第一、第三、第四、第七号院，建于1936年。一号院是主要的办公地点，南北长82米，东西宽17米，占地面积为1300多平方米，由南、北两个大小和结构相同的两进院落组成，建筑为砖木结构平房，硬山顶。南、西、北各设一门。

第一号院是一座组合式四合院，门庭的左侧、右侧分别是接待室和收发室。第一道院东西两侧有会客室、工作人员住室、客厅、办公室和地下室，中院是厨房和库房，后面两道院是电台室、译电室、机要室和救亡室。纪念馆内还展出了当年的重要文件、手稿、书刊、照片和实物。

两院的主体建筑呈横"工"字形，东西面阔五间，南北进深六间，屋内地面高出地表80厘米，下设地下室。第三、第四、第七号院与第二、第五、第六号院依次向东排列，结构与第一号院基本相同。第二、第四号院为办事处下属各部门和工作人员的居室，第七号院为招待所。

门　　票：免费

开放时间：9:00—17:00

四、陕西历史博物馆

中 文 名：陕西历史博物馆

地理位置：陕西省西安市雁塔区小寨东路91号

内容简介：

陕西历史博物馆是中国第一座大型现代化国家级博物馆、我国首批4A级旅游景点，被誉为"古都明珠，华夏宝库"。馆区占地面积为6.5万平方米，建筑面积为5.56万平方米，文物库区面积为8000平方米，展厅面积为1.1万平方米。陕西历史博物馆有馆藏文物171.795万件/组，上起远古人类初始阶段使用的简单石器，下至一千多年前社会生活中的各类器物，时间跨度长达一百多万年。文物不仅数量多、种类全，而且品位高、价值广。其中，一级文物有762件/组，国宝级文物有18件/组，其中两件为首批禁止出国（境）展览文物，居我国博物馆前列。

陕西历史博物馆的前身为1944年6月成立的"陕西省历史博物馆"，1950年改称西北历史陈列馆，1952年改称西北历史博物馆，1955年6月改称陕西省博物馆。1983年，根据周恩来总理的生前指示，开始在现址筹建新馆，1986年夏破土动工，1991年6月20日正式建成开放，并定为现名。2016年，陕西历史博物馆被中国文物学会、中国建筑学会评选为"中国20世纪建筑遗产"。2017年12月，入选教育部第一批全国中小学生研学实践教育基地名单。

主要景点：

陕西历史博物馆建筑的外观突出了盛唐风采，长安自古为帝王都，历史上先后有周、秦、汉、隋、唐等 13 个封建王朝在此建都，具有丰富的地上、地下文物，形成了陕西独特的历史文化风貌。

陕西历史博物馆中比较典型的藏品有以下 8 大类。

（1）铜器。已注册的有 3900 多件。藏品时代上起商周，下至秦汉。种类包括礼器、乐器、兵器、车马器、生活用品和生产工具。其中最典型的是商周青铜器，许多器物（如多友鼎、师献鼎等）上铸有史料价值很高的铭文。造型较典型的有先周凤柱斝、西周牛尊、它盉、战国鸟盖瓠壶和汉彩绘雁鱼灯等。

（2）唐代墓葬壁画。馆藏壁画 400 多幅，画面面积为 1000 多平方米，是 1952—1989 年先后从陕西关中地区的 25 座唐墓里揭取的。墓主均为唐代三品以上的皇亲国戚和朝廷重臣。画面内容有四神、仪卫、建筑、狩猎、生活及唐与四邻的友好来往等。馆藏壁画是反映唐代社会生活的重要资料。

（3）历代陶俑。已注册的有 2000 多件。藏品时代包括秦汉、北朝、隋唐。宋、元、明、清。质地有陶、彩绘陶、釉陶和三彩。艺术形象有文武官员、甲士侍卫、男仆女侍、西域胡人，以及天王、镇墓兽和马、骆驼等各种动物。

（4）历代陶瓷器。已注册的有 5000 多件。有史前仰韶文化彩陶、西周原始青瓷、汉代釉陶、唐三彩、古玻璃、琉璃、唐秘色瓷和宋耀窑青瓷等。器物种类包括生活用品、文具和殉葬明器等。

（5）历代建材。已注册的有 1000 多件。藏品时代上起两周秦汉，下至唐宋明清。器物种类有陶制的瓦、瓦当、砖、昭尾、水道和石刻建材，以及金属建筑构件。

（6）汉唐铜镜。已注册的有 800 多件。造型多样，图案精美，有些还铸刻着吉祥语句。

（7）金银玉器。藏品包括洴金望银的铜器，已注册的有 2000 多件，其中西周玉制礼器、春秋秦公大墓出土的金啄木鸟、西汉皇后玉玺、鎏金银竹节铜熏炉和 1970 年西安何家村唐代窖藏出土的镶金兽首玛瑙杯、八棱乐位金杯、鎏金舞马衔杯纹银壶、赤金走龙等，均属举世罕见的精品。

（8）历代货币。已注册的有 1 万多件。未清理造册（不包括在总藏品数之内）的尚有 5 万多枚和近 7000 千克。种类繁多，有西周贝币、战国刀币、秦半两、西汉金、王五铢、王莽时的各种货币、唐金银币及稀有的古代外币。

除上述 8 大类外，还有字画、经卷、织物、骨器、木器、漆器、铁器、石器、印章、封泥，以及近现代文物和民俗民族文物。

门　　票：免费

开放时间：9:00—17:30（16:00 停止发票，11 月 15 日至次年 3 月 15 日），8:30—18:00（16:30 停止发票，3 月 16 日至 11 月 14 日）（周一闭馆，国家法定节假日除外）

五、秦始皇兵马俑博物馆

中 文 名：秦始皇兵马俑博物馆
地理位置：陕西省西安市临潼区秦俑馆公路与秦陵北路交汇处东南
内容简介：

秦始皇兵马俑是世界文化遗产、世界八大奇迹之一、国家 5A 级旅游景区、全国重点文物保护单位。

秦始皇兵马俑博物馆位于陕西省西安市临潼区，是中国第一个封建皇帝秦始皇嬴政的陵园中的一处大型从葬坑，陵园面积为 218 万平方米。秦始皇兵马俑博物馆是以秦始皇兵马俑为基础，在兵马俑坑原址上建立的遗址类博物馆，也是中国最大的古代军事博物馆之一。

秦始皇兵马俑博物馆共有一号、二号、三号兵马俑坑。一号坑是一个以战车和步兵相间的主力军阵，总面积为 14 260 平方米，约有 6000 个真人大小的陶俑。二号坑是秦俑坑中的精华，面积为 6000 平方米，其中的 4 个方阵由战车、骑兵、弩兵混合编组，严整有序，无懈可击。三号坑是军阵的指挥系统，面积为 524 平方米。

秦始皇兵马俑坑发现于 1974—1976 年，秦始皇兵马俑博物馆于 1979 年向国内外开放。

主要景点：

秦始皇兵马俑，俗称兵马俑、秦兵马俑，秦始皇兵马俑坑是秦始皇陵的陪葬坑，这里出土了 1000 多个士兵陶俑，神态生动，形象各不相同，是中国古代雕塑艺术史上的一颗明珠，被誉为 "20 世纪考古史上的伟大发现之一"。

修筑时间长达 38 年

秦始皇嬴政 13 岁即位时，就开始营建自己的陵园，常年征用数十万民夫，耗损了大量的国力，修筑时间长达 38 年。1974 年春，因当地农民打井挖出陶制武士头，兵马俑得以重见天日。

目前发掘了三个坑

景区中的一号俑坑是最早发掘、面积最大的一个坑。二号坑和三号坑分别在一号坑的两旁。三个坑共有与真人、真马大小相似的陶俑、陶马近 8000 件。有车兵、骑兵和步兵等不同的兵种，排列整齐、有序。景区内还有出土文物陈列室和秦陵铜车马陈列室，分别陈列着出土的青铜兵器和两辆青铜马车。

每个陶俑各不相同

出土的兵马俑根据装束、神态、发式的不同，可分为将军俑、武士俑、车士俑、骑兵俑、御手俑、铜车马展。每个陶俑的脸型、发型、体态、神情都各不相同。陶俑、陶马原本都有彩绘，但由于后来的火烧与浸泡，大多已剥落变色。

门　　票：150 元（旺季），120 元（淡季）

开放时间：8:30—17:30（3 月 16 日至 11 月 14 日），8:30—17:00（11 月 15 日至次年 3 月 15 日）

六、黄帝陵

中 文 名：黄帝陵

地理位置：陕西省延安市黄陵县桥山镇

内容简介：

黄帝陵是中华民族始祖轩辕黄帝的陵寝，是《史记》记载的唯一的黄帝陵、第一批全国重点文物保护单位、第一批国家 5A 级旅游景区、国家级风景名胜区、全国爱国主义教育示范基地。黄帝陵号称"天下第一陵"，又称"华夏第一陵""中华第一陵"。

黄帝陵古称"桥陵"，是历代帝王和名人祭祀黄帝的场所。历史上最早举行的黄帝祭祀始于公元前 422 年，秦灵公"作吴阳上畤，专祭黄帝"。自汉武帝元封元年（前 110）亲率 18 万大军祭祀黄帝陵以来，桥山一直是历代王朝举行国家大祭之地，保存着汉代至今的各类文物。

黄帝陵的古柏群是我国最古老、覆盖面积最大、保存最完整的古柏群之一，共 8 万余株，千年以上树龄的有 3 万余株。"黄帝手植柏"距今已有 5000 余年，被誉为"世界柏树之父"和"世界柏树之冠"。

1961 年 3 月，黄帝陵被国务院公布为第一批全国重点文物保护单位，编为"古墓葬第一号"。1997 年 7 月，被中宣部命名为第一批全国爱国主义教育示范基地。2002 年 5 月，被列为国家级风景名胜区。2007 年 5 月，被列为第一批国家 5A 级旅游景区。

2006 年，清明公祭轩辕黄帝典礼（黄帝陵祭典）活动列入第一批国家级非物质文化遗产名录。2013 年 11 月，陕西省启动"黄帝陵祭典活动"申报世界非物质文化遗产名录工作。2014 年 8 月，黄帝陵列入申报世界文化遗产项目。

陕西是民族之根，延安是民族之魂，黄帝陵是中华文明的精神标识。

主要景点：

黄帝陵是中华民族的始祖——轩辕黄帝的陵园，是中华儿女祭祖的圣地，号称"天下第一陵"。全国多处都有黄帝陵，但只有黄陵县的黄帝陵被列为全国重点文物保护单位。黄帝陵四周古柏成林，历代政府对黄帝陵的古柏树都很重视，宋、元、明、清都有保护黄帝陵的指示或通令。

黄帝陵景区由轩辕庙和黄帝陵园两部分组成。轩辕庙也称黄帝庙，坐北朝南，最早建于汉代，主要建筑有庙门、诚心亭、碑亭和人文初祖殿。院内有 16 棵古柏，最珍贵者当属"黄帝手植柏"与"汉武挂甲柏"。"黄帝手植柏"高约 20 米，苍劲挺拔，叶子四季不衰，层层密密，像把巨大的绿伞。相传这棵柏树是轩辕黄帝亲手所植，是世界上最古老的柏树。"汉武挂甲柏"据说是公元前 109 年，汉武帝在北征朔方返回长安的路上，祭黄帝陵时于此树干上钉钉挂盔甲所致，故称"挂甲柏"，这两棵柏树也是景区内游客留影纪念的主要地方。轩辕庙的东侧碑廊内珍藏着历代帝王的御制祭文碑 57 块，现又新增香港、澳门"回归纪念碑"。轩辕庙的大殿上悬"人文初祖"金字匾额，殿内正中置牌位，上书"轩辕黄帝之位"6 字，神龛内为墨玉刻制的黄帝浮雕像。

自唐代宗大历五年（770）建庙祀典以来，这里一直是历代王朝举行国家大祭的场所。1949年后，每年清明节、重阳节均在此进行祭祀典礼，特别是清明节国家公祭已是中华民族传统祭祀大典（清明节公祭不对普通游客开放）。

门　　票：91 元（旺季），51 元（淡季）

开放时间：7:30—18:30

七、西安半坡博物馆

中 文 名：西安半坡博物馆

地理位置：陕西省西安市灞桥区红旗街道半坡路 155 号

内容简介：

西安半坡博物馆是国家一级博物馆，是中国第一座史前聚落遗址博物馆。西安半坡博物馆位于陕西省西安市灞桥区红旗街道半坡路 155 号。半坡遗址于 1953 年春被发现，1958 年正式对外开放。西安半坡博物馆是首批全国重点文物保护单位、首批全国爱国主义教育示范基地、西安旅游十大景点之一、中国最值得外国人去的 50 个地方之一。该遗址揭示了距今 6000 多年前的一处

典型的新石器时代仰韶文化母系氏族聚落的社会组织、生产生活、经济形态、婚姻状况、风俗习惯、文化艺术等丰富的内涵。

主要景点：

西安半坡博物馆除建造文物展室外，还在 3000 平方米的原始村落居住区盖起保护大厅。半坡遗址中的房屋、地窖、灶坑、男女分葬的集体墓地、各种生产及生活用品等遗迹遗物，生动地展现了 6000 多年前母系氏族社会繁荣时期的先民生产与生活情况。具有原始村落风格的大门装饰，鱼池中耸立的正在汲水的半坡姑娘的石雕，以及遗址大厅正面郭沫若先生题写的"半坡遗址"4 个遒劲隽美的大字，都为西安半坡博物馆的文化氛围增添了一种情趣，使人们产生一种回归自然、回归历史、回归艺术的真情实感，此情此景常使许多观众流连忘返。半坡遗址分为居住区、制陶区和墓葬区，居住区是遗址的主体。半坡人居住于新石器时代，使用的工具主要是木制器和石器。妇女是半坡人中主要的生产力，制陶、纺织、饲养家畜都由她们承担，男人则多从事渔猎。西安半坡博物馆现有陈列室三个、遗址大厅一个。在这里，既能看到人类童年时代的纯朴，又能寻觅到中华先祖艰辛的足迹。半坡母系氏族村是西安半坡博物馆陈列的有机延伸，它以积极保护遗址为前提，依据考古发掘资料，将珍贵的遗产从地下搬到地上，立体地再现人类母系氏族社会的情况。其丰富的内涵弘扬了华夏悠久历史文化，荟萃了黄河流域的史前艺术、风俗人情和田园生活。

门　　票：65 元（旺季），45 元（淡季）

开放时间：8:00—18:00（3 月至 11 月），8:00—17:30（12 月至次年 2 月）

八、洛川会议纪念馆

中 文 名：洛川会议纪念馆

地理位置：陕西省延安市洛川县永乡政府北 400 米

内容简介：

洛川会议纪念馆地处民族圣地和革命圣地之间，位于陕西省延安市洛川县永乡政府北400 米，北距革命圣地延安 120 千米，南距古城西安 220 千米。

2001 年 6 月 25 日，国务院公布洛川会议纪念馆入选第五批全国重点文物保护单位。2016 年 12 月，洛川会议纪念馆入选《全国红色旅游经典景区名录》。

主要景点：

洛川会议旧址现存一座小院，内有坐北朝南的两孔砖窑。左侧窑洞为当时的会议室，右侧窑洞为毛泽东旧居。洛川会议纪念馆现收藏各类文物 1072 件，其中

一级文物 290 件，二级文物 6 件，三级文物 19 件。自 1966 年建馆以来，曾多次对洛川会议纪念馆进行修缮，特别是经过 2003 年和 2009 年两次扩建、维修、重新布展，旧址面貌发生了较大的变化。2003 年，修建了 10 间仿古陈列室，新修了大门楼，新修并硬化了停车场。2005 年，洛川会议纪念馆被国家列入"中央一号工程"范畴内。经过近几年的维修和布展工作，现已对外开放了徐向前旧居、警卫排、总务处、机要室等 6 个院落的 11 孔窑洞、5 间瓦房。

2010 年，在大门内中心花园处修建了高 7.7 米、宽 11 米、底座厚 3 米、底座长 3.78 米的"全民抗战——走向胜利"主题雕塑，真实地反映了洛川会议以后，在张闻天、毛泽东、朱德、周恩来等老一辈无产阶级革命家的领导下，长城内外、大江南北全民抗战的火热场面。

会议室悬挂着出席洛川会议的领导人照片、会议原物、八仙桌、马鞍凳、条桌、太师椅等，再现了当时开会的历史场景。

洛川会议史实陈列室通过图片、文字资料、文献、革命文物等，全面展示洛川会议召开的时代背景和重要史实，突出表现了指导全民族抗战的重要意义和历史地位。

门　　票：免费

开放时间：9:00—17:00

九、马栏革命旧址

中 文 名：马栏革命旧址

地理位置：陕西省咸阳市旬邑县马栏镇

内容简介：

马栏革命旧址位于陕西省咸阳市旬邑县马栏镇桥山山脉的南端，是陕西省重点文物保护单位、国家 4A 级旅游景区。土地革命战争时期，马栏是培养革命干部的摇篮，中国工农红军陕甘游击队在此驻扎和活动。

2016 年 12 月，马栏革命旧址入选《全国红色旅游经典景区名录》。2017 年 3 月，马栏革命旧址被中宣部命名为全国爱国主义教育示范基地。

主要景点：

土地革命战争时期，马栏留下了谢子长、刘志丹、习仲勋、贾拓夫、汪锋等革命家的足迹。1932年，中国工农红军第 26 军在马栏成立，并举行了授旗仪式。

抗日战争和解放战争时期，马栏是陕甘宁边区的南大门，是圣地延安的前沿哨所，是陕甘宁边区关中分区的政治、军事、经济中心，是西安乃至全国各地仁人志士和军用物资通往延安的重要驿站与红色

通道。1937 年 10 月至 1949 年 4 月，马栏是中共陕西省委、陕甘宁边区关中分区机关所在地，长达 13 年之久。习仲勋、汪锋、张德生、赵伯平、张邦英、霍维德、张仲良、王世泰等革命家在这里长期生活和战斗过。1945 年 7 月，彭德怀指挥爷台山反击战，全歼国民党军三个师，总指挥部设在马栏的窑洞里。1948 年 4 月 12 日，西北野战军一、二、四、六纵队集结在马栏地区，4 月 14 日，彭德怀在马栏小会议室召开旅以上干部会议，部署西府战役，下达作战命令，分左、中、右三路向西府进军，5 月 12 日，西府战役遂告结束，西北野战军全部回驻马栏。李先念中原突围后由陕南回到关中分区，在马栏窑洞里养病，病愈后回到延安。中共山西省委、河南省委也曾在马栏办公。著名教育家、民盟西北总支部负责人李敷仁在咸阳遭特务枪击，被地下党营救并接到马栏养伤，后到达延安。马栏也是培养革命人才的摇篮，1937 年 7 月后，陕北公学、陕甘宁边区第二师范先后在这里建校，为中国革命培养了数以万计的栋梁人才。

门　　票：免费

开放时间：8:30—17:30

十、川陕革命根据地纪念馆

中 文 名：川陕革命根据地纪念馆

地理位置：陕西省汉中市南郑区红寺湖景区内

内容简介：

1979 年，中共陕西省委决定建立川陕革命根据地纪念馆，也是川陕革命根据地在陕南唯一的纪念馆。川陕革命根据地纪念馆创建于 1980 年 5 月，原址在汉中市南郑区城关镇南大街，1990 年迁往南湖湖心岛，2006 年迁至南郑区红寺湖景区。南郑区人民为川陕革命根据地的创建、巩固和革命斗争中做出了伟大贡献。川陕革命根据地纪念馆是全国百家经典红色旅游景区之一。

2016 年 12 月，川陕革命根据地纪念馆入选《全国红色旅游经典景区名录》。2017 年 3 月，川陕革命根据地纪念馆被中宣部命名为全国爱国主义教育示范基地。

主要景点：

川陕革命根据地纪念馆由主展馆、爱国主义教育广场、纪念碑、何挺颖烈士广场共同组成，分为三大展区。主展馆陈列了红四方面军创建川陕革命根据地过程中的著名战役、红色交通线的创建及活动情况，红 25 军、红 29 军、红二方面军、359 旅、巴山游击队等在汉中的战斗情况，为中国新民主主义革命做出重大贡献

的汉中籍人物、事件、遗物，20 世纪 20 年代至汉中解放在汉中境内的各地方开展革命武装斗争的事件情况介绍、重要人物生平事迹。爱国主义教育广场陈列了川陕革命将领及英雄的半身雕像、重大事件浮雕及雕塑群。雄伟、庄严、肃穆的纪念碑伫立景区。

陈列馆分为五部分：徐向前、李先念等革命老前辈为该馆的题词题诗共 19 条，陕南地下组织当年开展革命斗争的历史遗物，巴山游击队、红二十九军的活动史料，革命英烈的生平事迹介绍，红四方面军在碑坝留存的石刻标语拓片。

川陕革命根据地纪念馆现有馆藏文物和资料 2 万余件，其中国家一级文物 11 件，二级文物 85 件，三级文物 2307 件。

门　　票：免费

开放时间：9:00—16:00

十一、直罗烈士陵园

中 文 名：直罗烈士陵园
地理位置：陕西省延安市富县西部
内容简介：

直罗烈士陵园始建于 1954 年春，位于陕西省延安市富县西部，距县城 53 千米，占地面积约 4 万平方米，以栽植松柏为主。陵园内有纪念碑一座（高 21 米）、纪念馆一栋（建筑面积为 719.6 平方米）、纪念亭 7 个、接待室 7 间、唐代宝塔一座（柏山寺塔）。陵园安葬着中共中央委员、红一军团 4 师政委黄甦、红二军团团长李英华和聂荣臻同志的警卫员孙启峰及 12 名小战士等 325 名有名烈士，以及 630 名无名烈士。1986 年 4 月 16 日，胡耀邦为直罗烈士陵园题词"直罗战役烈士永垂不朽"。1985 年 8 月 24 日，杨尚昆同志为陵园纪念碑题写"直罗战役烈士纪念碑"碑名。

2011 年，直罗烈士陵园晋升为国家级烈士陵园。2016 年 9 月，直罗烈士陵园被列入民政部第六批国家级烈士纪念设施名单。2017 年 3 月，被中宣部命名为全国爱国主义教育示范基地。

主要景点：

直罗烈士陵园坐落在富县西北部直罗镇直罗村柏山山麓脚下，309 国道从陵园门前经过。1976 年清明节，广大干部群众在陵园周围的山坡上种植松柏，目前树木生长旺盛、郁郁葱葱、茂密成林。柏山山顶有一座宝塔——柏山寺塔，建于唐代，塔层 11 级，高 43.3 米，直径为 9.1 米，造型呈平面八角形，每层飞檐叠檩、斗拱门窗，透风洞两侧立有石罗汉和武士雕像。

直罗烈士陵园于 1985 年、1987 年先后进行了两次维修，修建仿古大门门楼一座，砖砌围墙长 634 米，扩建长方形汉白玉烈士纪念碑一座。陵园内安葬着在直罗战役中牺牲的长征红军团政委、中共中央候补委员黄苏，团长李英华等 36 位烈士的遗骨并全部立碑，刻撰了碑文。园内四周修建花园，栽植各种花卉，鲜花映衬在纪念碑和墓碑周围，走进陵园，给人一种赏心悦目、祥和、庄严、优美的感觉。

门　　票：免费

开放时间：全天

十二、刘志丹烈士陵园

中 文 名：刘志丹烈士陵园

地理位置：陕西省延安市志丹县红都街 1 号

内容简介：

刘志丹烈士陵园位于陕西省延安市志丹县红都街 1 号，是党中央和全国人民为了纪念中国共产党的优秀党员、坚定不移的无产阶级革命家、具有卓越才能的军事家、西北红军和陕甘宁革命根据地的创始人之一的刘志丹将军而筹资兴建的纪念性建筑物。刘志丹烈士陵园现为全国重点烈士纪念建筑物保护单位。

2017 年 3 月，刘志丹烈士陵园被中宣部命名为全国爱国主义教育示范基地。

主要景点：

刘志丹烈士陵园坐北面南，面积为 3.3 万平方米，是全国重点烈士纪念建筑物保护单位，历年都有众多前来参观、祭奠的国内外游览者。整个陵园建筑富有民族特色，庄严肃穆。在宽大的纪念亭里，中央矗立的石碑上刻着毛泽东的原话："我到陕北只和刘志丹同志见过一面，就知道他是一个很好的共产党员。他的英勇牺牲出于意外，但他的忠心耿耿为党为国的精神，永远留在党和人民中间，不会磨灭的。"

纪念亭四周分布着许多领导人的题词碑，包括毛泽东的题词"群众领袖、民族英雄"和周恩来的题词"上下五千年，英雄万万千，人民的英雄，要数刘志丹"等。园内还有造型独特的地球碑，上刻陕甘宁边区图示，并镌刻"陕甘宁边区的创造者"这几个大字。陵园深处是烈士纪念堂和刘志丹将军之墓。陵园内还辟有烈士纪念馆，展出各类文物及烈士生平简介。

门　　票：5 元

开放时间：8:30—17:30

十三、子长革命烈士纪念馆

中 文 名：子长革命烈士纪念馆

地理位置：陕西省延安市子长县瓦窑堡北面齐家湾坪上

内容简介：

子长革命烈士纪念馆坐北向南，南北长 120 米，东西宽 100 米，总占地面积为 1.2 万平方米，建筑面积为 1300 平方米，是我国兴建较早的纪念馆之一。

谢子长是西北人民革命和西北工农红军最早的创始人之一。为了纪念他对党、对人民的伟大功勋和卓越贡献，陕甘宁边区政府于 1943 年拨 500 石小米修建了子长陵墓。毛泽东、朱德、周恩来、刘少奇、任弼时、林伯渠等中央领导人题词，高度评价了谢子长烈士的精神和功德。1947 年，胡宗南等部侵犯陕北时，将陵墓毁为废墟。

1949 年中华人民共和国成立后，党和人民政府为慰藉革命烈士英灵、教育后人，极为重视革命烈士的褒扬工作。1952 年，陕西省人民政府拨款 13 万元在原址重新修建了子长陵墓，同时将子长陵墓改为子长革命烈士纪念馆。

主要景点：

纪念馆分墓区和纪念区两部分。自建馆以来，纪念馆得到了国家有关部门、老一辈无产阶级革命家的大力支持和关怀重视。

革命烈士纪念塔在门内，高 10 米多。塔身呈方形，四面正中各镶十块青色碑石。塔顶精巧秀美。塔顶和塔身之间有几何图纹，洁净朴素。塔后是宽敞的院子，院中有笔直的砖道，砖道两侧是陈列室。在陈列室的后边，松柏成林，百花放香，雅静肃穆。再向后是 7 米高的台子，陵园的主要部分——纪念堂和谢子长墓，就建在高台上。纪念堂碧瓦红柱，古色古香，内立4块碑石，上面镌刻着毛泽东给谢子长烈士的题词"民族英雄""虽死犹生"等。谢子长墓在纪念堂的后边，灵堂高大，棺木上覆盖着红色棉被，灵堂挂有谢子长的画像。

门　　票：免费

开放时间：全天

十四、中央红军长征胜利纪念园

中 文 名：中央红军长征胜利纪念园

地理位置：陕西省延安市吴起县胜利山脚下

内容简介：

中央红军长征胜利纪念园位于陕西省延安市吴起县胜利山脚下，在胜利山"切尾巴战役"的遗址上建立。纪念园于2007年开始建设，占地面积为4.2平方千米。中央红军长征胜利纪念园是2005年由中共中央办公厅批准，中国城市规划设计研究院设计的，2009年9月成立并对外开放。

主要景点：

中央红军长征胜利纪念园为纪念性主题公园，设有5个广场（入口广场、转移转折广场、雪山草地广场、会师广场和胜利广场）、中央红军长征胜利纪念馆、纪念碑等。

纪念园前有5个红色"五角星"，后面是三个弓形门楼，在中间门楼上写着"中央红军长征胜利纪念园"几个大字。门楼后面就是沿山坡修建的台阶和平地。在台阶的中间是一层红色的石面，上面写着红军长征的日志，反映了长征中的重要事件和主要会议等内容。上行一段台阶就会有一

块小广场，在广场和石阶的两边有许多红色的火炬。在小广场的里面有大型石塑像，有的反映了红军转移离开老区时军民分别、依依不舍的情景，有的反映了红军翻皑皑雪山、过茫茫草地的艰苦场面。特别是两幅反映中央红军与陕北红军胜利会师的塑像，两方红军紧紧握手，欢呼胜利。这些台阶共有250级，寓意红军两万五千里长征的路程。

上到顶头，在半山腰处有一个大广场，占地面积约为6667平方米，中间有一个矗立的石碑，石碑上刻着"中央红军长征胜利纪念碑"几个大字。碑高19.35米，寓意1935年；碑底直径为10.19米，寓意10月19日；碑座有7级台阶，代表长征胜利70周年；碑顶设有中央

红军与陕北红军会师的头像，寓意中央红军与陕北红军会师；碑基铺垫绿色的地坪，碑座以大理石贴面，碑体为四角立柱体。在广场的前面还有一个小号兵吹号的塑像。

在广场后面的是中央红军长征胜利纪念馆。在馆内可以看到，四路红军长征历时两年多，行程共 6.5 万余里，途经 14 省，翻越 21 座大山，进行重要的战役、战斗近 600 次，各路红军长征出发时有 20 多万人，结束时保存下来的只有 5.7 万人。馆内有谢觉哉忆红军 1935 年冬初到吴起镇、宿麦地所写的一首诗："露天麦地覆棉裳，铁杖为桩系马缰。稳睡恰如春夜暖，天明始觉满身霜。"据说当时吴起镇住户很少，大批红军来了后根本无房可住，只能露宿街头，谢老的这首诗既反映了当时红军的艰苦生活，又反映了老一辈革命家的乐观主义精神。

门　　票：免费

开放时间：全天

一、会宁红军会师旧址

中 文 名：会宁红军会师旧址
地理位置：甘肃省白银市会宁县会师镇会师北路 7 号
内容简介：

会宁红军会师旧址位于甘肃省白银市会宁县会师镇会师北路 7 号，是历代兵家必争的重地。旧址的主要建筑有：红军会师楼及古城墙；红军会师联欢会会址——文庙大成殿及邓小平同志亲笔题名的三军会师纪念塔；徐向前元帅亲笔题名的"会宁红军会师革命文物陈列馆"；红军长征将帅碑林等。

1936 年 10 月 8 日清晨，中国工农红军第一、二、四方面军三大主力胜利会师于会宁城，标志着万里长征胜利结束，中国革命开始走向胜利。当时，中央领导曾在西津楼上开过会，故于 1958 年将西津楼改建为红军"会师楼"。

旧址于 1986 年建造了高达 28.78 米的 11 层纪念塔，正面雕刻着邓小平题写的"中国工农红军第一、二、四方面军会师纪念塔" 18 个大字。而在会宁县大墩梁和慢牛坡还修建有红军长征纪念碑，以纪念那些在中国红军万里长征中英勇献身的壮士。

主要景点：

会宁红军会师旧址又名会师园，是纪念红军第一、二、四方面军长征会师的纪念园区。

园内有多座纪念建筑，其中，纪念馆和陈列馆展示了众多的革命文物，是缅怀革命先烈、了解长征史诗故事的红色旅游胜地。园内的纪念建筑造型独特，另外还有一些古老的历史建筑。

会师园面积不大，长、宽约为 200 米。景区的中轴线呈西北—东南走向，中心有一座广场，周围种植了很多树木和花朵，环境优美。

景区的中心是会师纪念塔，塔呈红色，共有 11 层。塔身的造型非常独特，下面 9 层是 3 座合抱的塔，到第 10 层时合并为一座，象征着三军在此会师。这座塔也是会宁县的地标建筑，登塔远望，视野开阔。

位于会师塔东南方向的广场对面是我国最大的、反映长征历史的红军长征胜利纪念馆。纪念馆共有三层，馆内有很多大型的雕塑、图片、视频展示等，更重要的是这里有近千件珍贵的革命文物，是缅怀红军长征英烈的胜地。

纪念塔西北侧是红军会师联欢会会址，这里原来是县城的文庙，是一座明代的古建筑，现在保存完好。而纪念塔西南侧的古建筑是会师楼，也是一座明代建筑，原来是县城的西津楼，现在保留了两侧的城墙和门楼，非常壮观。

门　　票：免费

开放时间：9:00—17:30

二、敦煌莫高窟

中 文 名：敦煌莫高窟

地理位置：甘肃省敦煌市东南 25 千米

内容简介：

莫高窟，俗称千佛洞，坐落在河西走廊西端的敦煌。它始建于十六国的前秦时期，历经十六国、北朝、隋、唐、五代、西夏、元等历代的兴建，形成巨大的规模，有洞窟 735 个、壁画 4.5 万平方米、泥质彩塑 2415 尊，是世界上现存规模最大、内容最丰富的佛教艺术地之一。

1961 年，敦煌莫高窟被国务院公布为第一批全国重点文物保护单位。1987 年，被列为世界文化遗产。

莫高窟与山西大同云冈石窟、河南洛阳龙门石窟、甘肃天水麦积山石窟并称为中国四大石窟。

主要景点：

大佛殿（九层楼）

一进入莫高窟，就能看到九层楼，它是莫高窟最高的建筑，人们习惯上称之为"大佛殿"。

殿内供奉的是世界最大的室内盘腿而坐的泥胎弥勒菩萨的造像。据记载，这座大佛的修建年代为唐朝年间，据说当时武则天当政，为了巩固自己的帝位，就对民间宣扬自己是弥勒菩萨的化身，所以在佛像上还能发现很多女性特征。

塑像

塑像是莫高窟各石窟的主体，多为"一个佛、两个菩萨"的组合，唐代的许多优秀作品是塑像中的精华。莫高窟地区的岩质为酒泉系砾石岩层，由积沙与卵石沉淀黏结而成，沙层疏松，不适于雕刻，所以这里的石窟以泥塑彩绘为主。

藏经洞

1900 年，藏经洞（编号 17 窟）里居住的道士王圆箓改建道观清扫时，偶然发现了北侧甬道壁上的一个小门，打开后出现方形窟室，内有从 4 世纪到 11 世纪（十六国到北宋）的历代文书、纸画、绢画、刺绣等文物 5 万多件，这就是著名的藏经洞。经过几十年的研究，开拓出一门全新的学科——敦煌学。

"反弹琵琶"飞天伎乐菩萨

画于 172 窟的《观无量寿经变》壁画上，这是敦煌艺术中最优美的舞姿。反弹琵琶实际上是又奏乐又跳舞，表现了"反弹琵琶"绝技时的刹那间动势。飞天伎乐菩萨手持琵琶，半裸着上身翩翩翻飞，裙裾如游龙惊凤，项饰臂钏则在飞动中叮当作响。突然，她一举足一顿地，一个出胯旋身，使出了"反弹琵琶"的绝技。

门　　票：数字展示中心参观券：50 元。莫高窟参观券（包含数字展示中心、莫高窟部分开放洞窟、敦煌石窟文物保护研究陈列中心、敦煌研究院院史陈列馆）：旺季（5 月 1 日至 10 月 31 日）200 元，外语门票每张 220 元（含 20 元外语讲解费）；淡季（11 月 1 日至次年 4 月 30 日）100 元，外语门票每张 120 元（含 20 元外语讲解费）。

开放时间：8:00—18:00

三、嘉峪关

中 文 名：嘉峪关
地理位置：甘肃省嘉峪关市西 5 千米处
内容简介：

嘉峪关位于甘肃省嘉峪关市西 5 千米处最狭窄的山谷中部，城关两侧的城墙横穿沙漠戈壁，北连黑山悬壁长城，南接天下第一墩，是明长城最西端的关口，历史上曾被称为"河西咽喉"，因地势险要、建筑雄伟，有"天下第一雄关""边陲锁钥"之称。嘉峪关是古代"丝绸之路"的交通要塞，素有中国长城三大奇观之一（东有山海关、中有镇北台、西有嘉峪关）的美称。

嘉峪关由内城、外城、罗城、瓮城、城壕、南翼长城、北翼长城组成，全长约 60 千米。长城城台、墩台、堡城星罗棋布，由内城、外城、城壕三道防线组成重叠并守之势，形成五里一燧、十里一墩、三十里一堡、百里一城的防御体系。

嘉峪关是世界文化遗产、国家 5A 级旅游景区、全国重点文物保护单位、全国爱国主义教育示范基地。

主要景点：

嘉峪关的大多数景点紧扣长城文化及丝路文化的脉系主题，并具有自己的特色。

戏台

嘉峪关戏台是清乾隆五十七年（1792）嘉峪关游击将军袋什衣主持修建的，是当时守城官兵、城内居民及过往商旅的娱乐场所。嘉峪关戏台是典型的中国传统古典戏台，由木制屏风把前台、后台隔开，屏风正中央绘制了八幅人物图，是人们熟知的"八仙"。顶部为中国传统图案"八卦图"，八卦图是中国古代思想文化与科学的综合反映。两侧是一组风情壁画，内容是寺庙的和尚、尼姑庵的尼姑与尼姑豢养的宠物。这些绘画内容在其他戏台上是非常少见的。戏台两侧有对联"离合悲欢演往事，愚贤忠佞认当场"，高度概括了古往今来人间世事的演义变化及戏曲演出场所的功能和作用。

柔远门

内城西门，门额刻"柔远"二字，是明王朝对边陲（关外）各游牧民族实行怀柔政策，安抚边远地区，以实现长治久安的治国方略。

光化门

内城东门，门额刻"光化门"三字，面向东方，表示旭日东升，瑞气普照大地。门洞由自黑山开采的石条铺成。建于明正德元年（1506），由时任肃州兵备副宪李端澄主持修建。光化楼为三层三檐歇山顶式结构，楼高 17 米，精雕细刻。楼阁第一层为砖木结构，第二、第三层为木结构榫卯咬合而成。虽然经历了五百多年的风雨、地震等自然灾害，但它仍巍然屹立于关城之上，尽显中国古代建筑技术的高超和精妙。

文昌阁

文昌阁始建于明代，重建于清道光二年（1822）。楼阁为两层两檐歇山顶式建筑，底层两边为单间铺房，四周立红漆明柱 18 根，形成回廊。内为面宽三间、进深二间的官厅。四面装有花格门窗，上部绘制山水人物彩画 80 余幅。此阁在明代、清代时为文人墨客会友、吟诗作画、读书的场所。到清代末年，成了文官办公的地方。

关帝庙

明末清初从内城迁到现处。庙内原有大殿一座、陪殿两座，另有刀房、过厅、马房和牌楼，总面积为 720 平方米。关帝庙曾多次扩建，最后一次重修是嘉峪关游击将军熊敏谦主持的。1998 年，由嘉峪关关城文管所自筹资金 70 万元对关帝庙进行了重修，对牌楼进行了彩绘，使关帝庙恢复了明代、清代时的风采。

天下雄关碑

关西门外百余米处有清代刊立的"天下雄关"石碑。清嘉庆十四年（1809）肃镇总兵李廷臣在视察嘉峪关防务时，见这里南有祁连雪山，北有黑山，关势雄伟，便写下"天下雄关"4 字并立石为碑，给后人留下了永恒的纪念。

罗城和箭楼

罗城初建于明弘治八年（1495），由李端澄主持修建。罗城是应敌的正面，"凸"字形城墙全部用砖包砌，非常坚固。罗城的南北两端建有箭楼，是观望关西、关南、关北烽火的设施。两端与外城墙相接，外城墙又与关城南北的长城相连。

角楼和敌楼

内城四角有角楼，也称为"戍楼"，形如碉堡，是守城士兵值勤放哨的地方。南北城墙建有敌楼，是放置兵器的地方。站在这里回望，光化楼、柔远楼、嘉峪关楼三座高大建筑同在一条中轴线上。这种"过洞式城门"及高台楼阁建筑形式，是中国几千年建筑历史及建筑形式的延续和发展。

东西瓮城

嘉峪关东西两瓮城布局森严，东瓮城门楼的眉额刻"朝宗"二字，表示过往朝廷官员虽远行"极边"，但仍不忘朝廷与君王。与此相对的"西瓮城"，门额刻"会极"二字，意即从西域来的诸侯、仕官、商旅、亲善、友好地在这里相会，从这里经过向中原王朝朝贡。西瓮城也辟门南向，不与内城门直通，使关城更加肃穆幽深，成为内城的一道防线。

游击将军府

嘉峪关游击将军府，也称游击衙门，初建于明隆庆年间，后来成为明清两代镇守嘉峪关的游击将军处理军机政务的场所。游击将军府是1987年在原建筑的基础上恢复修建的，为两院三厅四合院式建筑，占地面积为1755平方米，建筑面积为808平方米。

在嘉峪关古代军事史上，游击将军府不仅是嘉峪关长城防御体系的指挥中心，而且是朝廷统治地方、检查商旅使者往来、联系西域和中亚及各少数民族的枢纽机关。

长城第一墩

长城第一墩，即讨赖河墩。1539年由肃州兵备道李涵监筑，它是明代万里长城从西向东的第一座墩台，是明代长城的西端起点，是嘉峪关长城防御体系的重要组成部分。北距关城7.5千米，墩台矗立于讨赖河边近80米高的悬崖之上，可谓"天下第一险墩矣"。

悬壁长城

石关峡又名水关峡，它的南面是白雪皑皑的祁连山，北面是高耸入云的黑山。断壁长城和悬壁长城是嘉峪关西长城的重要组成部分，明嘉靖十九年（1540）由肃州兵备道李涵监筑。断壁长城在黑山峡口之南，为东西走向。悬壁长城在黑山峡口之北，为南北走向，城墙陡峭直长，气势雄伟，垂若悬臂，有"西部八达岭"之称。这两条长城形成拱卫之势，共同扼守黑山峡口。

七一冰川

七一冰川位于嘉峪关市西南116千米处的祁连山腹地，是由中国科学院兰州分院的科技工作者和苏联冰川学专家于1958年7月1日发现，并以发现日期命名的一座高原冰川。该冰川斜挂于坡度小于45度的山坡上，冰层平均厚度为78米，最厚处达120米，冰峰海拔为5150米，冰舌前沿海拔为4300米。

魏晋墓群

"果园——新城魏晋墓群"是国务院于2001年公布的第五批全国重点文物保护单位。在近13平方千米的地域内分布着魏晋时期的古墓葬一千余座，素有"地下画廊"之称。1972—1979年先后发掘了18座墓葬，其中9座为画像砖墓，9座为素砖墓。其中五号墓于1973年5月整体搬迁到甘肃省博物馆。新城墓葬建筑形制独特，墓葬由墓道、墓门、门楼、前室、中室、后室、甬道、耳室、壁龛等组成。建筑用砖分为印纹方形砖、长方形砖、雕刻砖、画像砖、条形砖等。墓门用条形砖叠砌为拱券形，券顶以上采用条形砖叠造门楼，门楼墙面嵌砌有斗拱、人物、兽首等造型的雕刻砖，墓顶多为盝顶式和拱券式。

门　　票：101元（旺季），61元（淡季）

开放时间：8:00—18:00

四、哈达铺红军长征纪念馆

中文名：哈达铺红军长征纪念馆

地理位置：甘肃省陇南市宕昌县哈达铺镇

内容简介：

哈达铺位于岷山脚下，1935年中国工农红军二、三方面军突破国民党反动派的围追堵截，直插哈达铺，在这里制定了挥师陕北、建立革命根据地的伟大战略决策，为中国革命史写下了光辉的一页。哈达铺红军长征纪念馆筹建于1978年，1981年10月被甘肃省人民政府公布为省级重点文物保护单位。2001年6月，被国务院公布为全国重点文物保护单位。

2016年12月，哈达铺红军长征纪念馆入选《全国红色旅游经典景区名录》。

主要景点：

哈达铺是红军在甘肃省长征途中革命文物陈列最多、原貌保存最完整的一处故址。馆内现存有文物52件，其中国家一级文物1件，国家二级文物8件，国家三级文物14件。收藏胡耀邦、张震、萧克、杨成武、杨得志、张爱萍等7位上将、22位中将、77位少将为纪念馆题词的手迹116幅，省军级领导题词30多件，国内知名人士题词100多幅，将军简历106篇，照片80多幅，哈达铺游击烈士生平简历20多篇。很多作家、艺术家、画家、摄影家都曾到哈达铺进行过长征路上的实地考察、采访。全国20多家电影、电视、报刊都相继播放（映）、刊登了有关哈达铺红军长征纪念馆的纪录片、电视专题片、论文、专题文章等。

门　　票：10元

开放时间：8:30—17:30（淡季），8:00—18:00（旺季）

五、八路军兰州办事处纪念馆

中 文 名：八路军兰州办事处纪念馆
地理位置：甘肃省兰州市酒泉路互助巷 2 号
内容简介：

八路军兰州办事处纪念馆位于甘肃省兰州市
酒泉路互助巷 2 号，是一座普通的旧式四合院建
筑。八路军兰州办事处于 1937 年 8 月 25 日成立，
到 1943 年 11 月撤销，共 6 年零 3 个月。办事处
刚成立时，谢觉哉乘欧亚航空公司的班机抵达兰
州，贺耀祖（毛泽东青年时代的朋友，也是谢觉
哉的同乡旧友）为谢觉哉举行了隆重的欢迎宴会。
在 1937 年 8 月到 1938 年秋天的一年时间里，谢
觉哉在这里用佳金、无奇、焕南、敦夫等笔名写
了 60 多篇宣传抗日的文章。

主要景点：

八路军兰州办事处纪念馆是抗日战争时期，
中国共产党在蒋统区设立的公开办事机构，老一
辈无产阶级革命家谢觉哉、彭嘉伦、伍修权等曾
领导八路军兰州办事处工作。

1963 年，八路军兰州办事处被批准列为省级
文物保护单位。1978 年，在旧址筹建了兰州八路
军办事处纪念馆，并于 1981 年 1 月正式开放。馆内共有革命文物 150 余件、照片 170 余幅，
是进行爱国主义教育和革命传统教育的重要基地。

门　　票：免费
开放时间：8:00—18:00

六、兰州市烈士陵园

中 文 名：兰州市烈士陵园
地理位置：甘肃省兰州市七里河区华林路 529 号
内容简介：

兰州市烈士陵园坐落在甘肃省兰州市七里河区华林坪以南、沈家岭北麓，是为纪念 1949
年 8 月在兰州战役中牺牲的烈士而修建的，始建于 1952 年，于 1959 年 10 月 1 日正式建成开

425

放。1972 年，进行了第二期扩建
工程。陵园占地面积为 41.95 万平
方米，建筑面积为 1.08 万平方米。
1963 年，被列为文物保护单位，
1989 年 8 月，国务院批准列为第
二批全国重点烈士纪念建筑物保
护单位。2001 年 6 月，被中宣部
命名为第二批全国爱国主义教育
示范基地。

主要景点：

　　兰州市烈士陵园以开展纪念
性活动和游憩性活动并列布局，
充分结合自然地形特点。纪念区
采用轴线对称的规划式构图，庄重严整，突出纪念塔主题；游憩区采用自然式构图，活泼自
然，突出山水相依的秀丽景色。

　　纪念区以广场为中心，正南侧矗立着高 30 米的人民英雄纪念碑，与大门遥遥相对，正面
镌刻着毛泽东题写的"人民英雄永垂不朽"8 个鎏金大字，纪念碑顶端的金色五星在阳光下
闪闪夺目，象征着先烈的革命精神永垂不朽。纪念碑的下端采用汉白玉大理石镶嵌而成，上
面刻写着"兰州解放纪念碑"和党政军机关为先烈们的题词。1998 年 6 月，兰州市人民政府
投入资金，对纪念碑底座、地表重新采用了鸡血红花岗岩和六角形地面砖铺砌，加上广场由
北向南逐渐升高的自然地势和纪念碑南侧的半圆形围廊，在周围的青松翠柏与蔚蓝天空的衬
映下，纪念碑显得更加挺拔雄伟。

　　陈列区位于陵园的中部地带，主要由纪念馆和宣传窗组成。雄伟壮观的兰州战役纪念馆
坐落在此，经过三次扩充、改建，新馆于 1999 年 8 月正式向社会各界开放，占地面积为 1000
多平方米，馆外用大理石贴面，原兰州战役中我一野二兵团政委王世泰为纪念馆亲笔题名。
纪念馆内主要由三个展厅组成。第一展厅为图文展厅，用 255 张图片和约 1 万字以时间顺序
分 6 个部分详细布展了兰州战役的主要战况及以英雄团长王学礼为代表的兰州战役中的英雄
人物的事迹、图片。第二展厅是兰州战役沙盘模型，沙盘模型于 1999 年 8 月制作完成，按
1:5000 的比例制作，东起乔家营，西至土门墩，南起九条路口，北至白塔山一线，长 8 米，
宽 4 米，面积达 32 平方米，是集声、光、电于一体的战役沙盘模型。第三展厅为陈列厅，主
要陈列包括武器装备、支前工具、遗物、资料等。

　　门　　票：免费

　　开放时间：9:00—12:00，14:00—16:00（周一至周五）

七、南梁革命纪念馆

中 文 名：南梁革命纪念馆

地理位置：甘肃省庆阳市华池县南梁镇荔园堡村

内容简介：

南梁革命纪念馆坐落于甘肃省庆阳市华池县南梁镇荔园堡村，原陕甘边区苏维埃政府所在地，为全国爱国主义教育示范基地、全国国防教育基地、全国首批百个红色旅游经典景区、国家 AAAA 级旅游景区。纪念馆由门楼、牌坊、纪念碑、展馆、浮雕、政府旧址、清音楼等部分组成。2020年 12 月，被评定为第四批国家二级博物馆。

主要景点：

南梁革命纪念馆是为了纪念 20 世纪 30 年代初刘志丹、谢子长、习仲勋等无产阶级革命家开展游击活动、在此建立陕甘边区苏维埃政府而修建的。

南梁，位于庆阳市东北部华池县的东端，东北与陕西的吴起县、志丹县接壤，处于陕甘交界的桥山山脉北段的子午岭天然森林区。荔园堡古城曾是北宋抵御西夏南侵的前沿边哨，城名由宋英宗钦赐，这座气势宏伟、庄严肃穆的建筑是纪念馆的馆门。

英雄群雕。反映边区群众在政府的带领下开展革命活动的场景，群雕的主要艺术形象是以军委主席刘志丹、政府主席习仲勋、边区的第一所红色学校列宁小学的创始人张景文为原型创作的，反映了边区在政治、军事、文化教育方面的蓬勃发展。

清音楼。原是荔园堡古城内的戏台，1934 年 11 月 7 日，陕甘边区苏维埃政府成立庆祝大会在这里召开，清音楼当时设为庆祝大会的主席台。刘志丹在这里代表边区群众向政府主席习仲勋颁发了政府印章，也在这里检阅了由红二十六军、游击队、赤卫队等三千五百多人组成的阅兵队伍。所以清音楼也被后人称为"阅兵楼"。

关帝庙。1934 年 11 月 4—6 日，陕甘边区工农兵代表大会在这里召开，大会选举产生了边区政府和政府领导成员。门楣上横刻的"陕甘边区苏维埃政府旧址"是政府主席习仲勋亲笔题写的。

门　　票：免费

开放时间：9:00—17:00（周一闭馆）

八、高台烈士陵园

中 文 名：高台烈士陵园

地理位置： 甘肃省张掖市高台县城关镇人民东路 47 号

内容简介：

为了纪念在高台战役中献身的红军指战员，1952 年，高台烈士陵园建成。高台烈士陵园位于甘肃省张掖市高台县城关镇人民东路 47 号，坐东向西，总面积为 6 万多平方米。

2016 年 12 月，高台烈士陵园入选《全国红色旅游经典景区名录》。

主要景点：

陵园正门的南北两侧是董振堂和杨克明的汉白玉雕像。进入大门，南北两侧各有一座三檐

双层五角纪念亭，亭四周的板壁上是烈士诗抄、长征组画等屏幅。由松柏、花圃夹道的百米水泥通道直通庄严肃穆的"烈士纪念堂"，堂额"烈士纪念堂"是洪学智亲笔所题的，堂前几幅油画再现了战士们在枪林弹雨中同马步芳军浴血奋战的场面，堂内东西墙壁上是一组花岗岩"血战高台"群雕，堂内南北两侧坐落着红五军军长董振堂、政治部主任杨克明两位烈士的汉白玉半身雕像。纪念堂南北两侧分别是董振堂烈士纪念亭和杨克明烈士纪念亭，董振堂烈士纪念亭的大红木柱上的挽联是"宁都豪气千秋在，高台雄风万古传"，杨克明烈士纪念亭的挽联是"三过草地心犹壮，一死高台志未移"。纪念堂后面是中国工农红军第四方面军第五军阵亡烈士公墓，这里埋葬着先烈们的尸骨。陈列馆在陵园内北侧，馆内大厅的正面为毛泽东手书"共产主义是不可抗御的，星星之火可以燎原，死难烈士万岁"，东西两侧有朱德、李先念、徐向前等老一辈无产阶级革命家的亲笔题词，整个馆室由"红军西征展室"和"血战高台展室"两部分组成，内有烈士用过的手雷、螺号、子弹、皮衣等实物，还有照片、解说词、烈士事迹介绍，真实地再现了西路军血染祁连的悲壮历程，揭露了国民党部队的残暴酷刑，反映了党和人民群众在极端困难条件下为营救西路军将士所做出的巨大努力。

门　　票： 免费

开放时间： 8:30—17:30（春季、夏季），8:30—17:00（秋季、冬季）（节假日不休息，周一闭馆）

九、腊子口战役纪念馆

中 文 名： 腊子口战役纪念馆

地理位置： 甘肃省甘南藏族自治州迭部县腊子口乡

内容简介：

迭部县隶属于甘肃省甘南藏族自治州，在青藏高原的东部边缘，西秦岭、岷山、迭山贯

穿境内，著名的腊子口位于迭部县内，被中宣部命名为第四批全国爱国主义教育示范基地。

主要景点：

腊子口战役纪念馆位于迭部县腊子口乡，始建于 2005 年，2009 年在距腊子口战役遗址 3 千米的朱立沟修建了一座新馆，占地面积为 1200 平方米，建筑面积为 3657 平方米。常年举办"历史和红色革命文物展"基本陈列，展馆共三层，分 4 个单元。第一单元利用人物细雕、

图片、蜡像、文物、电动沙盘等形式，重点展示俄界会议的历史意义。第二单元利用影成像、景观模型生动再现了激战腊子口的场景。第三单元通过杨土司开仓放粮的幻影成像、图文资料，再现了藏族人民拥护和支援红军的情景。第四单元反映了 1949 年以来迭部县人民在长征精神的鼓舞下，军民团结、共建红色热土、开拓创新所取得的巨大成就。腊子口战役纪念馆已成为党员干部、藏汉群众、青少年接受爱国主义教育的重要场所，年接待观众 13 万人次。

与旧馆相比，新馆的规模更加宏大、图文资料更加翔实、革命文物更加丰富，采用景观、人物组雕、幻影成像、雕塑、蜡像及多媒体声光电等高科技手段，更加生动地再现了当年红军在迭部县的历史。

门　　票：免费

开放时间：9:00—12:00，14:30—17:30

十、中共中央政治局榜罗会议纪念馆

中文名：中共中央政治局榜罗会议纪念馆

地理位置：甘肃省定西市通渭县榜罗镇文化街 39 号

内容简介：

中共中央政治局榜罗会议纪念馆的革命文物陈列室中现藏有红军长征遗留的革命文物 443 件，其中有红军指战员遗留的生活用具、办公用品、作战武器、宣传标语、90 多位老红军的近照及墨迹，以及红军老战士的题词和签名旗等珍贵文物。

榜罗镇位于通渭、陇西、武山、甘谷四县的交界地域，距通渭县城约 34 千米，境内有省道马陇公路和县乡常榜公路、通高公路穿镇区而过，交通便利，信息畅通。

有史以来，榜罗镇以其悠久的历史文化和繁荣的商贸市场而位居全

县四大名镇之列，闻名遐迩。据史料所载，榜罗镇在汉代以前属塞外番国领地（汉番交界的商贸口岸），战国秦长城横穿该镇中心而过，尚存 4 千米遗迹清晰可辨。"榜罗"一词原是少数民族语的音译，原意为"骡马市场"。

主要景点：

为了肯定"榜罗会议"的历史地位、缅怀革命先烈的丰功伟绩、弘扬红军长征精神、继承艰苦奋斗的光荣传统、激励后人奋发进取，当地政府于 1979 年完成了榜罗小学的搬迁，并加强了革命文物的征管工作，在原榜罗小学旧址修建中共中央政治局榜罗会议纪念馆。纪念馆院内当年召开中共中央政治局常委会议的会址、毛泽东和张闻天同志住宿旧址保存完好。在现已定级的革命文物中，有国家级文物 5 件，其中包括国家一级革命文物 2 件、国家二级革命文物 3 件。

革命文物陈列室门前的两棵苍松是 1982 年胡耀邦同志亲自用树种栽培而成的，院内中央有甘肃省人民政府立的榜罗会议遗址石碑一座，两侧为四方形花园，院落四周为铸铁围栏，古朴大方，正中是按当地民间建筑风格而修造的出角架斗仿古大门。纪念馆南侧是当年红一方面军召开连以上干部千人大会的打麦场。打麦场中央挺立着一棵枝繁叶茂的核桃树，这棵百年老树保存完好、伟岸挺拔，印证着一代伟人高瞻远瞩的英明决策和威震四海的号召力。打麦场东侧是高耸矗立的红军警卫团驻地碉堡，为清代中期黄土夯筑而成的土堡，原是当地居民和国民党伪自卫队（民团）躲避的居守地，在堡内最高处残留的断壁上，红军指挥员当年攻战碉堡时残留的弹孔仍清晰可见。

门　　票：免费

开放时间：全天

十一、中共中央西北局岷州会议纪念馆

中 文 名：中共中央西北局岷州会议纪念馆

地理位置：甘肃省定西市岷县岷州西路三十里铺

内容简介：

岷县位于甘肃省南部、定西市西南部、洮河中游，地处青藏高原东麓与西秦岭陇南山地接壤区，海拔为 2040～3872 米，面积为 3500 多平方千米，有"西控青海、南通巴蜀、东去三秦"之说，历来是兵家必争之地。中国工农红军两次途经岷县，在岷县作战、休整近两个月，在这里播下了革命的火种，留下了一笔宝贵而丰富的红色旅游资源。中共中央西北局岷州会议纪念馆于 1997 年维修建成，由李德生同志题名。2001 年，纪念馆被确定为"省级国防教育基地"，2004 年，被省委宣传部命名为"全省爱国主义教育基地"，2005 年，入选《全国红色旅游经典景区名录》。

主要景点：

1936 年 8 月 8 日，中国工农红军总司令部率领二、四方面军爬雪山、过草地，突破天险腊子口抵达岷县，司令部机关设在农民葛生德的家里。总司令朱德、总政委张国焘、四方面军政委陈昌浩就在司令部办公、住宿。1936 年 9 月 16 日至 18 日，中共中央西北局在司令部驻地北屋正厅中召开了著名的"岷州会议"。另外，红军在驻岷作战休整期间，还在三十里铺建立了第一个中共甘肃省委和甘肃省苏维埃政府，筹集粮款、物资，动员 3000 多名岷州儿女参加红军，开展了一系列革命活动。现在，除纪念馆旧址北面的主房完整地保持了原貌外，还恢复了第一届中共甘肃省委和甘肃省苏维埃政府旧址，新建了中共中央西北局岷州会议纪念馆陈展中心，布展了各种革命文

物，配备了电子化光控、声控参观设施，并于 2013 年 9 月 16 日正式对外开放。景区基础设施完备，是参观、游览、体验和接受爱国主义教育、革命传统教育的理想之地。

门　　票：免费

开放时间：全天

十二、两当兵变纪念馆

中 文 名：两当兵变纪念馆

地理位置：甘肃省陇南市两当县城关镇广香东路 18 号

内容简介：

两当县位于甘肃省东南部，地处甘陕川交界的秦岭山区。1932 年，由习仲勋等老一辈无产阶级革命家在甘肃领导发动的最早的一次武装起义"两当兵变"就发生在这里。

两当兵变纪念馆围绕红军长征在两当的革命历史，开展了一系列教育实践活动，全县广大干部职工和中小学生经常组织参

观学习、瞻仰革命烈士遗物、接受革命传统教育。同时，红色旅游成为两当县旅游的重要组成部分，带动了当地的经济发展。

主要景点：

两当兵变纪念馆主体展馆的建筑面积为 4670.5 平方米，广场面积为 14000 余平方米。纪念馆内设序厅、两当兵变历史事件展、两当兵变精神传承展、两当兵变主要领导人习仲勋同志生平展，以丰富的史料、翔实的内容展现了两当兵变的革命历程。

两当兵变的旧址位于甘肃省陇南市两当县老南街 16 号，是两当兵变的指挥地，原为一进三院，现存二进院建筑格局，据考证为清代道光四年（1824）民居建筑，共有建筑面积 586.31 平方米，总占地面积 1439.65 平方米。现有房屋 7 座 32 间，前院为 1932 年 4 月初两当兵变时二连官兵的驻地，庆宁堂为习仲勋等领导人的办公用房，后院为绣花楼。

门　　票： 免费

开放时间： 周二至周日 8:30—16:30，周一闭馆

十三、甘肃省博物馆

中 文 名： 甘肃省博物馆

地理位置： 甘肃省兰州市七里河区西津西路 3 号

内容简介：

甘肃省博物馆位于甘肃省兰州市七里河区西津西路 3 号，是甘肃省规模较大的综合性博物馆，该馆始建于 1956 年，建筑面积为 7.2 万平方米，展览面积为 2.85 万平方米，展厅 18 个。

甘肃省博物馆收藏历史文物、近现代文物、民族文物和古生物化石及标本约 35 万余件。

甘肃省博物馆已经成为面向公众开展科普宣传、教育的主要阵地，先后被评选为全国爱国主义教育示范基地和全国科普教育基地。2012 年底，甘肃省博物馆荣升国家一级博物馆。

主要景点：

甘肃省博物馆的平面呈"山"字形，中间五层，两翼三层，后为展览大厅，尾部有圆形讲演厅。展览大厅的两侧有宽 4 米的回廊，与两翼相连。建筑由苏联专家设计，风格独特。甘肃省博物馆设有历史厅、革命文物厅、自然厅、社会主义建设展览厅，配有文物保管室、汉简室、文物化验复制室及搬迁复原的嘉峪关魏晋墓画。

展览大楼的建筑面积为 2.85 万平方米，其中藏品库房的面积为 7600 平方米，展厅面积

约为 9000 平方米，是集办公区、藏品库房区、展览区于一体的智能化建筑。

甘肃省博物馆包括"甘肃彩陶"展厅、"甘肃丝绸之路文明"展厅、"甘肃古生物化石"展厅，另外还有一些临时展览。

"甘肃彩陶"展厅

展厅展示了大地湾文化、仰韶文化、马家窑文化及青铜时代诸文化彩陶，其中宽带纹三足彩陶钵、人头形器口彩陶瓶和大地湾地画等最引人关注。

"甘肃丝绸之路文明"展厅

集中展示了 420 余件系统反映古丝绸之路的文物，包括北方草原文化青铜器、铜奔马及仪仗队、汉唐丝织品、佛教造像、金银器、唐三彩、元青花等丰富多彩的文化遗产。

"甘肃古生物化石"展厅

以地球生命演化史为主线，陈列展出了甘肃境内发现的大量古生物化石标本，包括地球厅、海洋动物厅、恐龙厅、黄河古象厅这 4 个分展厅，分别介绍了地球与生命进化和地质时期古生代、中生代、新生代发现的各类古生物化石，以及它们的生活环境和相关知识。

临时展览

甘肃省博物馆举办的临时展览有"甘肃佛教金铜造像展""甘肃古代书法艺术展""敦煌藏经洞发现百年特别展""台北故宫博物院珍藏书画展""甘肃精神""抗震救灾图片展""新干大洋洲商代青铜器精品展""新疆丝绸之路文物精华展""野生动物——人类的自然遗产""新中国成立 60 周年甘肃考古发现成果展"等。

门　　票：免费

开放时间：9:00—17:00（16:00 停止入馆）

十四、环县山城堡战役纪念馆

中 文 名：环县山城堡战役纪念馆

地理位置：甘肃省庆阳市环县山城乡

内容简介：

环县山城堡战役纪念馆位于甘肃省庆阳市环县山城乡以北、大西沟西南、断马嵝岘以南地带，距县城 45 千米。山城堡战役是 1936 年 10 月中国工农红军三大主力会师后，于 11 月，由毛泽东、周恩来、朱德亲自部署，彭德怀前线指挥，红一、红二、红四方面军共同参与的著名战役，是红军长征的最后一战，也是土地革命战争的最后一战。这次战役的胜利对巩固陕甘苏区、促进抗日民族统一战线的形成起到了重要作用。

环县山城堡战役纪念馆入选《全国红色旅游经典景区名录》。

2017 年 3 月，环县山城堡战役纪念馆被中宣部命名为全国爱国主义教育示范基地。

主要景点：

1936 年 10 月，红一、红二、红四方面军在甘肃省会宁和静宁以北的将台堡（今属宁夏）会师后，北移至海原、靖远、打拉池地区。这时，蒋介石不顾中国共产党一再提出的"停止内战，一致抗日"的主张，继续坚持反共的内战政策，并坐镇西安，调集国民党军 5 个军，于 10 月下旬沿会宁至隆德一线，由南向北分 4 路向红军进攻。11 月 16 日，红一方面军第 1、第 15 军团和第 81 师，红二方面军第 2、第 6 军团及红四方面军第 4、第 31 军团各部向山城堡南北地区集结。20 日，国民党军右路第 78 师第 232 旅及另一个团进至山城堡地区，并派出两个连沿山城堡至洪德城大道向南侦察，在八里铺以南遭到红一方面军

第 1 军团的突然攻击，大部被歼。红军前敌总指挥部当即决定对山城堡之敌发起攻击。21 日黄昏，从南、东、北三面攻入山城堡，将敌大部压缩于山城堡的西北山谷中，战至 22 日 9 时，将敌第 232 旅又一个团大部歼灭。同时，红 28 军在红井子附近击溃左路第 1 师第 1 旅。敌第 1 军其他各部仓皇西撤。

　　山城堡战役给蒋介石嫡系胡宗南部以沉重打击，迫使国民党军停止了对陕甘苏区的进攻，对巩固陕甘苏区、贯彻"逼蒋抗日"的方针、促进国内和平的实现，都起到了巨大的作用。

门　　票：免费

开放时间：全天

十五、静宁县界石铺红军长征毛泽东旧居纪念馆

中 文 名：静宁县界石铺红军长征毛泽东旧居纪念馆
地理位置：甘肃省平凉市静宁县界石铺镇继红村
内容简介：

　　静宁县界石铺红军长征毛泽东旧居纪念馆位于甘肃省平凉市静宁县界石铺镇继红村，曾是中国工农红军长征两次途经和三大主力胜利会师的地区之一。毛泽东、周恩来、张闻天、王稼祥、博古等中央领导曾在这里宿营扎寨，召开干部群众大会，留下了许多珍贵的历史资料。

　　1996 年前后，当年群众自愿集资，县委、县政府拨款共同修建了纪念馆。2017 年 3 月，静宁县界石铺红军长征毛泽东旧居纪念馆被中宣部命名为全国爱国主义教育示范基地。

主要景点：

静宁县界石铺红军长征毛泽东旧居纪念馆的占地面积为 2384 平方米，建筑面积为 272 平方米，设有 3 个展室共 14 个展柜。馆内陈列着毛泽东、周恩来、朱德、邓小平、王稼祥、张闻天、博古等中央领导同志长征时的珍贵图片资料 40 余件、"平型关大战要图"等实物 16 件，还陈列着毛泽东当年用过的电话机、铜灯、火盆和房东家的织布机、纺线机、古式梳妆台，以及肖华在长征中用过的办公桌等。

门　　票：5 元

开放时间：8:00—18:00

青　海　省

一、中国工农红军西路军纪念馆

中 文 名：中国工农红军西路军纪念馆
地理位置：青海省西宁市城中区南川东路 19 号烈士陵园西路
内容简介：

中国工农红军西路军纪念馆是由中共西宁市委、市政府批准建设的。1986 年 5 月，在凤凰山下、湟水之滨的烈士陵园内开始建设，1987 年 6 月竣工，经过一年的布展，于 1988 年 8 月 15 日举行了隆重的揭幕开馆仪式。纪念馆总面积为 784 平方米，西路军九军军长孙玉清烈士雕像坐落在馆前的花园内，纪念馆为平顶一层建筑，是西北最大的西路军纪念馆。徐向前为纪念馆题写了馆名。

2006 年，省委、省政府做出了重建中国工农红军西路军纪念馆的决定，经过多方论证，新馆选址于西宁市烈士陵园的北侧，同年开始建设，于 2010 年 6 月完成土建和布展工程，6 月 28 日举行了开馆仪式。新馆的总面积为 12000 平方米，建筑面积为 3059 平方米，展馆面积为 1973 平方米，布展面积为 1903 平方米。

主要景点：

新建的纪念馆为独立庭院，依偎在西宁市烈士陵园旁。进入院内，迎面是一座汉白玉雕塑，7 名被捕的西路军战士有的手戴手镣，有的相互搀扶着，围簇在高举着红旗的战士旁，高仰着不屈的头，怒目敌人，表现着被俘红军指战员威武不屈、一心向党、永不矢志的革命气概。其后是纪念馆的主体，造型为三面红旗。展馆分为两层，除容纳了原馆的内容外，在占地面积、布展内容、布展方式上都增加了大量内容，新增了科技含量较高的半景画馆、多功能厅等，使人们可以更加直观、全面、形象地了解西路军的历史。布展内容分为 6 个部分：奉命西征，血战河西；惨遭迫害，视死如归；坚持斗争，忠贞不屈；多方营救，冲出罗网；

欢庆解放，再立新功；人民怀念，万古千秋。馆内展出历史照片 223 幅，文字说明 411 段，人物画、表现作战场景油画 144 幅，雕像 2 座，人物照片 37 幅，中央、省、市领导机关和个人所赠匾额题词 31 面，电文 16 篇。展柜内有西路军将士用过的武器、弹药、衣物共 131 件，生动形象地展示了西路军浴血奋战、不怕牺牲的革命精神。

门　　票：免费

开放时间：8:30—17:30

二、原子城（中国第一个核武器研制基地）

中 文 名：原子城（中国第一个核武器研制基地）
地理位置：青海省海北藏族自治州海晏县西海镇金银滩草原
内容简介：

原子城位于青海省海北藏族自治州海晏县西海镇金银滩草原，总面积为 1100 多平方千米。原子城建于 1958 年，是我国建设的第一个核武器研制基地，中国的第一颗原子弹和第一颗氢弹就是在这里研制成功的，故名原子城。基地于 1995 年 5 月 15 日退役，经国务院批准更名为西海镇。2001 年，原子城被国务院列为全国重点文物保护单位。

主要景点：

位于西海镇区的景点还有原子城纪念馆、王洛宾音乐艺术馆、上星站、二分厂等。镇区外侧约 10 千米处还有一座爆轰试验场。

原子城纪念馆

原子城纪念馆的外观设计来源于核武器研制基地的生产厂房。纪念馆巧妙地利用了北高南低的地形，将纪念馆的一部分置埋于地下，从而达到了掩体的目的。纪念馆用雕塑、道路、纪念墙等元素，展示了核武器研制基地的辉煌历程。

馆内共有七个展室：第一展室展示基地创建的背景；第二展室展示基地创建的过程；第三展室的主题为两弹爆炸成功；第四展室的主题为辉煌成就；第五展室的主题为光荣退休；第六展室的主题为化剑为犁、和平利用；第七展室的主题为西海新貌。

王洛宾音乐艺术馆

王洛宾音乐艺术馆集中陈列了关于王洛宾的大量照片、实物及 200 余件不同时期的歌曲、歌剧手稿，是全国最大规模的集中体现王洛宾音乐文化和西部音乐的艺术馆。主展厅由"走向音乐圣地""在音乐圣地的多彩绽放""矢志不渝的音乐追求""西部音乐的传歌者""乐缘情未了"等篇章构成，珍贵的照片和手稿印证了历史对这位中国民族艺术家的尊重与敬仰。

上星站

位于西海镇以北 1.5 千米处，第一颗原子弹在二分厂组装完毕后，在"上星站"通过零次专列运往新疆罗布泊。当时装载上车时，没有鲜花，没有盛大的欢送仪式，一切行动都是在夜间秘密进行的。现在一列老式火车头停靠在此，还原了当年装载原子弹的场景，上星站是见证了共和国辉煌历史的建筑。

二分厂

二分厂是中国第一个核武器研制、实验和生产基地国营二二一厂的分厂址。中国的第一颗原子弹就是在这里组装完成的。二二一厂建于 1958 年，1995 年青海省海北藏族自治州州府由门源县浩门镇迁至此，现在这里是国家重点文物保护单位，也是著名的旅游胜地。

门　　票：160 元

开放时间：8:30—18:00

三、青海柳湾彩陶博物馆

中 文 名：青海柳湾彩陶博物馆

地理位置：青海省海东市乐都区高庙镇柳湾村

内容简介：

青海柳湾彩陶博物馆位于青海省海东市乐都区高庙镇柳湾村的柳湾遗址附近，是目前我国最大的以展示彩陶文化为主的专题性博物馆。青海柳湾彩陶博物馆总占地面积为 5830 平方米，展厅面积为 1500 平方米。馆藏文物近 4 万件，其中彩陶近 2 万件，主要反映新石器时代至青铜时代青海地区空前繁荣的彩陶文化，充分展示了我国彩陶文化鼎盛时期的风貌。青海柳湾彩陶博物馆是了解青海历史文化、研究甘青地区史前文化的重要场所，也是欣赏远古人类文明的必去之处。

主要景点：

博物馆有馆藏文物 37 925 件，其中彩陶约占一半，馆藏的彩陶文物数量在全国首屈一指，这些彩陶以其造型之多样、制作之精美、数量之众多而闻名于世。

彩陶文物的收藏、研究、展览是彩陶博物馆的主要职能，墓葬的复原陈列是彩陶博物馆的最大特色。陈列内容包括柳湾先民的生活状态、劳动艺术创造及埋葬习俗等，全方位、多角度地向观众展示柳湾彩陶文化的魅力。

馆内的彩陶文物主要包含马家窑文化的半山类型、马厂类型和齐家文化、辛店文化这几种古文化类型，如裸体人像彩陶壶、彩陶靴、人头像彩陶壶、提梁罐、蛙纹彩陶瓮、鸮面罐及骨制刀、叉、勺和大量的新石器时代的磨制石器，反映了新石器时代晚期至青铜时代高原地区空前繁荣的彩陶艺术。

门　　票：10 元。中小学生、残疾人、60 岁以上老年人、义务兵、"见义勇为" 人员可持有效证件免费参观。

开放时间：9:00—16:30

四、中国藏医药文化博物馆

中 文 名：中国藏医药文化博物馆
地理位置：青海省西宁市生物科技产业园区经二路 36 号
内容简介：

中国藏医药文化博物馆建成于 2006 年，建筑总面积为 1.2 万平方米，是世界上唯一反映藏文化的综合性博物馆，也是青海省对外开放和民族团结进步的最好范例。

主要景点：

中国藏医药文化博物馆分为三层。一层、二层设有藏医史、曼唐器械、古籍文献、藏药标本、天文历算、彩绘大观等展厅，负一层是班智达藏艺展销精品城。各展厅根据不同的展示内容，通过环境再现、唐卡雕塑、文物展示、高科技模拟等方式和手法，展示了中国藏医药文化博大精深的丰富内涵。

门　　票：免费

开放时间：9:00—18:00（春季、夏季，17:30 后禁止入内），9:00—17:00（秋季、冬季，16:30 后禁止入内）（全年开放，春节除外）

五、班玛县红军沟革命遗址

中 文 名：班玛县红军沟革命遗址
地理位置：青海省果洛藏族自治州班玛县

内容简介：

2017 年 8 月 1 日，"班玛县庆祝建军九十周年暨班玛红军沟纪念馆开馆仪式"在果洛藏族自治州班玛县红军沟举行。

班玛县红军沟革命遗址是以红军长征为主题的全国爱国主义教育示范基地。近年来，班玛县先后投入 1350 万余元建设了班玛红军沟纪念馆等一批红色旅游基础设施。

1986 年，班玛县红军沟革命遗址被列为青海省省级文物保护单位；2012 年，被青海省委宣传部命名为青海省爱国主义教育基地；2013 年，被命名为中共青海省委党校、青海省行政学院、青海省社会主义学院教育实践基地；2014 年，被青海省民族宗教事务委员会命名为全省民族团结进步教育基地。

主要景点：

1936 年 7 月 3 日至 7 月 27 日，以北上抗日为己任的中国工农红军第二、第四方面军左纵队约 3 万人，爬雪山，过草地，击溃了蒋介石、马步芳军队的重重包围移师川北，从四川色达方向进入班玛境内，在班玛停留了 24天。在此期间，边休整，边筹粮，边用多种形式向藏族群众宣传党的民族宗教政策、政治主张和革命理论。红军长征来到班玛虽停留了短短 20 多天，却在青海的历史长卷中留下了感人肺腑、弥足珍贵的一页。时至今日，班玛县亚尔堂乡子木达沟口南侧石壁上红军书写的"北上响应全国抗日反蒋斗争！安庆宣"的标语依然清晰可见。在亚尔堂乡的吉艾山和扎洛山上，还留有红军修筑的临时哨所和简易工事的遗迹。当年红军用过的马鞭、马叉子、刀子、勺子、铁锅等物具和关向应、张子意、王恩茂等将帅的长征日记，以及大量往来于中央、中革军委、红军总部、红二方面军、红四方面军的电报，就是红军长征途经班玛藏区最好的历史见证。当年红军途经的很多地方被藏族群众亲切地称为"红军沟""红军桥""红军路""红军泉""红军哨所"。

班玛是红军长征唯一途经青海的地方，为扩大社会影响力，班玛县委、县政府高度重视红色文化的传承保护和发展，相继推出了一批红色文化史料征编成果，组织开展了一系列弘扬红色教育的活动，创作展演了一批红色文艺作品，揭示了那段峥嵘岁月中尘封于班玛藏区的传奇故事，使班玛的红色文化精神内涵、教育功能得到进一步传承、巩固和发展。

如今的班玛已将红色教育与"三江源"生态保护建设、创建民族团结进步先进区、打造升级"班玛经验"、发展高原红色旅游、调整产业结构相结合，打造成全国具有影响力的爱国主义教育示范基地，打造成"以红色教育人、以绿色吸引人、以金色感悟人"的"三色班玛"。

门　　票： 免费

开放时间： 全天

宁夏回族自治区

一、宁夏博物馆

中 文 名：宁夏博物馆
地理位置：宁夏回族自治区银川市金凤区人民广场东街
内容简介：

宁夏回族自治区博物馆（简称宁夏博物馆）位于宁夏回族自治区银川市金凤区人民广场东街，总建筑面积为 30 258 平方米，其前身是 1959 年 9 月成立的宁夏地质博物馆筹备处，1973 年正式更名为宁夏回族自治区博物馆。2006 年 11 月，总投资 2.28 亿元的宁夏博物馆新馆破土动工，2008 年 9 月正式投入使用。

宁夏博物馆收藏文物近 4 万件，有国家一级文物 159 件，三级以上珍贵文物 4000 余件，其中胡旋舞石刻墓门、鎏金铜牛、力士志文支座被鉴定并确认为国宝级文物。

主要景点：

宁夏博物馆是中国省级综合性历史博物馆，原馆位于银川市承天寺院内，新馆的一层、二层、三层所陈列的是通史篇、专题篇和临展篇三大版块共 12 个展览，互为补充，交相辉映，多层次、多角度地反映了宁夏的历史文化和地方特色。

博物馆的一层是观众服务厅和临时展厅。这里还有名为"石刻史书"的岩画展厅，进入展厅就如同进入了一个远古时代。一般游客都喜欢去贺兰山欣赏远古的岩画，但在宁夏有很多地方都有岩画，这些地区很多都人迹罕至、交通不便。而在这个展厅，游客可以近距离地接触更多的宁夏岩画。

博物馆的二层是"宁夏通史展厅",也是可重点游览的区域。西汉错金银铜羊、唐代胡旋舞石门扇、西夏鎏金铜牛、人像碑座、凸钉玻璃碗等镇馆之宝都位于二层。此外,游客还可以在这里看到"凉州重修护国寺感通塔碑铭"的拓片,拓片上的西夏文很像方块字。

博物馆的三层是"回乡风情展",展出的藏品以史籍和各种《古兰经》珍藏为主,是游客了解穆斯林文化和伊斯兰历史的好地方。

门　　票:免费

开放时间:9:00—16:50(周一闭馆)

二、盐池革命烈士纪念园

中 文 名:盐池革命烈士纪念园

地理位置:宁夏回族自治区吴忠市盐池县城南花马寺国家森林公园内

内容简介:

盐池革命烈士纪念园位于宁夏回族自治区吴忠市盐池县城南花马寺国家森林公园内,距县城 1.3 千米,总占地面积为 26.7 万平方米,建筑面积为 3380 平方米。

盐池革命烈士纪念园是全国红色旅游经典景区,主要建筑有革命烈士纪念馆、苏维埃纪念馆、毛泽民纪念馆、中国滩羊馆、盐池解放广场、解放纪念碑、红军陵等。盐池革命烈士纪念园先后被命名为宁夏爱国主义教育基地、宁夏国防教育基地、全国民族团结进步教育基地,并先后获得全国文物系统先进集体、宁夏文明风景旅游景区、国家 3A 级旅游景区、宁夏十佳旅游景区等荣誉。

主要景点:

盐池革命烈士纪念馆为两层框架结构,有序厅、革命历史陈列厅、历史文物陈列厅三个专题展厅,主要通过实物、图片、文字、雕塑、油画、多媒体资料、模型等进行展示。革命历史陈列厅的展览分为五个部分,分别是"西征解放盐池、红色政权建立""盐池军民大生产、边区经济得保障""回汉军民齐战斗、民族团结显神威""李塬畔——打不垮的红色政权""《王贵与李香香》——边区文化教育的里程碑"。

苏维埃纪念馆和毛泽民纪念馆依苏维埃政府原貌修建,为四合院建筑,主房及厢房的门窗、檩条、椽子、大梁均为木质。墙面及房顶用仿草泥材料,四合院铺水泥青砖。纪念馆的主要展览内容是毛泽民生平展、《王贵与李香香》创作纪念地、苏维埃政府办公旧址、陕甘宁边区第一个消费合作社，主要通过图片、实物、油画、雕塑、连环画、剪纸等进行展览，共展出图片、实物536张/件。

中国滩羊馆的建筑面积为784平方米，结构为一层正方形框架，每边长28米，馆顶中央为一个14米见方的覆以轻钢玻璃的天井，对应地面布以盐池草原、长城等为背景的群羊雕塑台。重点以文字、实物、图片、标本、模型等形式展示滩羊的生产特点、滩羊文化、盐池滩羊民俗及起源发展，从侧面反映了盐池滩羊的皮、毛、肉在革命时期的贡献和作用。

盐池解放广场的面积为1.3万平方米，广场为红色，取意"红场"。

解放纪念碑的形状为三把刺刀，材质为不锈钢，碑高27米（寓意6月21日解放）。

红军陵采用碑刻方式，共陈列着76名革命烈士的生平事迹，对盐池县革命烈士的生平进行全面介绍，是园内缅怀先烈的重要场所。

门　　票：免费

开放时间：全天

三、陕甘宁省豫海县回民自治政府成立大会旧址

中 文 名：陕甘宁省豫海县回民自治政府成立大会旧址

地理位置：宁夏回族自治区吴忠市同心县

内容简介：

陕甘宁省豫海县回民自治政府成立大会旧址暨同心清真大寺位于宁夏回族自治区吴忠市同心县城西南的老城内，始建于元末明初。

其建筑风格集中国古典宫殿楼阁艺术与伊斯兰文化于一体，造型古朴典雅，规模雄宏壮观，是宁夏境内保存较完整的古建筑之一。

主要景点：

1936年5月，为了巩固和扩大陕甘宁革命根据地，中国工农红军第一方面军一军团和十五军团组成"中国工农红军西方野战军"，由彭德怀任司令员兼政委，开始了继东征之后著名的西征。红军西征刚开始，党中央、中央军委就发出了《关于回民工作的指示》，西征红军自6月9日进至宁夏豫旺县（现同心县预旺、下马关一带）境后，当地广大回汉群众欢欣鼓舞，革命热情空前高涨，积极参军参战，并有组织地赠送了"欢迎粮"，捐助了"抗日款"，成立了"回民联合会""回民解放会""抗日救国会"等群众组织，壮大了革命力量。在广大革命群众的积极响应下，西征红军于6月27日解放了下马关，随后成立了苏维埃陕甘宁省豫旺县政府，并在回族聚居的豫旺、

下马关、同心城、王家团庄等地相继建立了区、乡级基层革命政权，同时解放了邻近的海原县高崖、关桥、李旺等地。自此，创建回民自治政府的条件基本成熟。8月初，中共陕甘宁省委书记李富春遵照毛泽东关于"建立回民自治的政府"的指示精神来到同心城，同红十五军团首长成立了以李富春、程子华、王首道、唐天际、王柏栋、黄镇、杨奇清、马青年等为成员的筹备委员会，决定在豫旺县和已解放的海原县的部分回族聚居区开辟、建立一个回民自治政权，命名"陕甘宁省豫海县回民自治政府"。筹委会经过紧张工作，起草了自治政府的有关文件，拟定了自治政府的成立议程，并立即给毛泽东、党中央、中央军委、回民独立师、独立团、回族宗教人士等发出了通电。

1936年10月20日，清水河畔的古老寺院内彩旗招展，陕甘宁省豫海县回民自治政府在这里隆重成立了。这是全国第一个县级回民自治政权，也是中国历史上第一个县级少数民族自治政权。自治政府成立大会历时三天，来自豫海地区的人民代表和社会各界人士共300多人参加了大会。会议期间，与会代表认真讨论了西北的形势和回民自治与抗日救国等问题，讨论通过了《豫海县回民自治政府条例》《减租减息条例》《土地条例》等决议案，决定启用了刻有斧头、镰刀、五星、汉文、阿拉伯文的政府印章。雇农出身的回族青年马和福当选为政府主席，政府所在地是王家团庄。当时的中央机关报《红色中华》对大会做了及时报道："豫旺以西及海原地带的回民区域，现以同心城、王家团庄、李旺堡、窑山及海原城东，新成立完全的回民县，实行了'民族自决'的口号。于本月20日在同心城召开成立大会，广大的回民群众自己选派代表参加，豫旺属两个自治区、乡政府，也选举代表前往参加，这是回民政府的第一次，是回民解放的先声！"

1936年11月，彭德怀率红一方面军总部，贺龙、关向应率红二方面军总部，朱德、张国焘率红四方面军部分部队胜利会聚同心城，进行了红军三大主力的第一次会师。11月12日，红军总司令朱德、西征红军总司令员彭德怀等红军将士和当地回族、汉族群众一万多人在陕甘宁省豫海县回民自治政府门前的河滩上，召开了三军会师联欢大会。1996年，同心县有关领导看望曾见证这段历史的萧克将军，老将军情忆往事，感慨万千，便欣然命笔写下"红军长征陕甘宁，三军会聚同心城"。

门　　票：免费

开放时间：全天

四、中国工农红军长征将台堡会师纪念碑

中 文 名：中国工农红军长征将台堡会师纪念碑
地理位置：宁夏回族自治区固原市西吉县将台乡固将路
内容简介：

中国工农红军长征将台堡会师纪念碑位于宁夏回族自治区固原市西吉县将台乡固将路，是为了纪念1936年10月22日，红二方面军总指挥部及二军团与一军团二师在将台堡会师而修建的。

2017年3月，中国工农红军长征将台堡会师纪念碑被中宣部命名为全国爱国主义教育示范基地。

主要景点：

将台堡是一个具有悠久历史的小镇，101省道穿境而过，距固原市60千米，是爱国主义教育基地和红色旅游景区。据民间传说，穆桂英点将筑台，此地因而得名"将台堡"。

碑背有土堡，东西长70米，南北宽68米，高10米。堡门建在正南面。将台堡已建成了红军长征纪念园，堡内建筑分为将军翰墨碑林、历史岁月、饮水思源、和平年代4个部分。其中，红军会师纪念馆展厅、现代成就展厅、二方面军指挥部旧址各具特色。

中国工农红军长征将台堡会师纪念碑是为了纪念1936年10月22日红军长征三大主力在将台堡胜利会师，于1996年10月在纪念红军长征胜利60周年之际而修建的。2006年经改扩建后，纪念碑坐落在将台堡外东侧，坐西朝东，由基座、碑身、碑顶三部分组成，碑高26.36米。碑的正面镌刻着江泽民同志题写的"中国工农红军长征将台堡会师纪念碑"，背面是中共西吉县委、政府撰写的碑文。碑的顶部雕有三尊红军头像，象征红军三大主力胜利会师，碑身下部有8组代表中国革命胜利的浮雕图案。将台堡会师是红军三大主力会师的重要组成部分，标志着震惊中外、举世闻名的红军长征胜利结束，在中国革命史上具有重要的历史作用。

门　　票：20元

开放时间：8:00—19:00

五、"三北"防护林工程·中国防沙治沙博物馆

中 文 名："三北"防护林工程·中国防沙治沙博物馆

地理位置：宁夏回族自治区灵武市白芨滩国家级自然保护区

内容简介：

"三北"防护林工程·中国防沙治沙博物馆位于宁夏回族自治区灵武市白芨滩国家级自然保护区，于2017年8月建成开放，建筑面积为2600平方米，是宁夏回族自治区唯一的国家级展览馆。2019年9月，"三北"防护林工程·中国防沙治沙博物馆被中宣部命名为"全国爱国主义教育示范基地"。

主要景点：

"三北"防护林工程·中国防沙治沙博物馆分为沙漠印象、沙化危机、沙漠宝藏、与沙共舞、白芨滩的故事这5个展示部分，以传承防沙治沙历史、展示"三北"防护林工程防沙治沙成就、推广防沙治沙技术、总结防沙治沙经验、宣传治沙英雄先进事迹、普及防沙治沙科普知识为主要内容，反映了波澜壮阔的防沙治沙史。

"三北"防护林工程是我国实施的重大生态工程，被誉为"绿色长城"。据国家林业和草原局西北华北东北防护林建设局宣传处的相关负责人介绍，经过 40 年的不懈努力，工程区的森林覆盖率已由 1977 年的 5.05%提高到 13.02%，累计治理沙化土地 30 多万平方千米。

白芨滩由昔日"沙洲"变为"绿洲"，成为"三北"防护林工程精准治沙、科学治沙的样板区。借力"三北"防护林工程，宁夏全境生态建设步伐加快，推动山川土地向"绿""美"转变，率先在全国实现了沙漠化逆转，连续 20 年实现沙化、荒漠化土地"双缩减"的目标。

门　　票：免费

开放时间：全天

新疆维吾尔自治区

一、乌鲁木齐市革命烈士陵园

中 文 名：乌鲁木齐市革命烈士陵园
地理位置：新疆维吾尔自治区乌鲁木齐市南郊燕儿窝风景区
内容简介：

乌鲁木齐市革命烈士陵园位于新疆维吾尔自治区乌鲁木齐市南郊燕儿窝风景区，占地面积为 60 万平方米，是党和政府为纪念抗日战争时期牺牲在新疆的中国共产党创始人之一陈潭秋，以及毛泽民、杜重远、林基路、乔国桢、吴茂林、祁天民、陈振亚、汪德祥、彭仁发等革命烈士，于 1956 年 7 月修建的。

园内的主要纪念建筑物包括纪念广场、祭台、"红色—记忆"雕塑墙、乌鲁木齐烈士事迹陈列馆、陈潭秋烈士雕像、公安英烈纪念碑及恩泽苑等。

主要景点：

"红色—记忆"雕塑墙

"红色—记忆"雕塑于 2007 年修建完工，上端是代表社会各阶层的 5 位典型人物的头像，他们的眼神充满力量，表情毅然坚定，代表新疆各民族、各阶层相处融洽、互帮互助。雕塑下端是一组用红色花岗岩雕刻的浮雕，突出了各民族群众和解放军载歌载舞、欢庆新疆和平解放，代表新疆局势稳定和谐、人民生活美满、经济蒸蒸日上。雕塑的背面用维吾尔语、汉语两种语言雕刻着雕塑的由来，以此弘扬烈士崇高的革命情操和舍身忘我的伟大牺牲精神。

乌鲁木齐烈士事迹陈列馆

2009 年，在国家大力发展红色旅游的大好契机下，中央财政和地方财政共同投资，新建了这座总面积达 4692 平方米的乌鲁木齐烈士事迹陈列馆。陈列馆有 4 层，包括大厅、展示厅、半景画厅、多功能报告厅、接待厅等。馆内的陈列以烈士事迹和史料为基础，以舞美、绘画、雕塑等多元艺术形式为依托，采用声、光、电等现代高科技技术，运用幻影成像、多媒体电视屏、影视墙、场景复制等形式，真实、生动、鲜活地反映为新疆解放、建设、改革、发展、稳定而献出生命的 3000 多名烈士及其事迹。

纪念广场

在乌鲁木齐市革命烈士陵园的大祭台上，弧线排列着五座陵墓：陈潭秋烈士的陵墓居中，左、右两边分别是毛泽民和林基路烈士的陵墓，外侧是乔国桢和吴茂林烈士的陵墓。碑体由北京房山汉白玉和泰山花岗岩制成，碑的正面是董必武为烈士墓的亲笔题字，背面用汉语、维吾尔语、哈萨克语、蒙古语这 4 种文字镌刻着烈士的生平简介，碑座上精雕细刻着象征高洁的雪莲花。

祭台

祭台位于纪念广场的后方，于 1980 年落成。大祭台上面弧形排列着著名的爱国民主人士杜重远烈士、著名地质学家祁天民烈士、优秀共产党员陈振亚烈士、为航空事业献身的汪德祥烈士、为中国航空机械事业献身的彭仁发烈士。碑体采用青色花岗岩与白色花岗岩镶砌而成。

门　票： 免费

开放时间： 10:00—18:00

二、新疆维吾尔自治区博物馆

中 文 名： 新疆维吾尔自治区博物馆

地理位置： 新疆维吾尔自治区乌鲁木齐市沙依巴克区西北路 581 号

内容简介：

新疆维吾尔自治区博物馆始建于 1958 年，1959 年正式建成，原馆初步设计为农业展览馆，为山字形平房建筑，1962 年迁至现址改为博物馆并对外开放。"新疆维吾尔自治区博物馆"的馆名是老一辈革命家朱德委员长 1959 年来新疆视察工作时为博物馆题写的。

新疆维吾尔自治区博物馆下设保管部、考古部、陈列部、群工部、文物保护技术部、资料室、研究室、办公室、保卫科和后勤管理科这 10 个部室。职工涉及维吾尔族、汉族、哈萨克族、蒙古族、回族、锡伯族、满族、俄罗斯族、撒拉族、壮族这 10 个民族。建馆至今，在党和政府的亲切关怀下，博物馆的各项事业不断发展，发掘和征集了大量珍贵文物，现已收藏历史、民族、革命等各类文物和标本 4 万件，其中国家一级文物近 400 件，约占全疆一级文物总数的 60%。

主要景点：

新疆维吾尔自治区博物馆是新疆维吾尔自治区的省级博物馆。博物馆内展示了新疆的历史和各民族的民俗风情，还有干尸馆等国内罕见的展览馆，展品非常具有新疆特色，著名的"楼兰美女"古尸、"五星出东方"汉代织锦等国宝级文物都可以在这里看到，是乌鲁木齐市不可错过的景点。

博物馆是一座现代化的三层大楼，同时融合了新疆的拱窗、圆顶等建筑风格，很有特色。馆内有几个常设展馆：一层是新疆民族风情展馆和新疆古代历史文物展馆；二层左侧是历代织品展厅和"永远和祖国在一起"主题展览，右侧是古代干尸展和白玉展厅。另外，馆内还经常有一些临时展览和陈列。

新疆民族风情展馆在一层，介绍了维吾尔族、哈萨克族、蒙古族、锡伯族等 12 个新疆主要民族的民俗风情，里面可以看到他们的乐器、生活用品和毡房屋子等相关展示，还有帽子、围巾等特色服饰，色彩大多艳丽，极具新疆的少数民族风情。比较有特点的是锡伯族的房屋，由于该族是从我国东北迁来的，因此可以看到他们居住的屋子里有东北传统的火炕。另外，俄罗斯族充满西方风情的家具和餐具用品等也十分具有特色。

新疆古代历史文物展馆也在一层，由古至今展示了丝绸之路上的多种出土文物，其中有汉代和唐代的很多中原器物，非常有中国古代特色。还有西域的众多文物，可以看到西方长相的天使等形象的壁画，还有很多西域特色的物件等，是新疆作为东方和西方的联系纽带所独有的文物特点，不可错过。

二层的古代干尸展和"永远和祖国在一起"展览是馆内的精华展览。干尸馆内展示了几千年前古人的尸体，由于新疆气候干燥，因此这些尸体能够免于腐败从而保存至今，非常珍贵。其中的"楼兰美女"古尸尤其著名，是全馆的精华之一。"永远和祖国在一起"展览中有"五星出东方"汉代织锦、汉归义羌长印等珍贵文物。

门　　票：免费

开放时间：10:00—18:00（4 月 15 日至 10 月 15 日），10:30—18:00（10 月 16 日至次年 4 月 14 日），周一闭馆，开放日 16:30 停止入馆，每天限量 2000 人入馆

三、新疆兵团军垦博物馆

中 文 名：新疆兵团军垦博物馆
地理位置：新疆维吾尔自治区石河子市城区北三路
内容简介：

新疆兵团军垦博物馆位于新疆维吾尔自治区石河子市城区北三路，是国家 4A 级旅游景区。1988 年成立的石河子军垦博物馆筹备处是其前身；2004 年，在石河子军垦博物馆的基础

上，将石河子市市级文物保护单位"军垦第一楼"改扩建为"新疆兵团军垦博物馆"；2008年，向全社会免费开放。

新疆兵团军垦博物馆被新疆生产建设兵团命名为"兵团爱国主义、屯垦戍边传统教育基地"。新疆兵团军垦博物馆被中宣部命名为全国爱国主义教育示范基地，同时还是全国红色旅游经典景区；2016年12月，新疆兵团军垦博物馆入选《全国红色旅游经典景区名录》。

新疆兵团军垦博物馆的总建筑面积为9703平方米，收藏各类文物5000件，军垦文物4000件，其中有29件军垦文物被列为国家一级珍贵革命文物，3件被列为国家一级历史文物资料，2件被列为二级古代文物，24件被列为三级古代文物。

主要景点：

新疆兵团军垦博物馆的展品分为三部分，共有6个展室。进门的左侧是第一展厅，主题为"古代石河子"。这里陈列着出土的陶罐、石器、化石、青铜器等百余件文物。八趾马化石距今300万年，为寻找石河子地区早期原始人类的遗迹提供了线索。石箭头的发现在新疆范围内尚属首次，为新疆的文物考古工作提供了重要资料。

步入新疆兵团军垦博物馆，进门右拐是第二展厅，陈列着军垦事业"辉煌的历史"。百余件军垦战士垦荒时用过的农具、穿过的衣物及生活日用品，向人们展示着军垦战士的垦荒史、创业史，倾诉着军垦新城石河子从一个戈壁荒滩发展成现代化园林城市的过程。

紧挨着的是第三展厅，其主题为"足迹在延伸"，主要陈列着垦荒时期军垦战士劳动、生活的照片，以及中央领导人来石河子视察的照片，共80余幅。有历史照片上万张，其中有国家一级革命文物29件。

新疆兵团军垦博物馆展示了石河子从古到今的发展足迹，特别是近几十年广大军垦儿女艰苦创业的辉煌历程。从某种意义上讲，它是新疆生产建设兵团发展的一个缩影，是新疆军垦事业的一个窗口。

门　　票：免费

开放时间：8:00—18:00（周一闭馆）

四、八路军驻新疆办事处纪念馆

中 文 名：八路军驻新疆办事处纪念馆

地理位置：新疆维吾尔自治区乌鲁木齐市胜利路 392 号

内容简介：

八路军驻新疆办事处纪念馆位于新疆维吾尔自治区乌鲁木齐市胜利路 392 号，建筑面积为 503.6 平方米，占地面积为 1100 平方米。1962 年，八路军驻新疆办事处旧址被市政府列为自治区级文物保护单位，命名为"革命烈士纪念馆"。1965 年 10 月，更名为"八路军驻新疆办事处纪念馆"。2000 年，被团中央列为"全国青少年教育基地"之一。

八路军驻新疆办事处纪念馆是一幢土木结构的，青砖压檐砌腰、中俄合璧式的二层楼房。该建筑建于 1933 年，原是一所私人住宅。1937—1942 年抗战时期为中国共产党在新疆领导抗战的办事机构的所在地。该馆是全国现存 11 个"八路军办事处旧址纪念馆"中保存最完整、最具代表性的纪念馆。八路军驻新疆办事处纪念馆是第一批全国中小学生研学实践教育基地。

主要景点：

八路军驻新疆办事处纪念馆是抗战时期中国共产党领导新疆民众抗日救国的办事机构所在地，它再现的是 1937—1942 年以陈云、邓发、陈潭秋、毛泽民、林基路等为代表的中国共产党人在新疆进行抗日救亡运动和不屈不挠狱中斗争的历史全貌，是无数先烈用生命和鲜血凝成的历史见证。

建馆至今，曾先后接待过邓颖超、董必武、杨尚昆、陈慕华、伍修权、乌兰夫、黄火青、毛岸青、宋平、乔石、姜春云、唐家璇、罗干、回良玉等。2004 年 12 月，八路军驻新疆办事处纪念馆被中宣部、国家发改委等列为"全国百家红色旅游经典景区（点）重点建设规划"之一。

门　　票：免费

开放时间：10:30—14:00，15:30—18:30（周一闭馆）

五、伊犁林则徐纪念馆

中 文 名：伊犁林则徐纪念馆

地理位置：新疆维吾尔自治区伊犁哈萨克自治州伊宁市福州路 885 号

内容简介：

伊犁林则徐纪念馆建于 1994 年，占地面积为 1 万平方米，建筑面积为 2000 平方米，展厅面积为 800 平方米。1995 年，伊犁林则徐纪念馆被命名为自治区级爱国主义教育基地，2005 年，被命名为自治州禁毒教育基地。

主要景点：

伊犁林则徐纪念馆在展厅内展出的照片、实物等有 2000 多件，主题建筑分为大门、塑像照壁、陈列展厅、办公室这 4 个部分。展览内容分为林则徐的一生、世界禁毒先驱、林则徐在伊犁、浩然正气这 4 个部分，陈列以林则徐生平、禁烟抗英、谪戍伊犁事迹为主题，突出展现了林则徐伟大的爱国主义精神和世界禁毒先驱的丰功伟绩。2008 年 3 月对社会免费开放。

为了纪念这位伟大的历史人物、弘扬林则徐伟大的爱国主义精神，1992 年，中共伊犁地委决定筹建伊犁林则徐纪念馆。纪念馆自 1994 年落成开馆以来，已接待海内外游客数十万人次。这里已成为伊犁对外开放、文化交流的重要窗口和旅游景点。

门　　票：20 元

开放时间：周二至周四，9:30—19:30（春季、夏季），10:30—19:00（秋季、冬季）

六、三五九旅屯垦纪念馆

中 文 名：三五九旅屯垦纪念馆

地理位置：新疆维吾尔自治区阿拉尔市军垦大道附近

内容简介：

三五九旅屯垦纪念馆于 2006 年 7 月开工建设，2009 年 9 月 26 日开馆，总占地面积为 3.5 万平方米，建筑面积为 1.1 万平方米。三五九旅屯垦纪念馆先后被评为地区爱国主义教育基地、全国红色旅游经典景区等。

2016 年 12 月，三五九旅屯垦纪念馆入选《全国红色旅游经典景区名录》。

主要景点：

纪念馆于 2006 年 7 月开工建设，2009 年 8 月工程竣工，2009 年 9 月完成布展，2009 年 9 月 26 日开馆。馆内分为 7 个区域：地下一层为胡杨沙漠景观区、三个大展厅和一个多功能厅；

二层设一个大展厅和三个小展厅；三层为书画厅。纪念馆共有 8 个展区，分别是：西域屯垦，源远流长；英雄部队，功勋卓著；艰苦创业，屯垦荒原；五湖四海，投身兵团；建设大军，铸就辉煌；中流砥柱，铜墙铁壁；建设城市，勾画家园；构建和谐，奔向小康。

纪念馆目前已被评为地区爱国主义教育基地、全国红色旅游经典景区等，成为广大干部职工群众、青少年学生、区内外游客接受革命传统教育的红色旅游基地和了解新疆兵团及其建设成就的重要窗口。

门　　票：免费

开放时间：10:00—20:00（周三至周日）

附录 A

中宣部新命名一批全国爱国主义教育示范基地

在庆祝中国共产党成立 100 周年之际，中央宣传部新命名 111 个全国爱国主义教育示范基地。命名工作紧密结合党史学习教育、"四史"宣传教育，突出百年党史重要事件、重要地点、重要人物，突出新中国特别是新时代的大国重器和建设成就。

新命名的全国爱国主义教育示范基地名单如下。

北京

中国共产党历史展览馆

中央礼品文物管理中心

中国美术馆

中国电影博物馆

中国邮政邮票博物馆

中国钱币博物馆

中国铁道博物馆正阳门展馆

北京大兴国际机场

中关村国家自主创新示范区展示中心

中核集团中国核工业科技馆（北京）

航天科技空间技术研究院展示中心

长辛店二七纪念馆

"毛泽东号"机车展示室

天津

天津觉悟社纪念馆

天津电力科技博物馆

河北

喜峰口长城抗战遗址

国家电网张北柔性直流电网工程

山西

五台白求恩纪念馆（白求恩模范病室旧址）

内蒙古

集宁战役纪念馆

草原英雄小姐妹事迹展览馆

辽宁

辽宁东北抗日义勇军纪念馆

沈阳审判日本战犯法庭旧址陈列馆

鞍钢集团博物馆

航空工业沈飞航空博览园

吉林

长白山老黑河遗址

中车长客股份公司高速动车组制造中心

黑龙江

哈军工纪念馆

北大荒开发建设纪念馆

中国一重展览馆

上海

国歌展示馆

上海浦东开发开放主题展馆

上海光源科学研究平台

江苏

宿北大战纪念馆（含纪念塔）

新安旅行团历史纪念馆

杨根思烈士陵园

王杰烈士陵园

江都水利枢纽

深海技术科学太湖实验室

"开山岛夫妻哨"事迹陈列馆

南通博物苑（张謇纪念馆）

浙江

浙西南革命根据地纪念馆

良渚博物院

浙江湖州安吉余村

浙江宁波奉化滕头村

安徽

王家坝闸

国家同步辐射实验室

福建

毛主席率领红军攻克漳州纪念馆（中共福建临时省委旧址）

三明市精神文明建设展览馆

中核集团中国核工业科技馆（福建）

江西

会昌县革命历史纪念地

莲花一枝枪纪念馆

罗坊会议纪念馆

山东

渤海垦区革命纪念馆

大青山胜利突围纪念馆

山东港口青岛港自动化码头科技创新教育基地

河南

郑州二七纪念馆

刘邓大军渡黄河纪念馆

中国一拖东方红农耕博物馆

三门峡水利枢纽工程

中国中铁装备集团郑州盾构总装车间

湖北

中国共产党第五次全国代表大会会址纪念馆

空降兵军史馆

丹江口水利枢纽工程

湖南

新民学会旧址

橘子洲头毛泽东青年艺术雕塑

茶陵县工农兵政府旧址

中国工农红军第二方面军长征出发地纪念馆

"半条被子的温暖"专题陈列馆

粟裕故居

段德昌烈士陵园（生平业绩陈列馆、纪念碑）

湖南湘西花垣十八洞村

矮寨大桥

广东

广州起义纪念馆

港珠澳大桥

东江－深圳供水工程

航空工业 AG600 飞机总装生产线

广西

韦拔群纪念馆

昆仑关抗日战役纪念地

海南

海南解放公园

中国（海南）南海博物馆

重庆

刘邓大军挺进大西南司令部旧址

重庆特园民主党派历史陈列馆

四川

攀枝花中国三线建设博物馆

中国三峡集团金沙江巨型水电站

贵州

遵义红军山烈士陵园

邓恩铭烈士纪念馆

云南

迪庆红军长征博物馆

南洋华侨机工回国抗日纪念馆

西藏

西藏百万农奴解放纪念馆

昌都市革命历史博物馆

江达县岗托十八军军营旧址

全国援藏展览馆

清政府驻藏大臣衙门旧址陈列馆

陕西

城固县张骞纪念馆

中国石油长庆油田

甘肃

迭部俄界会议旧址（次日那毛泽东旧居）

山丹艾黎纪念馆

玉门油田老君庙油矿旧址

甘肃刘家峡水电厂

古浪县八步沙林场

嘉峪关长城博物馆

青海

青藏公路建设指挥部旧址（将军楼）

青藏铁路

玉树抗震救灾纪念馆

宁夏

宁夏固原博物馆

中国科学院沙坡头沙漠研究试验站

新疆

中国工农红军西路军进疆纪念馆

毛泽民故居

克拉玛依博物馆

库尔班·吐鲁木纪念馆

新疆生产建设兵团

五家渠市军垦博物馆

扩容类

上海

中国共产党第一次全国代表大会纪念馆（含会址）

附　录　B

中国最美乡村之一——梁家河村

全国爱国主义教育的新基地梁家河村，隶属于陕西省延安市延川县文安驿镇，位于文安驿镇东南方向 5 千米处，是延安市委、市政府确定的新农村建设试点村之一。

这个名为文安驿的小镇，隶属于延川县。西魏大统三年（537）始筑城设文安县，隋朝开皇三年（583）并入延川县，明清时期是陕北地区规模较大的驿站和繁华的贸易集镇。悠久的历史为文安驿留下了古县城墙、文州书院、古道驿站、烽火台等众多文化遗址。

据《史记》记载，在秦代时，都城通往北方包头一带的"高速公路"（秦直道）就经过文安驿。从地名中的这个"驿"字可以看出，这里自古就是交通要道。文安驿往南，沿着一条新建的柏油路向山里走几千米，就到了梁家河村。

2015 年 11 月，梁家河村合并三个村后，现辖 7 个村民小组，共计 1187 人。

知青旧事

多年以前，这本是一个籍籍无名的村落，"贫穷"与"落后"是它的代名词。虽说在公社的所在地，属于自然条件相对较好的那种村子，但当时一不通公路，二不通电，人们过着"日出而作，日落而息"的生活。1969 年，一帮北京知青的到来，打破了梁家河原有的那份静谧。

据 20 世纪 90 年代编订的《延川县志》记载，1969 年 1 月 23 日，北京 1300 多名知识青年来到延川县落户插队。这些知识青年搭乘知青专列，从北京驶往陕北，一天一夜后，抵达陕西铜川站，然后换乘汽车，穿越黄土高原上的千丘万壑，来到延安，继而被分配到各县、镇、村。这些知青里，其中一个就是习近平。

北京知青到延安后，继而被分配到距离延安 80 千米左右的延川县，最后，到了文安驿镇。公社已把名单提前分好，各大队支书根据单子招呼分到自己村的知青。梁家河大队一队队长带着 15 名知青回到梁家河村，其中就有习近平。从那一刻起，16 岁的习近平在那个叫梁家河村的地方开始了他的 7 年知青插队岁月。

1970 年，村里为知青砌了 6 个并排的新窑洞，这个地方后来被称为"知青院"。

旧村新貌

50 年时光流逝，梁家河村的面貌早已发生了变化。

1985 年，村里通了电。后来，村里通了自来水、柏油路、电话。

2010 年以来，梁家河完成水土流失治理，面积达 4.89 平方千米，完成治沟造地，面积达 1605 亩，人均基本农田达到 2.5 亩，粮食亩产由 300 千克提高到 800 千克。

2015 年，梁家河村民人均纯收入达 1.5 万元，梁家河村被确定为全国第四批"一村一品"示范村。

2012 年，梁家河村开始出现外地游客，甚至有浙江、新疆等地的游客远道而来。一到五一劳动节、国庆节等长假，许多老年人或学生会专程乘大巴车来参观。

今天的梁家河村，此时有游客或坐电瓶车，或步行，沿着通村柏油路往梁家河村走，道路旁边的路灯上挂着火红的灯笼。在 12 号淤地坝边，很多游人驻足观看路边摆放的展板，并合影留念。知青淤地坝于 1973 年 10 月开工，1974 年 11 月完工，历时 9600 个工作日，动土方达 2.7 万立方米。梁家河村村民委员会门口的桥上挂满了红灯笼，从桥上穿过，就像穿过灯笼的海洋，让人瞬间感受到浓浓的节日氛围。在梁家河村村民委员会的院子里，很多游客在拍照留念，不少游客在这里照起了全家福，寄托新年的祝福。村委会旁边是梁家河村停车场，停车场旁边建起了一排房子，房子门口摆着很多枣干、小米等陕北特产，许多游客在这里品尝、购买。停车场侧面的空地上摆放着具有陕北特色的碾盘、磨、草垛、谷子等，很多游客在这里合影留念。

在全国各地和各级政府的大力支持下，梁家河的父老乡亲们正以他们朴实、宽容的胸怀和勤劳、务实的双手改变着家乡的面貌。与此同时，大批的投资商和企业家看到了"梁家河"的品牌价值与投资机会。他们从五湖四海，从全国各地纷纷来到延安，来到梁家河，为这个小山村带来了资金，带来了发展的希望。这个小山村正如东升的太阳缓缓升起！

20 世纪，梁家河村还是一个贫穷的陕北小山村，20 世纪 60 年代末迎来了北京插队的知青。他们斗志昂扬，带着青春特有的激情，团结一致、艰苦奋斗，带领和帮助村民摆脱贫困。就是这样一个普通的陕北小村庄，就是这样一群普通的北京插队知青之中，走出了我们新一代的国家领导人——习近平。

在那个激情昂扬的岁月，在艰苦的环境下，当年习近平带领群众战天斗地、摆脱贫困的实践生活让他完成了人生中的巨大历练，由一个懵懂少年走向思想成熟的青年，奠定了其坚毅的品格。身上闪耀的"坚定信念、一心为民、艰苦奋斗、实干担当、敢为人先、廉洁奉公"的梁家河精神跨越时空，融入中华民族伟大复兴的中国梦。

1969 年初到梁家河，1975 年离开梁家河，习近平的这 7 年与梁家河结下了深厚的情意。"几回回梦里回延安"是习近平真实的写照。习近平虽在千里之外，但还是多次协助乡亲通电、修桥、建校等。1993 年，习近平百忙中第一次回梁家河探望乡亲，并且遵守和村民的约定，于 2015 年 2 月 13 日携夫人第二次回梁家河看望乡亲。50 年以来，习近平无论走在哪里，心中始终有个思念的地方和一群想念的人们，多次回信鼓励乡亲脚踏实地、真抓实干，把日子过得越来越红火。

所获奖项

在"2017 CCTV 寻找中国最美乡村推介活动"中，梁家河村获评"中国最美乡村"。

地址：陕西省延安市延川县文安驿镇梁家河村。

交通：（1）从延安机场直接坐大巴到梁家河村；
　　　（2）从延安火车站直接坐大巴到梁家河村；
　　　（3）从西安乘坐汽车直接到梁家河村。

参考文献

[1] 中宣部公布第一批百个全国爱国主义教育示范基地. [1996-11]. http://dangshi.people.com.cn/GB/151935/157318/index.html.

[2] 中宣部公布第二批百个全国爱国主义教育示范基地.[2001-06-12].http://archive.wenming.cn/hsly/2001-06/12/content_20645133.htm.

[3] 中宣部公布第三批全国爱国主义教育示范基地名单.[2005-11-21]. http://www.gov.cn/jrzg/2005-11/21/content_105321.htm.

[4] 中宣部公布第四批全国爱国主义教育示范基地.[2008-11-22]. http://www.zunyiyj.gov.cn/HTML/News/2008_11/107.html.

[5] 中宣部新命名 41 个全国爱国主义教育示范基地（名单）.[2017-03-29].http://www.wenming.cn/djw/djw2016sy/djw2016syyw/201703/t20170329_4150178.shtml.

[6] 中宣部新命名一批全国爱国主义教育示范基地.[2019-09-17].http://dangjian.people.com.cn/n1/2019/0917/c117092-31356582.html.

[7] 中央党史研究室. 中国共产党的九十年. 北京：中共党史出版社、党建读物出版社，2016.